李伟东　何琰　丁娆 · 著

中国水下考古
出水陶瓷器的科学研究

SCIENTIFIC RESEARCH ON
THE ANCIENT CERAMICS FROM
THE UNDERWATER
ARCHAEOLOGY IN CHINA

上海科学技术出版社

图书在版编目（CIP）数据

中国水下考古出水陶瓷器的科学研究 / 李伟东，何琰，丁娆著. -- 上海 : 上海科学技术出版社，2025. 1.
ISBN 978-7-5478-6917-8

Ⅰ. K876.34

中国国家版本馆CIP数据核字第2024MV2831号

中国水下考古出水陶瓷器的科学研究
李伟东 何 琰 丁 娆 著

上海世纪出版(集团)有限公司
上 海 科 学 技 术 出 版 社 出版、发行
(上海市闵行区号景路159弄A座9F-10F)
邮政编码 201101 www.sstp.cn
上海雅昌艺术印刷有限公司印刷
开本 787×1092 1/16 印张 17.5
字数 400千字
2025年1月第1版 2025年1月第1次印刷
ISBN 978-7-5478-6917-8/K·60
定价：198.00元

内容提要

本书相关研究工作，针对当前水下考古出水陶瓷器基础研究的不足及瓶颈问题，运用多种科技手段，将模拟实验与实际案例研究相结合，深入探索陶瓷文物本体、水下环境、海浪冲蚀、污染物、海洋生物等因素对出水青瓷、青花瓷、酱釉瓷、铅釉瓷、红绿彩瓷劣化过程的作用，探讨机械损伤、化学蚀变、生物污损这三者的综合作用及相互关联，探究复杂凝结物对于陶瓷器劣化的影响规律，并在此基础上阐明出水陶瓷器的劣化机理。

本书的出版，对于出水陶瓷器保存状态和劣化机理的科学认知至关重要，也为进一步开展保护工作奠定了科学基础。本书可供古陶瓷专业研究人员、考古人员以及广大爱好者学习参考。

前言

中华民族5 000多年的灿烂文明曾创造并留存下来大量弥足珍贵的文化遗产。伴随着我国水下考古事业的蓬勃发展，人们对于水下文化遗存的了解逐渐深入，水下考古文物的科学研究与保护也日益成为大家所关注的热点。

我国沿海蕴藏着丰富的水下文化遗产，这与古代发达的海上贸易是密不可分的。复杂多变的海洋环境也带来了极高的风险，在上千年的航路上留下了不计其数的沉船与随船倾覆的货物。水下考古出水的文物中陶瓷类文物往往占据绝大多数，陶瓷器作为海上贸易的重要货物，蕴含着重要考古学信息和得天独厚的历史价值，因而成为十分重要的科学研究对象。

然而，出水的古代陶瓷器在与所处环境的长期相互作用后不可避免地会出现不同程度的劣化现象，也给出水后的文物处理、研究和保护工作带来了严峻的挑战。近年来大量中国古代沉船中的外销陶瓷器被打捞出水，为出水陶瓷器的劣化机理研究提供了丰富资料。本书针对当前水下考古出水陶瓷器基础研究的不足及瓶颈问题，运用多种科技手段，将模拟实验与实际案例研究相结合，深入探索陶瓷文物本体、水下环境、海浪冲蚀、污染物、海洋生物等因素对出水陶瓷器劣化过程的作用，探讨机械损伤、化学蚀变、生物污损这三者的综合作用及相互关联，探究复杂凝结物对于陶瓷器劣化的影响规律，并在此基础上阐明出水陶瓷器的劣化机理。本书的出版，对于出水陶瓷器保存状态和劣化机理的科学认知至关重要，也为进一步开展保护工作奠定了科学基础。

本书共分为6章。第1章首先概述了水下环境与出水陶瓷器；核心研究内容在第2章～第6章呈现，其中第2章主要介绍了实验室中进行的模拟腐蚀实验，第3章～第6章主要以案例的形式探讨了水下环境中青瓷、青花瓷、酱釉瓷、铅釉瓷、红绿彩瓷的劣化机理。本研究工作由中国科学院上海硅酸盐研究所李伟东研究员领衔实施完成，中国科学院上海硅酸盐研究所何琰、丁娆共同参与了书稿撰写，并配合完成了大量的分析检测与数据整理工作。

研究标本分别由福建省考古研究院、宁波市文化遗产管理研究院、中国(海南)南海博物馆、上海市文物保护研究中心、河南省文物考古研究院等单位提供，本研究工作还得到国家重点研发计划课题“海洋出水陶瓷文物盐沉积分类表征及腐蚀机理研究”(编号 2023YFF0906401)资助，在此一并致以诚挚的谢意。

作　者

2024 年 11 月

目录

第5章 外来污染物和海洋生物对出水陶瓷劣化的综合作用研究

第6章 长江和海洋出水铅釉瓷和红绿彩瓷的劣化机理研究

第1章
绪　　论

1.1　水下考古概述

1.1.1　水下考古学的概念

考古学通常被认为是一门研究过去的学科，立足于物质文化，如器物、纪念建筑和其他遗存[1]。水下考古学是考古学的重要组成部分，是陆地考古向水域的延伸。小江庆雄先生在其著作《水下考古学入门》中的论述十分中肯，他认为“水下考古学既没有扩大考古学的概念，也没有改变考古学的研究方法。它不过是以水底的资料为研究对象，运用考古学所特有的观点和研究方法作为认识问题的手段并使其发挥应有的作用。水下考古以水下资料为对象，由于使用了新的研究手段，可以说考古学更加扩大、完善和深化了其方法论基础”[2]。2001年11月联合国教科文组织大会通过的《保护水下文化遗产公约》中对水下考古的对象做出了明确规定，指出“水下文化遗产是指至少100年来，周期性地或连续地，部分或全部位于水下的具有文化、历史或考古价值的所有人类生存的遗迹”。

近年来，中国在水下考古领域所取得的成就主要体现在海洋遗址的调查和发掘方面，需要指出的是，水下考古学不同于通常所说的含义更广的“海洋考古学”，两者的概念由于互有交叉而容易被混淆，海洋考古学也常被用于指代水下考古工作。实际上，海洋考古学的核心是调查、发掘和研究古代人类从事海洋活动的文化遗存，涉及海洋文化的所有方面[3]，而不仅仅是埋藏在海洋中的文化遗存。水下考古学则对淹没于江河湖海下面的古代遗迹和遗物进行调查、勘测和发掘，运用考古学观点和研究方法认识问题[4]。

1.1.2　水下考古学的起源和发展过程

在近代水下考古学得以确立以前，人们早已开始了对于水底的探索，水下埋藏的古代珍宝是吸引人们的最主要原因。在这一阶段，人们为了潜入水底而做出了各种各样的努力，其中最具代表性的发现包括意大利内米湖（Lake Nemi）罗马沉船遗址和瑞士湖上居址等。这些早期的探险大多是在西方世界进行的，小江庆雄先生将这些活动看作水下考古学的萌芽[2]，尽管它们大多数还不具有考古学的目的与性质，但也充分反映出西方世界的人们对于水下遗存的关注，这对于现代水下考古学的起源具有重要的推动作用。

19世纪中叶以后，以地层学和类型学为核心、以探索人类发展历程为宗旨的近代考古学方法在欧洲产生[4]，考古学的确立和海洋科考促进了水下考古的诞生。这一时期的重要发现以希腊安提凯希拉(Antikithera)沉船和玛雅文明圣池为代表。在以希腊安提基希拉沉船的发现为代表的地中海早期探险活动中，潜水技术在沉船等水下遗址的调查和打捞中得到初步应用，但这时所采用的头带硬盔的原始管供重潜技术并不适合水下考古，这些活动也不是由专业的考古学者所开展，因此并不能看作水下考古的开端[4]。1904—1907年，美国驻尤卡坦领事爱伍德・H. 汤姆森对玛雅文明奇琴・伊查遗址的“圣池”进行了水下调查，发现了40个个体以上的人骨以及面具、金饰等遗物[2]。汤姆森所进行的研究属于纯粹的科学性工作，这一点在那个以获取海底财宝和战利品为目的的年代是弥足珍贵的[2]。

直至20世纪40年代，现代常规潜水技术的发明才使得考古学家的水下工作成为可能，这要归功于法国海军军官雅克斯・库斯托(Jacques Cousteau)领导的一个水下工作小组，他们于1944年发明了自携式水下呼吸器(Selfish Contained Underwater Breathing Apparatus, SCUBA)，即常规轻潜，真正推动了水下考古学的发展[4]。随后在1952年，库斯托等人对马赛附近大康格卢岛(Le Grand Conglou)海域的一艘古希腊沉船进行了调查和“发掘”，并使用了空气抽泥机、浮篮、水下电话、水下摄像摄影机、水中照明灯等一系列至今仍然在水下考古中使用的设备[4]。尽管库斯托等人的活动并非考古学者在水下的工作，但他们所运用的技术没有很大差别，已经基本形成现代水下考古的雏形。

1960年，美国宾夕法尼亚大学的考古学教授乔治・巴斯(George Bass)主持了土耳其格里多亚角(Cape Gelidonya)海域沉船的水下考古工作，这是第一次由考古学家设计并亲自在水下进行的发掘，被认为标志着水下考古学的正式诞生[4]。在此以后，水下考古学发展迅速。1964年，英国成立了航海考古学会，并编辑出版了*The International Journal of Nautical Archaeology and Underwater Exploration*(《国际航海考古与水下探索杂志》)。1965年，水下考古学国际会议成立大会在法国召开。1966年，法国文化部成立了最早的国家水下考古中心；同年，巴斯出版了权威理论著作*Archaeology Under Water*(《水下考古学》)一书。1967年，巴斯主持了第一次水下考古技术培训班，培训了来自10个国家的40多名考古学家，水下考古学在全世界范围内逐渐建立起来[4]。可以说，乔治・巴斯教授是当之无愧的“水下考古学之父”。

1.1.3 中国水下考古学的发展

在水下考古学传入以前，中国已经发现了大量的古代沉船以及相关的港口遗迹等文化遗存。最典型的代表是1974年对福建泉州后渚宋代沉船的发掘工作[5]，这些早期的考古工作都以陆地考古的方法开展，虽然取得了很多成果，但受限于种种历史因素和技术原因，中国的水下考古工作在很长一段时间内未能获得发展[4]。

一个关键性的转折点是英国人迈克尔・哈彻(Michael Hartcher)在中国南海的活动。1983年，专门从事沉船捞宝的哈彻在南海海域打捞了一艘沉没于1643年的中国帆船，并将获得的2.7万件中国景德镇等窑口生产的青花瓷在荷兰阿姆斯特丹进行了拍卖。两年后的

1985年，哈彻再次来到中国海域，对沉没于1752年的一艘荷兰东印度公司吉特摩森(Geldermalsen)号商船进行了打捞，并在1986年将所获的15万件青花瓷和125块金锭进行了拍卖[4]。此举引起了中国考古学、博物馆学界的强烈不满，也引起中国政府的高度关注，中国国家文物局立即派陶瓷专家冯先铭和耿宝昌先生前往考察，但遗憾的是，这批珍贵文物已经无法追回。随后在同年6月，新华社《参考清样》发表了《我国陶瓷专家建议重视水下考古工作》一文，国家科委和文化部也联合发布《关于加强我国水下考古工作的报告》[4]。1987年3月，由国家文物局组织的"水下考古工作协调小组"在北京成立；同年8月，中国交通部广州救捞局与英国海上救捞公司联合发现"南海Ⅰ号"沉船；11月，组建中国历史博物馆水下考古学研究室，时任中国历史博物馆馆长的俞伟超先生当之无愧成为中国水下考古事业的开创者和中国水下考古学科的奠基人。这三个事件标志着中国水下考古由此正式拉开大幕[4]。

1989年，中国颁布《中华人民共和国水下文物保护管理条例》，组建了第一届水下考古培训班并展开了"南海Ⅰ号"首次调查[6]。1990—1997年，辽宁绥中三道岗元代沉船发掘，是中国独立进行的第一个水下考古项目[7]。此后多所高校也开始陆续开设水下考古学概论课程。中国的水下考古学发展至今，收获颇丰，具有代表性的案例包括绥中三道岗元代沉船的发掘、"南海Ⅰ号"的打捞与发掘、"南澳Ⅰ号"的发掘、甲午海战沉船系列调查等[6]。近年来，中国的水下考古工作又取得了众多突破：2014年，"中国考古01"专用工作船建成交付[8]；2018年，考古学家借助"深海勇士"号载人潜器实现我国深海考古零的突破[9]；2022年，在"长江口二号"沉船的考古与文物保护项目中采用了世界首创的"弧形梁非接触文物整体迁移技术"[10]。2022年，中国首次在1 500 m深海发现南海西北陆坡一号、二号明代沉船遗址[10]。历经30余年的发展壮大，中国的水下考古事业已今非昔比，并且必将走在世界的前列。

中国拥有约1.8万km的绵长海岸线，领海总面积达到480余万km^2，跨温带、亚热带和热带三种气候带，如此广阔的海域不仅有着多样化的自然条件，也蕴含着种类多样、数量巨大的水下文化遗产。据估计中国沿海有不少于3 000艘的古代沉船[11]，而这个数字在全世界范围内可能超过了300万艘[12]。水下考古遗址不仅分布在海底，也存在于淡水水域，因此水下文化遗产所处的环境条件也是复杂多样的。考虑到目前考古发掘出水的陶瓷器大多来源于海洋环境，因此本节主要对海洋环境及其可能对陶瓷文物产生的影响进行简要介绍。

当船只沉入海底时，会受到各种物理、化学和生物因素带来的影响，海水的化学腐蚀作用、外来物沉积、泥沙冲蚀等时刻威胁着船内文物的状态。此外，人类活动也会在一定程度上影响文物的埋藏环境，如商业运输、渔业、海洋资源开采、工业污染、旅游活动等[13]。一般说来，海洋环境的复杂性可从海水、海洋生物、海洋底质这三个方面进行探究[14]。

海水是一种多组分电解质和非电解质共处一体的溶液，海水的各项物理化学参数决定了其与文物接触时可能发生的作用，如化学组成、温度、盐度、pH值、溶解氧含量以及氧化还原电位(Eh)等均影响着水下文物的保存[15]。海洋生物对文物的影响也不容小觑，其中海洋污损生物是需要着重关注的一类，如藤壶、牡蛎、贻贝、盘管虫等[16]，其易在文物表面附着并分泌一些石灰质或酸性腐蚀物质，死后则形成钙质沉积物。海洋底质作为文物的重要埋藏环境，通常由各种不同海洋沉积物组成，如陆源碎屑、海洋生物骨骼及海水本身的化学和生物化学过程产物等，陆源沉积物的无机成分为黏土矿物(主要是硅酸盐)和$CaCO_3$，远洋沉积物主要为有机成因的钙质或硅质软泥[14]。中国海靠近亚洲大陆，明显反映出陆源物质较多的特点，以河流输入为主，如粒度较细的粉砂质泥等[17]。海水的化学组成极其复杂，在海洋中已发现并测定的就有 80 多种元素，存在形式也十分多样，有以离子、离子对、络合物或分子状态存在，也有以悬浮颗粒、胶体或气泡等形式存在[18]。海水组分中含量较多的常量元素 Cl、Na、Mg、S、Ca 等组成海水中的主要盐类，占海水总盐量的 99.8%～99.9%（表 1-1）[17]，主要以 Cl^-、Na^+、SO_4^{2-}、Mg^{2+}、Ca^{2+} 和 K^+ 这 6 种离子的形式存在。海水的化学组成也较为稳定，世界各大海洋的常量成分浓度之比基本恒定[18]。海水的次要组分中比较重要的有 Fe 和 Si 元素，其中 Fe 参与氧化还原反应，主要以两种价态存在：Fe^{2+} 和 Fe^{3+}。在氧化态的海水中主要以 Fe^{3+} 的形式存在，对应于 $Fe(OH)_3$；还原态的海水中以低价态 Fe^{2+} 为主[14]。海水中 SiO_2 的含量通常为 1～4 mg/L，而河水中含量较高（可达 5～25 mg/L）。除了碳酸钙（$CaCO_3$）、羟基磷灰石[$Ca_5(PO_4)_3(OH)$]和碳磷灰石（$Ca_5[PO_4,CO_3(OH)]_3(F,OH)$），大多数无机物在海水中是不饱和的[14]。盐度是海水中含盐量的衡量指标，一般可以通过测量 Na^+ 和 Cl^- 离子的总量分别计算出盐度和氯度，在开放海域中盐度在 32‰～36‰之间，在沿海水域和受潮汐影响的港口处盐度通常较低，在河流的潮汐河口处也会由于稀释而导致盐度降低[14]。另外，沉积物间隙水的成分与海水有显著差异，通常是沉积或成岩作用的动态过程的结果，CO_2、H_2S、NH_3、Fe^{2+}、Mn^{2+}、SiO_2、可溶性有机物等组分的含量都相对较高[14]。

表 1-1　海水中盐类含量及其百分比[17]

盐　类	1 000 g 海水中的含量/g	百分比/%
NaCl	27.2	77.8
$MgCl_2$	3.8	10.9
$MgSO_4$	1.7	4.7
$CaSO_4$	1.2	3.6
K_2SO_4	0.9	2.5
$CaCO_3$	0.1	0.3
$MgBr_2$	0.1	0.2

海水中的溶解气体主要是氧气（O_2）和二氧化碳（CO_2），来源于大气、生物活动和有机物的分解等。海水中溶解氧的变化范围为 0～8.5 ml/L，在海水表面最高，在底部可能会下降到零，特别是在海水与沉积物界面处，好氧生物对有机物的分解可能会将溶解氧耗尽，从而产生缺氧还原环境[14]。海水的 pH 值一般在 7.5～8.4 之间，大多数盐类对 pH 值没有影响，CO_3^{2-} 碳酸盐平衡体系是影响 pH 值的最重要因素，主要通过 CO_2、H_2CO_3 和 $CaCO_3$ 这三种化学物质来调节海水 pH，从而建立起相对稳定的缓冲系统，见式（1-1）～式（1-3），在海水 pH 范围内最重要的离子种类是 HCO_3^-[14]：

$$CO_2 + H_2O \longleftrightarrow H_2CO_3 \tag{1-1}$$

$$H_2CO_3 \longleftrightarrow H^+ + HCO_3^- \tag{1-2}$$

$$HCO_3^- \longleftrightarrow H^+ + CO_3^{2-} \tag{1-3}$$

Eh 值可以用来衡量海水的氧化还原条件，通常富氧海水具有强氧化性，而缺氧区的贫氧海水为还原环境，一般在正常的开放循环海水环境中 Eh 值范围为 0～0.25 V，还原性环境的范围为－0.03～0 V[14]。在沉积物中，随着成岩作用的进行（深度的增加），pH 和 Eh 值也在动态变化，由于好氧细菌对溶解氧的消耗，pH 和 Eh 值通常相对于海水水体而言更低[14]。大多数情况下，遗址所处的位置在底层海水和沉积物的界面附近，在这个区域中由于零 Eh 位置的不同可能会出现完全不同的氧化还原条件，因此文物所处的位置也会很大程度上影响其保存状态。一般而言，盐度、温度越高文物的腐蚀速率也越快，pH 值偏高或偏低都可能产生化学腐蚀作用[19]。除此之外，海水本身的流动也会对文物造成一定的物理损伤，海水的理化性质还会影响到海洋生物的分布，从而间接对文物的埋藏环境产生影响[20]。

最后，尤其需要着重关注水下考古遗址形成的微环境，因为它们的形成过程是遗址和环境相互达到平衡的结果，可以认为每个遗址的形成过程以及微环境都是有区别的[21]。影响水下遗址和文物保存状态的因素众多，其中最重要的可能就是是否埋藏在沉积物以下，在大多数情况下，被沉积物掩埋可以避免生物体的作用，并且避免容易造成材料腐蚀或劣化的环境条件，例如低温、低盐度和/或低溶解氧等可以显著减缓有机和无机材料的劣化[22]。另一个需要关注的因素是沉船遗址环境中以硫酸盐还原细菌为代表的微生物的活动，它们可以在海洋沉积物常见的低氧甚至缺氧条件下生存，通过硫酸盐还原过程氧化有机物从而进行代谢活动[14]。在典型的沿海海洋沉积物中，只有最上层几毫米的沉积物是含氧的，氧化还原反应所利用的电子受体会随着深度的增加而存在一个序列：氧气→硝酸盐→铁和硫酸盐→甲烷，通常硫酸盐还原是浅海沉积物中的主要过程，H_2S 气体是主要的还原产物[23]。硫酸盐还原过程通常对金属文物的腐蚀有着重要影响，同时也会由于 H_2S 气体的进一步反应而形成不溶性硫化物，对陶瓷、木材、玻璃等文物材料造成影响[14]。

1.2　出水陶瓷

随着水下考古的兴起，人们对于水下文化遗存的了解也逐渐深入。至迟从晚唐时期开始，中国的陶瓷器已作为重要的贸易商品输出到国外[24]，无论是陆上丝绸之路所到的西亚和海上，还是中国唐代东西洋航路所及之处，都发现了唐代瓷器的碎片，日本陶瓷学者三上次男也把这条运输陶瓷器的海上航路直接称为“陶瓷之路”[25]。陶瓷作为海上贸易的重要货物，仅一艘海船就可能携带上万件甚至几十万件陶瓷器，而这些陶瓷器上往往保存着十分重要的考古学信息，无形中赋予其得天独厚的历史价值而成为重要的研究对象。一些重要水下考古遗存出水陶瓷器的详细信息列于表 1－2 中。

表 1-2 环中国海地区重要水下沉船遗址及出水陶瓷器情况

序号	水下考古遗存	时代	地点	窑口	主要类别
1	黑石号	唐	印尼海域	长沙窑	多类型
2	南海Ⅰ号	南宋	中国广东阳江	多窑口	多类型
3	华光礁Ⅰ号	南宋	中国海南西沙	福建民窑	青白瓷、青瓷
4	大练岛沉船	元	中国福建平潭	龙泉窑	青瓷
5	韩国新安沉船	元	韩国新安	龙泉窑、景德镇窑	青瓷、青白瓷
6	石屿二号	元	中国福建平潭	德化窑、景德镇窑	青花瓷、卵白釉瓷
7	南澳Ⅰ号	明	中国广东汕头	漳州窑、景德镇窑	青花瓷
8	老牛礁Ⅰ号	明	中国福建平潭	景德镇民窑	青花瓷
9	九梁Ⅰ号	明	中国福建平潭	景德镇民窑	青花瓷
10	碗礁Ⅰ号	清	中国福建平潭	景德镇民窑	青花瓷
11	小白礁Ⅰ号	清	中国浙江宁波	景德镇民窑	青花瓷
12	泰兴号	清	中国南海海域	德化窑	青花瓷
13	长江口二号	清	中国长江口	景德镇窑	青花瓷、绿釉瓷等

对于宋代以前的陶瓷器外输情况，虽然缺少文献资料的记载，但经现代考古发现证实，唐代外销瓷以越窑、邢窑、定窑以及长沙窑瓷器为主，品种除了传统的青瓷、白瓷之外，还有根据国外的需要专门烧制的陶瓷器，因而颇具异国风情。1998 年在印尼发现的“黑石号”沉船就出水了 67 000 余件陶瓷器，其中长沙窑瓷器占绝大多数，此外还有少量越窑青瓷、邢窑白瓷、巩义窑唐青花瓷等[26]。宋元时期是中国古代海外贸易大发展的时期，尤其是南宋以后，泉州逐渐取代广州成为第一大港，促使以泉州为中心的东南沿海地区窑业迅速繁荣，出现大量专门用以外销的瓷窑体系[27]，陶瓷器外销量急剧增长。1987 年发现于广东阳江附近海域的“南海Ⅰ号”宋代沉船出水的陶瓷器就包括景德镇、龙泉、德化、磁灶、义窑、建窑等多个窑系几十种类型的陶瓷器产品[28]。1996 年首次发现于西沙群岛中部华光礁的“华光礁Ⅰ号”宋代沉船，共出水陶瓷器近万件，多为典型的外销陶瓷器，以福建地区民窑的粗瓷产品为主[29]。

从南宋至元代，龙泉青瓷和景德镇青白瓷通过各大港口持续向海外输出，福建平潭大练岛元代沉船遗址被发现于 2006 年，被发现时该沉船已遭受盗捞破坏，出水遗物绝大部分为陶瓷器，其中以青釉瓷为主，共 603 件，均为浙江龙泉窑产品[30]。韩国新安元代沉船于 1976 年被发现，这是一艘由中国宁波港出发驶向日本的商船，出水陶瓷器中以龙泉窑系的青瓷和景德镇窑系的青白瓷为主，共 17 000 余件[31]。西沙群岛石屿二号沉船遗址被发现于 2010 年，出水瓷器包括青花瓷、卵白釉等种类，以江西景德镇窑、福建德化窑等窑口的产品为主[32]。

这些出水陶瓷器无疑是宋元时期中国东南沿海地区陶瓷器生产和外销的有力见证。

明清时期是中国陶瓷器生产与对外输出的重要变革时期,欧洲各国的商船逐渐深入到环中国海贸易圈内,而明清政府的海洋政策也不够明朗。在外销瓷品种上,由于景德镇青花瓷带来的巨大影响力,单色釉瓷也逐渐为青花瓷所取代,青花瓷的数量占据着绝对的优势[33]。这些变化反映在东南地区的窑业生产上就是福建、广东沿海地区出现了大量仿烧景德镇青花瓷的窑场,反映在陶瓷器上就是大量此类型的青花瓷被打捞出水。"南澳Ⅰ号"明代沉船位于广东省汕头市南澳县附近海域,于2007年被发现[34],出水的数万件陶瓷器主要为福建漳州窑系和江西景德镇窑系的青花瓷[35]。此外,福建平潭"老牛礁Ⅰ号"和"九梁Ⅰ号"明代沉船出水陶瓷器以青花瓷为主,均系景德镇民窑产品[36-37],制作较为粗糙,而2005年在平潭同一片海域发现的"碗礁Ⅰ号"清代沉船出水了大量康熙时期景德镇民窑的青花瓷,这批瓷器制作精细、纹饰精美、种类丰富,代表着当时民窑的最高生产水平[38]。2008年考古工作者在宁波市象山县渔山列岛附近海域发现了"小白礁Ⅰ号"清代沉船,出水的陶瓷器同样以景德镇民窑青花瓷为主,另有少量五彩瓷[39]。此外,闽南沿海地区的德化窑系产品也在明清外销瓷中占据着重要的地位,1999年,"泰兴号"商船为一家澳大利亚海洋公司所打捞,出水的35万余件陶瓷器以青花瓷为主,均系德化窑的产品[40]。

1.3 出水陶瓷的保护方法

当文物遗存从水下埋藏环境中被提取出来后,如果没有得到恰当处理,可能会加剧其劣化。由于水下环境的复杂性,对于出水文物的处理和保护并没有一套标准流程。在大量的实践过程中,研究人员根据不同材料特性和埋藏环境特点,对处理和保护方法进行了总结和归纳,出版了操作手册供参考[41-42]。陶瓷器被打捞出水后,研究人员通常会根据实际需要采取凝结物去除、脱盐以及加固修复等步骤对陶瓷器进行保护处理。

大部分出水陶瓷器表面通常会附着有凝结物,凝结物的种类包括石灰质、石膏质、硅质、铁锈质以及海泥、海洋生物残骸等,它们的存在对陶瓷器的外观产生了很大影响,大多数情况下也不利于陶瓷器出水后的保存,因此一般会根据凝结物的类型使用不同的方法对其进行去除。对于较为坚硬的凝结物,通常的做法是先用化学试剂对其进行软化,然后使用手术刀、毛刷等工具去除软化后的凝结物[43]。海洋生物的骨骼遗骸是钙质凝结物的主要来源[14,44],多用稀酸类清洗剂(如草酸、醋酸、稀盐酸等)对其进行处理,也有学者用六偏磷酸钠溶液或近年来比较盛行的EDTA二钠盐溶液,机械去除方法有时也被使用[43,45];硅质凝结物大多来源于海洋泥沙,一般会使用低浓度氢氟酸或氢氧化钠复合溶液进行处理[43];铁锈质凝结物以赤铁矿、磁铁矿、针铁矿及黄铁矿等为主要化学组成[46-48],源于同船装载的铁器在海水中的腐蚀产物,一般可以选择EDTA二钠盐溶液或过氧化氢溶液等予以去除[42-43];除了化学试剂以外,也有研究者尝试使用激光[49]、微纳米气泡[50]等方式对出水陶瓷器进行处理。

对于烧结程度不高的疏松多孔的一类陶瓷器,出水以后的脱盐处理是有必要的。当它们出水以后,由于保存环境的变化,可溶性盐类可能会由于溶解度的变化在陶瓷器的孔隙中反复发生溶解-结晶-再溶解-再结晶的过程，对孔隙内壁的压力随之发生变化，从而使得它们容易发生剥釉、酥松易碎的现象[43]。目前在水下考古的实践中，最常用的脱盐方法是将出水后的陶瓷器浸泡于静态的去离子水中，并实时检测浸泡液的电导率以判断脱盐终点，有时也会结合离子色谱和电感耦合等离子体原子发射光谱（inductively coupled plasma-atomic emission spectrometry，ICP－AES）等方法予以辅助[43]。此外，为了加速脱盐过程或达到更好的脱盐效果，有时也会采用加热、超声波、流动水冲洗或电渗加速法的方法，不过这些加速方法对保存状态较差的陶瓷器来说具有一定的危害性，需要避免使用[43]。

1.4 研究现状及存在的问题

由于文物保护工作的需要，对于出水陶瓷器的研究主要集中于脱盐[51-54]、凝结物分析和去除[48, 55-59]、清洗[60-64]、修复[65-67]等工作，或简要讨论釉的劣化现象[68]。李乃胜在《海洋出水瓷器保护研究》一书中从这些角度出发，对出水瓷器的保护处理工作进行了系统研究，并且提出了“保护性损伤”的概念[43]。

尽管研究者们很早就关注到陶瓷器的劣化现象，但大部分研究工作是以出土陶瓷器为研究对象而开展的。Vandiver[69]分析了一件出土高丽青瓷（约公元12世纪），发现烧成过程产生的缺陷为局部腐蚀提供了活性位点。烧成过程中上升至釉面的石英颗粒由于相变带来的体积收缩与玻璃相间产生裂纹，成为釉面的薄弱环节，部分石英颗粒甚至脱落。坑洞、裂纹和针眼处存在外来的碱金属、碱土金属（钙）和过渡金属（铁）盐沉淀聚集，这些盐会造成局部玻璃相的腐蚀。一些研究工作认为，出土瓷釉的化学腐蚀以与埋藏环境水溶液的离子交换反应为主。颜景燕[70]和Ma等[71]指出，建窑系、涂山窑出土黑釉瓷釉玻璃相的蚀变主要受离子交换作用影响，生成无定形富硅凝胶层，且最终可转化为针状二氧化硅晶体。釉层析出的铁、钛晶体稳定性较高，原位保留在蚀变层中。Chen等[72]分析了出土建窑黑釉瓷表面的虹彩现象区域后发现，正是离子交换反应生成的水合硅凝胶膜的薄膜干涉导致了虹彩色的出现，且不同区域腐蚀程度不同导致膜厚有差异。Li等[73-74]利用傅里叶变换红外光谱（Fourier transform infrared spectrometry，FTIR）表征了出土明清青花瓷釉表面由于化学腐蚀造成的结构变化，并设计了加速老化模拟实验探讨其在水介质中的腐蚀机理，发现釉面与水接触的时间越长，Si—O—(R)（R为碱金属和碱土金属离子）的特征峰强度越弱，导致位于900～1 100 cm^{-1}之间最强吸收带的峰位位于越高波数，羟基峰强度增加，表明吸附在釉面的水导致部分桥氧键被水解，金属离子浸出，非桥氧键与水合氢离子结合生成硅羟基团，形成硅凝胶层。此外，还有一些研究者意识到出土古瓷釉中的析晶和分相结构对劣化存在影响。如Li等[75]对出土钧釉瓷的研究表明，裸露的硅灰石晶体（$CaSiO_3$）是釉中更容易被腐蚀的活性位点，溶出的钙离子与土壤中的无机碳反应生成$CaCO_3$沉淀在釉层表面。李志敏[76]通过对不同遗址出土的具有分相结构的钧釉瓷的分析，指出富CaO相较富SiO_2相优先被腐蚀；颜景燕[70]则指出出土黑釉瓷釉中的钙长石晶体更容易被腐蚀。

研究表明，离子交换和硅氧网络溶解是出水古代玻璃劣化过程的主要反应，欧洲发明的钠钙、钾钙玻璃与中国古代高温釉相比含有更高的助熔剂含量,可供交换的阳离子多,网络结构更为开放。在中性或弱碱性的海水溶液中,古玻璃中的碱(土)金属离子大量溶出,导致玻璃表面局部微环境的 pH 值升高,进而促使玻璃的硅氧网络溶解,形成的蚀变层与玻璃本体结合松散,容易脱落[77-78]。Cox 和 Ford[79]分析了在海底腐蚀了约 240 年的碱钙玻璃,指出腐蚀过程包含了玻璃网络的离子浸出和溶解以及新物相的再沉淀,形成了具有规律性的层状腐蚀结壳。Dal Bianco 等[80]对海洋环境下腐蚀的罗马玻璃,描述了三种不同的腐蚀状态:多孔分层的光泽玻璃,极易剥落;白色不透明玻璃,不易剥落;具有生长环(即有序层状结构)的玻璃。分析结果显示,前两种玻璃分属于玻璃腐蚀的不同阶段,白色的不透明玻璃经过不断的离子交换成为分层的光泽玻璃,分层之间的空隙允许外来物质侵入并扩散,因此极易剥落。采用李泽冈环(Liesegang rings)对生长环的形成动力学解释如下:沉积物最初在表面的蚀变凝胶层析出的位置为圆心,在水的作用下,表面玻璃中的离子不断浸出,沉积物不断生长形成生长环。Silvestri 等[81]对比了海水和土壤环境中古代钠钙玻璃的蚀变层结构,发现它们的外观虽然有所差异,但蚀变层均主要由水合硅凝胶组成,经过离子交换形成水合的贫碱层,并使玻璃基体完全溶解而破坏硅氧网络,随后析出水合硅凝胶层作为腐蚀产物。研究人员对意大利 Mazarrón 港口所发现的公元 3—6 世纪的玻璃及 Navidad 沉船出水的 19 世纪玻璃进行对比研究后发现,古玻璃的腐蚀与其在水下的埋藏时间及其本身的化学组成有关,Mazarrón 港口出水的玻璃中 Na_2O 含量较高,长时间的脱碱作用使其表面生成腐蚀层;而 Navidad 沉船上的玻璃水下埋藏时间较短,且表面附着的生物遗骸隔开了其与海水的直接接触,因此玻璃表面未出现明显的腐蚀层[82]。

总体而言,迄今为止人们对于出水陶瓷器的基础研究仍然不足,较少涉及各种内部及环境因素对陶瓷器劣化过程的影响。而深入了解出水陶瓷器的劣化机制,对于出水陶瓷器的科学认知是至关重要的,也为进一步开展保护处理工作奠定了科学基础。

1.5 本工作的研究思路

本工作的研究思路如图 1-1 所示。本书第 2 章～第 6 章的具体研究内容如下:

第 2 章主要介绍了在实验室进行的模拟腐蚀实验研究。其中 2.1 节选取具有不同显微结构的古代瓷器样品在酸性和模拟海水介质中进行加速老化实验,探讨显微结构对古陶瓷劣化的影响机制;在 2.2 节中,以烧制的不同化学组成的铅玻璃为样品,在酸性介质中进行加速老化实验,探究铜离子和铁离子对铅玻璃腐蚀动力学的影响机制。

第 3 章以案例的形式阐释了出水陶瓷器的劣化机理,研究对象是中国古代青瓷。在 3.1 节和 3.2 节中,分别以大练岛元代沉船和南海出水的龙泉青瓷这两个案例为代表;在 3.3 节中,以清凉寺遗址出土汝瓷为例,对环境因素在古陶瓷的劣化中所起到的作用进行探究,对比土壤环境和水下环境中析晶-分相釉劣化行为的共性和差异。

第 4 章继续以案例的形式阐释出水陶瓷器的劣化机理,研究对象是中国古代青花瓷,在 4.1 节和 4.2 节中,分别探讨了南海出水的青花瓷和“小白礁Ⅰ号”沉船出水青花瓷的劣化机理。

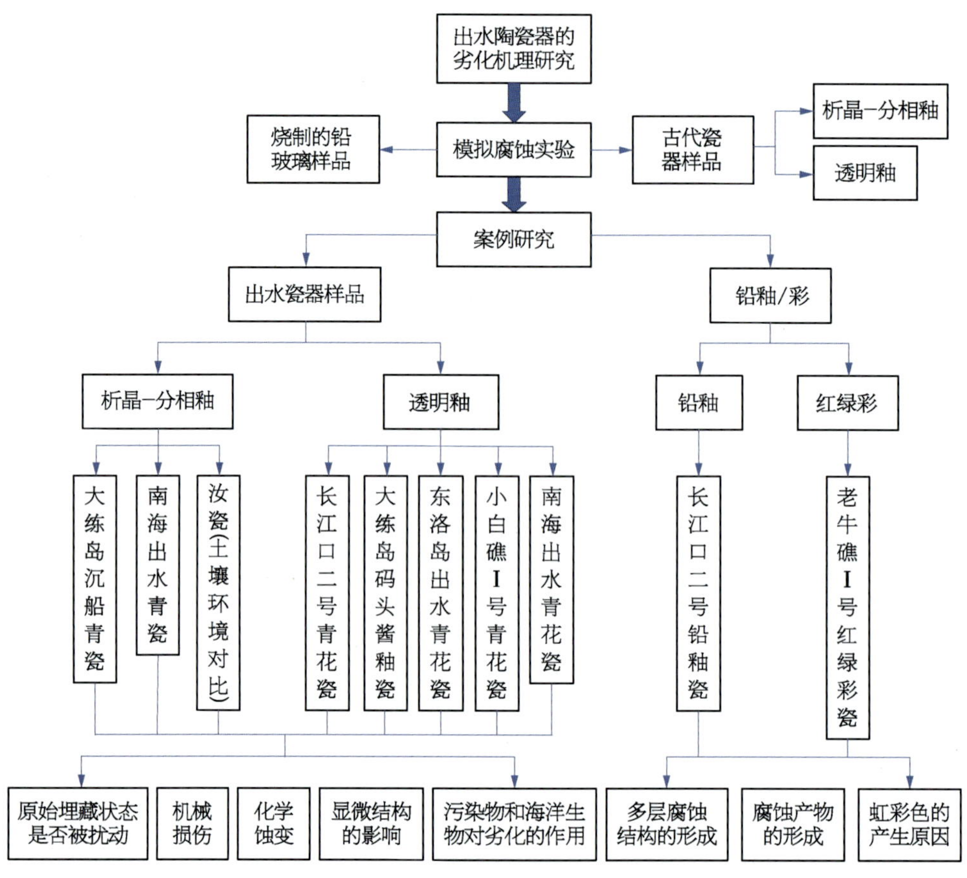

图 1-1 研究思路示意图

第 5 章主要通过三个不同地点出水陶瓷器的研究案例，探讨了外来污染物对陶瓷器劣化的综合影响机制。在 5.1 节中，以南海出水的青花瓷和青瓷为例，介绍了海洋生物的附着对于陶瓷器中新物相形成的影响；在 5.2 节和 5.3 节中，分别以大练岛码头出水酱釉瓷和东洛岛出水的青瓷为例，系统探究复杂凝结物对于陶瓷器劣化的综合影响机制。

第 6 章主要以“长江口二号”沉船出水的铅釉瓷和“老牛礁Ⅰ号”沉船出水的红绿彩瓷为例，阐释了铅釉瓷和红绿彩瓷在长江和海洋环境中的劣化机理。

第 2 章
模拟腐蚀实验研究

2.1　古代瓷器样品的模拟腐蚀实验

2.1.1　古代瓷器样品

本研究选取的实验样品共 5 件，均为保存状况良好的中国古代瓷器残片，由考古发掘所得。样品包括：2 件邛窑的青瓷残片，属于典型的分相釉，编号为 Q1 和 Q2，其中 Q2 为含 Cu 绿釉；1 件钧窑的青瓷残片，两侧表面分别施天蓝釉和紫红釉，属于分相釉，编号为 J1；1 件汝窑的青瓷残片，属于析晶-分相釉，编号为 R1；1 件龙泉窑的青瓷残片，属于透明釉，编号为 L1。样品照片如图 2-1 所示。

图 2-1　模拟腐蚀实验样品照片

a、b. Q1；c、d. Q2；e、f. J1；g、h. R1；i、j. L1

2.1.2　腐蚀实验条件和步骤

首先使用切割机从样品上切下多个小块作为试样，然后将试样断面进行抛光处理。先后使用去离子水和无水乙醇在超声波清洗器中将试样清洗干净(去离子水 2 次，乙醇 1 次，每次 15 min)，将清洗后的试样置于鼓风干燥箱中烘干(110℃，3 h)。对于每个样品，分别选择一小块抛光后的试样，使用 1 vol% HF 溶液浸泡 60 s 进行预处理。随后重复上述清洗步骤，以待扫描电子显微镜(scanning electron microscope，SEM)分析，用于表征腐蚀实验前釉层中原有的显微结构。

试样断面抛光后会暴露出釉层中的不同显微结构，以抛光面作为釉-溶液的腐蚀界面，表征腐蚀前后该接触面的显微形貌变化。将小块试样分别浸入 1 vol%稀盐酸、去离子水或模拟海水溶液，经过不同时间后取出。其中，模拟海水溶液的配制方法如下：根据 Frank J. Millero 的方法[83]，使用去离子水和不同分析纯级试剂(盐)配制模拟海水溶液。溶液的组成如下(质量以 g 计，相对于 1 000 g 溶液)：24.88 g NaCl，5.21 g $MgCl_2$，4.16 g Na_2SO_4，1.18 g $CaCl_2$，0.72 g KCl，0.15 g $NaHCO_3$，0.10 g KBr，0.03 g H_3BO_3。

浸泡后取出的样品在去离子水中进行清洗，随后进行后续的分析表征。同时，在腐蚀前后对溶液进行取样，使用电感耦合等离子体发射光谱仪(inductively coupled plasma - optical emission spectrometry，ICP - OES；Agilent 725)分析从釉中溶解进入溶液的组分的含量。容器为容积 50 ml 的聚丙烯离心管，溶液的体积为 30 ml，将离心管置于恒温水浴槽(JULABO SW22)中，温度设置为 60℃，用于加速腐蚀实验。

另取小块试样，分别浸入 1 vol%稀盐酸、去离子水、模拟海水溶液以及浓度为 0.1 mol/L 的 NaOH 溶液中，其他条件与前述腐蚀实验相同，定期取出样品，在去离子水中进行简单清洗后烘干，使用分析天平(SHANGPING FA1104)测量样品的质量随时间的变化。由于实验样品有限，汝瓷样品仅在稀盐酸中进行腐蚀实验。

2.1.3　样品的化学组成和结构分析

采用能量色散 X 射线荧光光谱(energy dispersive X-ray fluorescence，EDXRF)对 5 件样品的胎、釉化学组成进行定量分析，分析结果分别列于表 2 - 1 和表 2 - 2 中。

表 2 - 1　实验样品胎化学组成的 EDXRF 测试结果　　单位：wt%

编号	Na_2O	MgO	Al_2O_3	SiO_2	K_2O	CaO	TiO_2	Fe_2O_3
Q1	0.46	0.18	14.01	76.77	2.08	0.30	1.14	4.06
Q2	0.49	0.29	14.81	77.30	2.06	0.27	0.65	3.12
J1	0.15	0.05	25.73	66.72	1.60	1.09	0.76	2.89
R1	0.38	0.18	25.32	65.19	2.82	0.73	0.61	3.77
L1	0.48	0.08	21.12	70.11	4.27	0.15	0.10	2.69

表 2 - 2　实验样品釉化学组成的 EDXRF 测试结果及非桥氧比例估算结果

编 号	类别	Na_2O	MgO	Al_2O_3	SiO_2	K_2O	CaO	TiO_2	Fe_2O_3	CuO	%NBO
Q1	wt%	0.36	3.90	8.32	63.70	1.28	19.01	0.38	2.46	0.59	25.40
	mol%	0.36	6.00	5.02	65.24	0.84	20.85	0.29	0.95	0.46	
Q2	wt%	0.60	5.65	6.61	58.99	1.43	19.69	0.32	2.01	4.71	35.90
	mol%	0.59	8.62	3.95	59.88	0.92	21.41	0.24	0.77	3.61	
J1 -蓝色	wt%	0.72	0.10	8.04	72.80	4.45	11.64	0.12	2.06	0.06	11.98
	mol%	0.74	0.16	5.01	76.95	3.00	13.18	0.09	0.82	0.05	

续 表

编 号	类别	Na_2O	MgO	Al_2O_3	SiO_2	K_2O	CaO	TiO_2	Fe_2O_3	CuO	%NBO
J1-紫色	wt%	0.17	0.14	8.40	74.03	4.77	10.25	0.13	1.83	0.28	9.98
	mol%	0.17	0.23	5.25	78.44	3.23	11.63	0.10	0.73	0.23	
R1	wt%	0.38	0.59	14.29	65.42	4.38	12.69	0.13	2.12	0.01	9.54
	mol%	0.40	0.96	9.12	70.82	3.02	14.71	0.11	0.86	0.01	
L1	wt%	1.42	0.12	13.04	71.24	5.16	6.93	0.10	1.99		4.26
	mol%	1.49	0.19	8.35	77.42	3.58	8.07	0.08	0.81	0.00	

注：wt%：质量百分数；mol%：摩尔百分数。

对于属于四川邛窑的 Q1 和 Q2，胎的化学组成具备明显的高硅低铝特征，SiO_2 含量均高于 76 wt%，而 Al_2O_3 含量均低于 15 wt%。河南钧窑样品 J1 和汝窑样品 R1 的胎则具备高铝低硅特点，SiO_2 含量均低于 67 wt%，Al_2O_3 含量均超过 25 wt%。相比之下，浙江龙泉窑样品 L1 胎中 SiO_2 和 Al_2O_3 含量处于中间位置，分别约为 70 wt%和 21 wt%。

邛窑是中国唐代的著名民间窑场，邛窑遗址出土的乳浊青釉和绿釉是中国最早的分相乳浊釉之一[84]。邛窑 Q1 和 Q2 釉中 CaO 含量分别为 19.01 wt%和 19.69 wt%，均属于典型的高钙釉，区别在于 Q2 釉中具有更高的 CuO 含量(达到 4.71 wt%)。钧窑 J1 釉中 SiO_2 含量很高，蓝色和紫色釉均超过了 72 wt%，紫色釉中 CuO 含量相对较高(0.28 wt%)。汝窑 R1 釉是典型的天青色，Al_2O_3 含量(14.29 wt%)明显高于其他样品，CaO 含量也超过 12 wt%，使其具备了釉层整体析出钙长石晶体的热力学条件[85]。龙泉窑 L1 釉为透明釉，SiO_2 和 Al_2O_3 含量均较高，而 CaO 含量则相对较低。

为了更好地对比不同釉玻璃网络结构的连接性，可以通过它们的化学组成估算非桥氧的比例(%NBO)。这里先假设釉为均质玻璃，计算组成对应的结构参数，将 Al_2O_3、TiO_2 和 Fe_2O_3 这三种网络中间体均视为网络形成体[86]，将 CuO 视为网络改变体[87]，根据下式进行计算：

$$\%NBO = \frac{2(R_2O + RO - R_2O_3)}{\sum O} \times 100\%$$

计算结果列于表 2-2 中，可以看出，邛窑的两件分相釉样品 Q1 和 Q2 由于 CaO 含量很高，非桥氧比例均高于 25%，其中 Q2 由于添加了更多 CuO，非桥氧比例达到 35.90%。其次是钧窑的样品 J1，蓝色和紫色釉的非桥氧比例约为 10%～12%，汝窑 R1 的组成计算所得的非桥氧比例比 J1 略低，最低的是龙泉窑 L1 样品，仅为 4.26%，这与其釉中助熔剂含量低有关。当然，以上计算结果是釉组成对应的理论值，实际上它们都并非均质的玻璃相，还需要考虑分相或析晶的情况。

由于析晶或分相的原因，这些样品釉中玻璃相的化学组成已经偏离了整体组成，并呈现出非均质性的特点，例如分相釉中两相分别为富 SiO_2 相和富 CaO 相，两者存在组成差异。分相结构的出现会降低玻璃的化学稳定性[88-89]，这主要受各相化学组成和分相结构的形态及分布情况影响[89]。因此,有必要进一步分析两相的网络结构连接性,分别考虑了三种不同的分相结构,分别是邛窑[90]、钧窑[91]的分相釉和汝窑的析晶-分相釉[92]。经过计算可知(表 2-3),两相的化学组成差异导致网络连接性的巨大差异,体现在计算所得非桥氧比例的差异,其中富 SiO_2 相的非桥氧比例均低于 5%,汝窑釉甚至低于 1%。但邛窑和汝窑釉中富 CaO 相的非桥氧比例均高于 20%,钧窑釉中为 10%左右。因此,两相网络结构的巨大差异显然会影响到水分子在玻璃中的扩散等过程,从而导致它们的耐腐蚀性也完全不同。当然,对于汝窑釉这种析晶-分相釉,还需要进一步考虑晶体的影响。

表 2-3　邛窑、钧窑和汝窑釉中不混溶的两相的化学组成[84-86]及非桥氧比例估算结果　单位: wt%

釉的类型	分相类型	Na_2O	MgO	Al_2O_3	SiO_2	K_2O	CaO	TiO_2	Fe_2O_3	P_2O_5	%NBO
邛窑	富 SiO_2 液滴相		1.11	3.95	87.12	0.00	6.91	0.30	0.30	0.31	4.14
	富 CaO 连续相		7.34	4.35	64.32	0.00	21.15	0.69	0.77	1.38	27.38
钧窑	富 SiO_2 连续相	0.17	1.22	2.83	88.82	0.32	5.77	0.00	0.69	0.20	4.23
	富 CaO 液滴相	0.23	1.93	4.49	78.44	0.61	12.71	0.00	1.28	0.31	10.46
汝窑	富 SiO_2 相	0.13	0.33	4.43	90.45	0.68	3.93	0.00	0.04		0.60
	富 CaO 相	0.72	8.07	5.46	63.88	1.88	17.98	0.00	2.01		23.70

为了对比不同样品釉中玻璃相的网络结构聚合度,使用拉曼(Raman)光谱对 5 件样品的釉进行分析,拉曼光谱能灵敏反映硅酸盐玻璃结构和成分的变化[93]。一般将 400~800 cm^{-1} 范围内的拉曼谱峰归因于桥氧(Si—O—Si)的弯曲或伸缩振动[94],800~1 200 cm^{-1} 范围内的拉曼谱峰则归因于非桥氧的对称伸缩振动。根据桥氧数目的不同可以将硅酸盐玻璃的结构单元归纳为五种类型,用 Q^n 来表示(n=0,1,2,3,4,代表单位硅氧四面体中桥氧的数目),包括单体 SiO_4^{4-}(Q^0)、二聚体 $Si_2O_7^{6-}$(Q^1)、链状 $Si_2O_6^{4-}$(Q^2)、层状 $Si_2O_5^{2}$(Q^3)和网络状 SiO_2(Q^4)五种类型[95],五种结构单元在拉曼光谱中均有对应的拉曼位移值,即 Q^0(~850 cm^{-1})、Q^1(~900 cm^{-1})、Q^2(1 000~950cm^{-1})、Q^3(1 100~1 050 cm^{-1})和 Q^4(1 150~1 250 cm^{-1})[96]。拉曼光谱的测试结果如图 2-2 所示,对光谱进行去卷积和曲线拟合后,可以得到伸缩振动包络中各组分(Q^n)的参数,包括峰的位置和积分面积比例(表 2-4)[97]。拉曼光谱中弯曲与伸缩包络的积分面积比 $A_{500}/A_{1\,000}$ 可以用于反映釉中玻璃相的聚合度[98],表 2-4 中给出了 5 件样品的 $A_{500}/A_{1\,000}$ 比值,其中 Q1 和 Q2 的比值较低,分别为 1.13 和 0.94,表明邛窑分相釉网络聚合度较低,且含 CuO 的 Q2 聚合度更低。汝瓷釉 R1 和龙泉青瓷釉 L1 的聚合度稍高,约为 1.3~1.4。钧瓷釉 J1 的聚合度最高,达到了 1.81。伸缩包络中各组分(Q^n)的积分面积比 $A_n/(A_{1\,000}-A_0)$ 可从图 2-3 中进行直观的比较,其中反映更高交联程度的 Q^3 和 Q^4 组分在邛窑分相釉的两件样品中较低,在其他 3 件样品中则具有更高的比例,这与它们组成中的网络改变体氧化物的含量密切相关,具有更多碱金属和碱土金属氧化物的邛窑分相釉因而也有着更低的网络聚合度。

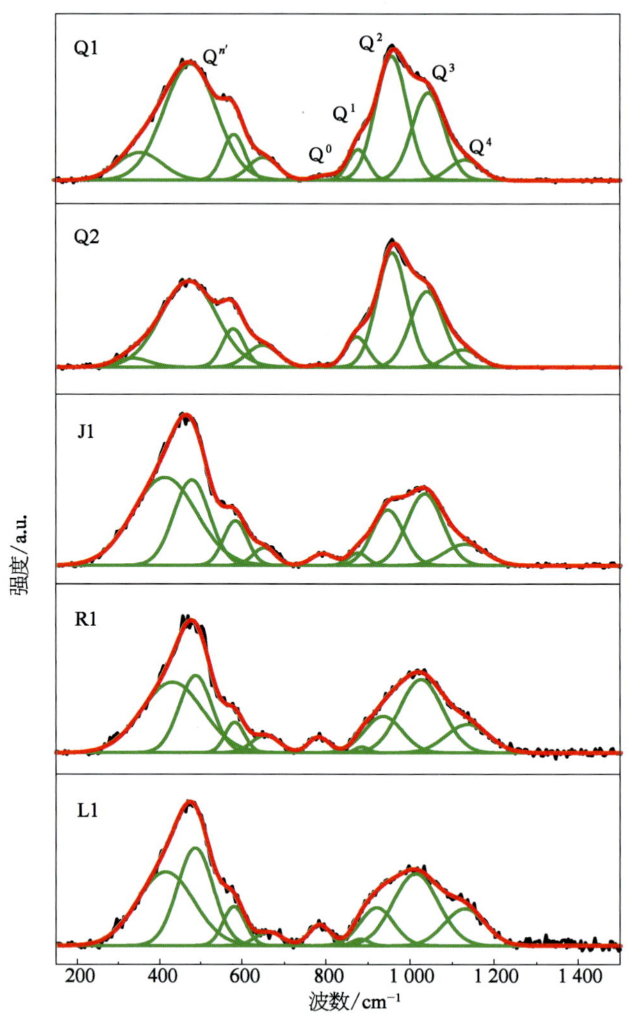

图 2-2 5 件样品(Q1、Q2、J1、R1 和 L1)釉中玻璃相的拉曼光谱,拉曼光谱经过基线扣除和去卷积处理后用于计算伸缩包络中各组分的积分面积比例,其中 $Q^{n'}$ 代表弯曲振动包络、Q^n 代表伸缩振动包络中的各组分

表 2-4 5 件样品(Q1、Q2、J1、R1 和 L1)釉中玻璃相拉曼光谱弯曲与伸缩包络的积分面积比 $A_{500}/A_{1\,000}$ 以及伸缩包络中各组分(Q^n)的峰位(cm^{-1})和积分面积比 $A_n/(A_{1\,000}-A_0)$

样品编号	$A_{500}/A_{1\,000}$	参数	Q^0	Q^1	Q^2	Q^3	Q^4
Q1	1.13	峰位/cm^{-1}	810.4	876.8	956.0	1 043.2	1 130.0
		$A_n/(A_{1\,000}-A_0)$		7.5	49.3	35.3	7.8
Q2	0.94	峰位/cm^{-1}	780.7	873.4	957.0	1 040.3	1 125.0
		$A_n/(A_{1\,000}-A_0)$		9.4	48.2	34.8	7.6
J1	1.81	峰位/cm^{-1}	793.0	876.2	946.9	1 034.5	1 130.4
		$A_n/(A_{1\,000}-A_0)$		4.3	32.1	47.6	16.0

续　表

样品编号	$A_{500}/A_{1\,000}$	参　数	Q^0	Q^1	Q^2	Q^3	Q^4
R1	1.30	峰位/cm^{-1}	782.0	885.0	936.0	1 026.0	1 136.0
		$A_n/(A_{1\,000}-A_0)$		2.4	53.7	24.4	19.5
L1	1.38	峰位/cm^{-1}	784.6	882.2	920.7	1 013.1	1 129.5
		$A_n/(A_{1\,000}-A_0)$		1.8	20.9	53.0	24.4

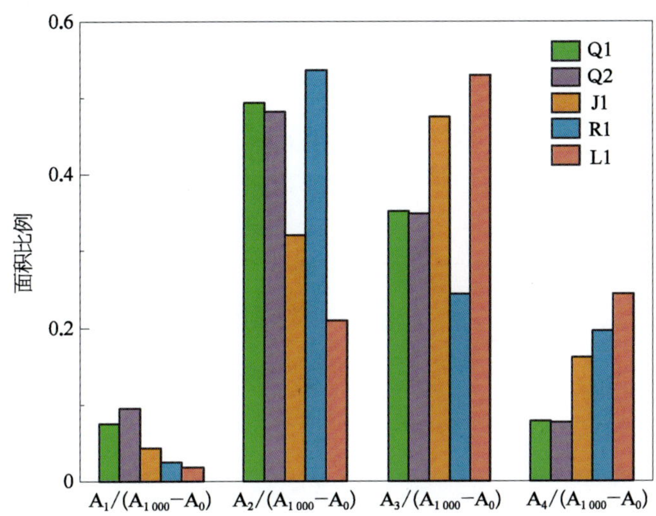

图 2-3　5 件样品釉中玻璃相拉曼光谱的伸缩包络中各组分的积分面积比例 $A_n/(A_{1\,000}-A_0)$

2.1.4　腐蚀前样品釉的显微结构分析

在亚微米至微米尺度上，釉中的分相和析晶的出现会很大程度影响到腐蚀的进程，这些非均质的显微结构在不同层面上会改变釉的耐腐蚀性，因而往往造成局部区域的优先腐蚀现象。Q1 抛光断面的光学显微镜(optical microscope，OM)和扫描电子显微镜(SEM)图像分别如图 2-4a、b 所示，OM 图像中能够清晰地观察到不透明绿釉，在 SEM 下放大后可以清晰地观察到釉中的分相结构，其中衬度较低的分相液滴(富 SiO_2 相)分散在衬度较高的基体相(富 CaO 相)中，如图 2-4c 所示。使用 1 vol% HF 溶液对试样进行 60 s 处理后，釉中的分相液滴暴露出来，可以在 SEM 二次电子图像中清晰地观察到液滴相的形态(图 2-4d)，分相液滴的尺寸约为 50～200 nm。

Q2 抛光断面的 OM 和 SEM 图像分别如图 2-5a、b 所示。在 SEM 下放大后可以清晰地观察到釉中的分相结构，其中衬度较低的分相液滴(富 SiO_2 相)分散在衬度较高的基体相(富 CaO 相)中，如图 2-5c 所示。使用 1 vol% HF 溶液对试样进行 60 s 处理后，釉中的分相液滴暴露出来，可以在 SEM 二次电子图像中清晰地观察到液滴相的形态(图 2-5d)，分相液滴的尺寸约为 300～400 nm，相比 Q1 而言分相的尺度更大一些。

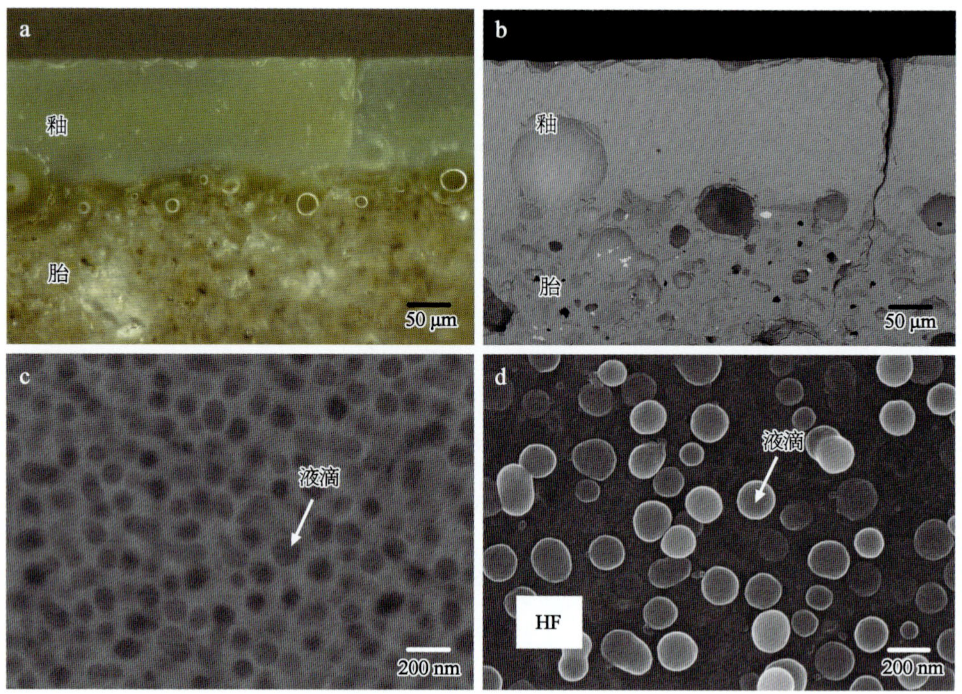

图 2-4　Q1 样品的显微结构

a、b. 分别为抛光断面的 OM 和 SEM 图像；c. 釉中的分相结构，其中低衬度的分相液滴分散在高衬度的基体中；d. 经过 1 vol% HF 处理 60 s 后暴露出来的分相液滴

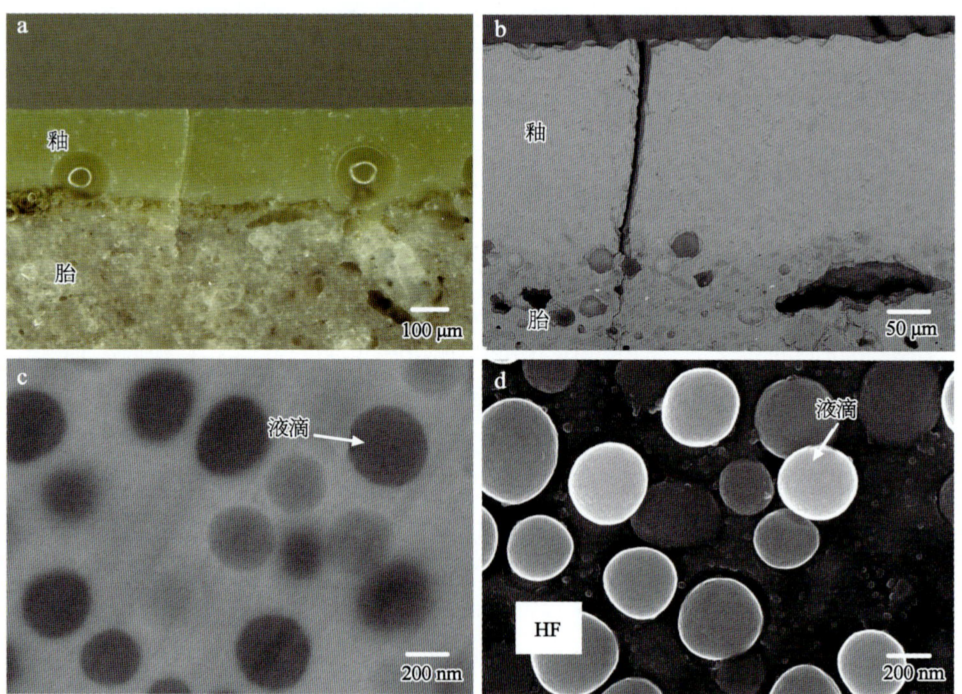

图 2-5　Q2 样品的显微结构

a、b. 分别为抛光断面的 OM 和 SEM 图像；c. 釉中的分相结构，其中低衬度的分相液滴分散在高衬度的基体中；d. 经过 1 vol% HF 处理 60 s 后暴露出来的分相液滴

J1 的天蓝色釉一侧也是典型的分相乳浊釉，抛光断面的 OM 图像如图 2－6a 所示。在 SEM 下放大后可以清晰地观察到釉中的分相结构(图 2－6b)，其中衬度较高的分相液滴(富 CaO 相)分散在衬度较低的基体相(富 SiO_2 相)中，与邛窑样品 Q1 和 Q2 恰好相反，分相液滴的尺寸约为 50～200 nm。当然，釉中分相结构也并不均匀，不同位置也具有不同的分相尺寸。试样经 1 vol% HF 溶液处理 60 s 后，釉中分相结构中的液滴相被腐蚀而留下半球形的凹坑(图 2－6c)。紫色釉一侧断面呈现出多个不同颜色的区域(图 2－6d)，蓝色区域中分布着大片的红紫色区域和白色乳浊区域。白色乳浊区的 SEM 图像展现了连通状的分相结构(图 2－6e、f)，而红紫色区域则与蓝色区域相似，主要是衬度较高的液滴相分散在低衬度基质中(图 2－6g、h 和 i)。此外，在两个区域中能够观察到一些高衬度的铜纳米粒子分散于其中。

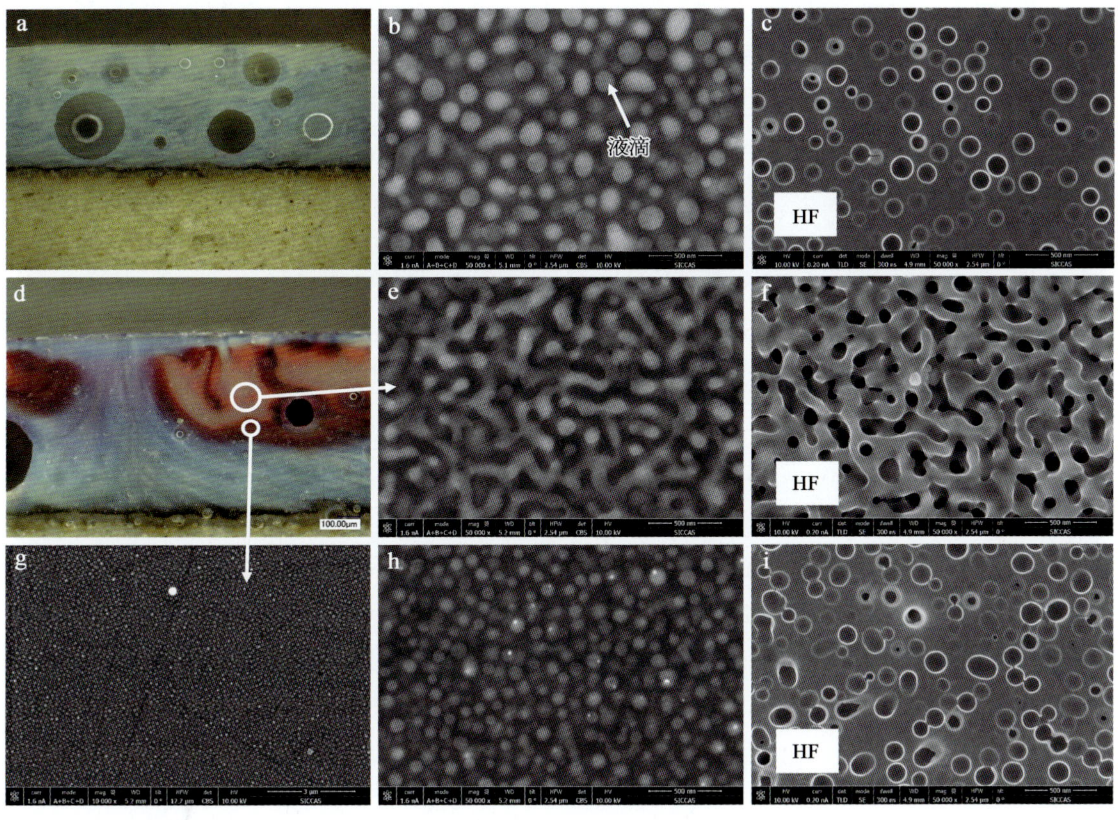

图 2－6 J1 样品的显微结构

a、b. 蓝色乳浊釉一侧的断面 OM 和 SEM 图像，其中高衬度的分相液滴分散在低衬度的基体中。c. 1 vol% HF 处理 60 s 后留下的半球形凹坑。d～i. 紫色一侧釉的断面 OM 和 SEM 图像，其中，e 和 f 为偏白色乳浊区的位置，呈连通状分相结构；g～i 为红紫色区域的位置；f 和 i 为 1 vol% HF 溶液处理 60 s 后呈现的结构

R1 的抛光断面的 OM 和 SEM 图像分别如图 2－7a、b 所示，釉中分布着较多的气泡，具有很强的乳浊感。在 SEM 下放大后可以观察到整个釉层中均分布着大量密集的钙长石晶簇，尺寸为数微米(图 2－7c)。使用 1 vol% HF 溶液对试样进行 60 s 处理后，钙长石晶体的边缘被腐蚀，晶体暴露出来，并且在晶间和晶簇的周围均存在分相结构，经过 HF 处理后呈现连通状或半连通状的结构(图 2－7d)。

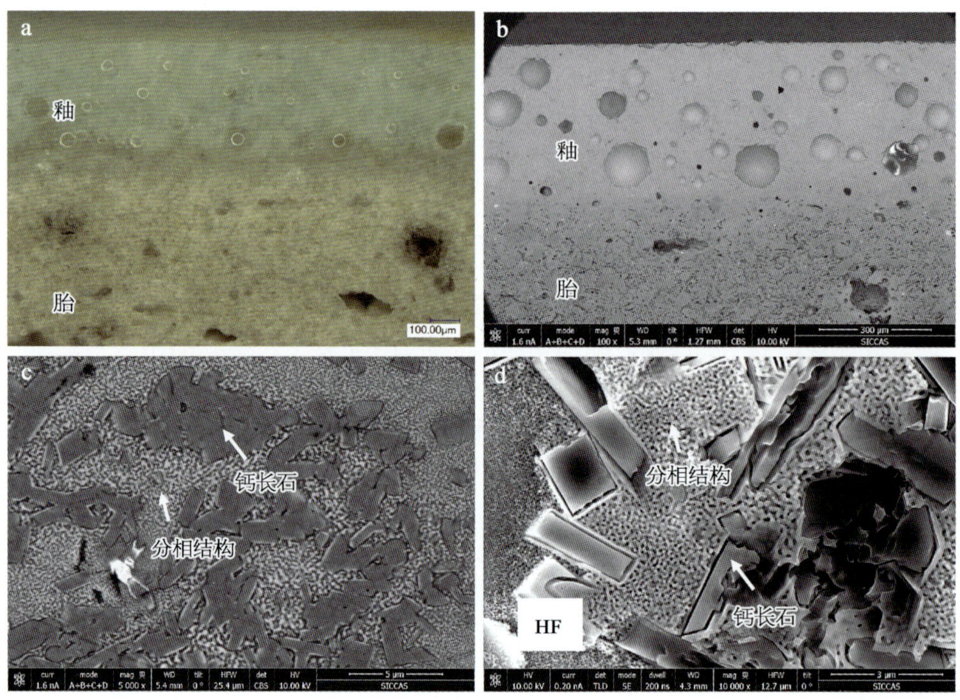

图 2-7 R1 样品的显微结构

a、b. 分别为抛光断面的 OM 和 SEM 图像;c. 釉中的钙长石晶体和晶间的分相结构;d. 1 vol% HF 溶液处理 60 s 后暴露出来的结构

L1 的抛光断面的 OM 图像如图 2-8a 所示,釉中有较多的气泡,且有一定的乳浊感,并非完全透明。SEM 图像如图 2-8b 所示,在釉层的中部分布着一层未熔石英颗粒聚集的区域(A1 区域),在 SEM 下放大后可以清晰地观察到其中还有较多的钙长石晶体,尺寸为数微米(图 2-8c)。使用 1 vol% HF 溶液对试样进行 60 s 处理后,钙长石晶体边缘处的玻璃相被腐蚀,晶体暴露出来,并且在晶间还存在少量分相结构,可以看到处理后出现的亚微米级凹坑(图 2-8d)。这些釉层中部的石英颗粒和钙长石晶体导致青瓷釉出现了一定的乳浊感。

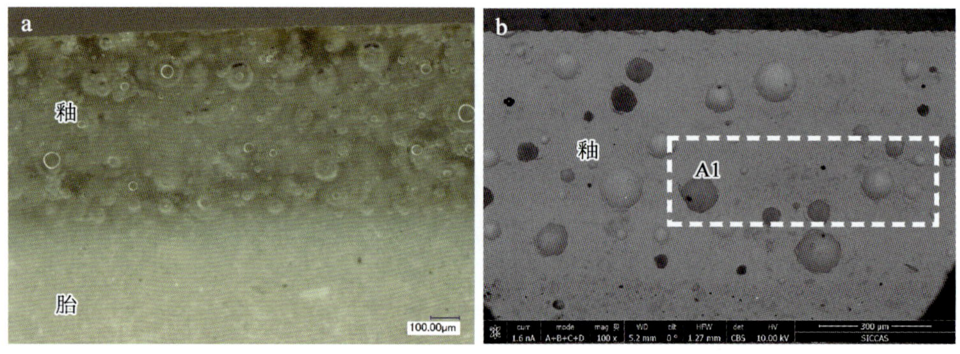

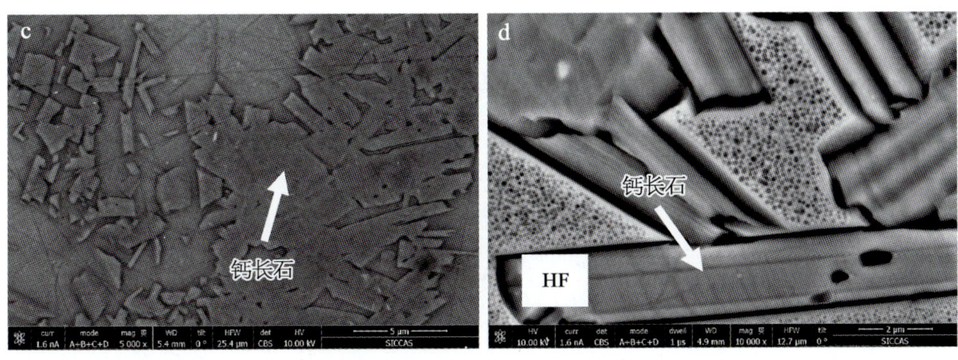

图 2-8　L1 样品的显微结构

a、b. 分别为抛光断面的 OM 和 SEM 图像，A1 区域分布着较多的未熔石英颗粒和钙长石晶体；c. 釉中的钙长石晶簇；d. 1 vol% HF 溶液处理 60 s 后暴露出来的柱状钙长石晶体以及晶间的分相结构

2.1.5　古代瓷器样品在酸性介质中的腐蚀机理

通常，玻璃或陶瓷样品在腐蚀介质中浸泡后单位表面积的质量损失随时间的变化能够一定程度上反映它们的耐腐蚀性[99-102]。但由于用于研究的古陶瓷样品有限，我们难以采用标准方法进行测试，因而在这里仅使用小块试样进行腐蚀实验，将它们的失重随时间的变化情况作为耐化学腐蚀性质的一个大致反映。各样品在 1 vol%稀盐酸中浸泡后的质量损失随时间的变化情况如图 2-9 所示，从图中可以看出，不同类型样品的耐酸性差异很大，浸泡 50 天后，L1 和 R1 的质量几乎没有发生变化，分相釉的样品 Q1 和 Q2 大约有 1%～2%的质量损失，其中 Q2 的耐腐蚀性更低一些。汝瓷样品 R1 耐腐蚀性最差，在 50 天的浸泡后质量损失已经接近 8%。

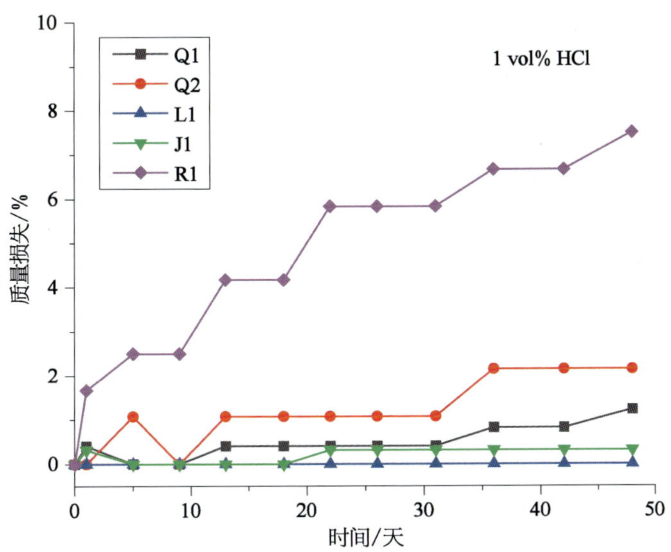

图 2-9　各样品在 1 vol%稀盐酸中浸泡后重量的减少随时间的变化情况

Q1、Q2 和 J1 样品均为分相釉，但釉的组成以及分相的形态和尺寸均有所差异，这些因素导致了釉在显微层面是不均匀的，因此腐蚀过程也受到这些因素的影响。Q1 样品在 1 vol% 稀盐酸中腐蚀 3～30 天后的显微结构变化如图 2－10 所示，可以看出在 OM 图像中很难分辨出釉的劣化特征（图 2－10a、d 和 g）。在腐蚀 3 天后（图 2－10b、c），部分分相液滴边缘出现明显的间隙，约为数十纳米的宽度。腐蚀 7 天后更多的液滴相边缘出现间隙，并且部分明显相连形成宽度为数百纳米的微裂纹（图 2－10e、f）。腐蚀 30 天后，可以发现釉中不同区域受到的腐蚀程度不均匀，部分区域出现了明显更严重的凹陷，富 CaO 的基体受到严重的腐蚀，而更多的富 SiO_2 相暴露在最表层（图 2－10h、i）。

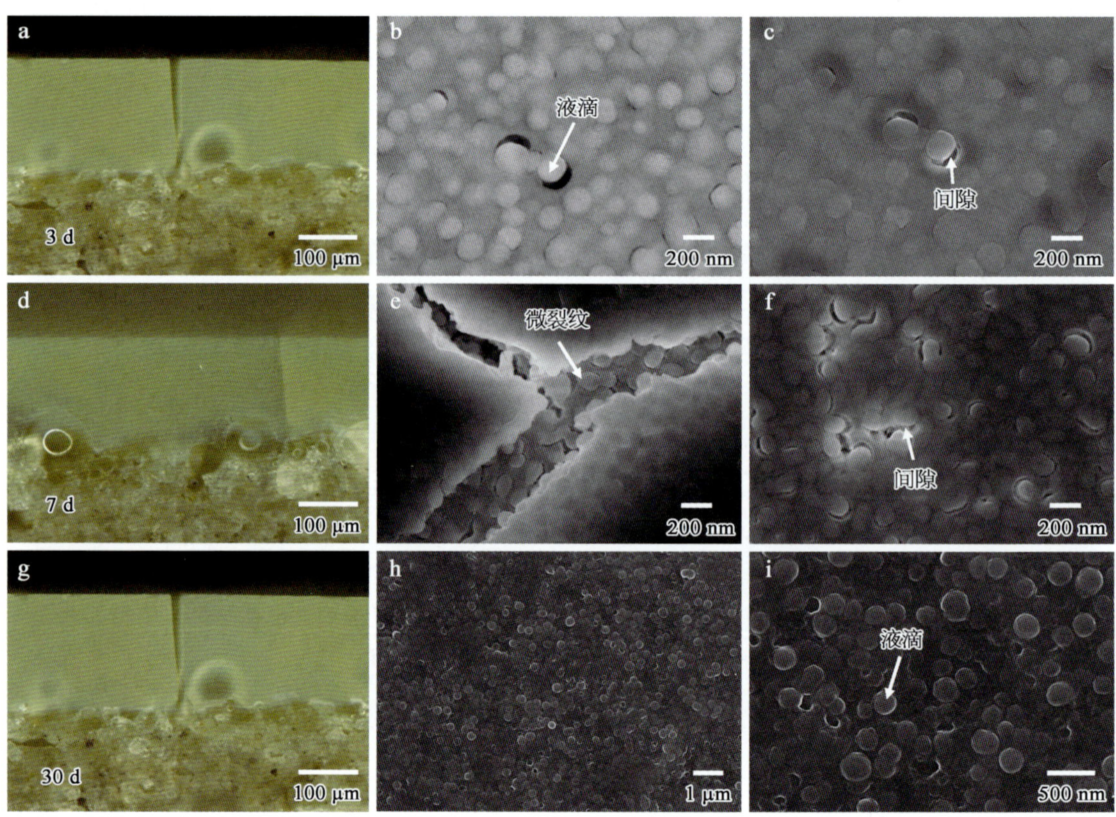

图 2－10　Q1 样品在 1 vol%盐酸中腐蚀不同时间后釉的显微结构

a～c. 3 天；d～f. 7 天；g～i. 30 天

Q2 样品在稀盐酸中腐蚀 3～30 天后的显微结构变化如图 2－11 所示。在 OM 图像中同样无法清晰地分辨出釉的劣化特征（图 2－11a、d）。浸泡仅 3 天后在 SEM 下可以观察到釉中已经出现了密集的微裂纹，裂纹的长度约为数微米（图 2－11b）。放大后可以发现大部分位于表面的分相液滴的边缘均出现了明显的间隙（图 2－11c），并且微裂纹的走向大多是沿着分相液滴的边缘。腐蚀 30 天后也可以看出富 CaO 的基体受到严重腐蚀，富 SiO_2 液滴相部分暴露出来（图 2－11e、f）。经过相同时间的腐蚀后 Q2 的腐蚀程度明显要比 Q1 更严重，这可能主要与 Q2 样品中更高的 Cu 含量有关。铜在邛窑高温绿釉中主要以 Cu^{2+} 离子的形式存在[103]；Cu^{2+} 离子以八面体构型存在于玻璃基质中，这种更开放的结构可以更容易地与 H^{+} 发生离子交换反应[104]，另外掺 Cu 之后，表面的非桥氧原子数更多，有更多的碱金属或碱土金属离子位点用于保持表面电荷平衡，因此也有助于更快的离子交换反应[104]。此外，八面体构型具有更长的键长和更多的空间，结构更开放，对离子的迁移和离子交换的几何和能量限制更少（电子密度和活化能更低）。

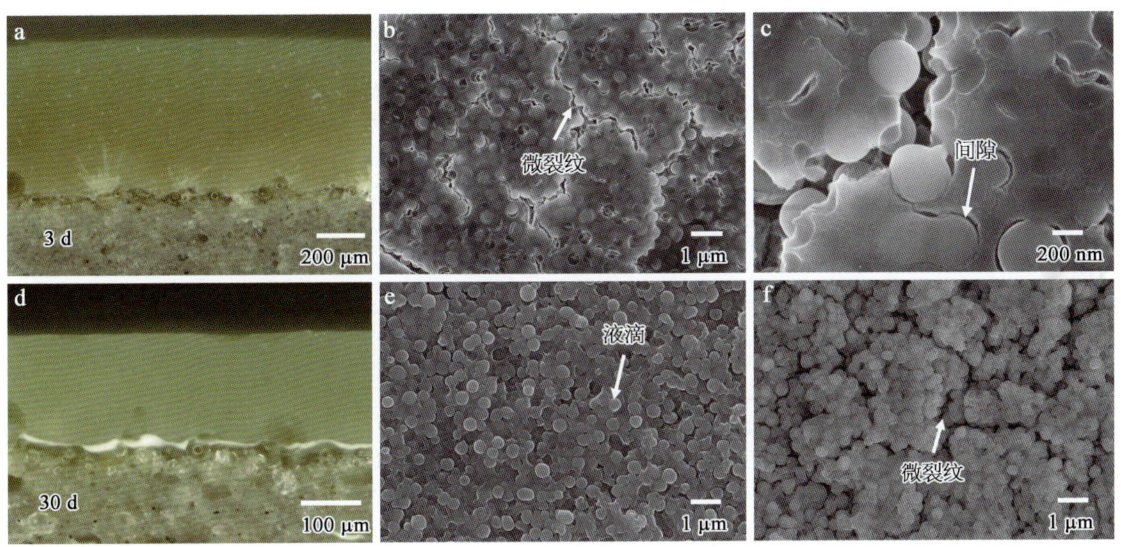

图 2-11　Q2 样品在 1 vol%盐酸中腐蚀不同时间后釉的显微结构

a～c. 3 天；d～f. 30 天

J1 样品在稀盐酸中腐蚀 3～30 天后的显微结构变化如图 2-12 所示。其中蓝色釉一侧经过 3 天腐蚀后，部分富 CaO 液滴相的边缘也出现了与邛窑分相釉相似的间隙（图 2-12a），然而 30 天后，富 CaO 液滴相被选择性腐蚀从而形成半球形的凹坑（图 2-12b），这与邛窑的样品恰好相反。在另一侧的紫色釉中，不同位置的分相形态和尺寸都差异很大，从 3 天到 30 天后，也是由分相边缘的间隙开始，逐渐将富 CaO 的一相选择性腐蚀，从而呈现出连通状结构（图 2-12c、d）。

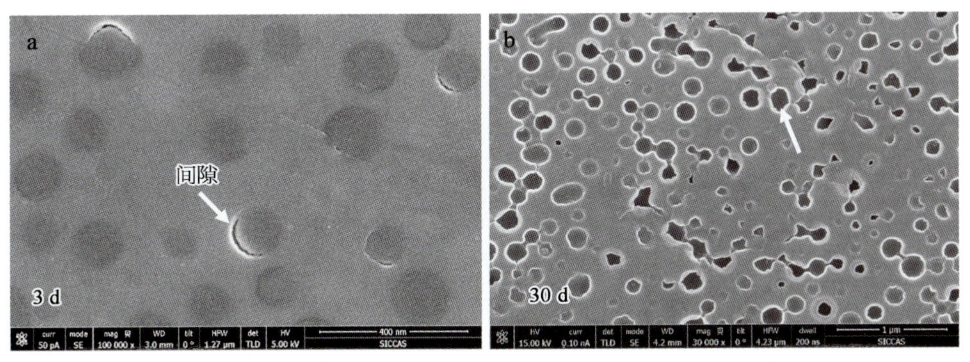

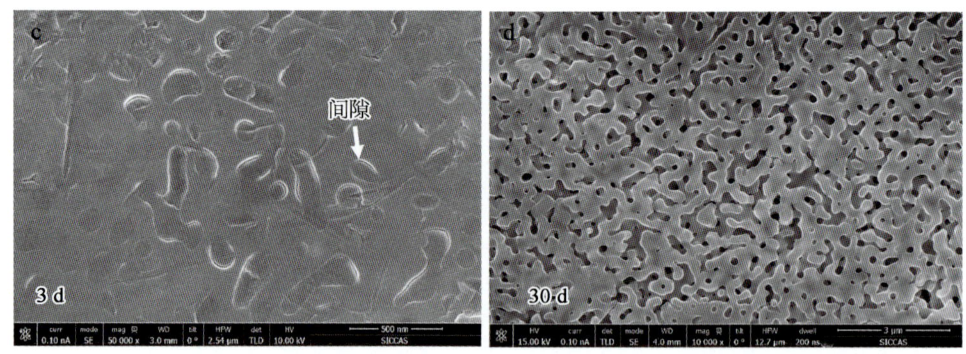

图 2-12　J1 样品在 1 vol%盐酸中腐蚀不同时间后釉的显微结构

a、b. 分别为蓝色釉一侧腐蚀 3 天和 30 后的结果；c、d. 分别为紫色釉一侧腐蚀 3 天和 30 天后的结果

三种分相釉在稀盐酸中腐蚀不同时间后溶液中离子浓度的变化也可以反映出不同离子在腐蚀过程中的迁移情况，如图 2-13 所示。溶解进入溶液的离子不仅仅是来自釉中，也有一部分可能是由于胎中晶相或玻璃相的腐蚀。从图中可以看出，釉中各组分均有不同程度

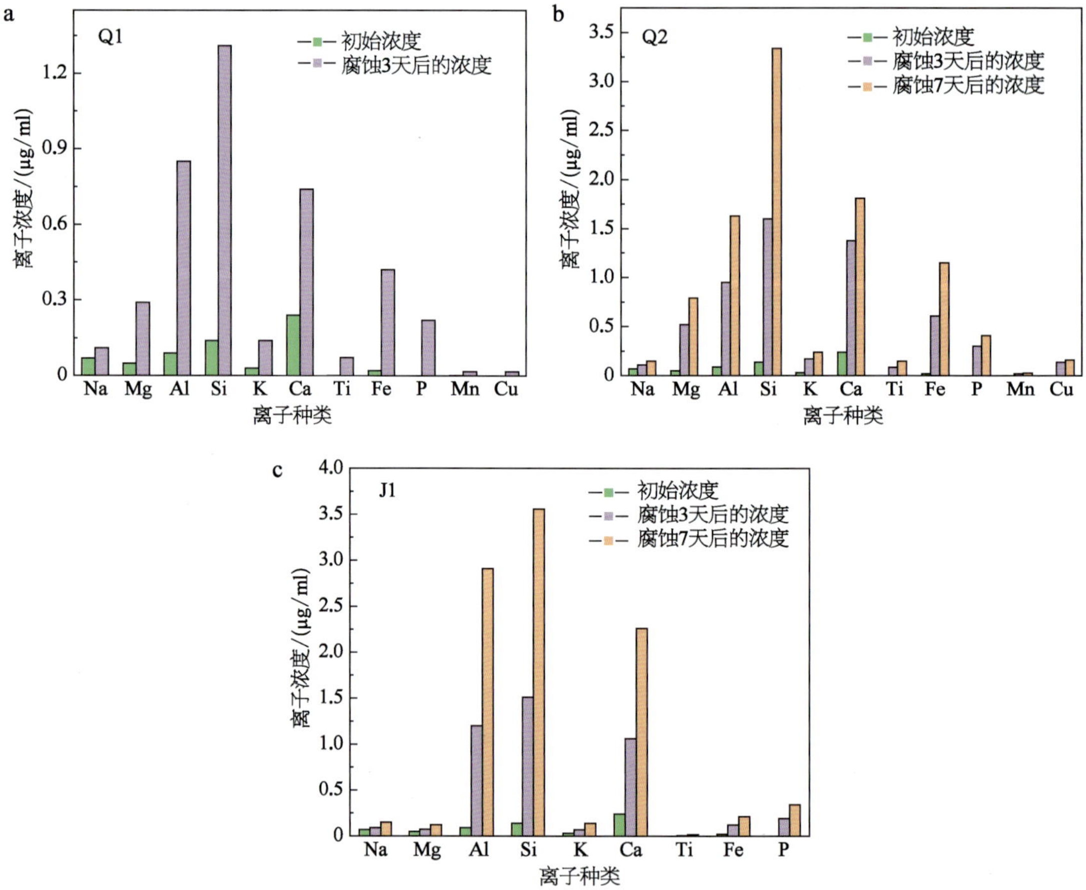

图 2-13　分相釉样品在 1 vol%稀盐酸中腐蚀不同时间后溶液中离子浓度的变化

a. Q1 样品；b. Q2 样品；c. J1 样品

的溶出，数量最多的是 Si、Al 和 Ca，它们也是釉中的主要成分。Q2 相对于 Q1 而言，Cu 的溶出明显更多。由离子浓度变化的结果结合显微结构的观察可知，进入溶液中的组分主要是由于富 CaO 相的选择性溶解，而富 SiO_2 相则相对更加稳定。

分相釉在酸性溶液中的化学腐蚀与其自身的化学成分和显微结构（即分相结构）密切相关。分相釉的第一个显著的劣化特征是富 CaO 相和富 SiO_2 相的腐蚀速率存在差异，通常是富 CaO 相会被选择性腐蚀而留下另一相，这一点从邛窑和钧窑的样品中均得到了证实。因此，化学腐蚀首先与两相的成分差异有关，由于富 CaO 相中作为网络修饰体的金属阳离子多，网络更加开放，H^+ 离子更容易进入并发生离子交换反应，水分子也更容易通过打开的通道进入网络内部而促进溶解的过程，因而富 CaO 相会在很短的时间内被选择性腐蚀。

另外，分相釉在短时间内会产生很多微米级的裂纹，这主要可能是由于两相之间出现的间隙扩展而形成。交换离子半径的差异会造成玻璃网络（Si—O—Si）的轻微变形，由于两相反应的速率存在差异，因此变形的程度也不同，这会在两相之间产生应力。也有研究者指出，由于分相结构中两相热膨胀系数的不同而在相界面处引起应力促进的腐蚀[105]。从热力学的角度而言，当应变释放出的能量大于产生新表面所需能量时，系统会通过裂纹的扩展来降低总能量。H_2O/H^+ 与玻璃表面发生离子交换反应，产生低能量的硅烷醇端面，可以降低断裂表面能来促进裂纹的扩展[106]，因此硅氧网络的水解速率会随应力而增加，这使得相界面处可能最先产生微裂纹，从而释放应力，裂纹的产生是玻璃网络残余应力的延迟释放，水作为应力腐蚀剂，加速裂纹尖端的网络水解[106-107]。最后，由于釉的非均质性，分相结构的形态和尺度在不同区域都有着差异，这也导致在更大尺度上形成微米级的浅凹坑，主要就是因为不同区域腐蚀程度的差异所导致。

L1 试样在稀盐酸中浸泡 3～30 天后的显微结构变化如图 2-14 所示。尽管龙泉窑的青瓷多为透明釉，但这里的样品釉中也存在一些钙长石晶体。腐蚀后在 OM 下可以观察到釉

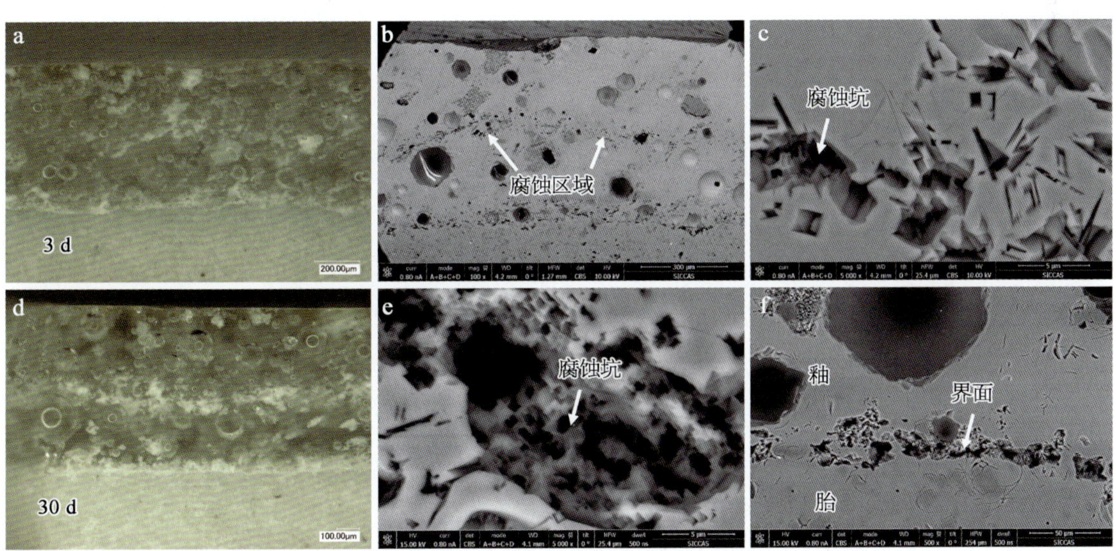

图 2-14　L1 样品在稀盐酸中腐蚀不同时间后釉的显微结构

a、b. 分别为腐蚀 3 天后的 OM 和 SEM 图像；c. 釉中钙长石晶体溶解留下的腐蚀坑；d～f. 腐蚀 30 天后的 OM 和 SEM 图像，其中 f 是胎釉界面处出现的凹坑

中局部在经过 3 天后出现白色，包括在胎釉中间层的位置和釉层中部(图 2-14a、d)，在 SEM 图像中可以发现这些白色区域出现了很多腐蚀坑，放大后可以清晰地观察到白色区域的蚀坑(图 2-14b、c、e 和 f)，其分布很密集，形状和尺寸均与钙长石晶体很接近，因此可能是由于钙长石晶体的溶解而留下的腐蚀坑。

釉层整体均存在析晶-分相结构的汝瓷釉的劣化现象更加明显，从随时间变化的一系列 OM 图像中可以看出(图 2-15a～h)，R1 样品的釉层在仅 1 天的腐蚀后就出现了明显的白色区域，分布非常不均匀。在 5 天以后，釉层几乎就完全呈白色，而失去了原有的颜色特征。在 SEM 图像(图 2-15i)中能够更直观地看出汝瓷釉腐蚀过程的不均匀性，釉中出现了大量针状的腐蚀坑(图 2-15j)，对应于釉中整体析出的钙长石晶体。腐蚀坑附近的玻璃相则呈现出连通状的多孔结构，可以推断分相结构中的一相已被腐蚀(图 2-15k)。此外，胎、釉界面处也由于大量钙长石晶体的溶解而出现连通的孔洞(图 2-15l)。L1 和 R1 在稀盐酸中腐蚀不同时间后溶液中离子浓度的变化情况如图 2-16 所示，在相同的腐蚀时间下，R1 溶解进入溶液中的 Si、Al 和 Ca 等组分几乎相比 L1 而言高了一个数量级，这主要归因于其釉层中大量钙长石晶体在短时间内的选择性溶解。

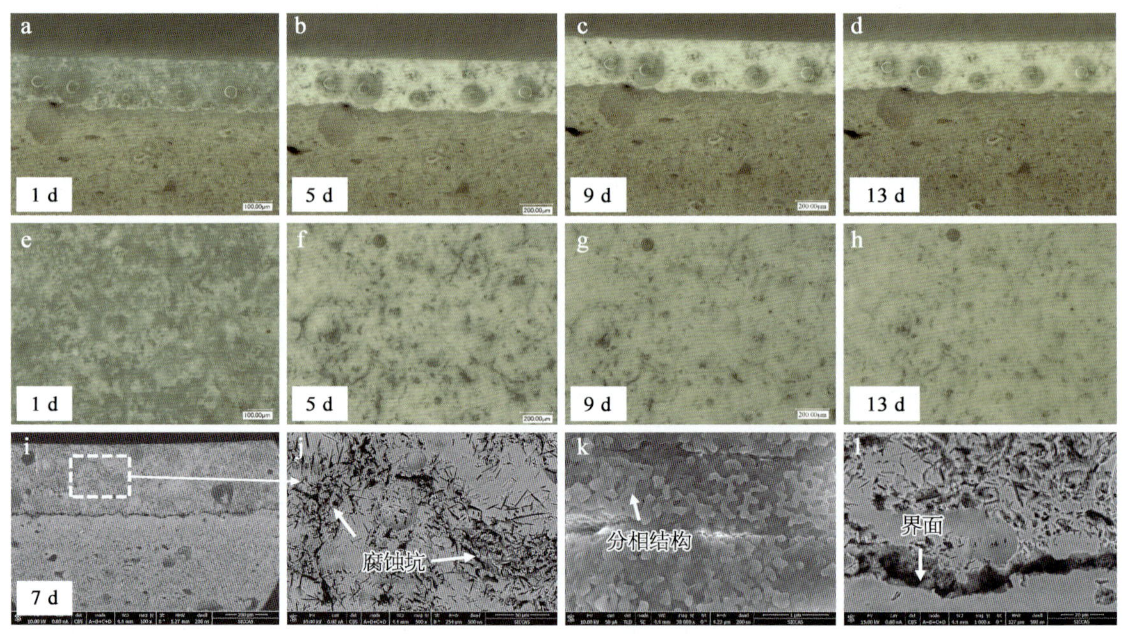

图 2-15　R1 样品在稀盐酸中的腐蚀实验结果

a～d. 断面外观随腐蚀时间的变化；e～h. 表面外观随腐蚀时间的变化；i～l. 经过 7 天腐蚀后的断面 SEM 图像

龙泉窑的青瓷釉和汝瓷釉均属于非均质体系，特别是汝瓷釉中存在着大量的析晶-分相结构，其在酸性溶液中的腐蚀与其显微结构密切相关，这主要是由钙长石晶体较低的化学稳定性所决定。通常，大多数硅酸盐矿物的溶解速率受表面反应的速率控制，动力学上一般符合线性溶解机制，具有很强的 pH 依赖性。钙长石晶体的溶解对于 pH 值的依赖性在大于 An_{70} 的矿物组分范围内特别显著[108]，在酸性溶液中溶解速率很高主要是由于氢离子对

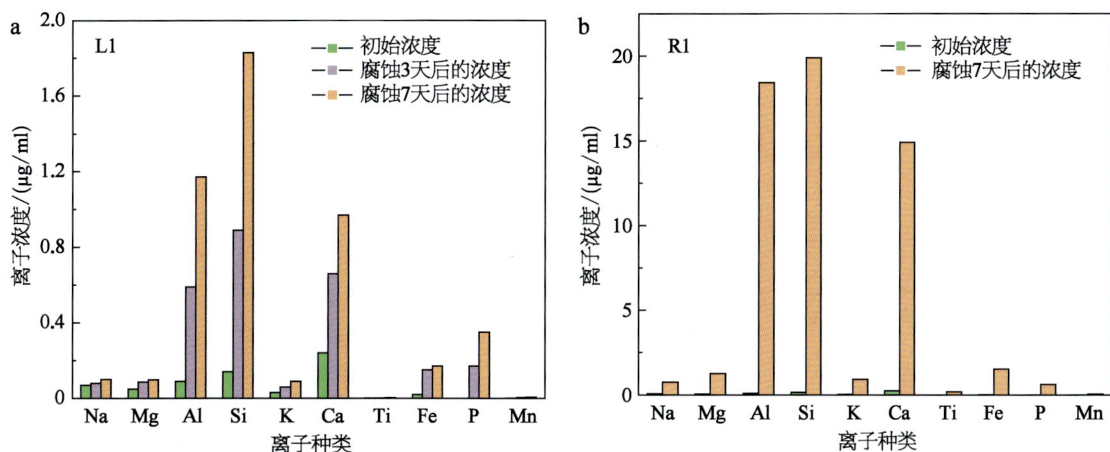

图 2－16　析晶-分相釉和透明釉样品在稀盐酸中腐蚀不同时间后溶液中离子浓度的变化情况

a. L1 样品；b. R1 样品

Al—O 键的攻击导致 Al 和 Si—O 四面体同时脱离钙长石结构而进入溶液，因此并不需要经过相对缓慢的 Si—O 键的水解反应[108]。溶解实验也表明，钙长石中 Si 的溶出速率显著高于其他硅酸盐晶体，稳定性远低于石英和透辉石[109]，具有较低的表观活化能[108]。因此，这类存在析晶-分相结构的釉在酸性溶液的腐蚀环境中会由于钙长石晶体的选择性溶解而出现大量腐蚀坑，这些密集的腐蚀坑破坏了釉中原有的连续性结构，其复杂的界面对入射光造成了强烈的散射效果，因此出现了白色的劣化特征。同时，钙长石晶体伴随的分相结构相比均质透明釉而言也受到了更为严重的腐蚀，与之前讨论的分相釉的情况相似。

2.1.6　古代瓷器样品在模拟海水介质中的腐蚀机理

为了更好地探讨古陶瓷釉在海水中的劣化机理，我们同时将样品置于去离子水和海水中进行 180 天的腐蚀实验，在其他条件一致的情形下，通过对比两者在腐蚀实验结束后所呈现的腐蚀特征，从而有利于更深入地理解海水的化学条件对古陶瓷釉劣化过程的影响。3 件分相釉样品在去离子水中腐蚀后的形貌特征如图 2－17 所示，在 OM 图像（图 2－17a、d、g）和低倍 SEM 图像（图 2－17b、e、h）中均没有明显的腐蚀痕迹，但在更高倍数的 SEM 图像中可以看出，Q1 和 Q2 釉中部分分相液滴的边缘显露出来（图 2－17c、f），这说明釉中富 CaO 的基体相受到腐蚀，J1 釉中出现了一些微裂纹（图 2－17i），说明两相界面处受到腐蚀，但相对而言它们的腐蚀程度并不严重。

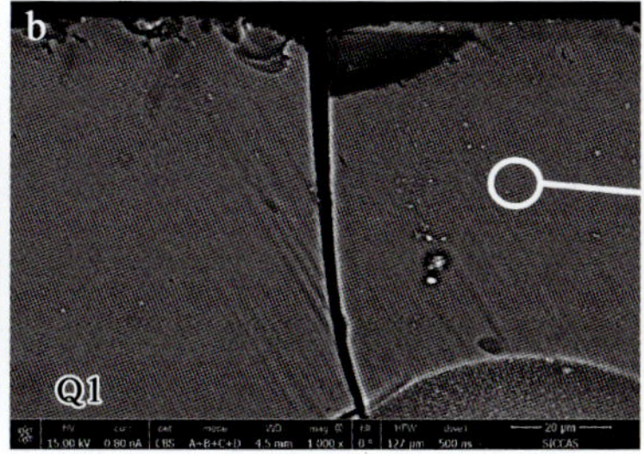

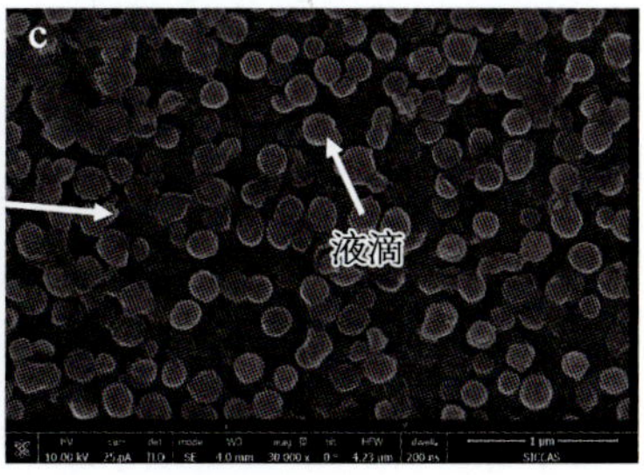

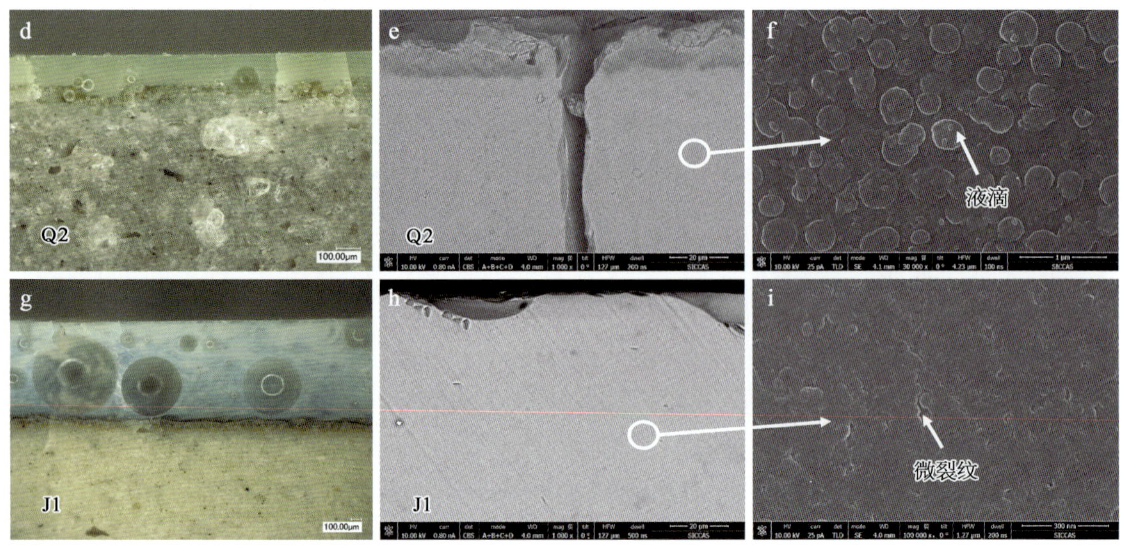

图 2-17　分相釉在去离子水中腐蚀 180 天后的显微结构

a～c. Q1 样品；d～f. Q2 样品；g～i. J1 样品

L1 和 R1 在去离子水中腐蚀 180 天后釉的形貌特征如图 2-18 所示，它们的腐蚀程度也很轻微，仅仅析晶-分相区发现了一些浅表层的腐蚀坑，这可能与晶体的部分溶解有关，也可能与分相釉的选择性溶解有关。无论是分相釉、析晶-分相釉还是透明釉，在去离子水中均只有轻微的腐蚀痕迹，表明去离子水对古陶瓷釉的腐蚀性较低。

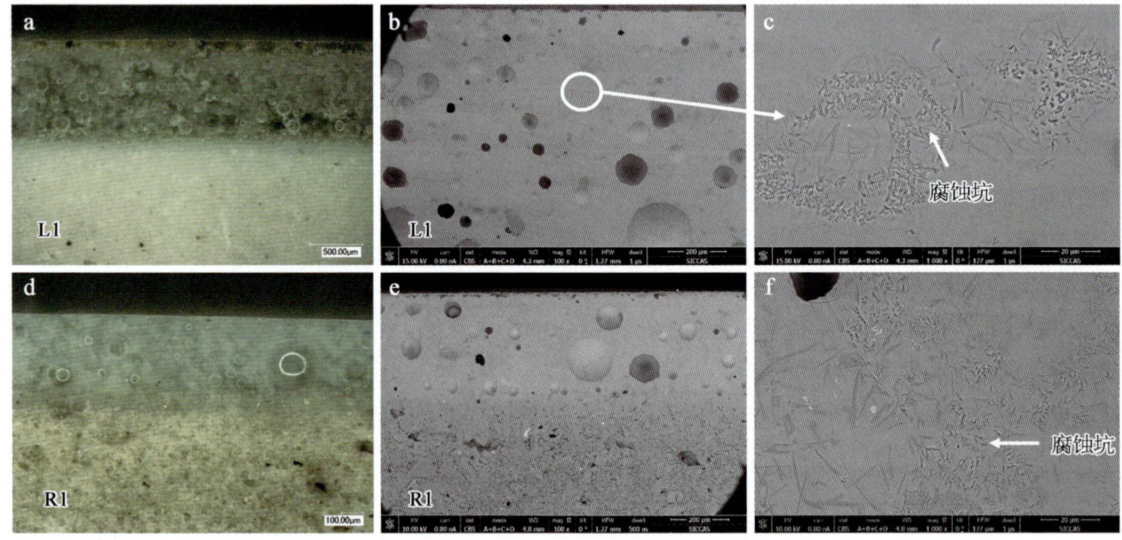

图 2-18　L1 和 R1 在去离子水中腐蚀 180 天后釉的显微结构

a～c. L1 样品；d～f. R1 样品

各样品在去离子水中腐蚀 180 天后溶液中各组分的浓度列于表 2-5 中。从表中可以看出，不同样品的溶出量差别很大，其中，釉中主要成分 Si 和 Al 元素溶出最多的是汝瓷 R1，其次是邛窑的两件样品 Q1 和 Q2，相比空白组而言，Si 元素的浓度均增加了至少一个数量级，它们的其他组分如 Na、Mg、K、Ca 元素也均有大幅溶出。而钧窑的 J1 和龙泉窑的 L1 则溶出量相对低很多，溶液中 Si 元素的浓度仅增加至约 0.6 μg/ml，显然与它们较好的化学稳定性有关。

表 2－5　各样品在去离子水中腐蚀 180 天后溶液中各组分的浓度　　单位：μg/ml

样品编号	Si	Al	Na	Mg	K	Ca	Fe
空白组	0.13	<0.02	0.03	0.01	<0.01	0.18	<0.01
Q1	4.90	0.06	0.17	0.15	0.20	0.43	<0.01
Q2	1.76	<0.02	0.09	0.06	0.11	0.20	<0.01
J1	0.64	<0.02	0.04	0.02	0.04	0.13	<0.01
L1	0.61	<0.02	0.06	0.03	0.04	0.18	<0.01
R1	5.24	0.12	0.17	0.12	0.43	0.61	<0.01

在海水中腐蚀后的分相釉样品呈现出完全不同的劣化特征，如图 2－19 所示，Q1 和 Q2 样品大部分都被新形成的白色物质所覆盖(图 2－19a、d)。在 SEM 图像中可以发现(图 2－19b、e)，釉表层形成大量孤立或互联的浅凹坑，其中 Q2 样品的凹坑的尺度明显更大，说明其腐蚀程度也更加严重。在更大的放大倍数下，可以观察到大量暴露出来的分相液滴(图 2－19c、f)。

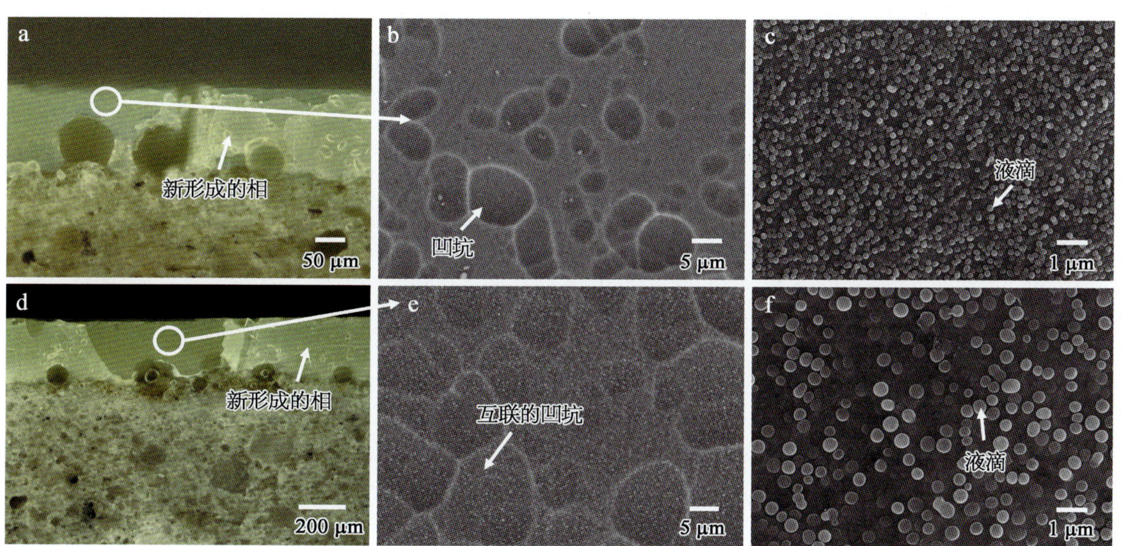

图 2－19　Q1 和 Q2 样品在模拟海水溶液中腐蚀 180 天后釉的显微结构

a～c. Q1 样品；d～f. Q2 样品

钧窑的分相釉样品 J1 在海水中腐蚀后的劣化特征如图 2－20 所示，与 Q1 和 Q2 样品相似，J1 样品也形成了覆盖样品的白色物质，但覆盖的区域更少(图 2－20a、d)。在 SEM 图像中也能看出(图 2－20b、e)不明显的浅凹坑，其中含 Cu 的紫色釉一侧的凹坑尺度相对更大，腐蚀程度更加严重。在更大的放大倍数下，在蓝色釉中可以观察到由于富 CaO 液滴相被腐蚀后形成的密集凹坑(图 2－20c)，在紫色釉中则是呈现出一相被腐蚀的连通状结构(图 2－20f)。

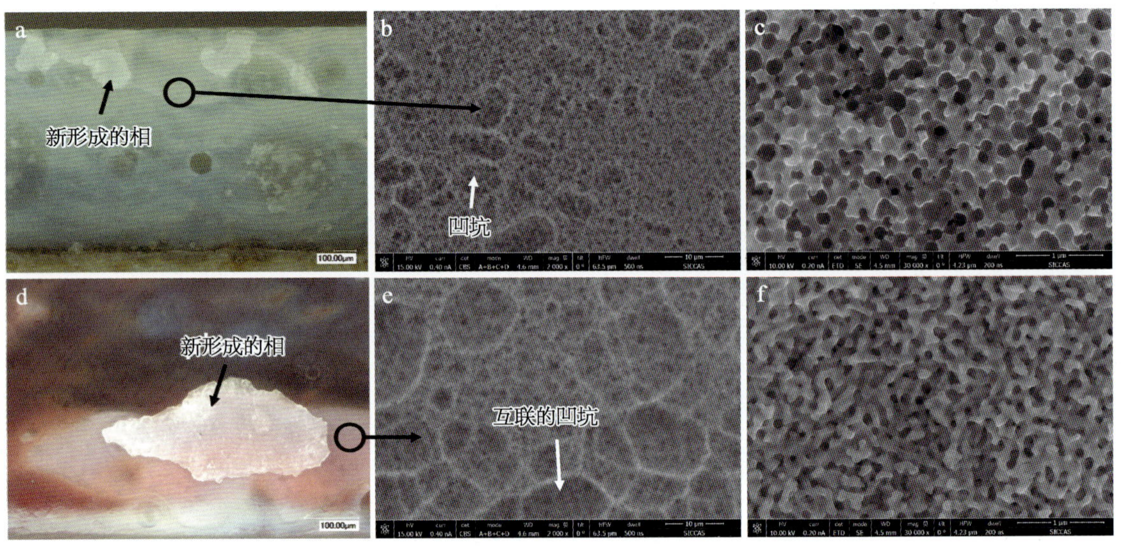

图 2－20　J1 样品在模拟海水溶液中腐蚀 180 天后釉的显微结构

a～c. 蓝色乳浊釉一侧；d～f. 紫色釉一侧

在海水中腐蚀后的透明釉和析晶-分相釉样品也呈现出了不同的劣化特征，如图 2－21 所示，L1 和 R1 样品中同样也形成了很多白色物质(图 2－21a、d)。在 SEM 图像中可以发现两者的腐蚀程度差异很大，其中 L1 的釉表层形成一些孤立或互联的浅凹坑(图 2－21b)，钙长石晶簇也由于附近玻璃相的腐蚀而部分暴露出来。但 R1 的样品表层则已经凹凸不平，腐蚀程度

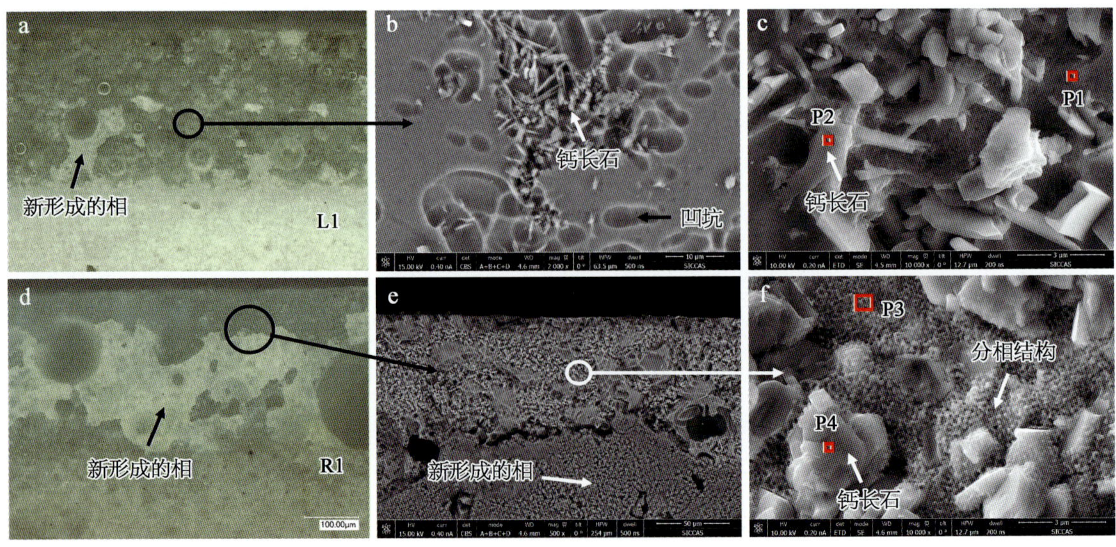

图 2－21　L1 和 R1 样品在模拟海水溶液中腐蚀 180 天后釉的显微结构

a～c. L1 样品；d～f. R1 样品

非常严重(图 2－21e)。在更大的放大倍数下,可以观察到钙长石晶体附近被腐蚀的分相结构(图 2－21c、f),能量色散谱(energy dispersive spectroscopy, EDS)分析结果见表 2－6。

表 2－6　图 2－21 中标记位置的 EDS 分析结果　　单位：wt%

测试位置	Na_2O	MgO	Al_2O_3	SiO_2	P_2O_5	K_2O	CaO	Fe_2O_3
P1	0.37	0.90	14.52	65.75	0.42	6.34	9.76	1.94
P2	0.77	0.75	18.63	65.29		4.24	9.29	1.03
P3	1.45	1.22	19.89	60.46		3.06	12.53	1.37
P4	1.05	0.77	30.40	49.71		1.05	16.25	0.61

各样品在模拟海水中腐蚀 180 天后溶液中 Si 和 Al 的浓度列于表 2－7 中,溶出最多的仍然是 R1、Q1 和 Q2,但不同的是 L1 和 J1 的溶出量也远高于它们在去离子水中溶出的结果,这也进一步证明了模拟海水溶液具有更强的腐蚀性,另外 Al 元素在溶液中几乎没有明显的增加,可能是由于其在模拟海水溶液中溶解度更低,溶出的 Al 很快就与其他元素结合在样品表面形成了新的物相。此外,由于模拟海水溶液中原有的碱金属离子和碱土金属离子含量很高,溶出量相对变化很小,因此在这里并未列出。

表 2－7　各样品在模拟海水中腐蚀 180 天后溶液中 Si 和 Al 的浓度　　单位：μg/ml

样品编号	Si	Al
空白组	0.16	0.05
Q1	5.56	0.02
Q2	4.64	0.02
J1	3.48	0.02
L1	4.07	0.02
R1	6.40	0.02

五件样品的表面在经过海水 180 天的腐蚀后均或多或少被新形成的白色物质所覆盖。使用拉曼光谱对 Q1、Q2、J1 和 L1 釉表面的白色物质进行分析,结果如图 2－22 所示,它们的特征主要与水滑石(hydrotalcite)和蛇纹石(serpentine)两种矿物相吻合。水滑石是一种层状双氢氧化物(LDHs),也被称为阴离子黏土,其结构类似于水镁石[$Mg(OH)_2$],由带正电荷的氢氧化物层和层间的阴离子通过非共价键连接而成[110],二价的 Mg^{2+} 部分被半径相近的三价金属离子所取代,如 Al^{3+}、Fe^{3+} 等,层间的可交换阴离子可以是 CO_3^{2-}、Cl^-、ClO_4^-、NO_3^-、SO_4^{2-} 等,从而形成一系列不同组成的 LDHs[111]。在图 2－22 所示各样品的拉曼光谱中,位于 475 cm^{-1} 和 550 cm^{-1} 附近的振动带对应于水滑石中“Al—OH”或“Mg—OH”的平

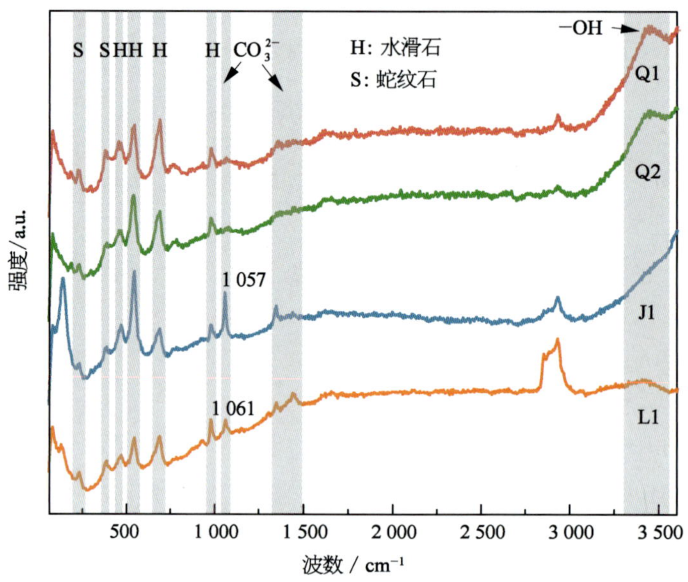

图 2-22　各样品在模拟海水溶液中腐蚀 180 天后形成的新物相的拉曼光谱

移振动，位于 980 cm^{-1}附近的振动带与双重“Al—OH”变形有关，而 690 cm^{-1}、1 060 cm^{-1}以及 1 360～1 400 cm^{-1}附近的振动带则是 CO_3^{2-} 阴离子的特征[110-111]，因此这里形成的水滑石可能主要是以 Mg^{2+} 和 Al^{3+} 离子为金属阳离子，以 CO_3^{2-} 阴离子为层间阴离子的端元，化学式可表示为 $Mg_6Al_2(OH)_{16}CO_3 \cdot nH_2O$。此外，3 250～3 550 cm^{-1}范围内的宽带可归因于水滑石中羟基的伸缩振动[112]。蛇纹石是含水的层状硅酸盐矿物，理想的端元组成为 $Mg_3Si_2O_5(OH)_4$，具有基于重叠的[SiO_4]四面体片(T)和类水镁石结构的 $Mg(OH)_2$ 八面体片(O)的层状晶体结构[113]。由于四面体和八面体层之间的晶格失配，蛇纹石矿物呈现出结构复杂性，通常具有四种主要的结构形式，分别为利蛇纹石(lizardite)、纤蛇纹石(chrysotile)、叶蛇纹石(antigorite)和多边蛇纹石(polygonal serpentine)[114]，它们的拉曼光谱可以通过 3 600～3 700 cm^{-1}范围内出现的羟基伸缩振动带进行区分[113]，但这超出了本研究所使用的拉曼光谱仪的测试窗口范围，因而仅通过拉曼光谱无法确认蛇纹石的具体结构形式。蛇纹石在低波数光谱范围(150～1 100 cm^{-1})内的拉曼光谱主要对应于晶格的内部振动模式和[SiO_4]的振动，其中 230 cm^{-1}处的强峰与 O—H—O 振动有关，390 cm^{-1}附近的峰可归因于[SiO_4]的对称振动。此外，拉曼光谱在 2 850～2 950 cm^{-1}范围内出现的强峰可能与—CH_2 或—CH_3 基团的伸缩振动有关[115]，这表明样品可能受到了一些有机物的污染。

进一步使用 SEM 观察白色物质的显微形貌，在 SEM 图像中可以看出它们主要由密集分布的颗粒状或板状晶体组成，尺寸约 1 μm(图 2-23a～e)。EDS 分析结果表明，它们主要由 Mg、Si、Al、Cl 和 O 这五种元素组成，其他元素的含量均低于 5 wt%(表 2-8)，测试结果也与水滑石和蛇纹石的组成吻合，其中较高的 Cl 元素含量表明水滑石的层间阴离子除了 CO_3^{2-} 离子外还可能有 Cl^- 离子。不同样品表面的白色物质的组成和形貌也存在一定差异，这可能一方面与各样品胎、釉组成的差异有关，另一方面也与它们耐腐蚀性的差异有关。Q1 的板状晶体的表面还附着有衬度更高的小颗粒，EDS 分析结果表明其 Ca 和 S 元素含量较高（表 2－8，P2），因此也可能存在石膏等硫酸盐，这可能与 Q1 样品釉中较高的 CaO 含量有关，这也影响了其耐腐蚀性。Q2 的白色物质中还测得了少量的 Cu 元素，含量为 0.66 wt%（表 2－8，P3），说明含 Cu 的绿釉中 Cu 元素会在腐蚀过程逐渐溶出，进入溶液中后也会参与腐蚀产物的形成。从白色物质的分布上也可以看出不同样品腐蚀程度的差异，Q1、Q2 和 R1 的白色物质几乎覆盖了样品的整个表面，而 J1 和 L1 只有少部分表面被覆盖，因此属于分相釉（富 SiO_2 的液滴相）的 Q1、Q2 和属于析晶-分相釉的 R1 在海水中更容易被腐蚀，这是由于分相结构中富 CaO 相被优先腐蚀并且提供了水溶液进入釉内部的快速通道，而属于分相釉（富 CaO 的液滴相）的 J1 和属于透明釉的 L1 相对而言具有更高的耐腐蚀性，因而即使富 CaO 液滴相被腐蚀留下半球形腐蚀坑，富 SiO_2 的基体仍然能够在较长时间中抵抗海水的腐蚀。

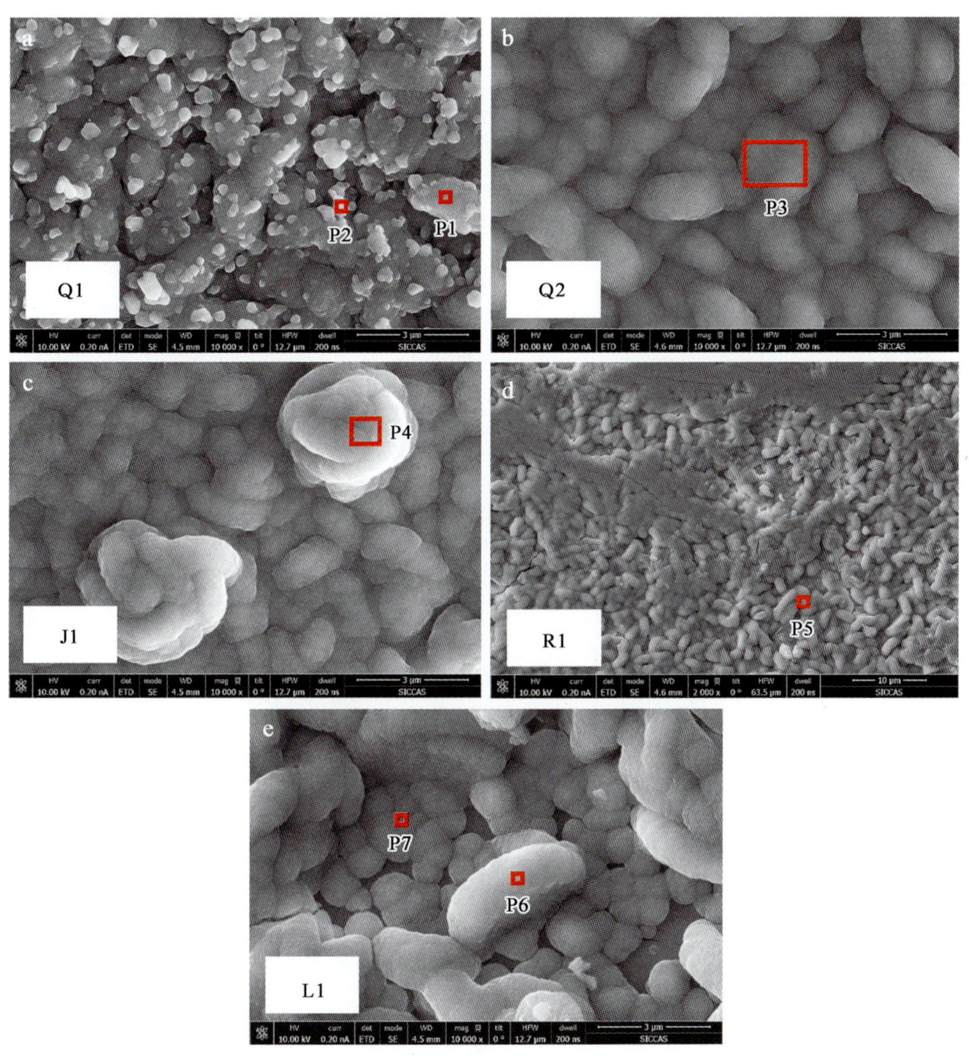

图 2－23　各样品在模拟海水溶液中腐蚀 180 天后形成的新物相的 SEM 图像

a～e. 分别为 Q1、Q2、J1、R1 和 L1 样品

表 2-8　图 2-23 中标记位置的 EDS 分析结果　　单位：wt%

测试位置	O	Na	Mg	Al	Si	P	S	Cl	K	Ca	Ti	Mn	Fe	Cu
P1	42.02	1.37	23.32	3.99	16.93	0.30	0.69	7.14		0.32	0.53		3.39	
P2	43.41	1.21	20.49	3.79	15.93	0.26	2.75	4.29	0.24	2.72	1.20		3.70	
P3	42.45	1.54	26.65	4.21	16.04	0.40	0.31	5.15			0.53	0.25	1.81	0.66
P4	45.28	0.30	28.98	6.15	17.18	0.19	0.41	1.04					0.46	
P5	42.49	1.73	20.99	6.94	16.74		0.43	5.55		1.83	0.19		3.11	
P6	47.19	0.19	21.04	5.24	24.09	0.15	0.52	1.12					0.46	
P7	51.77		5.95	1.29	41.00									

各样品在去离子水和模拟海水溶液中浸泡后的质量损失随时间的变化情况如图 2-24a、b 所示，从中可以看出浸泡约 50 天后样品的质量损失均很少。为了更好地对比古陶瓷样品在

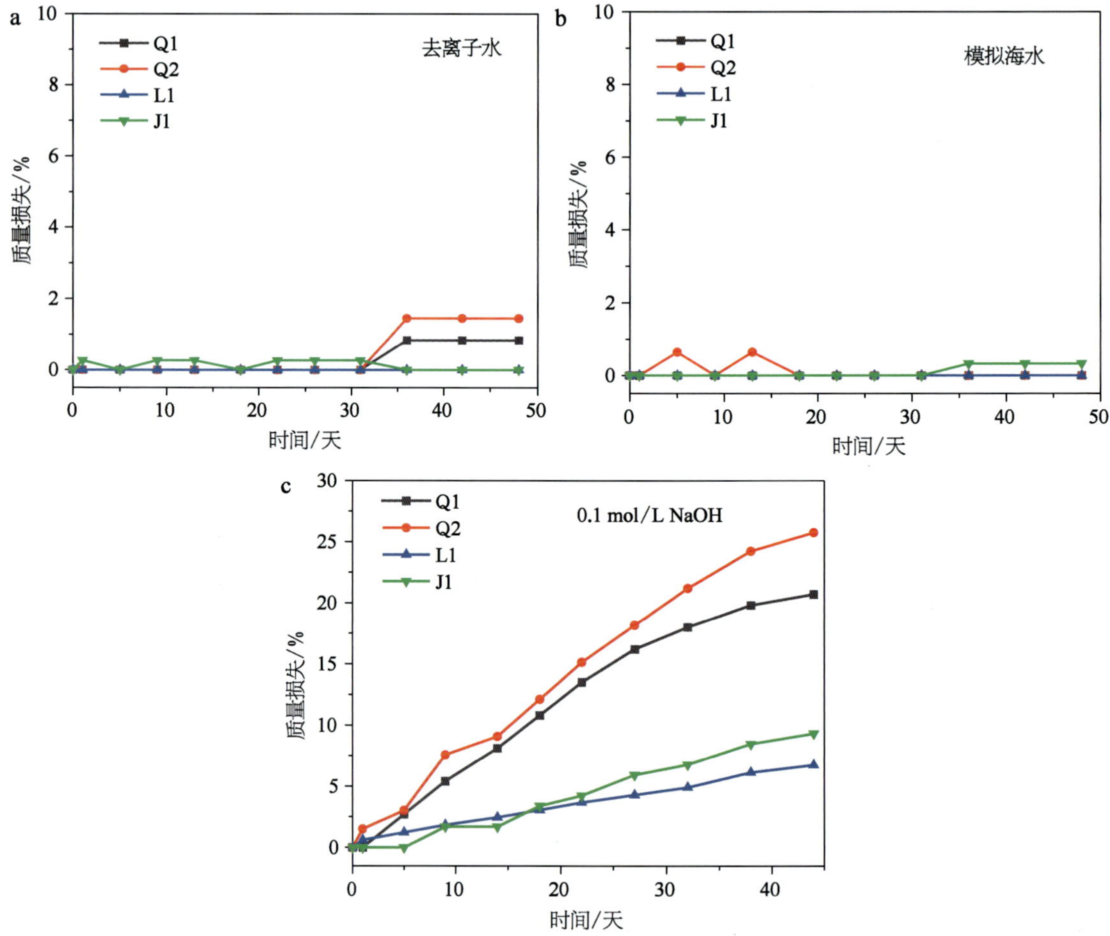

图 2-24　各样品在不同腐蚀介质中浸泡后重量的减少随时间的变化情况

a. 去离子水；b. 模拟海水；c. 0.1 mol/ L NaOH 溶液

碱性条件下的腐蚀情况，将样品在 0.1 mol/L NaOH 溶液进行浸泡，其质量损失随时间的变化情况如图 2 - 24c 所示，从中可以看出各样品的质量损失均远远超过了在其他腐蚀介质中的情况，Q1 和 Q2 的耐碱性较低、质量损失已经超过了 20%，而 J1 和 L1 化学稳定性相对较高、质量损失均低于 10%。

从釉的显微结构劣化情况看，在相同条件下，与去离子水相比，海水的化学条件显然对古陶瓷釉具有更强的腐蚀性，反映出古陶瓷釉在水溶液中腐蚀的环境依赖性，这主要是通过影响硅酸盐玻璃腐蚀机理中的两个主要过程（离子交换和网络水解）来实现的。首先，离子交换的速率通常被认为在 pH<9 的范围内相对稳定，与 pH 值的变化几乎无关，而在 9<pH<11 的范围内，碱金属离子的浸出速率会大大下降，同时硅酸盐网络溶解的速率也很低，直到 pH>11 后，OH^- 离子的亲核攻击才会被促进，破坏 Si—O 共价键，导致更大的溶解速率[116]，若只考虑 pH 值的影响，那么釉在海水中的腐蚀速率不仅不会增加反而会降低，这与实验结果并不相符，因而还有其他更重要的影响因素。海水可以看作高浓度的 NaCl 溶液，Petit 等[117]在对复杂硅酸盐玻璃溶解行为的研究中指出，将大量的 Na 引入浸出溶液如海水中，会显著降低 Na 在固/液界面的化学势梯度，阻止或至少阻碍阳离子从玻璃扩散到溶液中，从而降低离子交换的速率，因此在釉表层并未发现明显的离子耗尽层或仅有很薄的离子扩散距离。另外，海水的高盐度又促进了玻璃更快的溶解，表面位点被垂直于玻璃表面的 Si—ONa 基团占据，取代 Si—OH 基团从而避免了空间效应，因此水分子更容易进入玻璃网络结构[78,118-119]。最后，硅酸盐网络后溶解以硅酸或硅酸根的形式进入溶液中，溶解的含 Si 物质达到饱和后又会逐渐聚合，并结合溶液中的一些离子（如 Mg^{2+}、Cl^- 等）形成次生相，其在我们的实验中是大量覆盖于胎、釉表面的水滑石和蛇纹石矿物。这些反应产物的形成也会影响界面附近的溶液化学条件，控制着溶液的饱和状态，从而影响腐蚀反应的速率。

在实验室、自然环境中或是使用地球化学模型，计算结果都表明水滑石和蛇纹石通常是玄武岩玻璃或核废料玻璃在海水中腐蚀的早期或中间反应产物，它们在海水的化学条件下并不能保持长期稳定存在，而是会随着溶液中溶解 SiO_2 的增加和 Mg 的减少而逐渐被皂石相（saponite）所取代[120-121]。根据化学组成分别计算了各样品釉和新物相的 SiO_2/Al_2O_3 摩尔比，结果列于表 2 - 9 中，从表中可以看出，新形成物相的 SiO_2/Al_2O_3 摩尔比均低于釉中的比例。若依据文献中所描述的过程，水滑石和蛇纹石等富 Mg 硅酸盐矿物的形成表明它们的腐蚀进程仍然处于较早期的阶段，由于初期较少溶解的 SiO_2，因此导致在这个阶段中水滑石、蛇纹石矿物的沉淀，但它们在进一步的腐蚀实验中继续向皂石相的演变还有待于对长期模拟实验结果的观察。然而，在实际的海水环境中（正如在第 3 章对大练岛沉船出水的龙泉青瓷和第 4 章中对南海出水的青花瓷和青瓷的研究中所展示的结果），经过数百年腐蚀后出现的腐蚀产物主要是和水滑石同属于 LDHs 的 Quintinite 相[$Mg_4Al_2(OH)_{12}CO_3 \cdot 3H_2O$]，特别是在劣化情况非常严重的釉中往往 Quintinite 相也普遍存在。与水滑石相中 Mg∶Al=3∶1 相比，Quintinite 相具有更低的 Mg/Al 比（Mg∶Al=2∶1），并且在实际的海水环境中出现的腐蚀产物中往往 Si 含量很高，甚至高于模拟实验中得到的结果。因此，Quintinite 相很可能是水滑石向硅酸盐矿物演变过程中的中间腐蚀产物之一，并且在其中已经形成很多细颗粒的硅酸盐腐蚀产物。

表 2-9 各样品釉的 SiO_2/Al_2O_3 摩尔比和在模拟海水溶液中腐蚀 180 天后在釉表面形成的新物相的 SiO_2/Al_2O_3 摩尔比

样品编号	釉	新形成的物相
Q1	6.49	4.08
Q2	7.58	3.66
J1	7.68	2.69
L1	4.63	4.41
R1	3.88	2.32

综上所述，中国古代典型的分相釉、析晶-分相釉和透明釉具有不同的化学组成和显微结构，这使得它们在相同条件下面对水溶液介质的腐蚀时具有不同的表现。网络改变体氧化物含量较高的邛窑分相釉的玻璃网络聚合度更低，交联程度更低。而 SiO_2 和 Al_2O_3 含量较高的钧窑分相釉和龙泉窑透明釉则具有更高的网络聚合度。汝窑的析晶-分相釉中不仅存在大量钙长石晶体，还伴随着连通状的分相结构，这种显微结构的非均质性极大地降低了汝瓷釉的化学稳定性。

古陶瓷釉在不同类型介质中的劣化机理存在显著的差异，劣化过程受到釉自身的物理化学性质和介质条件的共同作用。在酸性溶液中，釉的腐蚀以离子交换机制为主，分相釉和析晶-分相釉存在不同的腐蚀路径，分相釉中的富 CaO 相由于更加开放的网络结构往往被选择性地优先腐蚀，并且由于硅氧网络的水解速率的差异而在相界面处产生微裂纹。汝瓷釉在酸性溶液的腐蚀则会由于钙长石晶体的选择性溶解而出现迅速大量腐蚀坑，造成了最严重的腐蚀情况。

去离子水和模拟海水腐蚀实验的对比，解释了为什么海水对于古陶瓷釉具有更强的腐蚀性。在模拟海水溶液中，离子交换反应、网络水解和腐蚀产物的形成共同主导了釉的腐蚀过程。高盐度的海水环境和新物相的形成进一步促进了玻璃相的网络水解，造成 Si 元素的大量溶出，与海水中的元素结合后形成了以水滑石和蛇纹石类矿物为主的中间腐蚀产物，为深入理解自然环境下古陶瓷釉的劣化机理提供了科学依据。

2.2 铅釉的模拟腐蚀实验

2.2.1 铅玻璃样品制备

从化学组成上看，中国古代的铅釉属于 $PbO-SiO_2$ 二元系统的玻璃，主要的着色元素包括 Fe、Cu、Co 和 Mn 等。根据中国古代铅釉的典型化学组成范围，我们使用 PbO、SiO_2、CuO 和 Fe_2O_3 粉末（化学纯）配制模拟腐蚀实验用的 $PbO-SiO_2$ 系玻璃。为了探究 CuO 和 Fe_2O_3 对铅釉化学稳定性的影响，对铅玻璃的化学组成进行了简化，排除 CuO 和 Fe_2O_3 以外的其他氧化物的影响，将 PbO 和 SiO_2 的质量比固定为 2∶1，分别加入质量分数为 3 wt%的 CuO 和 Fe_2O_3，制备三种玻璃样品进行实验，分别编号为 PS(仅含 PbO 和 SiO_2)、PSC(仅含 PbO、SiO_2 和 CuO)和 PSF(仅含 PbO、SiO_2 和 Fe_2O_3)，理论化学组成见表 2－10。在快速球磨机中将按比例称重的原料粉末充分混合均匀，置于氧化铝坩埚中，在高温炉中经过 3 h 升温至 1 400℃，保温 3 h 后倒出玻璃液，在 500℃下退火 3 h 后自然冷却至室温，得到铅玻璃样品。

表 2－10　铅玻璃的理论化学组成

编　号	比　例	PbO	SiO_2	CuO	Fe_2O_3
PS	wt%	66.67	33.33		
	mol%	35.01	64.99		
PSC	wt%	64.65	32.33	3.02	
	mol%	33.46	62.15	4.39	
PSF	wt%	64.65	32.33		3.02
	mol%	34.22	63.55		2.24

2.2.2　腐蚀实验条件和步骤

将铅玻璃切割为 6 mm×6 mm×2.5 mm 的小块试样，双面抛光，分别浸泡于 30 ml 醋酸溶液中进行腐蚀实验，醋酸溶液的体积分数分别为 4 vol%(实验 1)和 10 vol%(实验 2)。腐蚀容器为密闭的容积 50 ml 的聚丙烯离心管，可有效减少空气中成分对腐蚀的影响，腐蚀溶液的体积为 30 ml。将离心管置于恒温水浴槽(JULABO SW22)中，温度设置为 60℃，用于加速腐蚀。

对于实验 1，经过不同腐蚀时间后(0.5 h、1 h、2 h、4 h、8 h、12 h、24 h、72 h、168 h、336 h、504 h、720 h)，对腐蚀溶液进行取样，使用电感耦合等离子体发射光谱仪(ICP－OES，Agilent 725)分析从釉中溶解进入溶液的组分含量。

对于实验 2，经过 150 天腐蚀后取出样品，在去离子水中经过简单清洗后，使用 OM 对玻璃表面进行观察。此外，使用拉曼光谱分别对腐蚀前后的铅玻璃进行分析。

2.2.3　铅玻璃的化学组成和结构分析

首先使用 EDXRF 对铅玻璃的化学组成进行测试，结果列于表 2－11 中，各样品的化学组成与理论值略有差别，这主要是由 PbO 在高温烧制过程中挥发所致。

表 2－11　铅玻璃化学组成的 EDXRF 测试结果

编　号	比　例	PbO	SiO_2	CuO	Fe_2O_3
PS	wt%	63.37	36.63		
	mol%	31.78	68.22		

续 表

编 号	比 例	PbO	SiO_2	CuO	Fe_2O_3
PSC	wt%	61.74	34.98	3.28	
	mol%	30.74	64.68	4.58	
PSF	wt%	62.08	34.91		3.00
	mol%	31.69	66.17		2.14

在实验 2 中，腐蚀前后玻璃表面的 OM 图像如图 2-25 所示。腐蚀前 PS 样品透明度较高，表面光滑，内部存在一些微小气泡（图 2-25a），PSC 和 PSF 样品因分别添加有 CuO 和

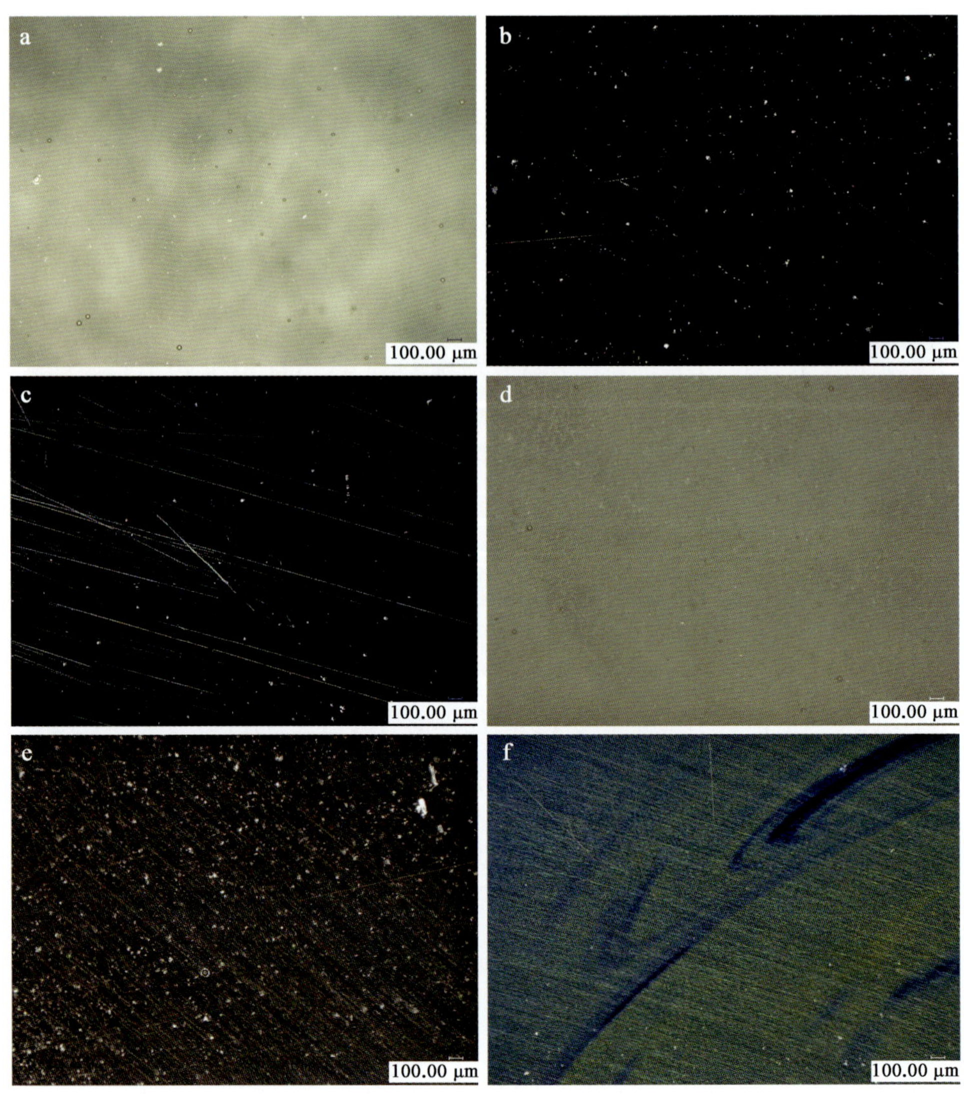

图 2-25 a～c 分别为腐蚀前的 PS、PSC 和 PSF 样品表面 OM 图像；d～f 分别为 10 vol%醋酸溶液腐蚀 150 天后的 PS、PSC 和 PSF 样品表面 OM 图像

Fe_2O_3，颜色分别呈现为暗绿色与暗红色（图 2－25b、c）。经过 150 天腐蚀后，PS 样品表面出现了一些长度约为 100 μm 的微裂纹，裂纹相互交错并布满样品的表面（图 2－25d）。PSC 样品腐蚀后表面增加了许多微小凹坑（图 2－25e），PSF 样品腐蚀后表面发生了颜色变化，呈现出黄色与蓝色，部分位置形成蓝色条纹（图 2－25f）。

腐蚀前和腐蚀 150 天后（10 vol%醋酸溶液）样品表面的拉曼光谱如图 2－26 所示。测得的拉曼光谱均与铅硅酸盐玻璃的特征非常吻合，其中位于 100～140 cm^{-1}附近的低频区振动带可归因于离子性的 Pb—O 键（100 cm^{-1}附近）和相互连接的 PbO_4 四面体中的 Pb—O—Pb 共价键（140 cm^{-1} 附近）振动带的叠加[122]。用于模拟实验的铅玻璃中 PbO 含量约为 35 mol%，因此铅玻璃中以 SiO_2 为主要的玻璃形成体，而 Pb 主要作为网络修饰剂存在。在 500 cm^{-1} 和 1 000 cm^{-1} 附近的宽峰分别对应于［SiO_4］四面体多元环的弯曲-伸缩振动和反对称伸缩振动模式[123]，在 780 cm^{-1} 附近的峰可归因于 O 原子在 Si—O—Si 平面上的运动引起的 Si—O 伸缩振动。对于腐蚀之前的铅玻璃，PSC 和 PSF 与 PS 相比，位于 140 cm^{-1} 附近的 PbO_4 四面体中的 Pb—O—Pb 共价键的振动出现了明显的减弱，并且位于 1 000 cm^{-1}附近的宽峰的包络形状有所不同，PS 中较高波数的拉曼组分（高聚合度的硅酸盐基团）占据主导，而 PSC 中较低波数的组分（低聚合度的硅酸盐基团）的强度明显增加，这说明 CuO 的添加对铅玻璃的结构产生了影响，促进了高度聚合的硅酸盐基团的解聚[123-124]。腐蚀前后从铅玻璃表面测得的拉曼光谱峰位基本相同，说明短时间内的化学腐蚀对铅玻璃结构的影响可能比较小，至少从拉曼光谱的分析中无法分辨。

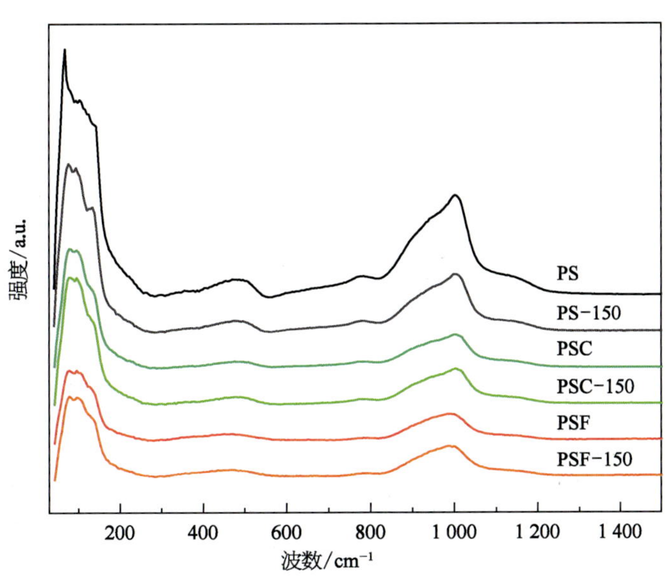

图 2－26　PS、PSC 和 PSF 为腐蚀前样品表面的拉曼光谱；PS－150、PSC－150 和 PSF－150 为 10 vol%醋酸溶液中经过 150 天腐蚀后样品表面的拉曼光谱

2.2.4　铅玻璃的腐蚀动力学

在实验 1 中，经过不同腐蚀时间后溶液中各离子的浓度列于表 2－12 中。从中可以看出，

不同离子的溶出速率差别很大，三个样品中 Pb 的溶出都非常快，但 Si 的溶出均很缓慢，即使经过了 30 天后，溶液中 Si 的浓度最高也不超过 3 ppm，与 Pb 的溶出量相差 2 个数量级，这说明了铅玻璃中 Pb 和 Si 的溶出没有相关性，在酸性介质中腐蚀的早期阶段，铅玻璃中的 Pb 会被选择性溶出，因此往往在表面会形成一个 Pb 的耗尽层，而硅氧网络结构的变化则很小。为了更好地对比同一样品中不同组分溶出的速率差异，将不同组分的溶出量相对于腐蚀时间进行绘图，如图 2-27 所示，从中可以看出在腐蚀的早期，相对于 Pb 而言，Si、Cu 和 Fe 的溶出几乎可以忽略不计。

表 2-12　实验 1 中不同腐蚀时间后溶液中各离子的浓度　　单位：ppm

时间/h	PS		PSC			PSF		
	Pb	Si	Pb	Si	Cu	Pb	Si	Fe
0.5	7.3	0.1	10.2	0.1	0.4	0.9	0.1	<0.05
1	11.3	0.1	15.4	0.1	0.6	1.3	0.1	<0.05
2	16.1	0.1	21.1	0.1	0.8	1.7	0.1	0.1
4	21.3	0.1	29.6	0.1	1.2	2.2	0.1	0.1
8	34.4	0.1	41.2	0.1	1.6	2.7	0.1	0.1
12	40.8	0.1	57.0	0.1	2.2	3.1	0.1	0.1
24	59.5	0.2	74.5	0.2	2.9	3.9	0.2	0.1
72	100.1	0.2	127.6	0.2	5.0	5.5	0.2	0.1
168	138.1	0.4	188.4	0.5	7.4	8.8	0.5	0.2
336	176.9	1.0	248.1	0.7	9.5	18.5	0.8	0.4
504	203.6	1.0	286.2	1.1	10.9	25.9	1.5	0.7
720	251.3	1.1	326.6	1.2	12.5	37.3	2.5	1.0

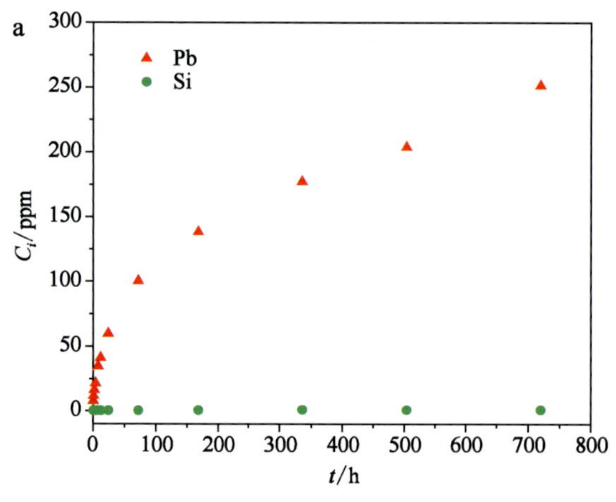

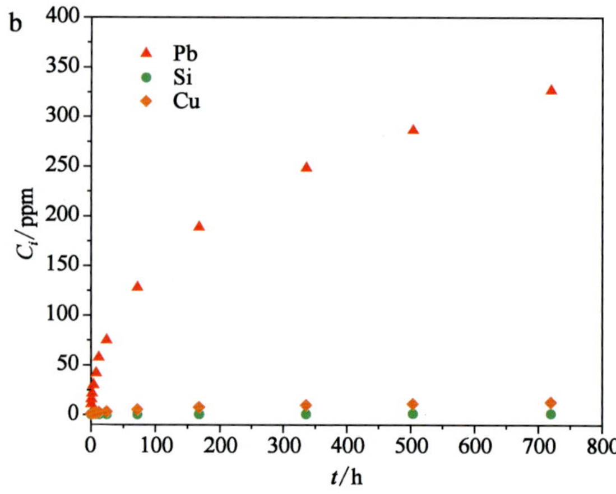

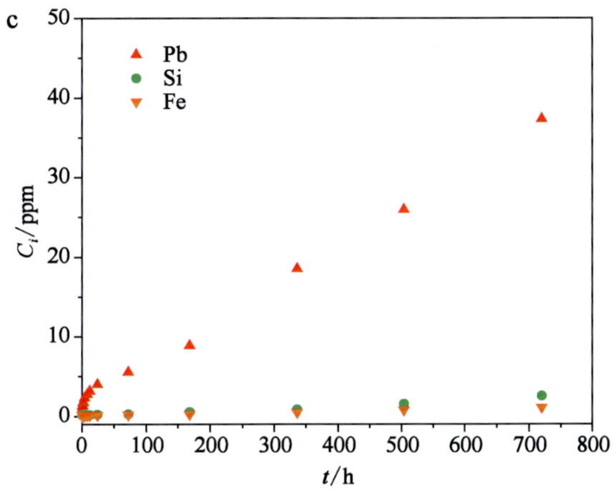

图 2-27　铅玻璃中各组分的溶出规律(4 vol%醋酸溶液)

a. PS;b. PSC;c. PSF

为了更好地表现 Pb^{2+} 离子的溶出规律及 CuO 和 Fe_2O_3 的添加对于铅玻璃的腐蚀动力学的影响,将不同样品溶出的 Pb^{2+} 离子随时间变化的规律在图 2-28a 中进行对比,结果表明,随着腐蚀时间的增加,溶液中 Pb^{2+} 离子浓度不断增加,在腐蚀实验的 24 h 以内,Pb^{2+} 离子溶出的速率较高,随后速率逐渐减慢,三个样品均表现出了相同的规律。图 2-28b 展示了 Pb^{2+} 离子的溶出量与腐蚀时间(单位为 h)的 1/2 次方之间的关系,从中可以看出两者之间的关系近似符合线性关系。铅玻璃在水溶液中的腐蚀一般被认为包括金属离子的浸出[包括作为网络修饰成分的 Pb^{2+} 离子,式(2-1)、式(2-2),其中式(2-1)中的 M 代表碱金属离子]和硅氧网络的水解[式(2-3)]的复杂过程,在酸性介质中,Pb^{2+} 离子和溶液中的 H^+ 或 H_3O^+ 发生的离子交换反应将占据主导作用,Pb^{2+} 离子在浓度梯度的驱动下扩散进入溶液中[125]:

$$\equiv Si—O—M^+ + H_2O \longrightarrow \equiv Si—OH + M^+ + OH^- \tag{2-1}$$

$$\equiv Si—O—Pb—O—Si\equiv + 2H_2O \longrightarrow 2\equiv Si—OH + Pb^{2+} + 2OH^- \tag{2-2}$$

$$\equiv Si—O—Si\equiv + OH^- \longrightarrow \equiv Si—OH + \equiv Si—O^- \tag{2-3}$$

图 2-28b 中的 Pb^{2+} 离子溶出规律,较好地反映了 Pb^{2+} 和 H^+ 离子的离子交换对腐蚀速率的控制。

不同化学组成的铅玻璃的离子溶出规律呈现出明显的差异,其中,掺 CuO 的 PSC 样品 Pb^{2+} 离子的溶出速率高于 PS 号样品,而掺 Fe_2O_3 的 PSF 中样品 Pb^{2+} 离子的溶出速率则显著低于前面 2 件样品。这一结果表明,CuO 和 Fe_2O_3 的添加对 $PbO-SiO_2$ 玻璃中 Pb^{2+} 离子的溶出速率有着显著影响,前者起促进作用,Fe_2O_3 则有着明显的抑制作用。Yin 等[126]的研究也发现在铅硅酸盐玻璃中加入少量 Cu 可显著降低铅浸出反应的吉布斯自由能垒,这可能主要与 CuO 对铅玻璃的解聚作用有关,因此,这可能会影响到水分子在玻璃网络中扩散的难易程度,从而对 Pb^{2+} 离子的迁移速率产生影响。另外,少量的 Fe_2O_3 可能起到了促进铅硅酸盐网络聚合的作用,与 Al_2O_3 类似,对 Pb^{2+} 离子的溶出形成了阻碍,从而提高了铅玻璃的化学稳定性[127-128]。

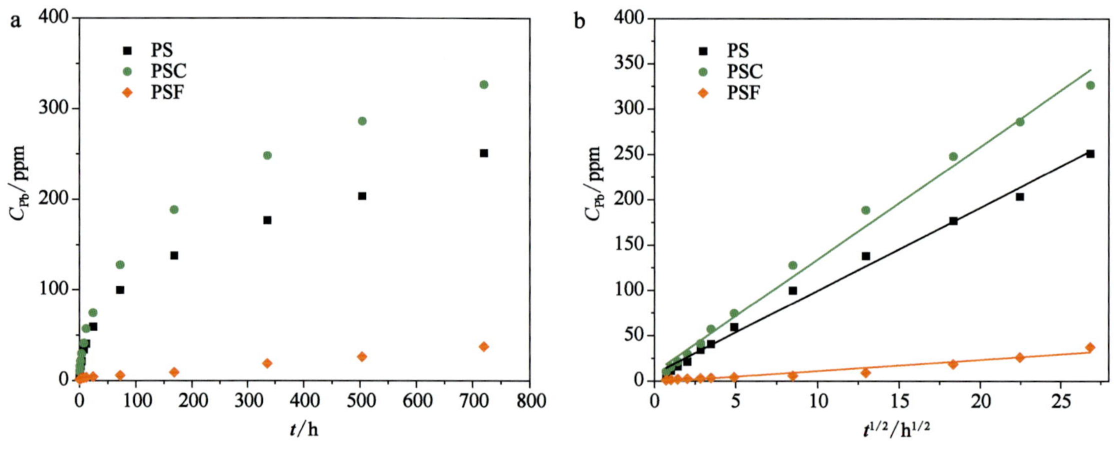

图 2-28 Pb^{2+} 离子溶出规律(4 vol%醋酸溶液)

a. 腐蚀溶液中 Pb^{2+} 离子浓度随腐蚀时间变化的关系;b. 腐蚀溶液中 Pb^{2+} 离子浓度随腐蚀时间的 1/2 次方变化的关系

第3章
海洋出水陶瓷的劣化机理研究——以青瓷为例

3.1 平潭大练岛元代沉船出水龙泉青瓷的劣化机理研究

3.1.1 考古背景

大练岛元代(1271—1368)沉船位于中国东南沿海地区的福建省平潭县大练岛和小练岛之间的海域,水深 15～18 m。沉船所处的海域地处海上贸易要道,素有“海上走廊”之称,有着丰富的水下文化遗产,目前发现的沉船遗址涵盖了五代(907—960)至清代(1636—1911)各个时期[30]。大练岛元代沉船于 2006 年 9 月在福建沿海水下考古调查期间被发现后,由于水下文物盗捞情况严重,考古人员于 2007 年 10 月进行了抢救性水下考古发掘。出水遗物绝大部分为陶瓷器,以青瓷为主,共计 603 件,器型主要有碗、大盘、洗、小罐等,此外还有少量陶罐、陶瓦和铁锅等[30]。根据考古人员的分析,这批青瓷全部为浙江龙泉窑的产品,可能来自龙泉大窑窑区和溪口窑址[30]。这批来自同一艘沉船的龙泉窑青瓷在外观和保存状况上却呈现出较大的差异,这给古陶瓷劣化机理的研究工作带来了新的切入视角。本研究选取了该沉船出水的劣化程度不同的典型青瓷样品,从化学组成、烧成温度、显微结构和海洋埋藏环境等角度讨论了青瓷的劣化机理。

3.1.2 样品信息

本研究选取福建平潭大练岛元代沉船遗址出水的 11 件劣化程度不同的典型青瓷残片作为研究对象,由福建省考古研究院提供(图 3-1)。青瓷残片出水后经过了脱盐处理。这 11 件残片的胎均为灰色,釉的颜色有黄绿色和青绿色两种,在外观和保存状况上存在着较大差异,其外观和保存状况的详细描述列于表 3-1 中。

DLD-01 DLD-02

DLD-03 DLD-04

DLD-05 DLD-06

DLD-07 DLD-08

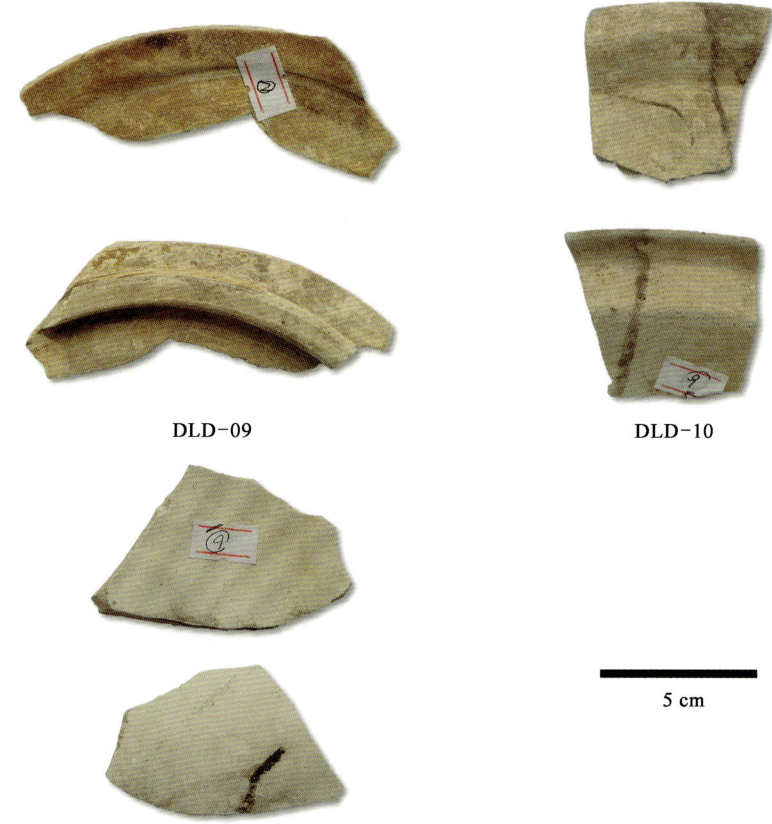

图 3-1　大练岛元代沉船出水青瓷样品的照片

表 3-1　大练岛元代沉船出水青瓷的详细信息

类别	编　号	烧成温度/℃	外观和保存状况
第一类	DLD-01	—	透明釉，釉面光滑，有光泽，有开片，正烧，保存完好，没有明显劣化痕迹
	DLD-02	—	
	DLD-03	—	
	DLD-04	1 245	
	DLD-05	—	
第二类	DLD-06	1 265	透明釉，釉面粗糙无光泽，劣化较严重。DLD-06 有开片，裂纹内被污染，颜色变黑；DLD-07 器物凸棱及口沿处存在很多白点，釉层部分剥落
	DLD-07	—	
第三类	DLD-08	1 215	哑光釉，釉面粗糙，无光泽。DLD-09 的釉层已经剥落，触摸表面有粉末脱落，劣化很严重
	DLD-09	1 190	
	DLD-10	—	
第四类	DLD-11	1 060	样品生烧，釉不透明，表面光滑，劣化不严重

3.1.3 胎、釉的化学组成分析

11件青瓷样品的胎的化学组成数据列于表3-2中。样品胎的化学成分彼此很接近，并且与典型的龙泉瓷胎的组成相吻合[129]，说明这批青瓷很可能产自同一窑场。样品釉的化学组成数据列于表3-3中。为了避免釉表面的劣化对测试的影响，在釉的断面上测试了釉的化学组成，可以代表未腐蚀的釉的成分。对于透明釉，在釉表面和断面上测得的组成没有显著差异。而在哑光釉中，DLD-08号(2.33 wt%)和DLD-09号(16.31 wt%)样品的釉表面MgO含量高于断面(分别为0.33 wt%和1.26 wt%)；DLD-09号的表面Fe_2O_3含量(9.78 wt%)也显著高于断面Fe_2O_3含量(1.99 wt%)。对于DLD-08号样品，出现这种差异的原因可能是由于表面析晶，而DLD-09号样品差异较大可能与腐蚀和表面黄色物质的形成有关，下面将结合釉表面显微结构的观察进一步阐释。

表3-2 大练岛元代沉船出水青瓷胎的化学组成 单位：wt%

样品编号	Na_2O	MgO	Al_2O_3	SiO_2	K_2O	CaO	TiO_2	Fe_2O_3
DLD-01	0.25	0.19	20.78	70.36	5.08	0.12	0.12	2.09
DLD-02	0.26	0.13	22.15	68.78	5.15	0.11	0.11	2.31
DLD-03	0.25	0.15	22.27	68.05	5.62	0.08	0.10	2.48
DLD-04	0.38	0.14	19.42	71.84	5.08	0.09	0.10	1.94
DLD-05	0.67	0.26	20.51	69.97	5.33	0.10	0.08	2.08
DLD-06	0.28	0.20	21.21	69.71	5.27	0.10	0.12	2.11
DLD-07	0.95	0.09	20.64	70.04	5.35	0.09	0.08	1.76
DLD-08	1.11	0.23	20.40	69.55	5.26	0.16	0.11	2.18
DLD-09	1.04	0.04	19.98	70.43	5.49	0.13	0.06	1.84
DLD-10	0.67	0.04	20.22	70.36	5.73	0.13	0.02	1.83
DLD-11	1.08	0.07	21.84	69.06	4.62	0.15	0.10	2.09

表3-3 大练岛元代沉船出水青瓷釉经过腐蚀的釉表面和未腐蚀的釉(断面)的化学组成 单位：wt%

样品编号	测试位置	Na_2O	MgO	Al_2O_3	SiO_2	K_2O	CaO	TiO_2	Fe_2O_3
DLD-01	表面	0.02	0.63	13.77	68.17	4.94	9.69	0.11	1.68
	断面	0.54	0.61	13.93	67.64	5.73	8.75	0.11	1.69
DLD-02	表面	0.74	0.51	13.19	68.05	4.54	9.68	0.09	2.20
	断面	0.82	0.78	13.44	66.33	4.09	11.24	0.11	2.18

续　表

样品编号	测试位置	Na_2O	MgO	Al_2O_3	SiO_2	K_2O	CaO	TiO_2	Fe_2O_3
DLD-03	表面	0.74	0.51	13.19	68.05	4.54	9.68	0.09	2.20
	断面	0.32	0.36	14.16	66.48	5.77	10.07	0.12	1.73
DLD-04	表面	0.55	0.36	13.30	69.29	5.69	8.12	0.12	1.56
	断面	0.58	0.53	14.29	66.99	5.67	9.20	0.12	1.63
DLD-05	表面	0.40	0.38	13.36	68.36	4.73	9.80	0.09	1.88
	断面	0.51	0.46	12.85	68.61	4.60	10.28	0.07	1.62
DLD-06	表面	0.40	0.65	13.38	65.27	5.06	12.45	0.10	1.70
	断面	1.62	0.28	12.51	64.87	4.45	13.75	0.08	1.43
DLD-07	表面	0.20	0.44	13.22	65.73	5.30	12.09	0.08	1.94
	断面	0.47	0.23	13.37	66.23	5.42	11.46	0.10	1.73
DLD-08	表面	0.12	2.33	11.44	65.17	4.05	13.51	0.12	2.26
	断面	0.74	0.33	14.02	69.49	5.05	7.50	0.16	1.72
DLD-09	表面	0.31	16.31	13.54	44.15	4.08	10.62	0.23	9.78
	断面	0.37	1.26	14.50	67.13	4.30	9.31	0.14	1.99
DLD-10	表面	0.26	0.28	12.36	68.63	5.33	10.36	0.11	1.67
	断面	0.53	0.49	13.22	65.84	5.01	11.70	0.11	2.11
DLD-11	表面	0.76	0.19	14.95	67.01	5.29	8.71	0.13	1.95
	断面	1.43	0.20	14.52	65.25	5.41	9.77	0.32	2.10

3.1.4 青瓷的劣化形貌及其形成原因

元代龙泉青瓷大多为透明釉，烧成温度较高，釉层玻化较为完全，釉层中未熔的石英颗粒和第二相晶体很少[129]。本研究中，DLD-01～DLD-07 号样品的釉均属于这类透明釉。其中既有保存良好的样品（DLD-01～DLD-05 号），也有部分劣化程度较为严重的样品（DLD-06 和 DLD-07 号）。XRD 分析表明（表 3-4），DLD-01、DLD-02 和 DLD-05 号样品釉表面结晶相的衍射峰很弱，仅 DLD-01 号样品检测出较明显的石英的衍射峰，这三件样品主要由玻璃相组成。

表 3-4　保存状况良好的透明釉表面的 XRD 分析结果

样品编号	峰位/(°)及对应物相	
	石　英	宽　峰
DLD-01	26.58	16～36
DLD-02	—	16～36
DLD-05	—	16～36

DLD-01、DLD-02和DLD-05号样品表面和抛光断面的OM图像如图3-2所示，它们的釉层澄清透明，存在较多贯穿釉层的裂纹，仅有一定数量的气泡和少量未熔的石英颗粒（表3-5），这也与XRD分析结果相符，釉面可以发现因机械力作用产生的划痕和凹坑，未见明显的化学腐蚀痕迹。

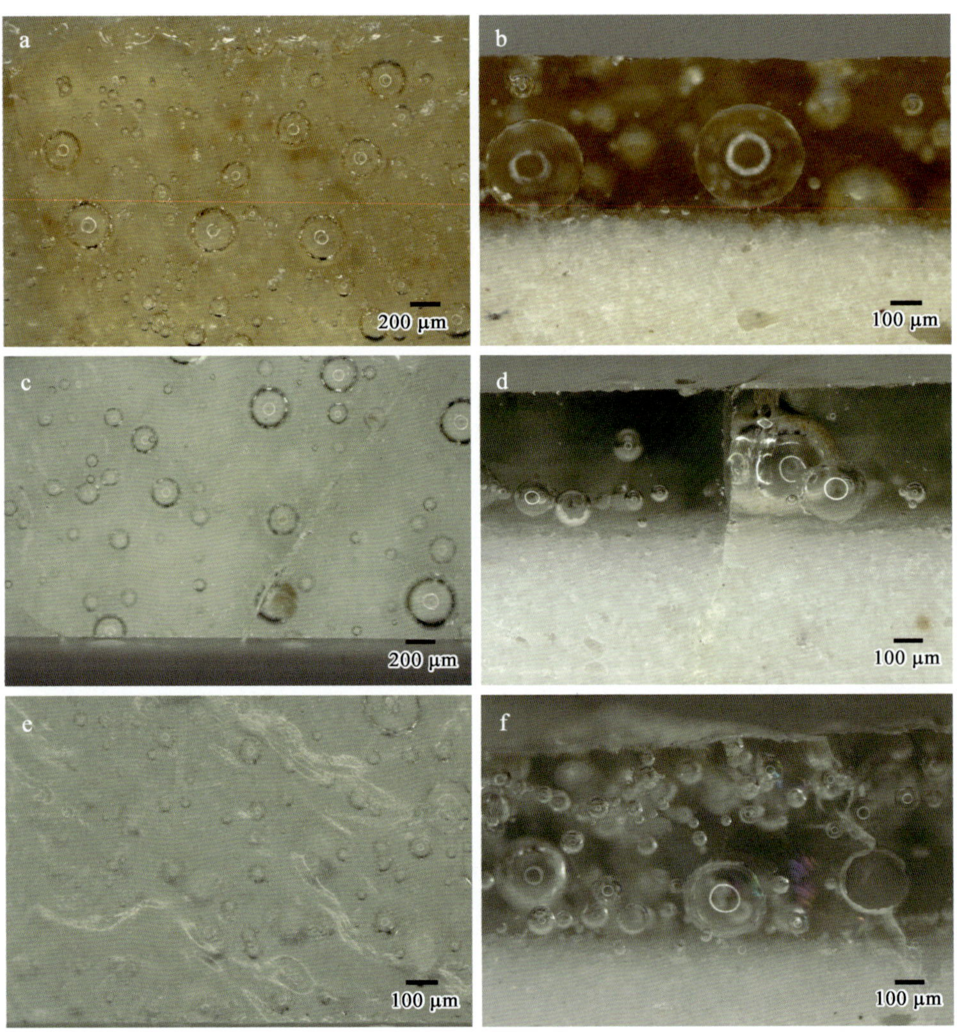

图3-2 保存状况良好的透明釉表面和抛光断面的OM图像

a、b. DLD-01；c、d. DLD-02；e、f. DLD-05

表3-5 保存状况良好的透明釉中晶体的拉曼光谱分析结果

样品编号	峰位/cm^{-1}	对应物相
DLD-01	126,205,261,356,395,463,509,808 148,187,279,403,484,505,556,676,767	石 英 钙长石
DLD-02	148,183,279,403,484,505,556,676,771	钙长石

续　表

样品编号	峰位/cm^{-1}	对应物相
DLD－05	126,205,261,356,395,463,509,808	石　英
	148,187,283,403,484,505,556,681,767	钙长石

DLD－06 号和 DLD－07 号是两件劣化程度较严重的透明釉样品。在 DLD－06 号和 DLD－07 号样品釉表面的 XRD 谱图中未见结晶相的衍射峰(表 3－6),只能观察到较宽的玻璃相的衍射峰。DLD－06 号样品的 OM 和 SEM 图像分别如图 3－3a、b 所示,从中可以观察到其釉表面非常不平整,被交错的裂纹分割成多个形状不规则的区域,裂纹的宽度可达数十微米。釉表面还分布着数量众多的半球形的凹坑,直径约几微米到几十微米(图 3－3c)。进一步放大可以发现,在凹坑的内壁上分布着尺寸约数十纳米的球形聚集体(图 3－3d)。此外,在釉表面还能观察到一些光滑断口(图 3－3b),可能是由于机械力作用而导致。

表 3－6　严重劣化的透明釉表面的 XRD 分析结果

样品编号	宽峰/(°)
DLD－06	16～36
DLD－07	16～36

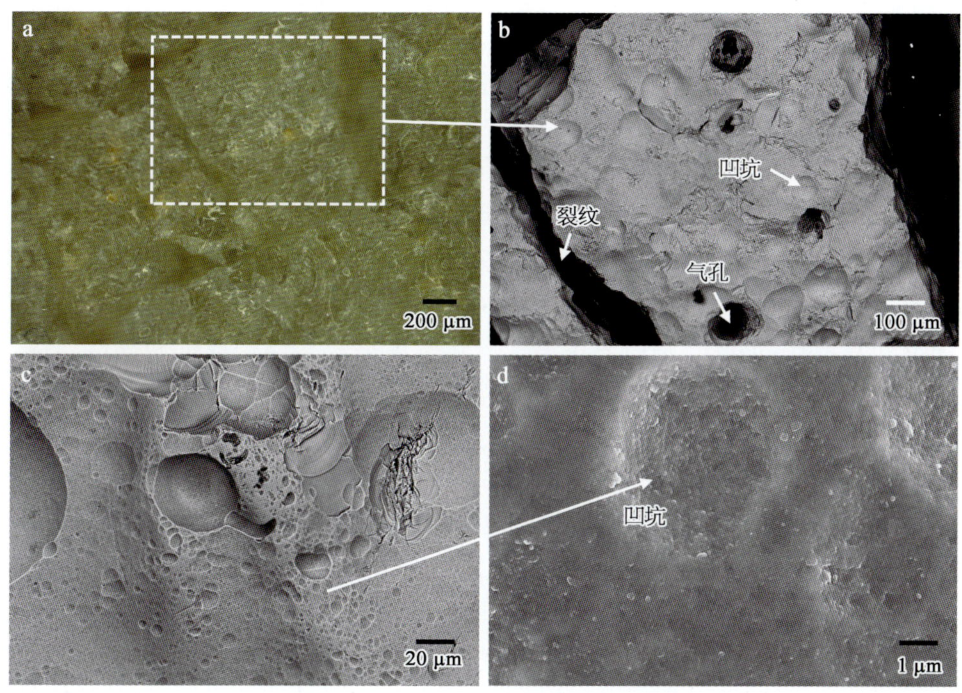

图 3－3　DLD－06 号样品釉表面的形貌

a、b. 分别为釉表面的 OM 和 SEM 图像;c. 釉表面半球状凹坑的 SEM 图像;d. 半球状凹坑内壁上的球形聚集体

使用拉曼光谱仪测试 DLD－06 号样品釉表面的多个位置，包括凹坑内部和外部，分析结果列于表 3－7 中，所测位置在 480 cm^{-1}和 1 020 cm^{-1}附近均存在明显的拉曼峰，分别对应玻璃相中硅氧四面体的 Si—O 键弯曲振动和伸缩振动[97]，这也表明所测位置包括凹坑内部并未形成新的结晶相。

表 3－7　DLD－06 号样品釉表面拉曼光谱的峰位

测试位置	峰位/cm^{-1}				
	Q^0	Q^1	Q^2	Q^3	Q^4
表面凹坑内	779	914	1 015	1 138	1 230
表面凹坑外	781	908	1 011	1 136	1 234

XRD 和拉曼分析结果表明，透明釉主要由铝硅酸盐玻璃相组成，釉中除了少量未熔化的石英颗粒外，几乎没有其他结晶相。一般来说，硅酸盐玻璃在水溶液中的化学腐蚀包括以下耦合机制：水合作用、玻璃中碱或碱土金属离子与溶液中含氢物质（H^+、H_3O^+ 和 H_2O）之间的离子交换[130]、离子-共价网络的水解[131]、溶解物质的缩合[132]以及形成更稳定的晶体相[133-134]。在相对稳定的条件下，由于水合和离子交换的过程，玻璃表面很容易形成腐蚀层[或称“水合层”“离子耗尽层”或“凝胶层（gel）”]，但目前对腐蚀层的形成机制还没有共识[135-138]。同时，该过程可能导致局部 pH 值升高，从而促进玻璃网络的溶解。

福建沿海区域的海水为弱碱性环境，pH 值约为 8.2，不同水深 pH 值之间的差异可以忽略[17]，海水平均盐度为 30.46‰～31.89‰[30]。相比酸性或中性溶液，这种弱碱性盐溶液具有更大的离子交换阻力，这意味着玻璃相的硅氧网络结构不太容易被破坏而溶解，釉表面很难形成一层阳离子耗尽层，这可以解释为什么大多数样品釉的化学腐蚀程度相对较低。如果在一定时间范围内陶瓷器的埋藏条件保持在相对稳定的状态，随着局部溶液中水合二氧化硅和其他溶解物质浓度的增加，达到饱和而发生聚合，使二氧化硅在玻璃表面的羟基化位点成核，形成一层由无定形二氧化硅球形聚集体构成的腐蚀层[139-141]，那么耦合的界面溶解-再沉淀机制可能被用于解释该过程[142]，但自然环境中的长期腐蚀过程显然更加复杂多变[143]，并且该机制是否适用于具有较复杂体系的古代瓷釉，尚需进一步研究。

如果周围环境受到扰动，使得釉面直接暴露在海水中，随着海水裹挟着砂粒等碎屑颗粒的不断冲击，釉面会形成更多的缺陷，如图 3－3c 所示小凹坑。釉面中较浅的封闭孔隙也可能被打破，原有的裂纹网络逐渐延伸和扩展。这些缺陷为海水进入釉内部提供了快速通道，为化学腐蚀提供了更大的接触面积。釉内部的显微结构直接暴露并与海水接触，从而促进腐蚀的进行。另外，化学腐蚀也会导致玻璃结构的破坏和微裂纹的形成，使其更容易因机械冲击造成釉的损失。釉面劣化过程的简化示意图如图 3－4 所示，展示了物理损伤和化学腐蚀的共同作用。

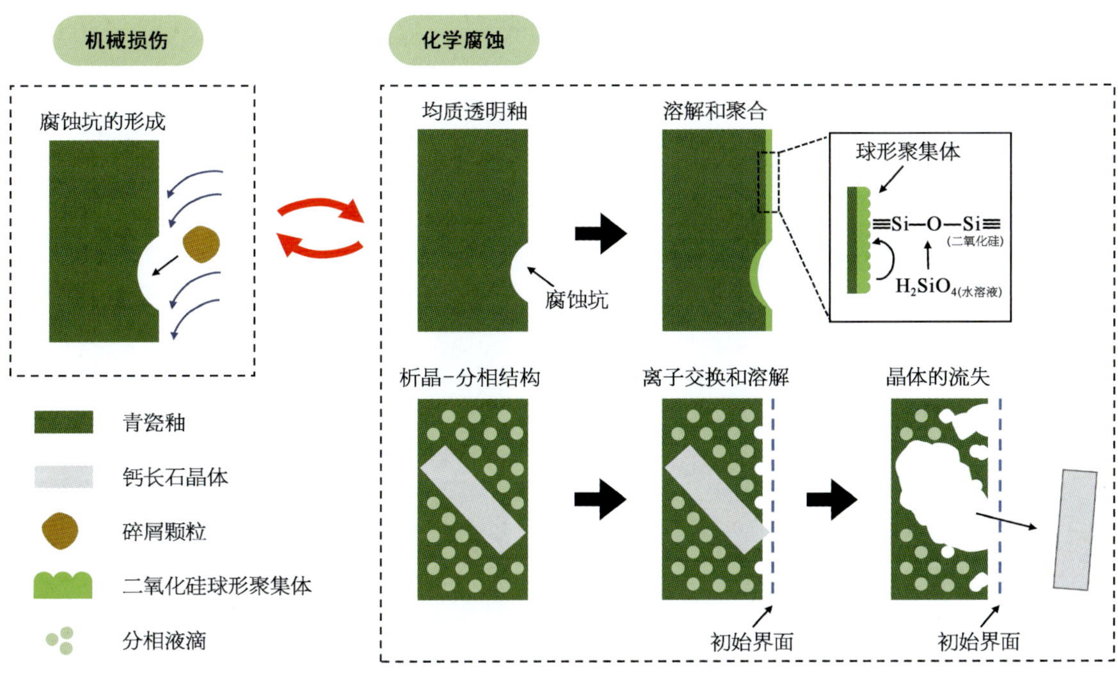

图 3-4　青瓷釉在海洋环境中的劣化过程示意图，红色的双向曲线箭头表示物理损伤和化学腐蚀的协同效应

DLD-06 号样品抛光断面的 OM 和 SEM 图像如图 3-5a、b 所示，釉中的裂纹大多贯穿釉层并延伸到胎中，胎中有大片区域呈现为黄色、黑色、紫色等，可能是受到外界环境的污染所致，从 OM 图像中可以清晰地观察到，裂纹为外来污染物的进入提供了通道。图 3-5c 是其中一条裂纹中的黄色物质的 SEM 图像（颜色根据 OM 图像确定），其衬度与附近的釉层差别不大，但结构上更加疏松多孔。EDS 分析结果表明，裂纹中黄色物质的主要成分为 C、O、Fe、Mg、Al、Si 以及少量的 Ca，说明可能是在腐蚀过程中形成的。裂纹延伸至胎、釉交界处，被衬度较高的物质填充，组成与上述黄色物质相近，而裂纹附近一些相连的孔洞则被衬度较低的物质填充（图 3-5d），组成主要为 Mg、Al 和 Si。进一步对延伸至胎中并出现颜色变化的区域进行 EDS 面分布分析，结果如图 3-5e～h 所示，Fe 元素主要富集于裂纹中（图 3-5h），表明 Fe 元素可能来源于外界环境。

DLD-07 号样品抛光断面的 OM 和 SEM 图像分别如图 3-6a、b 所示，从中可见釉层大部分为澄清透明，气泡的数量较多，在靠近表面的位置可以发现少量形状不规则的孔洞。胎、釉交界处分布着少量的短柱状钙长石晶体，在不规则孔洞附近也存在短柱状钙长石晶体，如图 3-6c、d 所示。根据孔洞位置的拉曼光谱测试结果可以推断这些晶体为钙长石（表 3-8）。

使用肉眼观察 DLD-07 号样品，可以在器物的凸棱及口沿处发现很多白点，釉面劣化较为严重。釉表面出现白点区域的 OM 和 SEM 图像分别如图 3-7a、b 所示，可以观察到该处存在较多的开口孔洞；孔洞中残余的釉呈多孔结构，如图 3-7c、d 所示。这些开口孔洞可能是经过长时间的海水腐蚀后所形成。此前的研究表明中国古代钙釉中的钙长石晶体往往伴

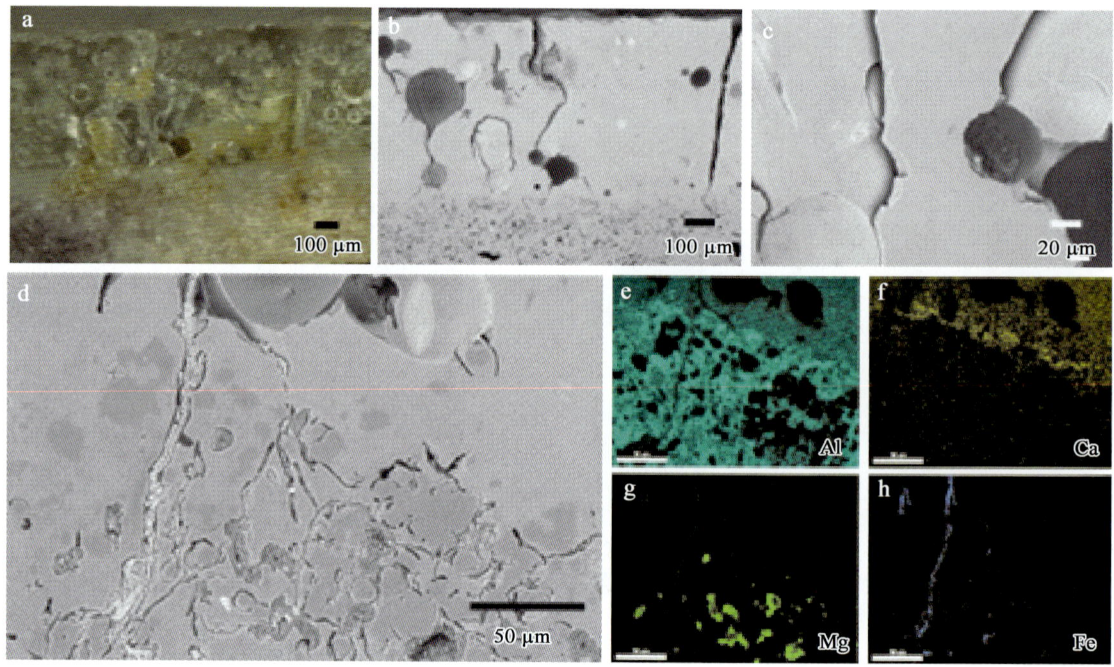

图 3-5 DLD-06 号样品釉中污染物的形貌和成分特征

a、b. 分别为釉抛光断面的 OM 和 SEM 图像；c. 气泡中的黄色物质；d. 裂纹中腐蚀产物的 SEM 照片；e～h. 分别为图 d 区域的各元素的面分布情况[144]

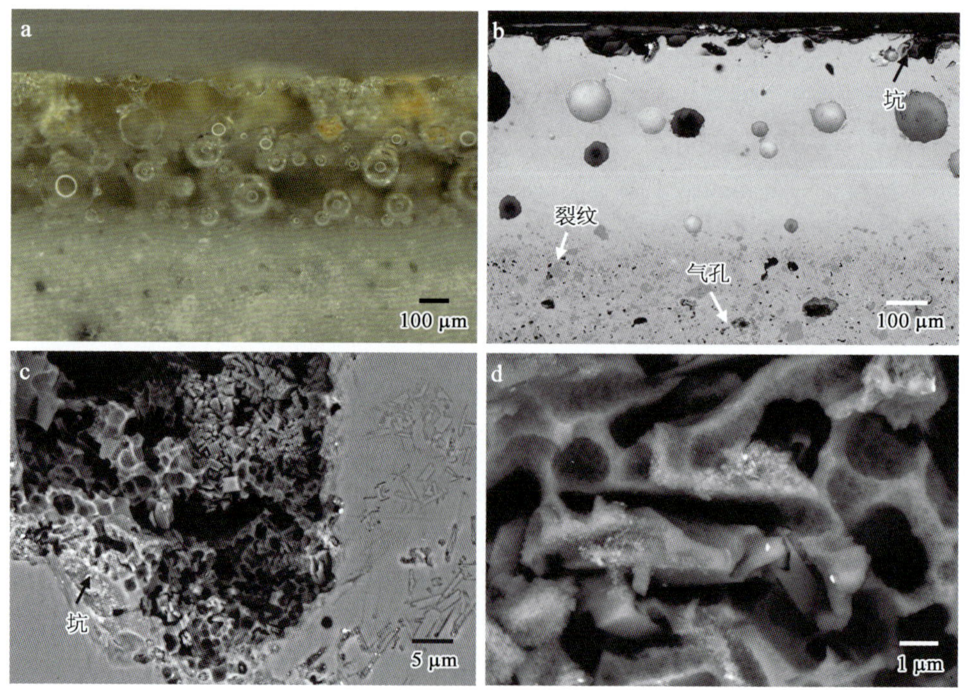

图 3-6 DLD-07 号样品抛光断面的显微结构

a、b. 分别为断面的 OM 和 SEM 图像；c. 釉表面附近不规则形状的孔洞；d. 孔洞内部的劣化形貌

表 3－8　DLD－07 号样品釉中短柱状晶体的拉曼光谱分析结果

样品编号	峰位/cm^{-1}	对应物相
DLD－07	148,179,279,399,480,505,556,631,767	钙长石

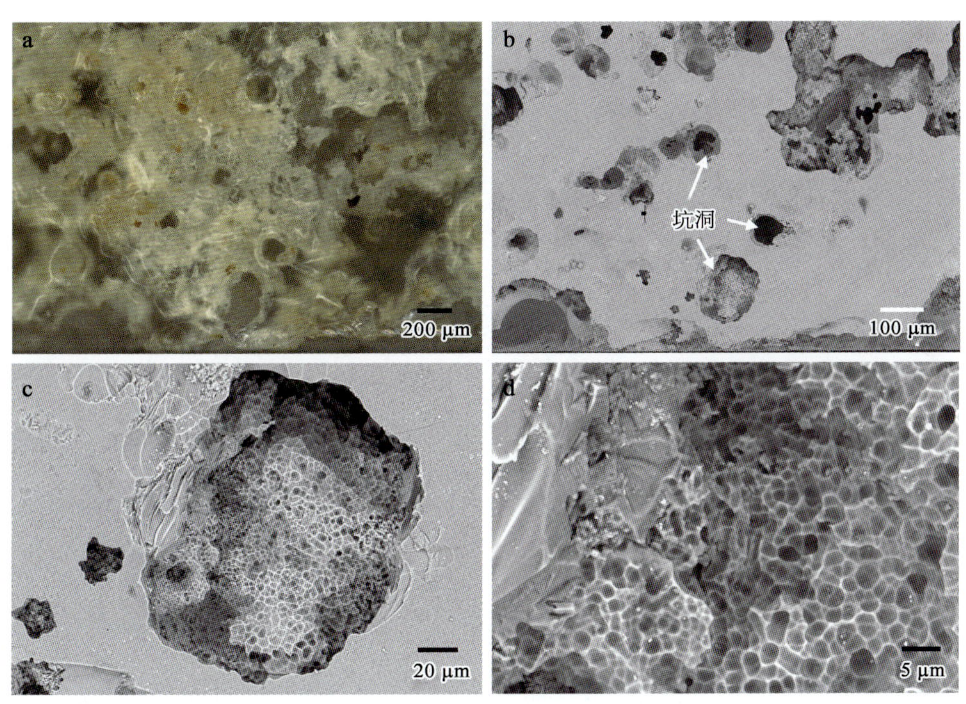

图 3－7　DLD－07 号样品釉表面的劣化形貌

a、b. 分别为釉表面的 OM 和 SEM 图像；c、d. 釉中的一处孔洞

随着分相结构[145]，因此附近的多孔结构很可能是被腐蚀的分相结构。可以看出，瓷器的器形也是一个需要被关注的重要影响因素。DLD－07 号样品凸棱及口沿位置的劣化情况比其他区域更严重，甚至已经完全剥落。凸棱及口沿的釉层厚度往往比其他部位更薄，因此在烧制过程中，更有可能受到胎体成分的影响，形成钙长石析晶-分相结构，从而加剧了这些区域的劣化情况。

DLD－08、DLD－09、DLD－10 号这三件样品均为哑光釉，其劣化程度较透明釉更加严重。从 DLD－08 号样品釉面 XRD 分析结果（表 3－9）可以看出，石英、透辉石、钙长石的衍射峰非常明显。图 3－8a 为 DLD－08 号样品釉表面的 OM 图像，釉层几乎完全不透明，并且釉面存在较多的开口孔洞，釉面的颜色分布非常不均匀，浅绿色和黄绿色交错分布，孔洞的边缘则呈不透明的白色。在 SEM 图像（图 3－8b）中可以清晰地观察到 DLD－08 号样品平铺于釉表面的长棒状晶体，长度可达 100 μm、宽约 5 μm，通常多个晶体呈放射状交错分布，形成一个晶簇。长棒状晶体的拉曼光谱与透辉石晶体的参考光谱吻合很好（表 3－10），进一步证明透辉石在釉表面的存在。DLD－08 号样品抛光断面的 SEM 图像如图 3－8c 所示，釉层中除了较多未熔的石英颗粒和大小不一的气泡外，还密集地分布着各种不同形态的晶体，如密集的短柱状钙长石晶体（图 3－8d）。

表 3－9　哑光釉表面的 XRD 分析结果

样品编号	峰位/(°)	对应物相
DLD－08	20.84，26.58，36.53，39.10，42.31，50.11，59.81，68.08	石英
	18.90，21.93，23.62，24.40，27.95，35.63	钙长石
	19.92，26.58，27.60，30.26，30.83，34.89，35.63，38.53，40.57，41.90，42.86，44.35，49.62，52.19，56.60，59.05，61.44，65.77，70.98	透辉石
DLD－10	20.93，26.73，36.63，39.57，42.31，50.23，60.07，68.05	石英
	22.03，23.67，24.49，27.96，30.64，35.62	钙长石

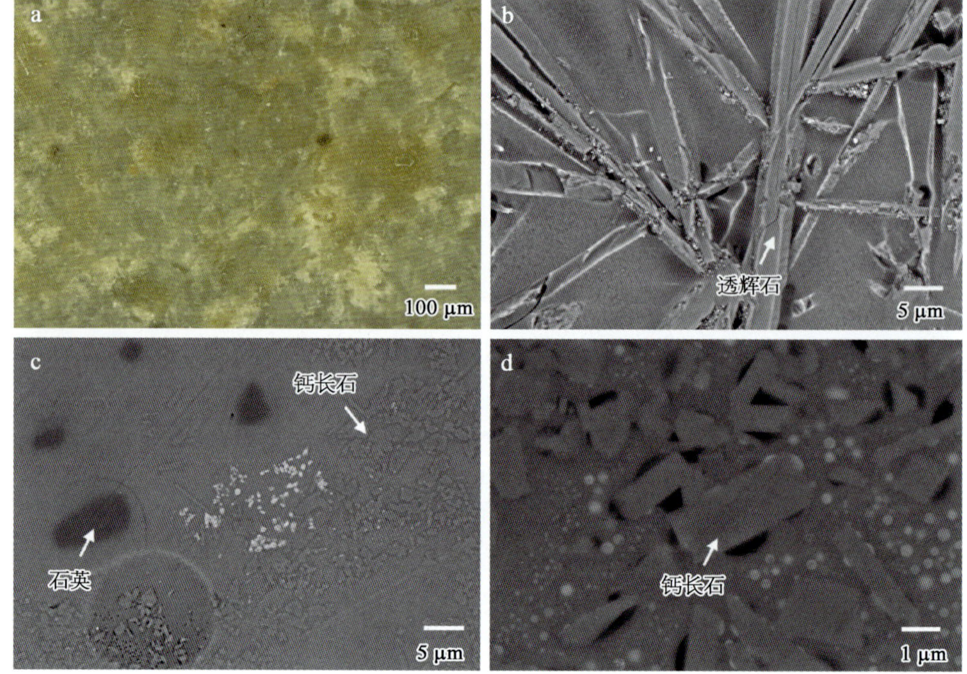

图 3－8　DLD－08 号样品的显微结构

a、b. 分别为釉表面的 OM 和 SEM 图像；c、d. 釉抛光断面的 SEM 图像

表 3－10　DLD－08 号样品釉面的拉曼光谱分析结果

样品编号	峰位/cm^{-1}	对应物相
DLD－08	139，231，322，357，391，556，664，767，1 010	透辉石
	150，185，280，405，486，507，557，682，765	钙长石
	123，189，259，358，460，511	石英

图 3 - 9a、b 分别为 DLD - 08 号样品靠近釉表面位置的断面 OM 和 SEM 图像，在靠近釉面的腐蚀坑边缘，可以发现大量衬度较低的柱状钙长石晶体和衬度较高的透辉石晶体，钙长石晶体（表 3 - 11）附近玻璃相出现了亚微米级的分相结构，并且原本衬度较高的分相液滴已经被腐蚀，从而形成了多孔结构（图 3 - 9c、d）。

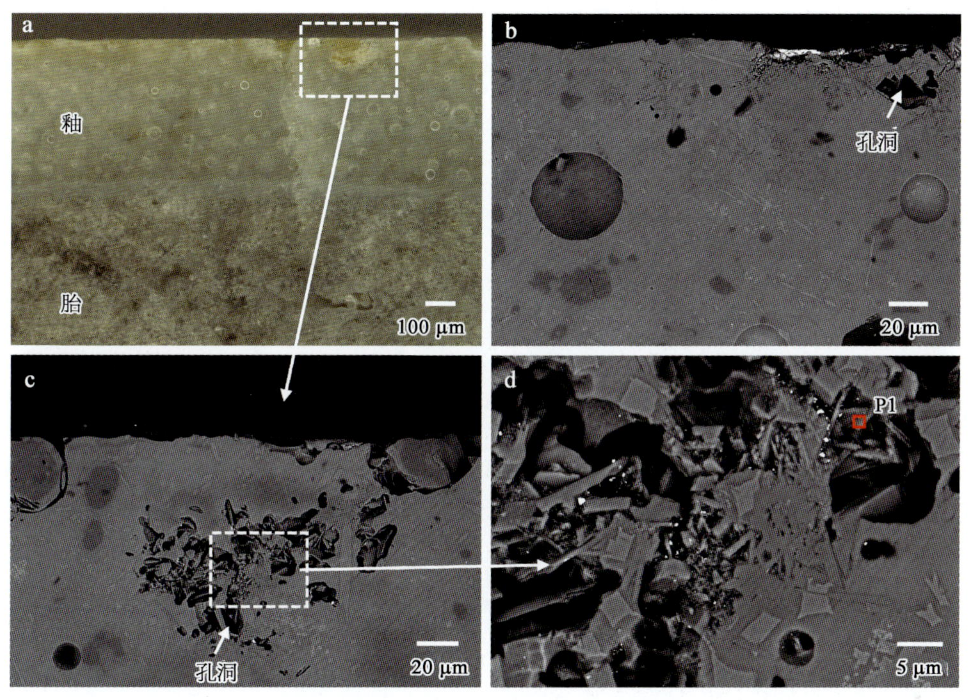

图 3 - 9　DLD - 08 号样品釉的劣化形貌

a. 断面 OM 图像；b. 靠近釉表面的 SEM 图像；c、d. 釉表面附近的腐蚀坑

表 3 - 11　图 3 - 9 中标记位置的 EDS 分析结果　　单位：wt%

测试位置	Na_2O	MgO	Al_2O_3	SiO_2	K_2O	CaO	TiO_2	Fe_2O_3	MnO
P1	0.50	0.85	16.60	44.12	2.15	21.50	2.10	11.40	0.79

为了表征由于化学腐蚀导致的玻璃结构变化，使用拉曼光谱分别测试了表面腐蚀坑（腐蚀区域）和断面（未腐蚀区域）区域的玻璃相，位于约 480 cm^{-1} 和约 1 000 cm^{-1} 的两个主要宽峰分别归因于 SiO_4 四面体的弯曲和伸缩振动模式[97]。根据 SiO_4 四面体相互连接的聚合程度，可以从伸缩包络中提取出四个典型组分（Q^0、Q^1、Q^2 和 $Q^{3\text{-}4}$）[97]，其位置列于表 3 - 12 中。通过计算弯曲包络与伸缩包络的积分面积比 $A_{500}/A_{1\,000}$ 可以用于分析釉的聚合度[98]，结果表明（列于表 3 - 12 中）表面腐蚀坑测得的拉曼光谱的 $A_{500}/A_{1\,000}$ 比值低于断面的 $A_{500}/A_{1\,000}$ 比值，说明两者聚合程度不同，其相对较低的 $A_{500}/A_{1\,000}$ 比值（～1.5）也可能对应于较低的烧成温度[98,146]。表面腐蚀坑 $Q^{3\text{-}4}$ 分量的波数的降低（表 3 - 12）可能与 Si—O 键的伸长有关，这是由于氧原子与新插入的含质子物质相互作用所致[147]。计算三个伸缩分量（Q^1、Q^2 和 $Q^{3\text{-}4}$）

与伸缩峰减去 Q^0 的积分面积比(表 3－12),以分析各分量的变化情况[93]。由表 3－12 可知,$A_{3\text{-}4}/(A_{1\,000}-A_0)$的比值大于 0.45,说明玻璃相中片状和网状硅酸盐结构($Q^{3\text{-}4}$)构成了主要的连通骨架[98]。表面腐蚀坑的 $A_1/(A_{1\,000}-A_0)$比值与断面比值相比增加了很多,而 $A_2/(A_{1\,000}-A_0)$和 $A_{3\text{-}4}/(A_{1\,000}-A_0)$比值则更低,说明 Si—O 键的断裂与化学腐蚀有关[98,147]。因此,经过海水腐蚀后,玻璃网络的完整性可能发生了明显的改变。

表 3－12 DLD－08 号样品釉中玻璃相拉曼光谱弯曲与伸缩包络的积分面积比 $A_{500}/A_{1\,000}$ 以及伸缩包络中各分量(Q^n)的峰位(cm^{-1})与积分面积比 $A_n/(A_{1\,000}-A_0)$

测试位置	$A_{500}/A_{1\,000}$	参　数	Q^0	Q^1	Q^2	$Q^{3\text{-}4}$
表面腐蚀坑	1.23	峰位/cm^{-1}	782	930	1 009	1 076
		$A_n/(A_{1\,000}-A_0)$	—	0.37	0.18	0.45
断面	1.53	峰位/cm^{-1}	784	919	1 012	1 115
		$A_n/(A_{1\,000}-A_0)$	—	0.26	0.24	0.50

DLD－09 号样品的釉层剥落很严重,残余的釉结构疏松多孔,不透明。图 3－10a 为 DLD－09 号样品釉表面的 OM 图像,从中可以看出表面分布着较多黄色物质,与残余的釉交错分布。表面的 SEM 图像(图 3－10b)表明左侧的残余釉层间已经布满连通的孔洞,进一步放大后可以发现(图 3－10c),残余的釉中存在较多平铺于釉表面的长棒状透辉石晶体以及一些石英颗粒(EDS 分析结果见表 3－13),与 DLD－08 号样品有一定的相似性。

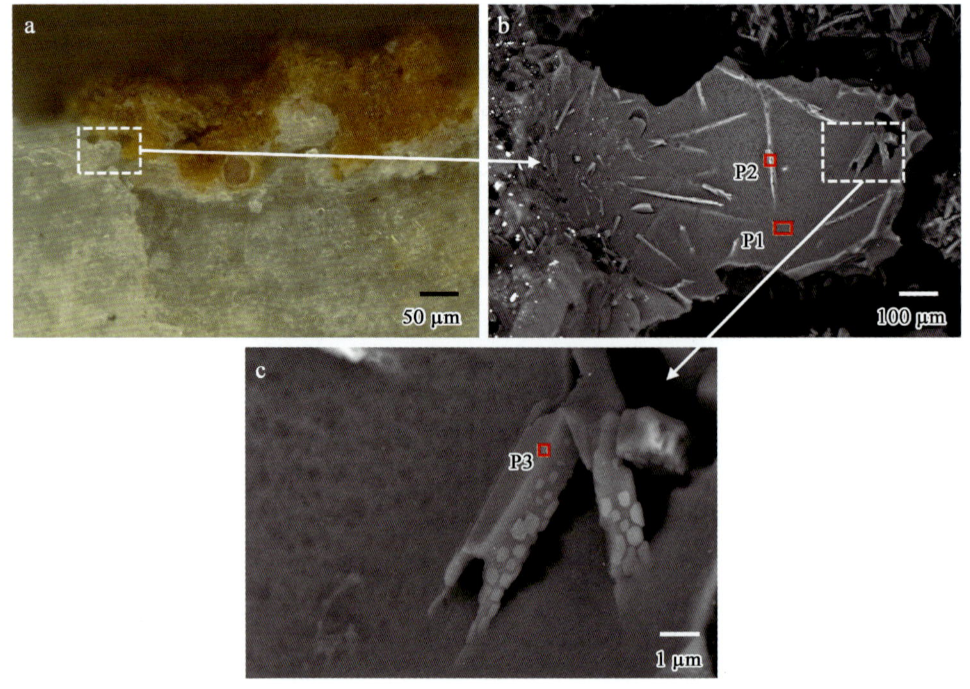

图 3－10 DLD－09 号样品残留不透明釉的显微结构

a、b. 分别为 OM 和 SEM 图像;c. 釉中的针状晶体

表 3-13　图 3-10 中标记位置的 EDS 分析结果　　单位：wt%

测试位置	Na_2O	MgO	Al_2O_3	SiO_2	K_2O	CaO	TiO_2	MnO	Fe_2O_3	P_2O_5
P1	0.69	1.12	14.26	61.82	8.80	8.68	0.85	1.04	2.76	
P2	0.50	9.43	9.37	56.71	2.76	15.98		1.31	3.26	0.70
P3		6.38	4.12	50.12	1.05	30.78		2.57	4.98	

为了进一步了解 DLD-09 号样品的腐蚀过程，我们选取了一处残留釉层较多的区域进行深入表征。该区域抛光断面的 OM 图像如图 3-11a 所示，胎在该处有一个明显的内凹，釉层明显厚于其他区域，并且内凹处的釉层腐蚀程度较低。SEM 图像中（图 3-11b）可以观察到一条裂纹自釉表面贯穿釉层至胎、釉交界处，有一处明显的腐蚀区域位于裂纹附近，对该区域放大后可以发现（图 3-11c～e）大量密集分布的钙长石晶体，并且晶间是衬度较高的分相液滴（EDS 分析结果见表 3-14），与 DLD-08 号样品的腐蚀区域的形貌相似。在二次电子图像中可以非常清晰地观察到裂纹附近孔洞中呈现出的多孔结构（图 3-11f）。此外，图 3-11d 中附近釉中也发现了 P_2O_5 含量较高的晶体（表 3-14），与 DLD-08 号样品相似，釉中局部出现的含磷晶体可能与草木灰的使用有关，这是中国古代广泛使用的釉料配方中的助熔剂[148-149]。图 3-11g 为内凹处边缘的一处腐蚀较严重区域的 SEM 图像，结合 OM 图像可以发现黄色物质分布的区域相比釉层衬度更低，除了分布在釉表层，也存在于贯穿釉层的裂纹内以及表面附近的气泡壁，并且呈现出由外向内扩展的趋势。图 3-11h、i 分别为其中一处裂纹附近腐蚀区域的 OM 和 SEM 图像，可以发现黄色区域（区域 A）沿着裂纹向釉层内部扩展。附近的气泡中可以发现少量衬度较低的物质（区域 B），EDS 分析结果表明其中的 MgO 和 Al_2O_3 含量很高，分别达到 38.91 wt% 和 38.31 wt%，Fe_2O_3 含量也较高（表 3-14）。

表 3-14　图 3-11 中标记位置的 EDS 分析结果　　单位：wt%

测试位置	Na_2O	MgO	Al_2O_3	SiO_2	P_2O_5	K_2O	CaO	Fe_2O_3
P1		3.36	14.43	62.42		5.53	14.25	
P2	1.25	2.17	26.30	47.19		2.26	20.83	
P3			3.94	13.60	32.15		50.31	
P4		38.91	38.31	18.27				4.51

DLD-09 号样品表面出现了大量黄色物质。为了获知该区域的物相组成，我们选取了 DLD-09 号样品的两个不同区域（黄色物质分布区 09-1 和灰白色区域 09-2），对釉表面分别进行 XRD 分析，结果列于表 3-15 中。灰白色区域主要物相为钙长石和石英，而黄色区域除了透辉石和石英外，还检测出另一种物相 Quintinite-3T[$Mg_4Al_2(OH)_{12}CO_3 \cdot 3H_2O$]。

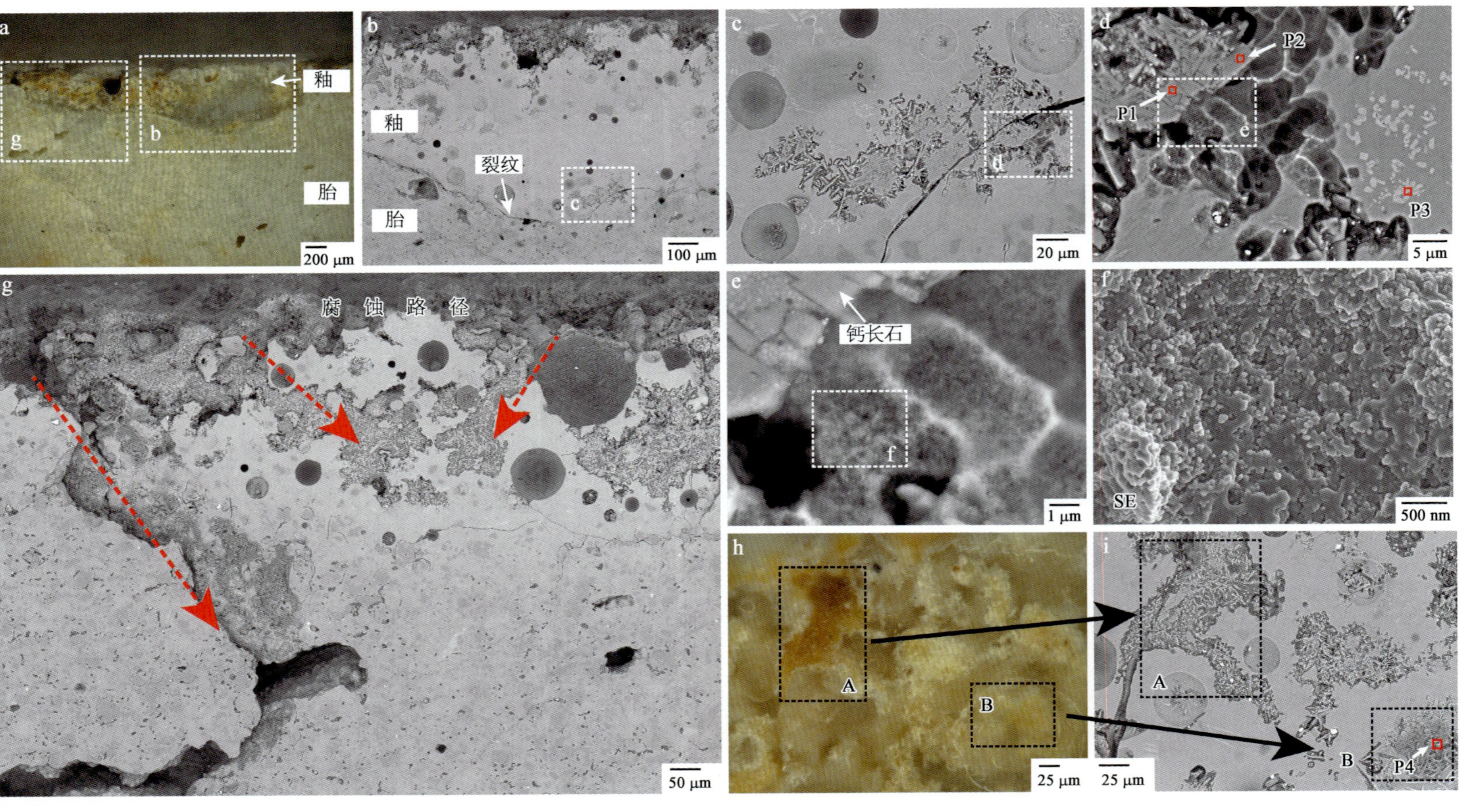

图 3-11　DLD-09 号样品釉层的腐蚀形貌

a、b. 分别为釉抛光断面的 OM 和 SEM 图像；c～e. 在不同放大倍数下一处腐蚀区域的 SEM 图像，位于图 b 中一条延伸至胎、釉交界处的裂纹附近；f. 玻璃相经过腐蚀后留下的多孔结构；g. 断面 SEM 图像，虚线箭头表示釉层中的腐蚀路径；h、i. 靠近釉表面一处裂纹附近腐蚀区域的 OM 和 SEM 图像，A 区域为黄色腐蚀区，B 区域为气泡内的物质

表 3-15　DLD-09 号样品釉表面的 XRD 分析结果，其中 09-1 和 09-2 分别测试于黄色物质较多的区域和几乎没有黄色物质的灰白色区域

编　号	峰位/(°)	对应物相
09-1	20.97,26.68,36.55,39.49,42.45,50.17,59.99,68.14	石英
	22.03,22.85,23.66,24.42,26.69,27.99,29.71,30.50,35.77,40.39,45.84,49.50	钙长石
09-2	11.76,23.66,35.04,39.59,47.17,60.91,62.22	Quintinite-3T
	20.86,26.69,36.59,39.57,42.43,50.21,60.01,68.14	石英
	22.07,22.83,23.66,24.68,28.05,49.41	钙长石
	26.68,28.05,29.93,30.95,35.04,35.77,39.18,40.98,42.57,45.72,56.73,65.65	透辉石

图 3-12a、b 分别为 DLD-09 号样品釉表面黄色区域的 OM 和 SEM 图像，与没有黄色物质区域的疏松多孔相比，其结构更致密。图 3-12c 为放大后的 SEM 图像，从中可以发现黄色区域主要由大量块状钙长石晶体和衬度较低的富 Mg 相共同组成(EDS 分析结果见表 3-16)，富 Mg 相填充了钙长石晶间的空隙。图 3-12d 为图 3-12a 中另一区域的 SEM 图像，在一

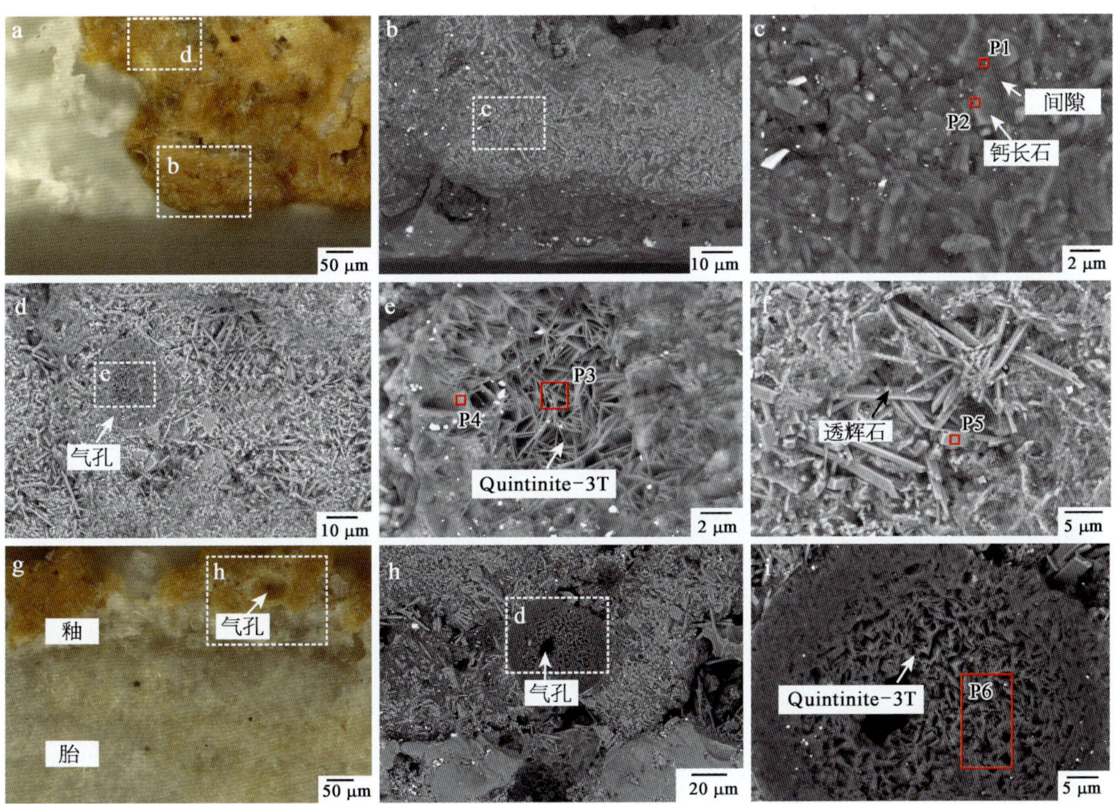

图 3-12　DLD-09 号样品釉层中腐蚀产物的形貌

a、b. 分别为釉表面黄色区域的 OM 和 SEM 图像；c. 黄色区域中的钙长石晶体；d. 釉表面黄色区域的 SEM 图像；e. 气泡中交错分布的片层状物质；f. 气泡附近长棒状晶体的 SEM 图像；g、h. 分别为黄色区域断面的 OM 和 SEM 图像；i. 气泡中交错分布的片层状物质的 SEM 图像

处气泡中可以发现较多交错分布的片层状物质(图 3-12e),而附近则是大量密集分布的长棒状晶体(图 3-12f),EDS 分析结果表明它们可能是透辉石晶体。片层状物质的组成主要为 MgO 和 Al_2O_3,含量分别达到 60.98 wt%和 38.13 wt%,而 SiO_2 含量很低,EDS 分析结果见表 3-16。从黄色区域抛光断面的 SEM 图像中也能观察到相似的形貌特征(图 3-12g、h)。图 3-12i 为气泡中的片层状物质放大后的 SEM 图像,其化学组成则有所不同,除了 MgO 和 Al_2O_3 外,Fe_2O_3 含量也很高,达到 35.23 wt%(表 3-16)。

表 3-16 图 3-12 中标记位置的 EDS 分析结果 单位:wt%

测试位置	Na_2O	MgO	Al_2O_3	SiO_2	K_2O	CaO	TiO_2	Fe_2O_3
P1		34.60	30.86	21.82	2.61	2.65	4.50	2.97
P2	0.30	1.97	33.94	41.04		19.32	3.44	
P3		60.98	38.13	0.89				
P4		57.94	39.65	2.41				
P5		17.03	3.75	51.12		27.13		0.97
P6		35.11	25.12	4.54				35.23

DLD-10 号样品的釉层出现了明显的剥落,在 OM 下观察抛光断面,可以发现青绿色的釉层中存在较多的白色区域,透明度较低(图 3-13a)。在抛光断面可以发现一条贯穿釉层并延伸至胎中的裂纹。在釉层内部靠近裂纹处(图 3-13b),可以观察到一处明显的孔洞,这并非釉层本身的结构。经过放大后(图 3-13c)可以发现孔洞周边存在大量密集分布的板状

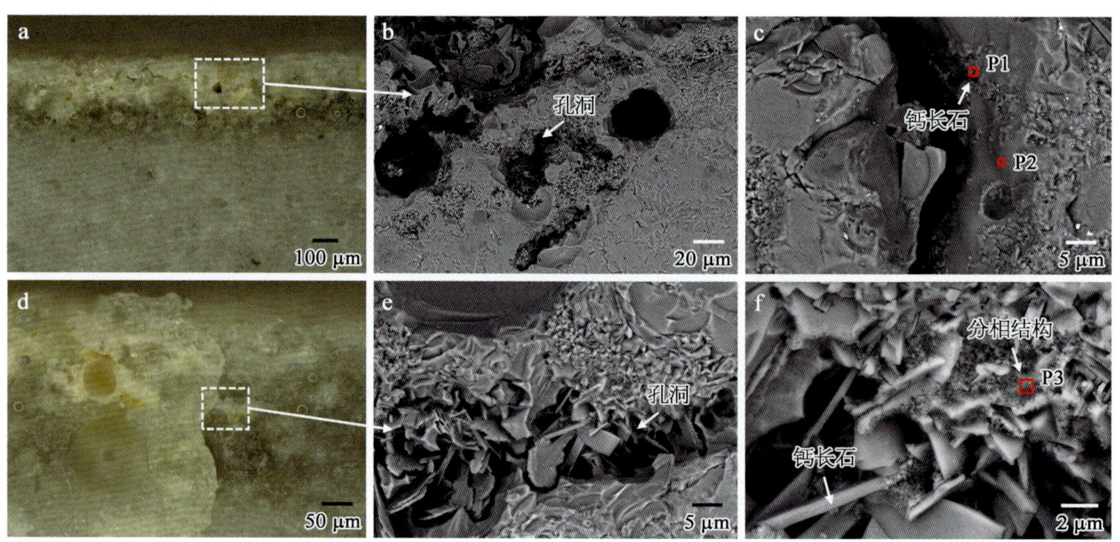

图 3-13 DLD-10 号样品釉的劣化形貌

a、b. 分别为釉断面的 OM 和 SEM 图像;c. 裂纹附近的钙长石晶体;d. 裂纹附近的一处孔洞;e、f. 孔洞中的板状晶体以及附近经过腐蚀的玻璃相

晶体,而晶体周围的玻璃相中明显经过化学腐蚀而呈现为多孔结构。在更高倍数下,通过对比二次电子图像和背散射电子图像,可以看出衬度较高的分相液滴经过腐蚀从而形成多孔结构。在釉层中的另一位置我们发现了很多孔洞(图3-13d~f),孔洞中存在大量的块状钙长石晶体(EDS结果见表3-17),并且伴随着附近的分相液滴被腐蚀后留下的多孔结构。这些釉层内部的劣化结构也体现了裂纹在劣化中的作用,它们为海水进入釉层内部提供了一个快速通道,从而促进了劣化过程。

表3-17　图3-13中标记位置的EDS分析结果　　单位:wt%

测试位置	Na_2O	MgO	Al_2O_3	SiO_2	K_2O	CaO	TiO_2	MnO	Fe_2O_3
P1			15.45	50.22	5.53	25.24			3.56
P2	0.33	0.34	10.53	66.79	10.91	7.91	1.58		1.61
P3	0.54	0.78	13.80	61.51	5.49	14.10		0.55	3.23

从显微结构上看,龙泉青瓷中的哑光釉更为复杂,除了玻璃相、未熔石英颗粒和气泡外,还存在着大量结晶相和分相结构,它们对青瓷釉的腐蚀过程均有着显著影响,而不能仅关注釉中玻璃相的腐蚀。分相结构的出现会在一定程度上改变玻璃的化学稳定性[88-89],其中各相的化学组成和分相结构的形态及分布情况是较为重要的影响因素[89]。与玻璃中较为均匀的分相结构不同,在中国古代典型的析晶-分相釉中分相通常伴随着钙长石的析晶而出现。由于釉的化学组成的不均匀性,分相结构可能呈现为不同的形态,其中当玻璃组成位于950℃以上的液液不混溶间隙的低CaO含量区域时,离散的液滴相为富CaO相,而连通的基体为富SiO_2相[85]。同时,其他的网络改变体如铁离子和镁离子也倾向于在具有大量非桥氧原子的富CaO相中富集。

经检测,DLD-08和DLD-09号样品的烧成温度分别为1 215℃和1 190℃,低于一般正烧的龙泉青瓷产品(约1 220~1 280℃[150]),如同船属于透明釉的DLD-06号样品(烧成温度为1 265℃),样品烧成温度的测试结果列于表3-1中。此前我们讨论过烧成温度和化学组成对青瓷釉显微结构的影响,这类烧成温度较低且Mg含量较高的釉具有不同于透明釉的特殊显微结构,除了釉表面分布着很多晶体而没有光泽外,釉层整体也存在大量晶体,导致釉的不透明。在釉中的钙长石析晶-分相结构中,衬度较高的富CaO液滴相离散地分布于衬度较低的富SiO_2基体中(图3-9b和图3-11e)。由于大量非桥氧原子的存在,富CaO相中的硅氧网络结构更加开放,更加不稳定。另外,晶体界面附近的玻璃相也更容易被腐蚀(图3-9b),这可能是由于晶体和玻璃相的界面处原子的排列更不紧密、空位更多,当晶体与外界腐蚀介质接触时,更容易被侵蚀。同时,相界面处经过腐蚀产生的间隙又提供了外界溶液进入釉层内部的通道,从而促进了腐蚀。随着界面层的腐蚀,钙长石晶体与玻璃相的结合也逐渐被破坏,从而导致了局部晶体的脱落。结合此前对同船出水保存较好的透明釉青瓷的研究,可以发现析晶-分相结构较低的化学稳定性确实显著地影响了其在海水中的腐蚀过程。

因此,针对具备析晶-分相结构特征的釉以及特定的海洋埋藏环境,我们以示意图的形式提出了另一种可能的腐蚀过程，如图 3-4 所示。首先，釉面与海水之间发生离子交换，Si—O—Si 网络发生微小的变化，经过长时间的反应后可能会因为网络收缩而导致微裂纹的出现，增加了参与反应的表面积[147,151]。由于富集 CaO 的分相液滴更容易与海水发生反应，分相液滴逐渐被腐蚀从而形成局部的多孔结构。其次，多孔结构增大了局部的比表面积，也在一定程度上促进了局部富 SiO_2 基体的腐蚀。同时，钙长石晶体与玻璃相的界面也由于分相液滴的腐蚀而变得疏松多孔，富 SiO_2 基体相也发生水解反应，并逐渐暴露出内部的富 CaO 液滴相，在两相交替溶解的过程中，钙长石晶体附近的玻璃相也在逐渐流失，最终导致晶体也随之脱落，形成尺寸数十微米的孔洞。当然，上述步骤并非是绝对的，而是在不同的实际条件下动态变化的。随着局部腐蚀环境的变化，腐蚀过程将继续动态变化[77]。最后，由于玻璃溶解释放的阳离子与外源阴离子的反应，或经过强烈的水解-再沉淀过程而可能析出不同类型的新物相。大练岛沉船青瓷中出现的大量腐蚀产物也反映了海洋埋藏环境和腐蚀过程的复杂性。

此外，釉表面大量的透辉石晶体似乎并没有受到严重的腐蚀，这可能归因于其良好的化学稳定性[152]。值得注意的是，DLD-08 号和 DLD-09 号等晶体数量较多的瓷釉与微晶玻璃的微观结构相似，均属于多相体系，尽管其晶体尺寸和均匀性有所不同。微晶玻璃体系被认为在固定放射性裂变产物进行长期处理方面具有独特的优势，但多相体系也使研究其耐腐蚀性变得更加困难[153-154]。这种类型的古代瓷釉可以作为考古模拟物来研究多相体系在自然环境中的长期腐蚀行为。在我们的研究中，结果表明化学稳定性差的相更有可能被优先腐蚀。

此外，瓷器的腐蚀过程不仅仅是发生在釉的部分，胎也是重要的腐蚀途径。中国古代瓷器的胎主要由石英、莫来石等晶相以及玻璃相和少量气孔组成，在长时间的海水作用下，玻璃相同样会发生腐蚀作用：一方面，贯穿釉层的裂纹会延伸至胎中，海水因而可以直接进入胎内部，带来外界的物质，并在腐蚀过程中形成新的物质(图 3-5)；另一方面，釉完全剥落后或断口处的胎往往也会直接暴露于外界环境，提供了不同的腐蚀路径(图 3-14)。

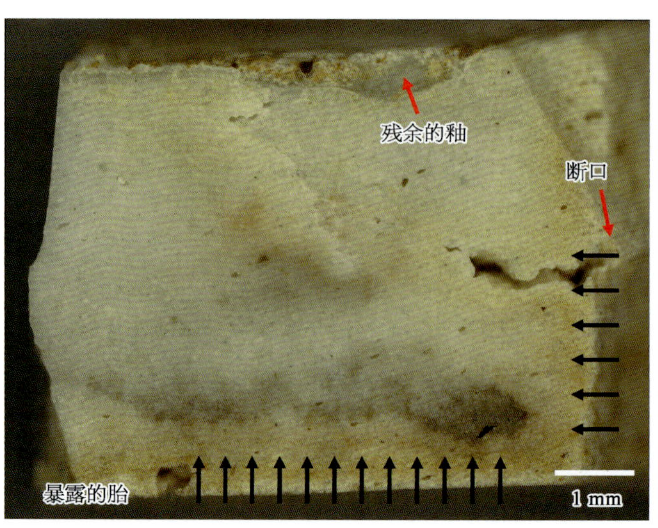

图 3-14　DLD-09 号样品抛光断面的 OM 图像

3.1.5 青瓷釉中新物相的形成

胎、釉中的腐蚀产物可以间接反映出瓷器的埋藏环境，对于我们深入了解海洋环境对瓷器腐蚀过程的影响具有重要意义。DLD－09 号样品表面存在大量黄色物质，它们显著地改变了样品原有的外观。在 SEM 下观察后可以发现，这些物质主要表现为两种不同的形态：一种多伴随着钙长石或透辉石晶体出现，填充于晶体之间的间隙之中，没有明显的几何形态。另一种则位于釉层中的气泡壁上，表现为交错的片层状结构。XRD 的分析结果表明它们与 Quintinite 族碳酸盐矿物具有相似的结构特征。从化学组成上看，气泡中的片层状晶体主要包含 Mg、Al、O 三种元素或 Mg、Al、Fe、O 四种元素，并含有少量的 Si 元素（由于 SEM 制样时镀 C 薄膜的原因，在 EDS 分析时并未计入 C 元素的含量），钙长石晶间的物质则组成更为复杂一些。因此可以判断它们主要为 Quintinite 相。Quintinite 族矿物为典型的层状双氢氧化物（LDH），具有与水镁石相似的结构，两种金属阳离子 M^{2+} 和 M^{3+} 比例为 2∶1，由于八面体配位的三价阳离子部分取代了二价阳离子，层间的阴离子 CO_3^{2-}（或 Cl^-）作为电荷补偿，H_2O 分子在层间提供氢键，其化学式可以表示为$[(M_4^{2+}M_2^{3+})(OH)_{12}](CO_3)\cdot(H_2O)_3$，其中 M^{2+} 可以是 Mg^{2+}、Fe^{2+}、Mn^{2+} 等离子，M^{3+} 可以是 Al^{3+}、Fe^{3+} 等离子[155-157]。其中 Quintinite 矿物属于 Quintinite 族矿物中的一员，二价离子和三价离子分别为 Mg^{2+} 和 Al^{3+}，通常在富钙磷灰石和碳酸盐岩中分布较为普遍，由于一系列复杂的地质作用而形成[155]，这也是 DLD－09 号样品釉层中出现的最普遍的一种组成，其在结构上存在多种多型，其中 Quintinite－3T（3T 代表 3 层的三方晶系结构）多型为六方板状晶体（hexagonal tabular），通常聚集形成玫瑰花束状（rosettes），颜色表现为透明、浅黄色或深黄色[156]。而 Fe 含量较高的片层状物质可能是由于 Fe 部分取代了 Mg 或 Al，比如 Quintinite 族矿物中 Mg 和 Fe 端元就存在很强的互溶现象[156]，因此，不同气泡中的片层状晶体（图 3－12e、i）在化学组成上的差异也与它们的形成过程有着密切关系。

由于 Quintinite 相通常在 400℃以上就开始逐渐发生不可逆的转化，分解为方镁石相和镁铝尖晶石相[158-160]，这意味着该物质显然不可能在陶瓷烧成过程中形成。事实上，此前对龙泉窑青瓷的研究中也未发现该类物质[129]。因此，该物质来源的最大可能性就是由于陶瓷在海水中的长期腐蚀而形成。据我们所知，此前的研究中还未在陶瓷或玻璃的腐蚀产物中发现 Quintinite 相。值得注意的是在高 Mg 含量的石棉（富 Si 的非晶相）的碱活化过程（NaOH 溶液，6.25 mol/L）中产生了 Quintinite 相[161]，但溶液的 pH 值很高，属于强碱性环境。最近的一项研究发现，在海底沉船中的陶瓷地砖（Akko Tower Wreck，以色列 Akko 港，19 世纪）中检测出了 Quintinite 相[162]，尽管作者并未明确指出其来源，也未在显微镜下直接观察到该物相，但很可能也来自陶瓷在海水中的长期腐蚀。因而在碱性条件下，含 Mg、Al 的材料在特定情况下有可能转化为 Quintinite 相，尽管具体的反应条件和反应过程仍然有待研究。

在本研究中，DLD－09 号样品析晶-分相结构的腐蚀过程中，分相液滴的选择性腐蚀导致亚微米级多孔结构的出现，这些孔洞在进一步的腐蚀中可能会逐渐彼此连通形成深入釉层内部的孔道或裂纹。随着海水的进入，在这些孔隙内部形成一个相对稳定的微环境（相对于釉表面与流动的海水直接接触）[82,151]。内部的腐蚀环境具有较高的 SA/V 值（表面积/溶液体积），并且与外界海水的物质交换作用较为缓慢，因此有利于不溶盐的饱和从而促进了沉淀的产生[107]。随着釉的腐蚀，局部腐蚀环境的 pH 值可能会逐渐升高，提供了碱性条件，海水则提供了 Mg^{2+} 离子和 HCO_3^- 离子，而 Al、Si 或 Fe 可能来源于釉层玻璃网络的溶解，因此在特定的条件下可能发生如下反应而形成 Quintinite 相：

$$4Mg^{2+} + 2Al^{3+} + HCO_3^- + 13OH^- + 2H_2O \longrightarrow [(Mg_4Al_2)(OH)_{12}](CO_3) \cdot 3H_2O \tag{3-1}$$

这些腐蚀产物的形成在不同区域也存在差异，这可能与晶体生长的空间有关，在钙长石晶间或是分相液滴腐蚀后留下的多孔结构的孔隙中，生长空间有限，并未形成具有良好形态的晶体。这些腐蚀产物填充于釉层腐蚀后产生的孔道中，可能在一定程度上延缓了进一步的腐蚀，并且逐渐包裹住附近的钙长石晶体，形成了一种复合的腐蚀结构。但疏松多孔的结构并不能完全阻止海水的进入，深入内部的裂纹等缺陷也让海水有了直接进入釉层内部的通道，这进一步加剧了腐蚀的发生，并最终造成了釉层的严重脱落。而釉层内的气孔则提供了一个良好的生长空间，海水通过孔道进入气孔并充满其中，离子逐渐饱和后晶体的生长能够持续进行，最终形成了发育良好的片层状结构。在此前的讨论中也可以发现气泡和裂纹等缺陷是腐蚀向釉层内部深入的快速途径，它们为腐蚀产物的形成提供了不同的空间。

总体而言，釉层中的腐蚀产物是在特定条件下形成的，与海洋埋藏环境和釉本身的组成均有密切的关联，而析晶-分相结构腐蚀后形成的多孔结构以及釉层中的裂纹、气孔等结构在腐蚀产物的形成过程中也有着重要的作用。

3.2 南海出水青瓷的劣化机理研究

3.2.1 考古背景和样品信息

本研究选取的样品共 6 件，由中国（海南）南海博物馆提供，为南海出水的龙泉窑系青瓷残片，编号为 NH－C1～NH－C6 号，样品照片如图 3－15 所示。样品的完好程度不一，部分样品还保留着较完整的原始釉层，但也有部分样品劣化程度十分严重，釉层几乎完全损毁。样品的详细信息列于表 3－18 中。

c
d
e
f
g
h
i
j
CM

图 3-15　南海出水青瓷样品的照片

a、b. NH-C1;c、d. NH-C2;e、f. NH-C3;g、h. NH-C4;i、j. NH-C5;k、l. NH-C6

表 3-18　南海出水青瓷样品的详细信息

类　别	编　号	年　代	窑　口	外观和保存状况
青　瓷	NH-C1	宋元	龙泉窑系	6 件青瓷样品釉面粗糙,失去光泽。其中,NH-C4 和 NH-C5 号表面有少量白色附着物;NH-C6 号表面有大量白色附着物
	NH-C2	宋元	龙泉窑系	
	NH-C3	宋元	龙泉窑系	
	NH-C4	宋元	龙泉窑系	
	NH-C5	宋元	龙泉窑系	
	NH-C6	宋元	龙泉窑系	

3.2.2　胎、釉的化学组成分析

青瓷样品胎的化学组成列于表 3-19 中,其中 SiO_2 含量为 68.10～76.77 wt%、Al_2O_3 含量为 16.86～22.21 wt%、K_2O 含量为 2.32～5.91 wt%、Fe_2O_3 含量为 2.15～2.79 wt%,与典型的龙泉瓷胎的组成范围较吻合[129]。其中,NH-C2、NH-C4 和 NH-C6 号样品胎中的 Al_2O_3 含量高于 20 wt%,K_2O 含量均高于 5 wt%,NH-C1、NH-C3 和 NH-C5 的 Al_2O_3 含量低于 19 wt%,K_2O 含量均低于 3.5 wt%,其间存在明显差异,说明它们可能来自不同的窑场[163]。

表 3-19　南海出水青瓷胎的化学组成的 EDXRF 测试结果　　单位:wt%

样品编号	Na_2O	MgO	Al_2O_3	SiO_2	K_2O	CaO	TiO_2	Fe_2O_3
NH-C1	0.30	0.06	17.59	75.58	2.43	0.08	0.17	2.79
NH-C2	0.29	0.10	22.21	68.70	5.10	0.09	0.10	2.41
NH-C3	0.38	0.07	18.47	74.13	3.24	0.09	0.18	2.45
NH-C4	0.48	0.02	21.76	68.10	5.91	0.07	0.05	2.60

续　表

样品编号	Na_2O	MgO	Al_2O_3	SiO_2	K_2O	CaO	TiO_2	Fe_2O_3
NH-C5	0.27	0.05	16.86	76.77	2.32	0.13	0.23	2.37
NH-C6	0.22	0.04	20.64	70.66	5.09	0.10	0.09	2.15

由于部分青瓷样品釉表面损毁严重，且表面可能存在腐蚀产物或附着有生物残骸，因此从样品的抛光断面测试了釉的化学组成，从而避免腐蚀产物或表面附着的生物残骸对测试的影响，结果列于表 3-20 中，同时也直接测试了样品表面的组成作为对比。部分样品表面和断面测得的组成差别不大，如 NH-C1～NH-C5 号样品。部分样品，如 NH-C6 号样品，表面和断面测得的数据差别较大。其中，NH-C6 号样品表面 MgO 含量较高，达到了 18.79 wt%，相应地，其 SiO_2 和 Al_2O_3 的含量较低，分别为 53.83 wt%和 9.92 wt%。样品的化学组成能够部分反映出陶瓷在埋藏过程中的变化，但获取的信息较为有限，部分样品断面和表面组成相近，但这并不能表明它们没有发生劣化。因此，还需要结合其他的表征手段进行进一步的研究和分析。

表 3-20　南海出水青瓷釉的化学组成的 EDXRF 测试结果（分别从断面和釉表面测试）

测试位置	样品编号	wt%								μg/g	
		Na_2O	MgO	Al_2O_3	SiO_2	K_2O	CaO	TiO_2	Fe_2O_3	MnO	P_2O_5
断　面	NH-C1	0.52	0.69	13.47	67.02	4.20	10.84	0.09	2.18	2 920	1 390
	NH-C2	0.13	0.19	12.18	71.26	5.17	7.86	0.06	2.14	1 670	420
	NH-C3	0.45	1.28	15.87	64.45	6.01	8.42	0.14	2.38	5 940	2 620
	NH-C4	0.45	0.22	12.74	70.68	6.05	6.50	0.10	2.25	1 590	290
	NH-C5	0.80	0.96	13.04	65.28	4.99	11.17	0.13	2.64	5 380	1 400
	NH-C6	0.34	0.31	11.48	67.73	7.57	9.26	0.13	2.18	5 010	720
釉表面	NH-C1	0.96	0.92	13.20	66.26	4.15	11.50	0.09	1.92	3 090	1 340
	NH-C2	0.55	0.41	13.43	67.74	5.56	9.18	0.08	2.06	2 580	830
	NH-C3	0.87	0.82	12.88	68.64	4.48	8.80	0.11	2.41	4 770	2 000
	NH-C4	0.47	0.31	12.60	69.30	6.33	7.56	0.11	2.33	1 320	510
	NH-C5	0.90	1.14	11.49	66.48	4.00	12.39	0.11	2.49	4 080	1 660
	NH-C6	0.58	18.79	9.92	53.83	4.22	9.36	0.09	2.20	2 920	1 250

3.2.3　表面劣化形貌及其形成原因

通过 OM 和 SEM 观察可以发现，大部分青瓷样品的釉表面已经不再光滑平整，均受到了不同程度的损毁。样品的釉表面形貌可以大致分为以下四种类型：① 孤立或互联的浅半球形凹坑；② 深入釉层内部的孔洞；③ 填充有外来物质的凹坑；④ 被海洋生物残骸覆盖的表面。这几种表面形貌的形成可能存在一定的联系。青瓷样品的表面形貌如图 3-16 所示，其中图 3-16a、b 为 NH-C1 号样品釉表面的 OM 和 SEM 图像，从中可以看出釉表面分布着尺寸较大的半球形凹坑，半径超过 200 μm，这可能是釉表面原有的开口气孔，其他区域的釉面相对较为平整。图 3-16c、d 为 NH-C5 号样品釉表面的 OM 和 SEM 图像，从中可以看出釉面凹凸不平，密集地分布着互联的凹坑，其中每个子区域的尺寸约为 10～20 μm。此外，这些青瓷样品的釉表面有着较多填充有低衬度物质的裂缝，如图 3-16c、f 所示，它们可能是由釉中原有的裂纹演变而来。从断面的 SEM 中可以更清晰地观察到这一点，图 3-17 中展现了 NH-C1 和 NH-C5 号样品断面的 OM 和 SEM 图像，它们的裂纹都呈现 V 形，上宽下窄。新形成的物质集中于裂缝之中，并一直延伸至胎、釉交界处，可能在胎中的孔隙中也存在。图 3-16e 中 NH-C6 表面可以观察到釉表面还覆盖有一些白色的生物残骸。图 3-17b 中 NH-C5 釉内部的气泡也被新形成的低衬度物质完全填充。

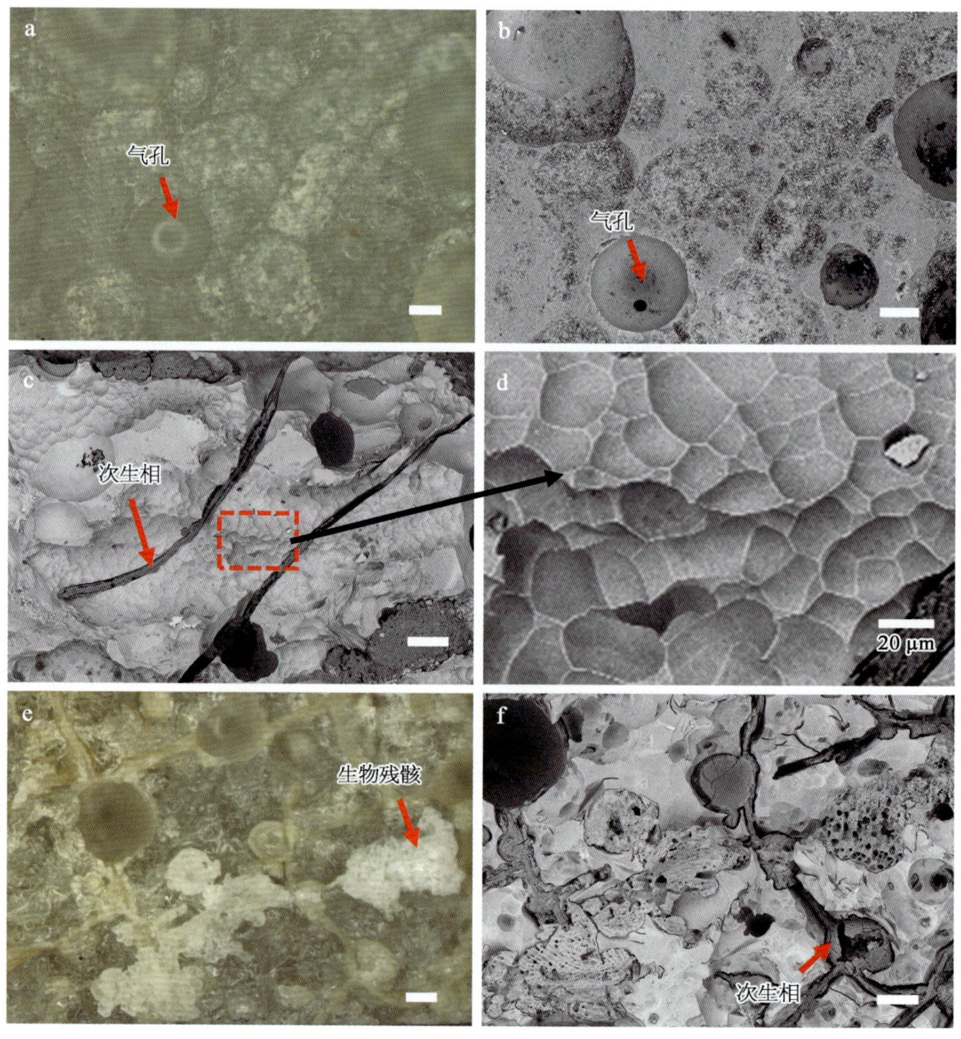

图 3-16　南海出水青瓷的釉表面形貌

a、b. NH-C1 釉表面的浅半球形凹坑的 OM 和 SEM 图像；c. NH-C5 表面的 SEM 图像；d. NH-C5 表面互联的浅凹坑；e、f. NH-C6 号样品表面的 OM 和 SEM 图像。图中比例尺为 100 μm

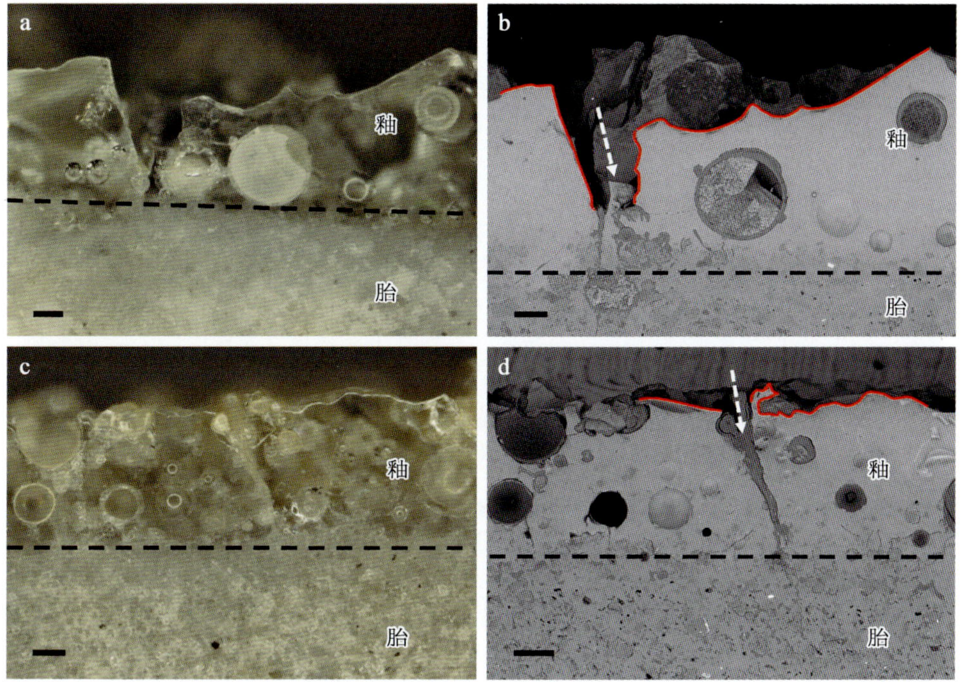

图 3－17　南海出水青瓷的断面形貌

a、b. 分别为 NH－C1 断面的 OM 和 SEM 图像；c、d. 分别为 NH－C5 断面的 OM 和 SEM 图像，其中使用红色曲线标记了劣化后的样品表面轮廓，黑色虚线标记了胎和釉的分界线。图中比例尺为 100 μm

探针式轮廓仪可以反映出样品的表面形貌，图 3－18 中展示了青瓷样品的典型表面轮廓曲线，从中可以看出 NH－C1 号样品釉表面孤立的半球形凹坑（图 3－18a）和 NH－C5、NH－C6 号样品釉表面互联的凹坑（图 3－18b、c），这些凹坑的尺寸多为数十微米。样品的表面粗糙度列于表 3－21 中，保存状况较好的样品如 NH－C1，*Ra* 值低于 1 μm，而劣化较为严重的样品如 NH－C6，*Ra* 值则超过了 3 μm，这显然与釉表面出现的以凹坑为特征的劣化形貌有关。这种以孤立或互联的浅半球形凹坑为主要特征的表面形貌反映出了釉表面经历的劣化过程。这种被称为"cup-shaped 结构"的特征在古代玻璃和经过实验室中模拟腐蚀实验

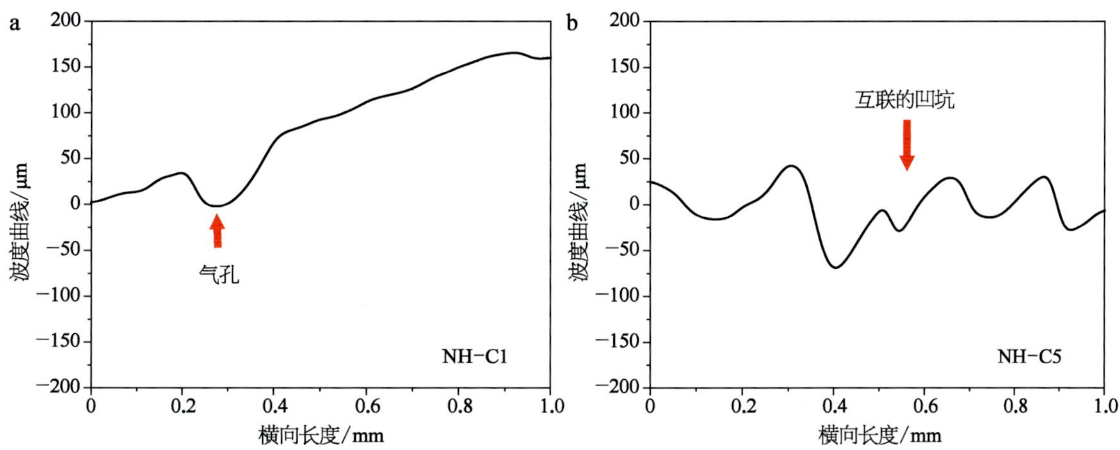

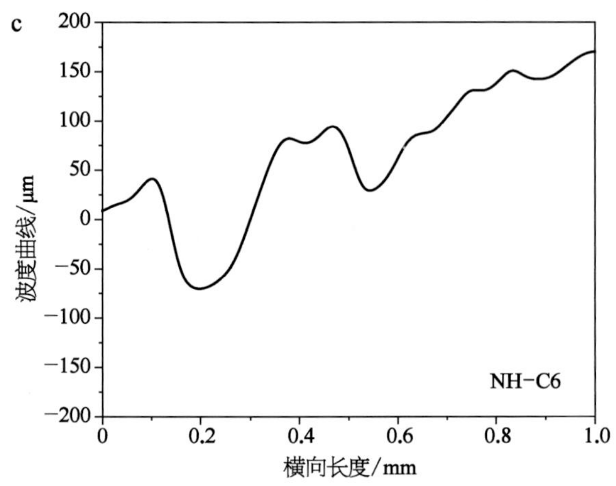

图 3-18　南海出水青瓷釉的表面轮廓曲线
a. NH-C1；b. NH-C5；c. NH-C6

的核废料玻璃中也曾被观察到[80,164]，被认为是玻璃全等溶解的前沿轮廓，由玻璃中的化学/结构异质性(如表面的微小缺陷)引起。C. Dubois 等[165]的实验也证实了它们是由玻璃表面的裂纹在溶液中腐蚀后逐渐演化形成。在这些研究中，玻璃中的熔剂含量更高，而瓷器的釉可以看作更耐腐蚀的高硅铝含量玻璃，化学腐蚀有限地参与到釉面形貌的改变，但并非最主要因素。特别是对于损毁严重的釉表面，机械作用造成的材料损失可能是更重要的原因。

表 3-21　南海出水青瓷釉的表面粗糙度(*Ra*)，每个样品在不同位置进行三次测量并取平均值

样品编号	*Ra*/μm
NH-C1	0.85
NH-C5	1.54
NH-C6	3.01

不可否认的是，材料本身的非均质性和海洋环境的复杂多变无疑会给劣化机理的研究带来很多困难，这其中有着很多无法测量和预估的因素，不可能完全了解到每件样品的详细变化过程。然而，从保存状况较好的样品到劣化严重的样品，尽管劣化程度有差异，但也有一些共同特征，尤其是釉表面劣化形貌的形成和演化，反映出它们在海洋环境中经历的变化有一定的规律性。南海出水的这批青花瓷和青瓷在海洋环境中的劣化过程主要受到机械损伤和化学腐蚀的共同作用。通常，瓷器随着沉船沉入海底后会逐渐被沉积物所覆盖，尽管仍然会与沉积物中的间隙水接触，但由于胎、釉良好的耐腐蚀性，其化学腐蚀速率通常很缓慢，这也是大多从沉积物中发掘出的瓷器能够保持完好的重要原因之一。一旦沉船受到外界的扰动，导致瓷器暴露到海床表面，流动的海水裹挟着海底的沉积物碎

屑对瓷器表面的冲蚀开始对釉面产生持续性的机械作用。这一方面造成了釉面的材料损失，另一方面产生的更多缺陷为外来物质的侵入提供了更多的通道，从而促进了化学腐蚀过程。

化学腐蚀特征一般主要体现在化学元素的选择性溶出以及硅酸盐网络结构的变形和逐渐解体，溶解或以新物相的形式重新沉淀，这在古代玻璃材料的化学腐蚀中十分常见，通常会由于表面碱金属离子的耗尽而形成富 SiO_2 的致密腐蚀层[81,166-168]。然而，耗尽层的特征在我们的样品中并不明显，一个可能的解释是表面区域的离子耗尽层极薄，我们目前使用的表征技术无法分辨。但通过对南海出水的青瓷和青花瓷表面劣化形貌的分析可以看出，釉中均质玻璃相的化学腐蚀更可能以全等溶解的形式进行。另外，海洋化学环境的特点也对均质玻璃相的化学腐蚀有一定影响。然而，海水的高盐度又促进了玻璃更快的溶解，垂直于玻璃表面的 Si—ONa 基团取代 Si—OH 基团占据了表面位点，避免了空间效应，使得水分子能够更容易进入网络结构[78,118-119]，从而有利于玻璃基质的溶解。

3.2.4　显微结构非均质性对劣化的影响

釉层显微结构的非均质性对其劣化过程有着间接的影响，这在南海出水的这批青瓷样品中也有体现。图 3 - 19a、b 为 NH - C5 号样品断面的 OM 和 SEM 图像，从中可以发现釉层内部也存在很多新形成的物相，它们大多通过孔道与外界连通。低衬度的新物相中还夹杂着一些晶体，从组成上看可能是钙长石(EDS 分析结果见表 3 - 22)。这反映出釉的劣化在钙长石析晶区显然要比均质玻璃相更快。这与 3.1 节中大练岛沉船出水的龙泉青瓷釉的劣化现象非常相似。南海出水的这批青瓷中，部分质量较差，这些分布在釉中甚至接近釉表面的钙长石晶体可能是由于釉料中组分的不均匀性造成。这些局部的钙长石析晶区也伴随着分相结构，如图 3 - 19f 所示。因此，析晶-分相区域往往成为在海水中化学腐蚀的活性位点。其原因可能是由于析晶区提供了更多的界面和间隙，具有更低的化学稳定性，在化学腐蚀过程中优先溶解，有利于外界物质的进入，并促进了釉的局部劣化。在 NH - C6 的一处靠近表面的区域也发现了相似的现象(图 3 - 19c～f)。

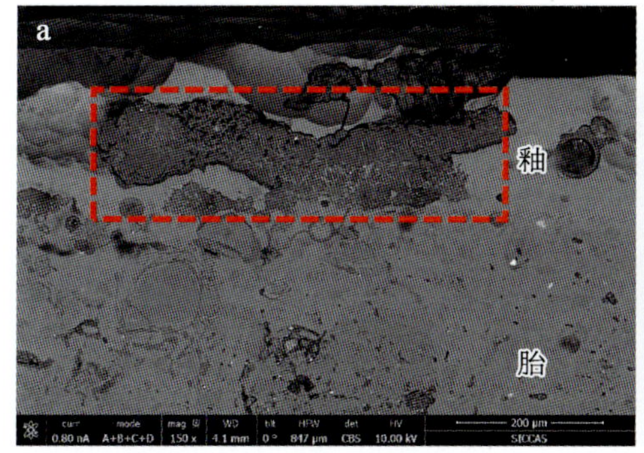

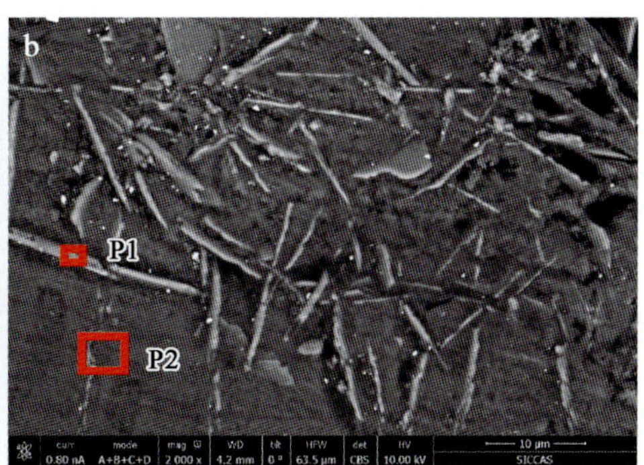

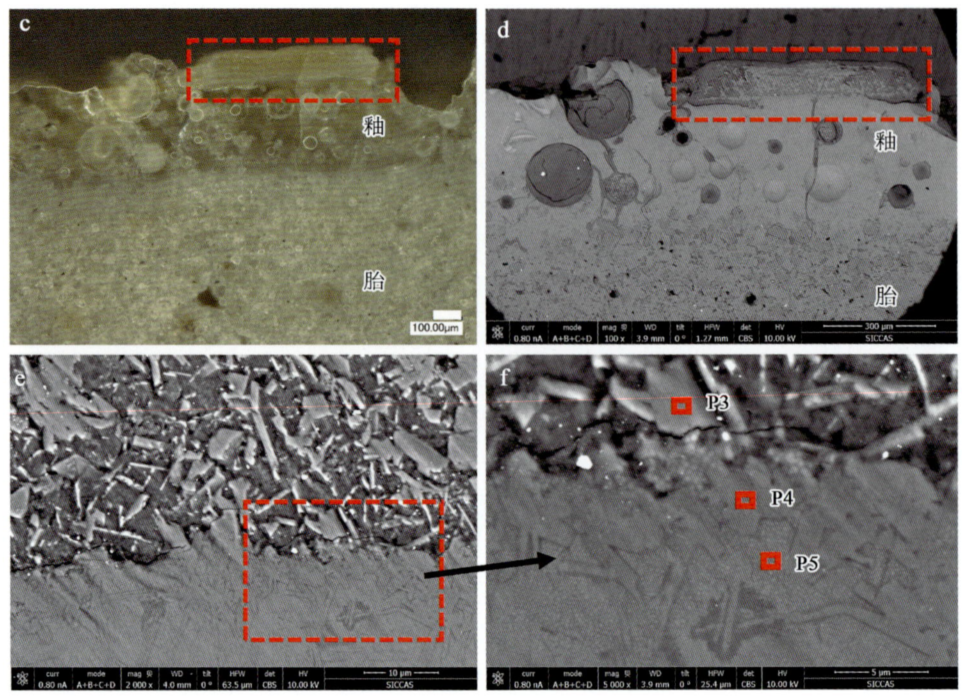

图 3-19　青瓷釉中由于显微结构的非均质性造成的局部侵蚀

a、b. NH-C5 的断面 SEM 图像；c、d. NH-C6 的断面的 OM 和 SEM 图像；e、f. NH-C6 受侵蚀区域边缘位置的 SEM 图像

表 3-22　图 3-19 中标记位置的 EDS 分析结果　　单位：wt%

测试位置	Na_2O	MgO	Al_2O_3	SiO_2	K_2O	CaO	TiO_2	Fe_2O_3	SO_3	P_2O_5
P1	1.46	12.06	28.90	45.01	0.54	10.89	0.31	0.84		
P2		49.92	26.98	17.67		0.75		2.62	2.06	
P3	0.82	1.89	31.74	48.56	0.41	15.75	0.23	0.60		
P4	0.91	1.84	29.06	50.72	1.02	15.44		1.01		
P5	1.07	1.97	20.75	57.95	2.90	12.72	0.33	1.26		0.44

3.3　出土和出水瓷器劣化行为的共性和差异——以汝瓷为例

3.3.1　土壤环境与水下环境的对比

与水下考古遗址相对应的是陆上的考古遗址，如窑址和墓葬，其中出土的古代瓷器往往也会出现不同程度的劣化现象，它们可能与出水瓷器有着一定的相似性，也有着自己的独特

性，这主要与其所处的土壤环境有关。中国地域辽阔，不同地区的土壤环境会因为地理环境和地质条件的不同而存在很大差异，即使在同一地区，也可能由于各种环境或人为因素的影响而造成文物埋藏环境发生变化[169]。从物理角度看，土壤是一种由气相（空气）、液相（液相）以及矿物质、有机物和生物（固相）等共同构成的多孔多相系统，其中空气和水主要存在于复杂的土壤孔隙中[170]。文物在埋入土壤后，会通过一系列的反应与环境重新建立一个相对平衡的状态，文物的保存状况与各种环境因素之间的关系非常复杂，通常在土壤环境中影响较大的因素主要有温度、含氧量、含水量、pH 值、可溶盐等[169]，其中与古陶瓷的劣化最紧密相关的就是土壤中的含水量和 pH 值，因为在土壤环境中古陶瓷的化学腐蚀过程是以土壤水（soil water）为介质而进行的。随着气候条件的周期性变化，温度和干湿循环等因素也会影响着瓷器中发生的变化，这与温度较为恒定且长期浸泡在水中的出水瓷器所处的条件存在很大差异。

土壤水是一种含有各种溶质和悬浮胶体颗粒的液体，能够通过毛管力而保存于复杂的土壤孔隙网络中，并且能够在孔隙中自由流动[170]，土壤含水量主要由大气降水和土壤蒸发所决定。土壤中化学性质最活跃的部分是颗粒直径小于 1 μm 的土壤胶体，它们主要由黏土矿物、土壤氧化物等无机胶体、腐殖质等有机胶体以及两者的复合物所组成[171]。中国的土壤 pH 值大多在 4～9 的范围内，在地理分布上呈现出自北向南 pH 值逐渐减小的规律，长江以南的土壤大多为酸性，而北方的土壤多为中性或碱性[170]。与土壤 pH 值较大的变化范围不同，大多数情况下水下环境中 pH 值是相对稳定的，这主要是由于缓冲系统的存在，例如碳酸盐平衡体系控制着海水的 pH 值。因此，正是由于土壤环境和水下环境的差异，出土和出水的瓷器往往也表现出不同的劣化特征，例如出土的瓷器表面可能会粘结土壤，形成土蚀斑，而出水瓷器在一些条件下可能会形成大型的包裹体。

汝瓷釉是一种典型的析晶-分相釉，大量亚微米尺度的晶间分相结构对汝瓷釉的呈色有着十分重要的贡献[85]，汝瓷釉的蓝色乳光就源自釉中近程有序的分相结构产生的光子非晶结构色[145,172]。然而，调查发现清凉寺汝窑第四烧造区（天青釉汝瓷中心烧造区）出土的很多汝瓷瓷片的釉面变得粗糙，出现了明显的劣化现象[173-174]，导致这些原本精美的汝瓷变得面目全非，令人惋惜。在出土的瓷器中，汝瓷的土蚀现象尤为显著，并且非常普遍，而不仅仅是少数个例。张福康等研究者很早就注意到这些普遍的劣化痕迹可能是由于釉表面受到土壤中腐蚀性物质的长期腐蚀作用而形成，因而称之为"土蚀斑"[174]。出土汝瓷的劣化现象与釉中的析晶-分相结构可能有着密切关系，但环境的不同也会影响出土和出水瓷器的劣化行为，并导致不同劣化现象的出现。出土汝瓷提供了一个极佳的研究案例，以对出土和出水瓷器的劣化行为进行对比研究，探讨它们在土壤环境和水下环境中劣化机理的共性和差异。

3.3.2 样品信息

本研究选取了三件具有代表性的汝瓷样品，均出土于宝丰清凉寺汝窑第四烧造区，由河南省文物考古研究院提供。三件样品的劣化程度很严重，特征是天青色或天蓝色釉面出现了大量的白斑或黄斑，样品照片如图 3-20 所示，将它们分别编号为 Ru-1、Ru-2 和 Ru-3。

其中，Ru－1号样品的外侧局部区域劣化情况较轻（图3－20a），内侧劣化严重，几乎完全被白斑所覆盖（图3－20b）；Ru－2号样品内侧的表面保留了一小块天青色釉面，还附着有一些黑色和黄色污染物（图3－20c），而外侧的圈足部位劣化情况最为严重，已经分辨不出釉的颜色，并且大部分区域被着色为黄色（图3－20d）；Ru－3号样品的一侧釉面存在着一片保存较好的天蓝色区域，约为2 cm×1 cm（图3－20e），另一侧则几乎被白斑和黄斑所覆盖（图3－20f）。

图3－20　清凉寺遗址出土汝瓷样品照片

a、b. Ru－1号样品；c、d. Ru－2号样品；e、f. Ru－3号样品

3.3.3　出土汝瓷的劣化形貌及其与出水瓷器的对比

从3.3.2节中可以看出，出土汝瓷最显著的劣化特征是其釉面密布着大量白斑和黄斑。其中呈点状分布的白色斑块与3.1节中大练岛沉船出水的部分青瓷釉面出现的白点十分相似，它们可能都是由于析晶-分相结构的选择性腐蚀而出现的腐蚀坑引起的劣化现象。在观察汝瓷样品的劣化形貌前，首先使用XRD分析了釉表面的物相组成，分析结果列于表3－23中。在$2\theta \approx 15° \sim 35°$的范围内三件样品均存在非晶衍射峰，结晶相的衍射峰强度较弱，说明釉表面的晶体较少。三件样品均出现了较微弱的石英晶体的衍射峰，可能是汝瓷釉中原有的少量未熔石英颗粒。Ru－1和Ru－2号样品测试于釉表面劣化较严重、白斑很多的

区域，它们的 XRD 谱图均有较弱的钙长石晶体衍射峰，其中劣化最严重的 2 号样品衍射峰强度较高。Ru－3A 和 Ru－3B 分别测试于 Ru－3 号样品劣化程度较轻和严重的两个不同区域，除了钙长石晶体，还出现了透辉石晶体的衍射峰。

表 3－23　汝瓷样品釉表面的 XRD 分析结果，其中 Ru－3A 和 Ru－3B 分别测试于 Ru－3 号样品的蓝色区域和白斑密集分布的区域

样品编号	峰位/(°)	对应物相
Ru－1	26.68	石英
	27.93	钙长石
Ru－2	26.68	石英
	22.03，23.78，24.40，27.99	钙长石
Ru－3A	26.56	石英
	28.03，35.53	钙长石
	35.53	透辉石
Ru－3B	26.75	石英
	28.09，35.55	钙长石
	29.87，30.99，35.55	透辉石

在较低倍数的 SEM 图像中，可以观察到汝瓷样品釉层中劣化形貌的整体情况，包括腐蚀坑在表面的横向分布和在断面的纵向分布。图 3－21a、b 分别为 Ru－1 号样品釉断面的 OM 和 SEM 图像，从中可以发现天青色釉的表面分布着大量的白斑，对应着大量的腐蚀坑，这些坑洞大小尺寸不一，大多数较小的孔洞均离散分布。在图 3－21b 中用曲线近似地描绘了腐蚀坑的边界，可以推断大多数蚀坑可能是以一个点为中心向釉层内部的各个方向进行扩展，两个或多个腐蚀坑接触后相连形成更大的腐蚀坑。在一条贯穿釉层的裂纹的中部也出现了一个横向扩展的孔洞，距离釉表面约 120 μm，比其他通过表面产生的腐蚀坑的深度更大，横向尺寸约有 90 μm，这也说明土壤中的水可以通过裂纹进入釉的内部，成为腐蚀的快速通道。Ru－2 号样品（图 3－21c、d）和 Ru－3 号样品也有着相似的劣化形貌，但 Ru－2 号样品釉层劣化最严重，更多蚀坑彼此相连，在 SEM 图像处的局部断面已经无法观察到原始表面，Ru－3 号样品则劣化程度较轻。可以看出，三件出土汝瓷样品的釉表面劣化形貌均以孤立或互联的不规则腐蚀坑为特征，腐蚀坑的尺寸大多为数十微米，深度一般也在数十微米至 100 μm 的范围内。这与 3.1 节中 DLD－07 和 DLD－08 号样品釉面出现的腐蚀坑非常相似，尽管它们所处的环境并不相同，但劣化的原因可能均与釉中的析晶-分相结构有关。

为了衡量三件样品不同区域劣化程度的差异，根据 SEM 图像对典型区域腐蚀坑的纵向深度以及表面的二维分布比例进行了估算，具体数据见表 3－24。其中，在我们观察的区域中，Ru－1 号和 Ru－3 号样品腐蚀坑的最大深度约为釉厚度的 27%～29%，劣化严重的 Ru－2 号样品的比例则达 37%。从图 3－21 中的釉表面腐蚀区 SEM 图像可以发现，腐蚀坑

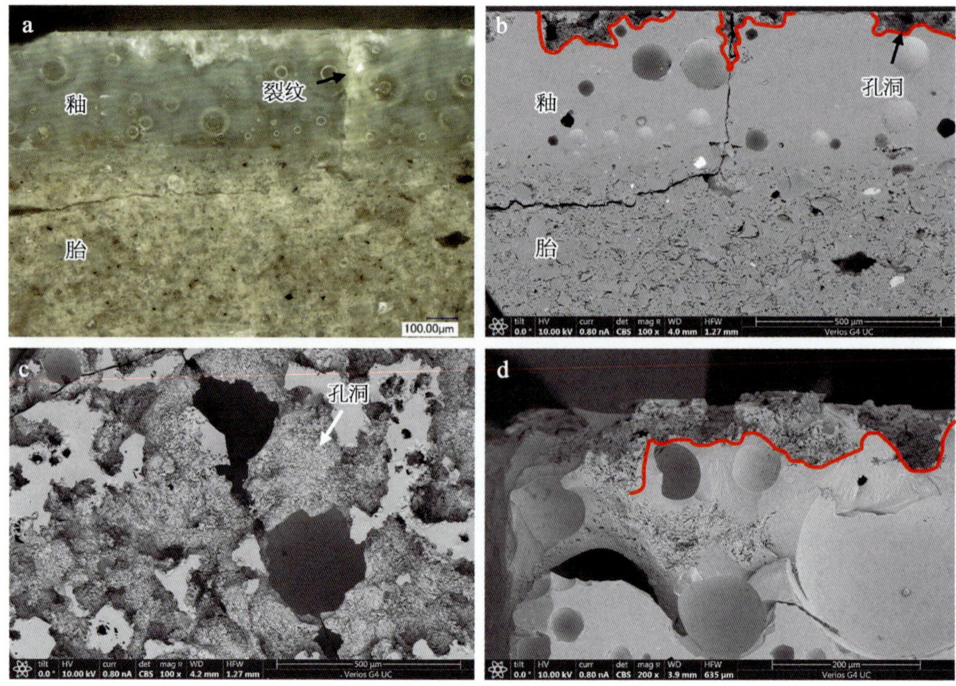

图 3-21　汝瓷釉的劣化形貌

a、b. Ru-1 号样品断面的 OM 图像和 SEM 图像；c、d. 分别为 Ru-2 号样品表面和断面的 SEM 图像。其中在 b 和 d 中用红色曲线描绘出腐蚀坑的边界

和平整表面的衬度存在明显的差异，因此根据这一特点，通过 ImageJ 软件对 SEM 图像进行处理(如图 3-22 所示)，可以对腐蚀坑在表面的二维分布比例进行估算，具体方法见表 3-24 的表下注。分析结果表明，Ru-1 号和 Ru-3 号样品的腐蚀坑面积比大概在 15%～35%，而 Ru-2 号样品则高达 65%。值得注意的是，Ru-3 号样品有一处保存较好的区域，该比例仅为 6.47%，这将在下文中进一步讨论。

表 3-24　汝瓷釉的厚度以及腐蚀坑的最大深度和面积比例，位置 1 和 2 分别为选取腐蚀程度不同的典型区域进行的计算结果

样品编号	釉的厚度/μm	腐蚀坑最大深度/μm	腐蚀坑面积比例/%	
			位置 1	位置 2
Ru-1	442.3	118.6	14.90	27.19
Ru-2	439.1	163.1	64.93	66.90
Ru-3	522.3	150.6	6.47	35.23

注：釉的厚度和腐蚀坑最大深度的近似值从图 3-21 中样品断面的 SEM 图像中量取，仅反映该区域的局部情况，不代表整个样品；腐蚀坑面积比例计算的方法是：使用 ImageJ 软件首先将 SEM 图像转为 8-bit 格式的灰度图，然后调节合适的阈值使得腐蚀坑被选中(图 3-22)，自动计算得到被选中区域占图像总面积的比例。

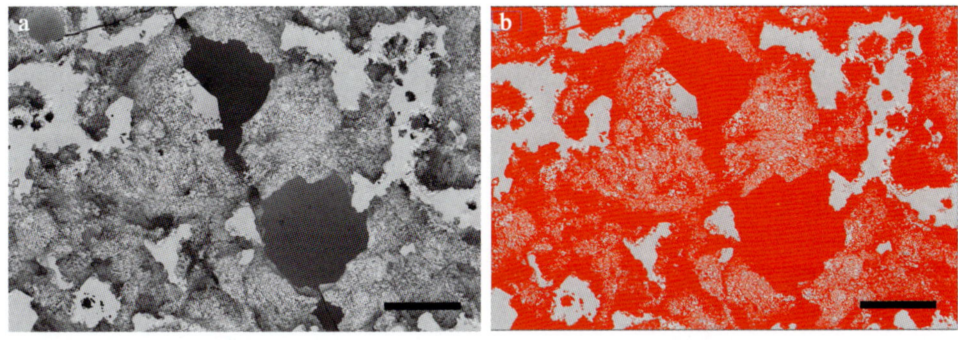

图 3－22　汝瓷釉表面腐蚀坑面积比例近似计算的示例

a. Ru－2 样品釉表面腐蚀区的 SEM 图像；b. 使用 ImageJ 软件对图 a 处理后得到的图像，其中红色区域为腐蚀坑。图中比例尺为 200 μm

图 3－23 是图 3－21d 中裂纹附近蚀坑的 SEM 图像，腐蚀坑内残余的釉呈现三维连通结构。釉中未受腐蚀的区域（P1）和腐蚀区域（P2）的 EDS 分析结果表明（表 3－25），腐蚀区域的 CaO 含量仅有 6.77 wt%，远低于附近釉中的 16.51 wt%，而前者的 SiO_2 含量（71.57 wt%）则明显高于后者（60.26 wt%）。

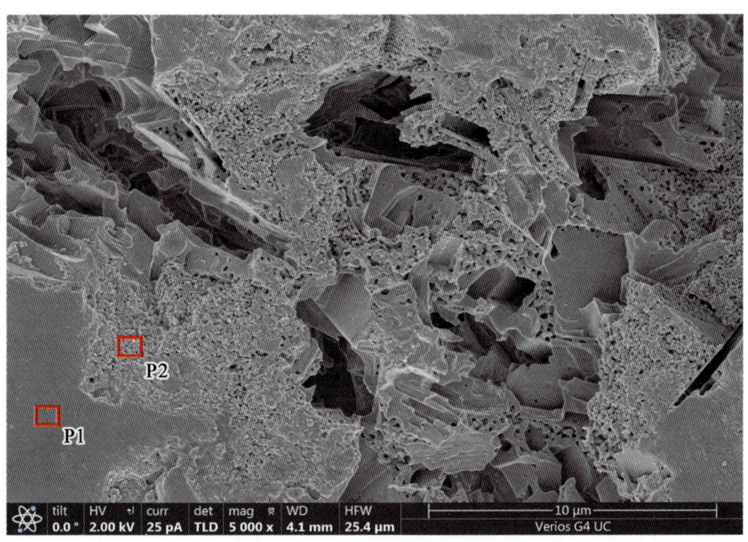

图 3－23　Ru－1 号样品抛光断面一处腐蚀坑的 SEM 图像，P1 和 P2 标记位置分别是未腐蚀和腐蚀区域

表 3－25　图 3－23 中标记位置的 EDS 分析结果　　单位：wt%

测试位置	MgO	Al_2O_3	SiO_2	K_2O	CaO	Fe_2O_3
P1	2.26	14.82	60.26	3.59	16.51	2.51
P2	0.81	12.91	71.57	5.28	6.77	2.67

对 Ru－1 号样品蚀坑内部的残余结构进行放大，如图 3－24a 所示，孔道尺寸约为 100 nm。图 3－24b 为 Ru－2 号样品蚀坑内部的 SEM 图像，残余釉的结构与 Ru－1 号样品相似，从图中可见残余三维连通结构附近还有被玻璃相半包裹的柱状钙长石晶体。因此可以推断，这些腐蚀坑内部留下的三维连通骨架是由于钙长石晶体附近连通状分相结构中的一相被腐蚀而留下的另一相的骨架。因此，汝瓷釉中尺寸达到数百微米的腐蚀坑的形成可能与析晶-分相结构有关。

图 3－24　釉腐蚀坑内的柱状钙长石晶体以及附近经过腐蚀而残余的三维连通分相骨架结构的 SEM 图像

a. Ru－1；b. Ru－2

一般而言，均质的块体玻璃在水溶液中腐蚀主要包括以下几个过程：玻璃中组分（如碱金属或碱土金属离子）进入溶液；溶液中的离子（H^+/H_3O^+）或水分子（H_2O）进入玻璃网络形成[—Si—OH]；玻璃网络骨架水解；进入溶液的物质在溶液中扩散，如果达到饱和后可能发生重新聚合，形成 gel 层（主要为水合二氧化硅）；结晶相沉淀（主要是硅酸盐）[135,175]。汝瓷釉在土壤环境中劣化后的形貌特征与均质的碱硅酸盐玻璃[176]有所不同，孤立或连接的腐蚀坑以及其中残留的三维连通骨架是其最显著的形貌特征。残留显微结构的痕迹反映出这种差异可能与汝瓷釉中由于烧成形成的析晶-分相结构有关，这种独特的显微结构可能是影响劣化进程的重要因素。

玻璃的液-液分相（或称液相不混溶）通常是指均质玻璃相在一定的温度和组成范围内分成两个互不溶解或部分溶解的液相并共存[177]。对于中国古代的高温钙釉，纳米级的液-液分相结构通常出现在钙长石析晶的晶间或边缘处[145]，这主要是由于钙长石在釉中整体析晶后造成周围玻璃相的 Al 含量急剧下降，玻璃相的分相倾向大大上升，分相主要是源于 SiO_2 与 CaO 之间的强烈不混溶倾向，导致其中一相富集 SiO_2，另一相富集 CaO、MgO 和 Fe_2O_3[85]。由于釉的化学组成的不均匀性，分相结构可能呈现为不同的形态，分相的形貌、尺度以及分相区的大小与晶体尺寸和密集程度有关[85]。分相结构的形成对玻璃的化学稳定性也会产生显著影响，通常受到各相的化学组成和分相结构的形态及分布情况的影响[88-89]。

此前的研究表明[178]，汝瓷釉的钙长石晶间连通分相中，富 CaO 相的 CaO 含量为 6.45 wt%，几乎是富 SiO_2 相的 2 倍（3.30 wt%），SiO_2 含量则是富 SiO_2 相（87.17 wt%）比富 CaO 相（77.53 wt%）高约 10 wt%，富 SiO_2 相中的 Fe_2O_3 和 K_2O 含量也相对更高

(表 3－26)。由于钙长石晶体的析出,附近玻璃相中 Al_2O_3 和 CaO 含量相对较低,而 SiO_2 含量则较高,因此在富 SiO_2 相中桥接氧的数量多,而富 CaO 相中存在更多电荷补偿的金属阳离子,非桥氧数量更多,具有更多的反应位点。因此,两相的化学反应性存在差异,富 CaO 相更容易由于化学腐蚀而产生缺陷,而富 SiO_2 相则由于相对稳定而能够保留下来,这样连通状的分相结构会由于一相被腐蚀掉而残留以富 SiO_2 相为主的三维连通骨架,这个过程类似于多孔玻璃的酸浸过程[179]。本研究中汝瓷釉分相结构的孔道直径约为 100 nm,这种纳米级孔隙中的腐蚀动力学与玻璃表面也可能存在差异,这主要是由于孔隙内比表面积大。孔隙内的溶解物质相对更难以扩散至外界溶液,局部溶液的过饱和可能影响反应动力学。连通状分相结构的劣化过程示意图如图 3－25 中过程(Ⅱ)所示,由于钙长石晶体与分相结构相伴,

表 3－26　汝瓷釉中的钙长石晶间连通状分相的化学组成,引自李伟东等[178]　单位: wt%

分相名称	SiO_2	Al_2O_3	K_2O	CaO	Fe_2O_3
富 CaO 相	77.53	8.36	3.31	6.45	4.35
富 SiO_2 相	87.17	6.91	1.31	3.30	1.31

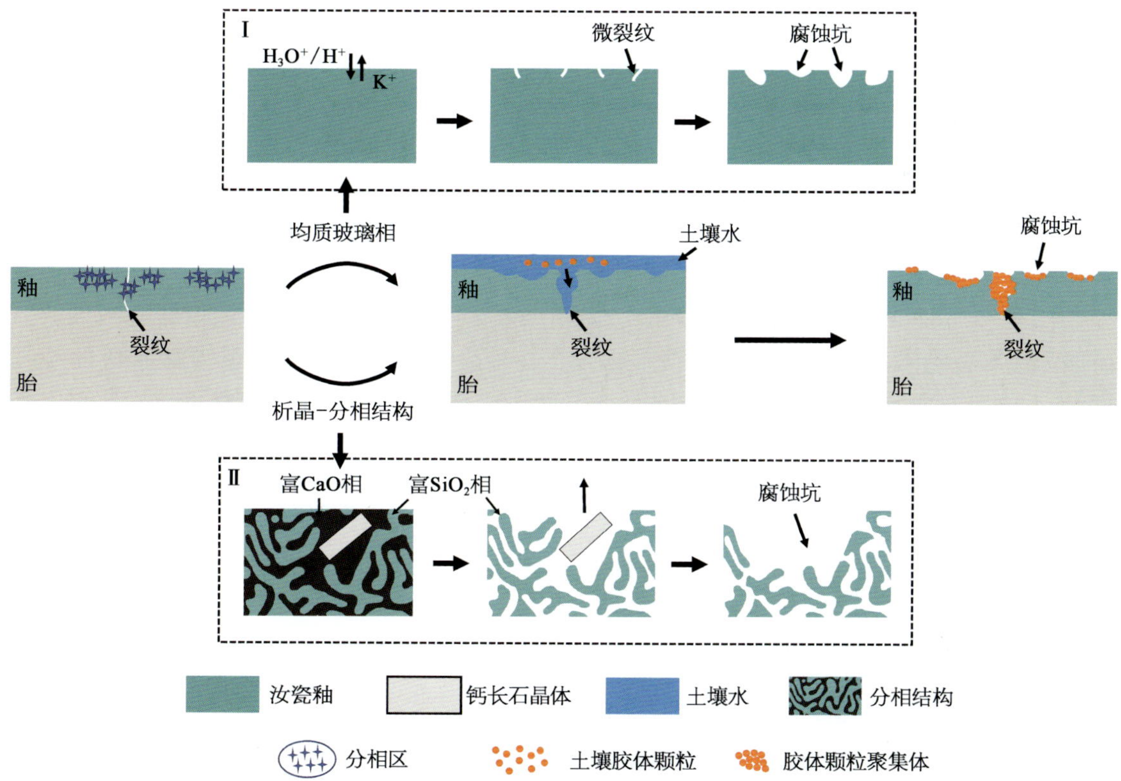

图 3－25　汝瓷釉在土壤环境中劣化过程的示意图

Ⅰ. 均质玻璃相的劣化过程;Ⅱ. 连通状分相结构的劣化过程;在实际的劣化过程中多个相互耦合的反应可能同时发生,并且受到土壤环境的影响

随着结晶相和玻璃的界面受到攻击，它们也会脱落[180]。由于析晶-分相结构的优先腐蚀，汝瓷天青或天蓝釉中近程有序的非晶光子结构被破坏，从而使得釉的光学性质发生了显著改变。由于腐蚀坑中残留有大量的三维连通骨架结构以及钙长石晶体，增加了其中反射界面的数量，光线在其中传播时会产生多次散射，导致肉眼所观察到的“白斑”现象，严重破坏了汝瓷釉的审美。

汝瓷釉的腐蚀过程与3.1节中大练岛沉船出水的部分青瓷釉中的析晶-分相结构有相似之处，如DLD-08和DLD-10号样品釉中由于富CaO相被选择性腐蚀而出现的多孔结构(图3-9和图3-13)，因而出现了类似的劣化形貌。但两者也有不同之处，最重要的差别在于两者所处的环境，其中又以腐蚀介质的pH值和化学成分的影响最为显著。首先，腐蚀介质的pH值决定了化学腐蚀的路径，酸性介质中钙长石晶体会在短时间内被选择性腐蚀(见2.1.5节)，而海水介质中(弱碱性)分相结构中的富CaO相则会被优先腐蚀；其次，海水的弱碱性和较高的Mg含量共同决定了出水瓷器中很容易形成富Mg的新物相，这在2.1.6节的模拟腐蚀实验和3.1、3.2节中的出水龙泉青瓷样品中都可以发现，但出土汝瓷样品中并未观察到这些新形成的物相，而是在土壤环境中形成了以黄色土蚀斑为特征的劣化形貌，可能与土壤中的铁氧化物胶体有关，这将在下一节中进一步分析。此外，由于化学组成的差异，大练岛沉船出水的龙泉青瓷釉中的分相结构以富CaO液滴分布于富SiO_2基体中为特征，而汝瓷中则以连通状的分相结构为主，后者的耐腐蚀性显然低于前者，因此往往劣化程度也更加严重，两者化学稳定性的差异在2.1节的模拟实验中也可以得到印证。

当然，由于汝瓷釉的非均质性，析晶-分相结构在釉中的分布并不均匀，有局部区域仍然可能以均质玻璃相为主，因此可以通过对这些区域劣化形貌的分析与析晶-分相结构的劣化过程进行对比，也能够与出水的透明釉样品的劣化形貌进行对比。Ru-3号样品天蓝色釉存在一处保存较好的区域，图3-26a、b分别为该区域釉表面的OM和SEM图像，与劣化严重的区域不同，釉面相对较平整，但仍然有一些环形的腐蚀坑。有较多的针状晶体平铺在釉表面上(图3-26b)，长度约为数十微米，EDS分析结果表明其中的MgO含量较高(表3-27)，可能为透辉石晶体，与XRD的分析结果吻合。在釉表面还有分布着大量亚微米级的小孔(图3-26c)，部分小孔彼此相连形成较大的孔洞，在孔洞之间存在着很多微裂纹。孔洞内外的组成均与玻璃相相近(表3-27)。此外，在一些表面区域，部分在釉表面析出的针状透辉石晶体脱落而形成了孔洞(图3-26d)。

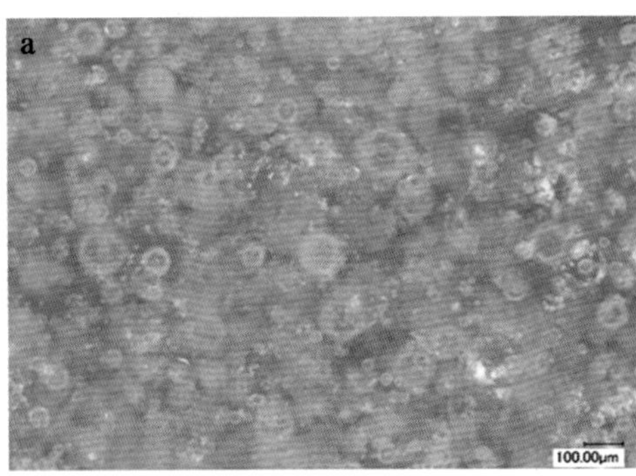

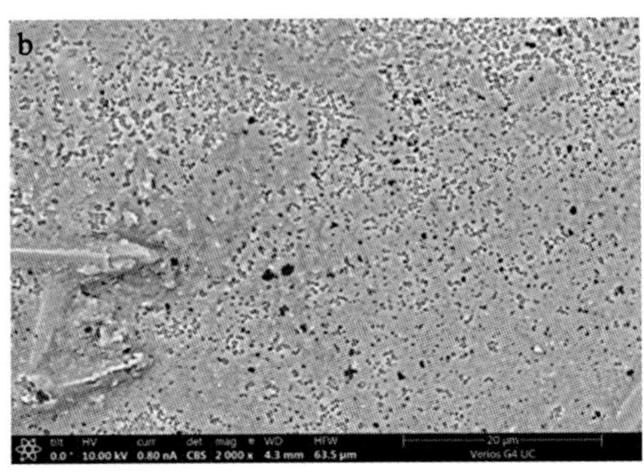

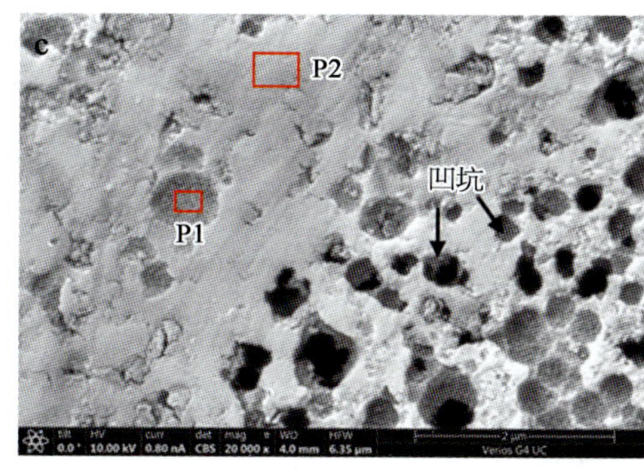

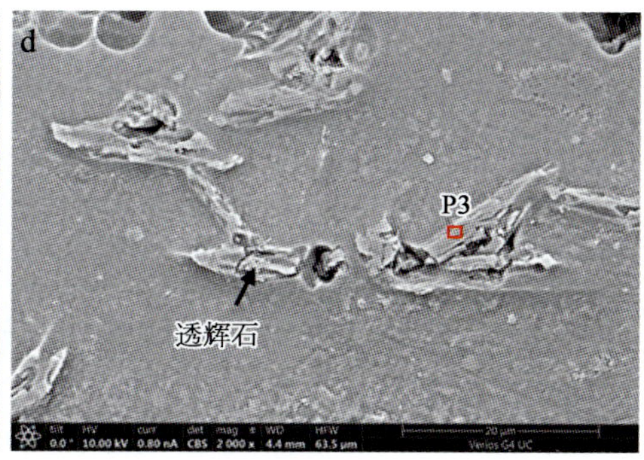

图 3-26　Ru-3 号样品釉表面的 OM 和 SEM 图像

a. 天蓝色釉面；b. 釉面劣化程度较轻的区域；c. 釉面的亚微米级腐蚀坑；d. 釉表面针状透辉石晶体

表 3-27　图 3-26 中标记位置的 EDS 分析结果

测试位置	比　例	MgO	Al_2O_3	SiO_2	K_2O	CaO	Fe_2O_3	可能的物相
P1	wt%	0.87	13.28	61.24	4.47	19.36	0.79	玻璃相
	mol%	1.38	8.30	64.98	3.02	22.01	0.31	
P2	wt%	1.37	13.72	61.22	4.18	17.45	2.06	玻璃相
	mol%	2.18	8.65	65.49	2.85	20.00	0.83	
P3	wt%	12.19	2.67	52.94	0.55	27.72	3.92	透辉石
	mol%	17.43	1.51	50.80	0.34	28.50	1.42	

均质玻璃的腐蚀过程通常同时受到自身因素(组成、结构等)和环境因素的影响，在土壤环境中最重要的影响因素是孔隙水的 pH 值[176]。当水与釉表面接触时反应也随之发生，在两者间达到热力学平衡之前化学反应会持续进行。水溶液与复杂玻璃之间可以同时发生三类反应：水合、水解以及离子交换[116]。pH 值小于 9 时，水解反应速率很低，釉中的碱金属阳离子由于离子交换反应被选择性地释放进入水中[136]。通常随着玻璃中改性剂的含量增加，网络的交联程度逐渐降低，非桥氧的数量也越多，导致玻璃的反应性也越强[116,136]。三件样品表面腐蚀程度较低的区域多为均质玻璃相，选择性的离子溶出还是网络水解反应的程度可能都很低。这可能是由于釉中 Al_2O_3 和 CaO 含量较高，而 Na_2O、K_2O 含量均较低。通常认为，Al_2O_3 能够提高玻璃耐久性，在表面形成钝化层阻碍元素的流失[181]，而二价 Ca^{2+} 离子的电荷-离子半径比更高，反应性相比 Na^+、K^+ 等离子而言较低[116]，Ca 还能够通过增强铝硅酸盐玻璃网络的拓扑结构而降低水分子在玻璃中的扩散[182]。

尽管均质玻璃相的化学稳定性较好，但釉面仍然出现了大量的亚微米级腐蚀坑(图 3-26c)，说明由化学腐蚀引起的釉面结构的缓慢变化是难以避免的，拉曼光谱的分析结果也证实了这一点。硅酸盐玻璃的基本结构单元是[SiO_4]四面体，对含碱金属和碱土金属硅酸盐拉曼光谱的实验表明：400～800 cm^{-1}范围内的拉曼谱峰是硅氧四面体间桥氧(即 Si—O—Si)的弯曲或伸缩振动的反映[94]，800～1 200 cm^{-1}范围内的拉曼谱峰则是硅氧四面体中 Si—O 间非桥氧的对称伸缩振动的反映。根据桥氧数目的不同,硅酸盐结构单元可以归纳为五种类型,用 Q^i 来表示($i=0,1,2,3,4$,代表单位四面体中桥氧的数目),包括单体 SiO_4^{4-}(Q^0)、二聚体 $Si_2O_7^{6-}$(Q^1)、链状 $Si_2O_6^{4-}$(Q^2)、层状 $Si_2O_5^{2-}$(Q^3)和网络状 SiO_2(Q^4)五种类型[95]。这五种 Q_i 结构单元在拉曼光谱中均有其对应的特征拉曼位移值,一般将 1 100～1 050 cm^{-1}、1 000～950 cm^{-1}、900 cm^{-1} 和 850 cm^{-1} 附近的拉曼谱峰分别对应于 Q^3、Q^2、Q^1 和 Q^0 的非桥氧对称伸缩振动[96]。高频波数段内的拉曼谱峰对硅酸盐结构和成分的变化反应灵敏,因此能够一定程度上反映出由于在自然环境中化学腐蚀造成的玻璃网络结构变化[93]。

对三件样品的断面和表面的玻璃相分别进行测试,对光谱进行去卷积和曲线拟合后,可以得到伸缩振动包络中各组分(Q^n)的参数,包括峰的位置和积分面积比例(表 3－28),其中 Q^3 和 Q^4 组分未予以区分[97]。可以看出,汝瓷釉玻璃相的弯曲与伸缩包络的积分面积比 $A_{500}/A_{1\,000}$ 可以用于反映釉中玻璃相的聚合度[98],表 3－28 中给出了三件样品的比值,其中表面相比抛光断面均有不同程度的降低,反映出经过腐蚀后表面的玻璃网络聚合度的变化。这一点可以从伸缩振动包络中各组分的积分面积比例得到进一步证明,相比断面的测试结果,反映更高交联程度的 $Q^{3\text{-}4}$ 组分在自然表面均较低,这可能是由于化学腐蚀造成的网络解聚[183]。

表 3－28　汝瓷釉表面和断面拉曼光谱弯曲与伸缩包络的积分面积比 $A_{500}/A_{1\,000}$ 以及伸缩包络中各组分(Q^n)的峰位和积分面积比 $A_n/(A_{1\,000}-A_0)$

样品编号	测试区域	$A_{500}/A_{1\,000}$	参　数	Q^0	Q^1	Q^2	$Q^{3\text{-}4}$
Ru－1	表面	0.77	峰位/cm^{-1}	776	969	1 022	1 113
			$A_n/(A_{1\,000}-A_0)$	—	0.61	0.09	0.30
	断面	1.88	峰位/cm^{-1}	779	900	996	1 105
			$A_n/(A_{1\,000}-A_0)$	—	0.15	0.40	0.45
Ru－2	表面	1.50	峰位/cm^{-1}	773	921	1 021	1 130
			$A_n/(A_{1\,000}-A_0)$	—	0.16	0.74	0.10
	断面	1.88	峰位/cm^{-1}	775	893	992	1 078
			$A_n/(A_{1\,000}-A_0)$	—	0.13	0.26	0.61
Ru－3	表面	0.97	峰位/cm^{-1}	779	920	1 009	1 071
			$A_n/(A_{1\,000}-A_0)$	—	0.13	0.26	0.61
	断面	2.73	峰位/cm^{-1}	782	906	1 007	1 088
			$A_n/(A_{1\,000}-A_0)$	—	0.20	0.14	0.66

因此,离子交换反应会导致硅酸盐网络的收缩和微裂纹的产生,并且在随后的进一步反应中扩展成为腐蚀坑[78,168,184],玻璃相劣化过程的示意图如图 3－25 中过程Ⅰ所示。但不管怎样,这个反应过程似乎非常缓慢,在 1 000 年的时间跨度下也仅仅导致了亚微米级腐蚀坑的出现。出土和出水瓷器釉中均质玻璃相的劣化形貌是有很大差异的,在出水的龙泉青瓷釉表面主要以尺寸为数百微米的浅腐蚀坑为主,而出土汝瓷釉面的均质玻璃相区域则分布

着大量的亚微米级腐蚀坑，这说明两者的劣化机理有明显差异，主要体现在土壤环境中没有或很少有持续性的机械冲蚀，而这在海洋环境中是较为普遍的，机械损伤的影响在 3.1 节和 3.2 节所研究的龙泉青瓷中均能得到体现，对釉表面的劣化起到了促进作用。而在本节中，汝瓷釉表面亚微米级腐蚀坑的出现主要是由于酸性土壤环境中玻璃相的化学腐蚀所引起。此外，Ru－3 号样品表面透辉石晶体的脱落也引发了柱形蚀坑的出现（图 3－26d）。通常，微晶玻璃在水中的腐蚀容易发生最薄弱的部位[184]，透辉石的化学稳定性良好，而玻璃相-晶体界面处可能容易受到攻击[100,152,185]，这可能是导致部分透辉石晶体脱落的原因。这也与 3.1 节中 DLD－08 号样品釉表面透辉石晶体的表现有所差异，在 DLD－08 号样品釉面的透辉石晶体基本保存完好，没有出现晶体流失的情况，这可能与酸性土壤环境对玻璃相和晶体界面具有更强的破坏性有关。

总体而言，汝瓷釉是一个非均质体系，在釉中的不同区域，汝瓷釉可能同时存在多个不同的劣化过程，由于均质玻璃相和析晶-分相结构的化学稳定性的差异，导致在不同尺度下形成了多种劣化形貌，在图 3－25 中用示意图的形式简要地概括了这些过程。同时，环境条件对劣化过程中的影响是需要被重点关注的，由于土壤环境与水下环境条件的差异，使得析晶-分相结构在不同的环境中有着不同的劣化行为，最终也导致不同劣化形貌的出现。在下面两小节中，将结合土壤环境的特点以及釉中来自土壤环境的污染物的分析，对土壤环境对瓷器劣化的促进作用进行进一步的探讨。

3.3.4　土壤环境对汝瓷劣化的促进作用

三件汝瓷样品的露胎处和部分表面均粘结有一些土壤，在去离子水中浸泡 1 天后发现溶液中的阴离子（如 Cl^- 和 SO_4^{2-}）含量均有明显的上升（表 3－29），随后溶液浓度保持在相对稳定的状态。这些阴离子是来自埋藏环境中的可溶盐，而阳离子含量的上升可能除了来自土壤，也有部分是由于胎、釉本身离子的溶出。无论如何，一旦汝瓷样品重新接触到水，水、土壤和样品之间的作用会持续进行，正是以水为介质，土壤中的物质可能也会进入被腐蚀的釉的结构中，从而影响了汝瓷的外观。

表 3－29　出土汝瓷样品浸泡实验的离子浓度测试结果

样品编号	浸泡时间（天）	浸泡溶液离子浓度/（μg/ml）					
		Cl^-	SO_4^{2-}	Na^+	Mg^{2+}	K^+	Ca^{2+}
空白组	—	0.07	0.12	0.05	0.04	0.06	0.07
Ru－1	1	0.27	0.40	0.20	0.05	0.28	0.15
	10	0.24	0.32	0.20	0.06	0.22	0.18
Ru－2	1	0.30	0.27	0.17	0.06	0.33	0.23
	10	0.27	0.22	0.18	0.07	0.33	0.31
Ru－3	1	0.47	0.53	0.40	0.08	0.40	0.25
	10	0.40	0.42	0.39	0.09	0.37	0.23

Ru－1 号样品表面的一些腐蚀坑中填充了一些层状物质，如图 3－27 所示，EDS 分析表明（表 3－30），化学组成主要以 S 和 Ca 为主，推测可能主要是石膏等硫酸盐。同时，还检测到少量 Cl 元素，S 和 Cl 元素的存在与浸泡实验的结果吻合，说明在埋藏过程中外来的阴离子可能参与到釉表面复杂的腐蚀过程中，最后一些硫酸盐和盐酸盐沉积在釉面或腐蚀坑中。

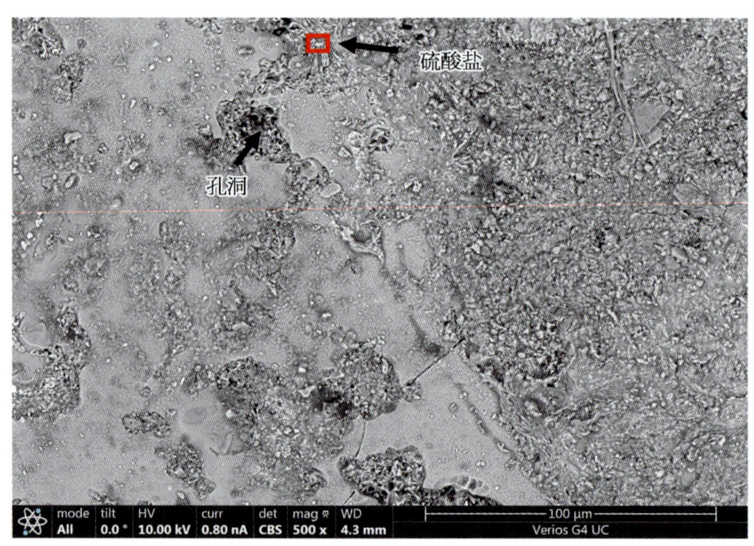

图 3－27　Ru－1 号样品表面腐蚀坑中的硫酸盐

表 3－30　图 3－27 中标记位置的 EDS 分析结果

测试位置	比例	O	Na	Mg	Al	Si	P	S	Cl	K	Ca	Fe
硫酸盐	wt%	44.30	0.76	0.92	4.67	6.56	0.62	15.75	0.62	1.38	20.92	3.50
	mol%	63.00	0.75	0.86	3.94	5.31	0.46	11.17	0.40	0.80	11.88	1.43

汝瓷独特的外观与其釉的显微结构密不可分，严重腐蚀的汝瓷釉面出现大量白斑，破坏了原有的外观特征，而白斑则是由于釉的显微结构经过长期腐蚀而被破坏，导致大量腐蚀坑在釉表面形成。散射光谱是一种无损的分析方法，可以提供物体表面的光学相关的信息。结合样品表面不同区域的光谱特征和显微结构特征，可以在微区光谱、显微形貌和腐蚀之间建立联系，作为反映样品腐蚀程度的参考。在本研究选取的三件样品中，釉表面同时存在着腐蚀程度不同的区域，我们采集了每件样品的几种典型特征区域的角分辨散射光谱。图 3－28a 为 Ru－1 号样品釉面蓝色区域的角分辨散射光谱，不同角度接收的光谱在 400～600 nm 的波长范围内存在一个宽峰，主峰波长随角度变化发生微小的规律性单调位移，即主峰波长在接收角度 10°～80°的范围内红移约 20 nm，符合光子非晶结构物理呈色机制对应的角分辨光谱特征[172]。对应的测试位置的 OM 和 SEM 图像分别如图 3－28b、c 所示，该区域只存在少量白斑（即 SEM 图像中的腐蚀坑）。

Ru－1 号样品釉面白斑区域的散射光谱如图 3－28d 所示，测试位置如图 3－28e、f 所示，可以发现该区域存在大量的腐蚀坑，横向尺寸从数十微米至数百微米不等。光谱曲线的形状和主峰的位置均与蓝色区域有较大差异：首先，在可见光波段（380～780 nm）内光线的散射强度接近，主峰大概位于 600 nm 波长附近；其次，在同一接收角度下，与蓝色区域相比，白斑区域的散射强度明显更高。结合对显微结构的分析，这些光谱特征的变化能够反映出汝瓷釉中原本的光子非晶结构由于经过腐蚀而被破坏，从而导致釉外观的显著改变。

此外，黄色污染物所在区域的散射光谱如图 3－28g 所示，可以发现光谱曲线在 400～600 nm 波长范围内显示出较宽的吸收带。测试位置见图 3－28h、i，它们可能主要是一些黏土矿物以及铁氧化物等来自土壤中的物质。因此，400～600 nm 波段的宽吸收带可以归因于赤铁矿、针铁矿等铁氧化物中电子跃迁造成的强吸收[186-187]。

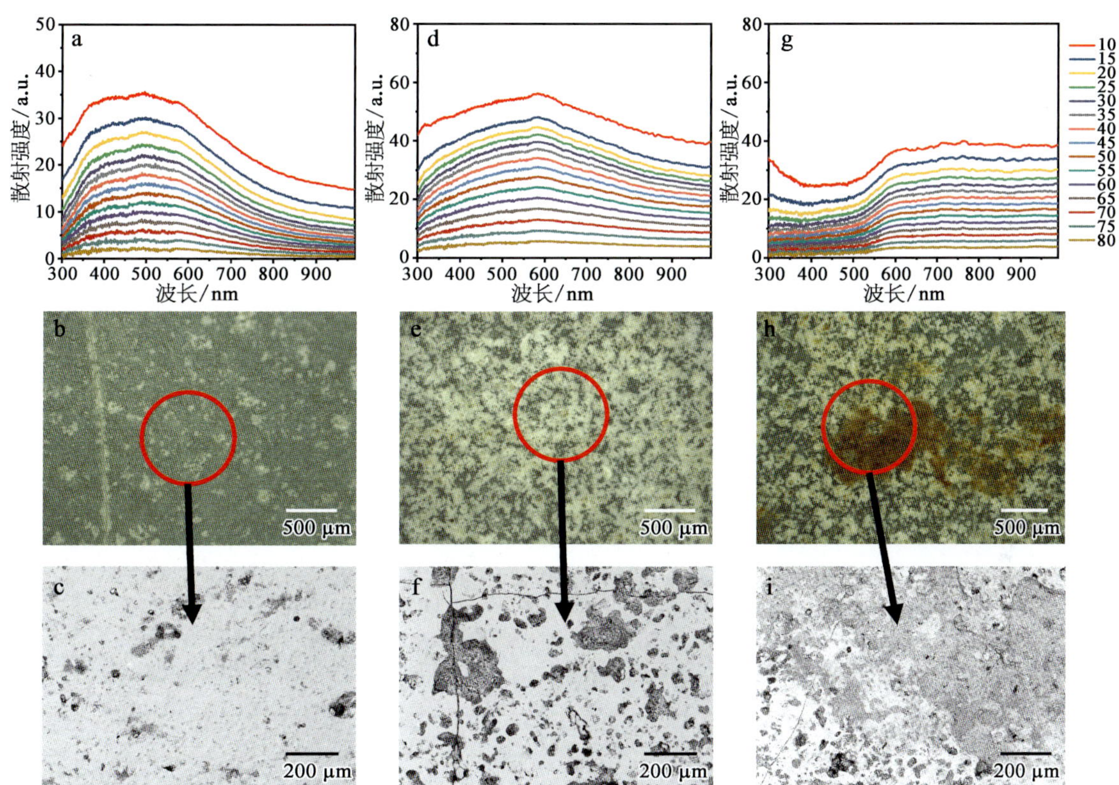

图 3－28　Ru－1 号样品釉表面不同区域的 OM 和 SEM 图像以及对应区域的角分辨散射光谱图[188]

a～c. 蓝色区域；d～f. 白斑区域；g～i. 黄色污染物所在区域。测试位置在图 b、e 和 h 中用红色圆圈符号标记

Ru－2 号和 Ru－3 号样品釉面不同特征区域的角分辨散射光谱以及相应的测试位置分别如图 3－29、图 3－30 所示，Ru－2 号样品的蓝色区域的光谱特征与 Ru－1 号相近，而 Ru－3 号的峰宽更窄，峰值更偏向蓝紫色波段。白斑区域相比蓝色区域光谱的强度更高，峰值移向更高的波长。从整体上看，三件样品同类区域的光谱特征有相似之处，并且白斑区域的光谱特征相比蓝色区域均发生显著变化，结合显微结构的分析，可以反映出经过腐蚀后，汝瓷釉中的光子非晶结构被严重破坏，并且由于来自土壤中的污染物的侵入，从而导致釉艺术外观的劣化。

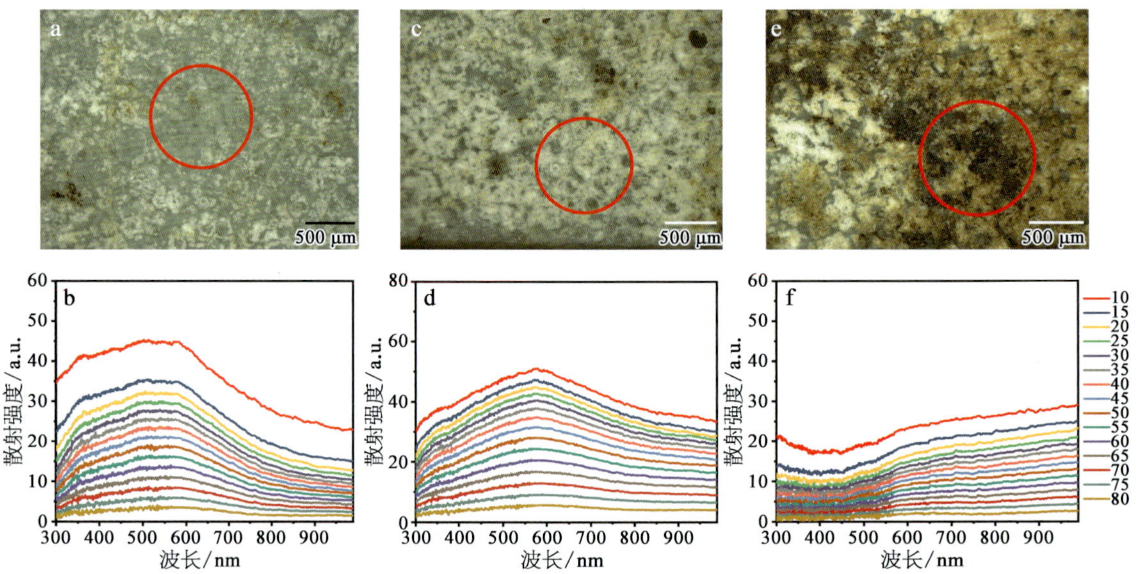

图 3-29　Ru-2 号样品釉表面不同区域的 OM 图像以及对应区域的角分辨散射光谱图[188]

a、b. 蓝色区域；c、d. 白斑区域；e、f. 黄色和黑色污染物所在区域。测试位置在图 a、c 和 e 中用红色圆圈符号标记

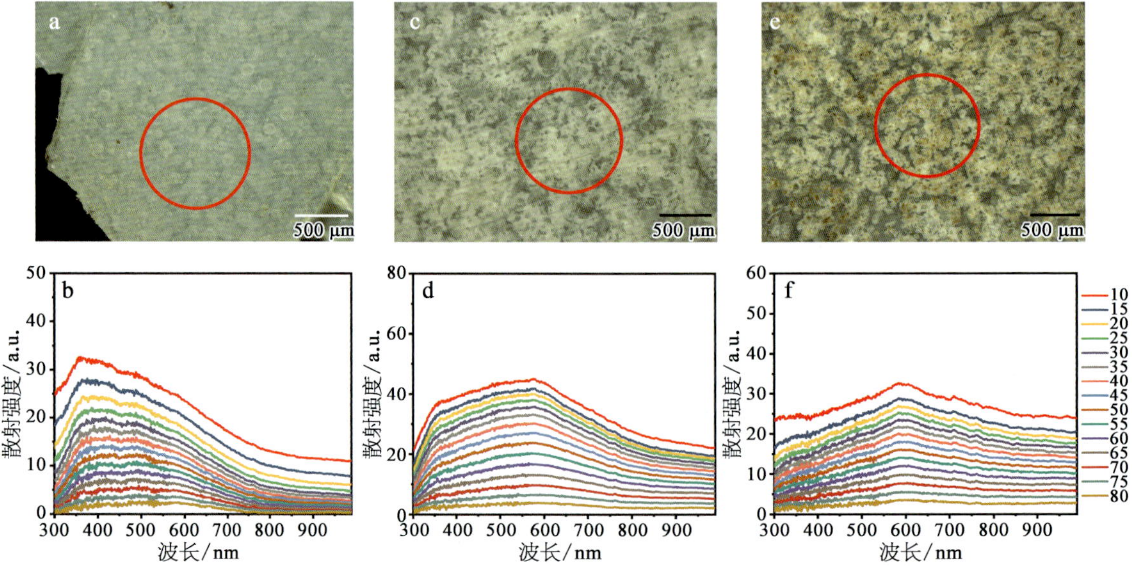

图 3-30　Ru-3 号样品釉表面不同区域的 OM 图像以及对应区域的角分辨散射光谱图[188]

a、b. 蓝色区域；c、d. 白斑区域；e、f. 黄色污染物较多的区域。测试位置在图 a、c 和 e 中用红色圆圈符号标记

清凉寺遗址出土的汝瓷的劣化现象非常严重并且具有普遍性，这在中国各地窑址中也很罕见。据我们所知，在中国南方地区的一些窑址(土壤大多呈酸性)，多数出土瓷器的保存状况良好，即使出现了劣化现象也多局限于釉表面的变化[72]。对此，一个可能的解释是当地的土壤环境对化学腐蚀存在强烈影响，张福康等[174]提出含硫煤矿的长期使用对当地环境的影响可能是造成汝瓷劣化的一个重要因素。在自然状态下，土壤 pH 值的变化非常缓慢[189]。然而随着工业化发展和人类活动的增加，会显著加速这个进程。20 世纪 70 年代末以来，随着中国经济的快速发展，对能源的需求显著增加，煤炭等化石燃料的大量使用对生态环境造成了严重的影响[190]。清凉寺遗址区所在的平顶山市就是典型的煤炭资源主导的工业城市，拥有丰富的煤炭储量[191]。对清凉寺遗址的考古发掘表明，其中的民用瓷窑很可能就是使用煤作为燃料[173]，这也从侧面反映了当地煤炭资源的丰富，并且很容易获取。在清凉寺遗址区内曾经有多个个体小煤矿，其南边数百米处就是市属的韩庄煤矿，尽管大多由于资源枯竭而停产关闭，但这些煤矿在 20 世纪下半叶至 21 世纪初经过了数十年的开采，对当地自然环境造成的破坏是难以估量的。这些地方煤矿多以传统落后的方式开采矿产资源，忽视环境保护和生态恢复，大量煤矸石长期露天堆放，经风化和自燃后会释放出大量的 SO_2、NO_X、粉尘等有害气体，严重污染大气和土壤[192]，也是酸雨和土壤酸化的重要诱因[193]。平顶山地区的土壤 pH 均值从 20 世纪 80 年代至 21 世纪 10 年代的 30 年中下降了约 1.5，部分地区的土壤已呈酸性反应(4.5～5.5)[194]。虽然这并不能完全归因于煤炭的开采和使用，但至少能够说明在过去几十年中，人类活动对环境的影响非常显著。清凉寺遗址区土壤中较高的 S 含量(表 3-31)也提醒我们，煤炭的开采和使用可能曾经对土壤化学产生了严重影响。在我们的样品中，腐蚀坑中硫酸盐的形成(图 3-27)以及裂纹中污染物，应与硫酸等酸性物质与釉的作用有关。

表 3-31　宝丰遗址土样的化学全分析结果，引用自文献[195]　　单位：wt%

试　样	SiO_2	Fe_2O_3	Al_2O_3	K_2O	CaO	SO_3	ZnO	MnO	SrO
宝丰土样	56.44	17.61	11.98	4.11	3.34	5.67	0.41	0.33	0.11

相比中性，酸性环境对汝瓷釉无疑更具有破坏性。通常，大多数硅酸盐矿物的溶解遵循表面反应机制，即溶解速率受表面反应的速率控制，动力学上一般符合线性溶解机制，具有很强的 pH 依赖性[196]。钙长石晶体的溶解对于 pH 值的依赖性在大于 An_{70} 的矿物组分范围内特别显著[108]，在酸性溶液中溶解速率很高主要是由于氢离子对 Al—O 键的攻击导致 Al 和 Si—O 四面体同时脱离钙长石结构而进入溶液，因此并不需要经过相对缓慢的 Si—O 键的水解反应[108]。溶解实验也表明，钙长石中 Si 的溶出速率显著高于其他硅酸盐晶体，稳定性远低于石英和透辉石[109]，具有较低的表观活化能[108]。另外，酸性环境也有利于离子交换，从而促进玻璃相的化学腐蚀。综合来看，若局部土壤环境酸化，钙长石的快速溶解可能会极大地改变釉原本相对缓慢的腐蚀过程，从而导致大范围腐蚀坑的出现。

3.3.5　汝瓷釉中的外来污染物与黄色土蚀斑的形成原因

在 OM 下可以发现 Ru-1 号样品的一些裂纹中填充有黄色物质，在 SEM 下可以观察到它们由一些亚微米尺寸的薄片聚集而成(图 3-31)。样品在观察前经过超声清洗,而这些裂纹中的物质仍然保留下来,说明薄片之间以及与釉之间的结合都很牢固。EDS 分析结果表明(表 3-32)它们的组成主要为 SiO_2 和 Al_2O_3,但是 Al_2O_3 含量比附近釉中更高,Fe_2O_3 含量也很高,达到 8.18 wt%,而 CaO 和 K_2O 含量则相对较低。计算它们的 Si/Al 摩尔比,发现薄片状聚集物的比例为 2.93,低于釉的 3.61。结合显微形貌和组成可以推断,这些薄片状物质可能是来自土壤中层状黏土矿物的聚集体,Si/Al 比较高可能是由于结合了土壤中和釉中溶解的 SiO_2,这将在讨论部分进一步探究。Ru-2 号样品的颜色变化更明显,其中一侧釉几乎完全被着色为黄色(图 3-20d),已经无法辨别釉原有的天青色,显然是受到了外来污染物的影响。黄色较深的区域往往是在釉中的蚀坑中,其中在玻璃相或晶体的表面附着了较多 Fe_2O_3 和 MnO 含量很高的物质(表 3-32),它们可能结合了土壤中的铁、锰氧化物,从而造成样品着色。

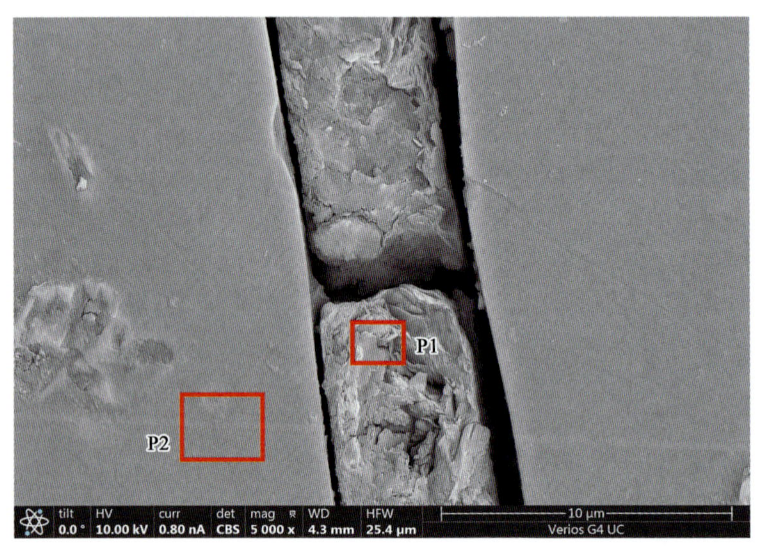

图 3-31 Ru-1 号样品釉面裂纹中黄色物质的 SEM 图像

表 3-32 图 3-31 中标记位置的 EDS 分析结果

测试位置	比 例	MgO	Al_2O_3	SiO_2	K_2O	CaO	TiO_2	Fe_2O_3	Si/Al
P1	wt%	1.27	19.06	65.75	2.45	2.64	0.66	8.18	2.93
	mol%	2.20	12.93	75.70	1.80	3.26	0.57	3.54	
P2	wt%	0.98	15.07	64.18	6.16	11.56	0.40	0.65	3.61
	mol%	1.61	9.72	70.23	4.30	13.55	0.33	0.27	

实际上,土壤是由固相(包括矿物质、有机质、土壤生物等)、液相(水分)以及气相物质(空气)组成的复杂体系[171],土壤中的其他组分也会参与釉的腐蚀过程。其中,一个明显的影响就体现了很多出土瓷器的表面往往存在大面积的黄色或黑色斑块,在本研究的三件样品中也可以观察到,颜色的变化主要是由于来自土壤环境中污染物的着色作用。这些污染物使用常规的机械方法难以去除,说明它们可能深入釉中的孔隙中,并且和釉的结合非常牢

固，而不仅仅是附着在釉表面。

Ru－1 号样品釉面裂纹中的黄色物质主要是土壤中的层状硅酸盐矿物，Fe_2O_3 含量较高可能是由于结合了大量氧化铁胶体；Ru－2 号样品蚀坑中的黄褐色部位 Fe、Mn 含量很高，也可能是来源于土壤中的铁、锰氧化物。值得注意的是，在土壤中埋藏了数千年的古代玉石的表面也发现了以硅铝凝胶为主要成分的透明层，并且包裹了外来的黏土矿物[197]。玉石腐蚀产生的胶体二氧化硅通过化学键和静电作用结合土壤中的氧化铝和氧化铁胶体，在反应界面上絮凝[197]。这也说明了在矿物或者玻璃蚀变的过程中，土壤中的无机胶体可能通过缺陷或者腐蚀产生的孔隙进入物体内部，经过聚集、沉积并结合至表面。

土壤无机胶体主要包括层状硅酸盐黏土矿物以及铁、铝的氧化物及其水合氧化物等[171]。它们是颗粒直径在 1～100 nm 之间(长、宽、高三个方向至少一个)的土壤固体颗粒，通常小于 1 μm 的土壤颗粒就已经表现出强烈的胶体性质。这些胶体颗粒是表面带电的高活性材料。分散在土壤水中的胶体颗粒可以很容易地进入微米级的裂纹和蚀坑等孔隙中，从而参与到釉-土壤水界面上的化学腐蚀过程。通常使用 DLVO(胶体稳定性)理论来描述胶体颗粒的稳定性[198]，颗粒的聚集和分散主要取决于粒子间的吸引力(如范德华力)和静电斥力(粒子周围的双电层的排斥)的共同作用，一个重要的影响因素就是胶体悬浮液的化学性质，主要是 pH 值和电解质浓度[199-200]。前面我们讨论过釉中玻璃相在水溶液中的化学腐蚀涉及离子交换反应以及硅氧网络骨架的水解，玻璃腐蚀过程中，阳离子浸出会导致局部溶液离子浓度的增加，电荷集中于颗粒表面附近，以至于双电层被压缩，促进了胶体颗粒的聚集[201]。

胶体的沉积是胶体与玻璃表面之间引力的结果。这一过程主要受到胶体悬浮液和玻璃表面的物理化学性质的影响[202]。玻璃表面一旦与水溶液接触时表面就会发生水合，形成一层很薄的水合表层[181]，部分土壤无机胶体如水合氧化物，1∶1 型黏土矿物的表面有大量的羟基暴露在外，并可以解离产生电荷，在分子间作用力和静电引力的控制下可能会附着到玻璃表面的硅羟基位点上(—Si—OH)，并通过提供沉积位置促进了更多胶体的沉积[202]。由于釉中玻璃相的化学腐蚀(如离子交换、水解等)会将金属阳离子、硅酸等物质释放到外界溶液中，这些溶出的组分也可能被破碎的黏土矿物或铁氧化物等土壤中的胶体颗粒所吸附[203-204]，并同时存在多种可能促进玻璃腐蚀的机制[205-206]，这在储存核废料玻璃的地质储存库系统中已经被深入研究[207]。Ru－1 号和 Ru－2 号样品中黄色污染物的高 Si/Al 比可能反映了这一点。土壤中的铁氧化物可能在聚集体的形成中起到重要的作用[208]。由于连通状的三维骨架提供了相当大的反应界面(或高 SA/V 比)，可以预见上述釉与土壤组分的相互作用在孔隙中将会得到增强，并且在蚀坑或者裂纹中沉积物相对更容易保留下来。

总而言之，人类活动对清凉寺遗址区土壤环境的影响是造成出土汝瓷严重腐蚀的一个关键因素。古陶瓷与其埋藏的土壤环境的相互作用也不仅局限于土壤孔隙水对釉的化学腐蚀，土壤中的其他组分特别是胶体组分也可能参与并促进了腐蚀过程，并且导致了黄色土蚀斑的形成。因此，出土和出水瓷器在劣化上的差异主要与两者所处的环境密切相关。本节对汝瓷的研究揭示了酸性土壤环境对釉中析晶-分相结构劣化的促进作用，这主要体现在钙长石晶体的优先溶解和土蚀斑的形成这两个方面，而海洋环境中由于泥沙对釉面的机械冲蚀作用则是导致出水瓷器出现严重劣化现象的关键因素。

第 4 章
海洋出水陶瓷的劣化机理研究——以青花瓷为例

4.1 南海出水青花瓷的劣化机理

4.1.1 样品信息

本研究选取的样品共 8 件，由中国(海南)南海博物馆提供，为南海出水景德镇窑青花瓷残片，编号为 NH - B1～NH - B8 号，样品照片如图 4 - 1 所示。样品的完好程度不一，部分样品还保留着较完整的原始釉层，但也有部分样品劣化程度十分严重，釉层几乎完全损毁。样品的详细信息列于表 4 - 1 中。

e
f
g
h
i
j
k
l
CM

图 4-1 南海出水青花瓷样品的照片

表 4-1 南海出水青花瓷和青瓷样品的详细信息

类 别	编 号	年代	窑 口	外观和保存状况
青花瓷	NH-B1	明清	景德镇窑	8 件青花瓷样品釉面粗糙，失去光泽；从 NH-B1 号至 NH-B8 号样品损毁程度逐渐增加；NH-B4、NH-B5 和 NH-B6 号表面有少量白色附着物；NH-B7 和 NH-B8 号样品釉层几乎完全损毁
	NH-B2	明清	景德镇窑	
	NH-B3	元	景德镇窑	
	NH-B4	明清	景德镇窑	
	NH-B5	明清	景德镇窑	
	NH-B6	明清	景德镇窑	
	NH-B7	元	景德镇窑	
	NH-B8	元	景德镇窑	

4.1.2 胎、釉的化学组成分析

青花瓷样品胎的化学组成列于表 4-2 中，SiO_2 含量为 68.32～73.25 wt%，Al_2O_3 含量为 18.22～22.81 wt%，K_2O 含量为 2.36～3.35 wt%，Fe_2O_3 含量为 1.39～2.52 wt%，Na_2O 含量为 1.10～2.63 wt%，CaO、MgO、TiO_2 含量相对较低。青花瓷胎的化学组成与景德镇民窑青花瓷的特征相近[209]。

表 4-2　南海出水青花瓷胎的化学组成的 EDXRF 测试结果　　单位：wt%

样品编号	Na_2O	MgO	Al_2O_3	SiO_2	K_2O	CaO	TiO_2	Fe_2O_3
NH-B1	1.11	0.01	21.07	71.29	2.97	0.51	0.11	1.93
NH-B2	1.97	0.02	19.32	72.78	2.67	0.46	0.05	1.72
NH-B3	1.76	0.01	22.81	68.32	3.35	0.16	0.06	2.52
NH-B4	1.48	0.04	19.68	72.73	3.14	0.29	0.07	1.58
NH-B5	1.10	0.02	19.51	72.80	3.28	0.84	0.05	1.39
NH-B6	2.63	0.03	18.22	73.01	2.59	0.42	0.08	2.03
NH-B7	2.57	0.07	18.86	73.25	2.36	0.30	0.05	1.54
NH-B8	2.18	0.14	21.24	70.44	2.64	0.47	0.05	1.84

由于部分青花瓷样品釉表面损毁严重，因此从样品的抛光断面测试了釉的化学组成，从而避免腐蚀产物或表面附着的生物残骸的影响，结果列于表 4-3 中（NH-B7 和 NH-B8 号样品釉的损毁严重，残余很少，无法从断面测试），同时也直接测试了样品表面的组成作为对比。部分样品表面和断面测得的组成差别不大，如 NH-B1～NH-B4 号样品。部分样品，如 NH-B5、NH-B7、NH-B8 号样品，表面和断面测得的数据差别很大。其中，NH-B7 号样品表面 Al_2O_3 含量为 25.46 wt%，而 CaO 含量仅为 1.63 wt%，与青花瓷釉的组成差异很大，更接近胎的组成，这可能是由于表面釉层几乎完全脱落。NH-B8 号样品表面 MgO 含量高达 60.36 wt%，而 SiO_2 和 Al_2O_3 含量均很低，因此表面可能存在 Mg 元素的富集。样品的化学组成能够部分反映出陶瓷在埋藏过程中的变化，但获取的信息较为有限，部分样品断面和表面组成相近，但这并不能表明它们没有发生劣化。因此，还需要结合其他表征手段做进一步的研究和分析。

表 4-3　南海出水青花瓷釉化学组成的 EDXRF 测试结果（分别从断面和釉表面测试）

测试位置	样品编号	wt%								μg/g	
		Na_2O	MgO	Al_2O_3	SiO_2	K_2O	CaO	TiO_2	Fe_2O_3	MnO	P_2O_5
断面	NH-B1	2.17	0.09	14.11	69.29	4.02	7.43	0.03	1.85	960	120
	NH-B2	3.21	0.16	14.55	66.37	3.08	8.74	0.08	2.81	320	160
	NH-B3	1.93	0.10	15.40	68.29	3.97	7.12	0.05	2.13	940	90
	NH-B4	2.47	0.12	14.09	68.45	4.35	7.63	0.04	1.83	1 090	220
	NH-B5	1.25	0.07	12.80	70.76	5.12	6.73	0.07	2.21	1 140	200
	NH-B6	2.14	0.29	12.46	72.24	3.50	5.56	0.06	2.75	5 520	540

续 表

测试位置	样品编号	wt%								μg/g	
		Na_2O	MgO	Al_2O_3	SiO_2	K_2O	CaO	TiO_2	Fe_2O_3	MnO	P_2O_5
釉表面	NH-B1	1.09	0.01	14.26	71.53	4.04	7.03	0.02	1.02	860	110
	NH-B2	3.02	0.04	13.39	71.21	2.84	7.21	0.03	1.27	790	110
	NH-B3	2.27	0.01	13.98	70.81	3.70	7.07	0.03	1.13	560	140
	NH-B4	1.94	0.05	13.57	71.31	3.87	7.27	0.02	0.96	790	190
	NH-B5	2.52	0.09	10.74	67.19	2.83	12.59	0.04	2.99	500	130
	NH-B6	3.28	0.08	12.45	69.76	2.97	8.98	0.03	1.45	490	300
	NH-B7	1.01	1.42	25.46	66.88	1.28	1.63	0.08	1.25	160	310
	NH-B8	0.65	60.36	7.62	27.33	0.19	2.14	0.03	0.68	170	720

4.1.3 表面劣化形貌及其形成原因

与3.2节中南海出水的青瓷相似，青花瓷的釉表面形貌也可以大致分为四种类型，包括孤立或互联的浅半球形凹坑、深入釉层内部的孔洞、填充有外来物质的凹坑以及被海洋生物残骸覆盖的表面。从保存状况最好的NH-B1至损毁严重的NH-B8，对应的是釉层损毁越来越多，残余的釉层越来越少，表面的半球形凹坑从孤立到互联，深入釉层内部的孔道逐渐变多，孔洞内填充的低衬度物质也越多(相对于釉而言)。图4-2展示了NH-B1、NH-B3和NH-B5三件样品典型的表面形貌，图4-2a、b中的NH-B1表面分布着大量孤立的浅半球形凹坑，直径约为数十微米。图4-2c、d中，NH-B3的表面则主要是互联的浅凹坑，并且已经有着一些较深的凹坑，而在NH-B5表面部分凹坑孔洞已经被低衬度的物质填充(图4-2e、f)。从样品的断面SEM图像中可以更清晰地观察釉表面凹坑的形貌，在图4-3中标记出了NH-B1和NH-B3釉表面的轮廓。从图中也可以看出，这两件样品的釉层大部分仍然保留，NH-B3的部分表面劣化形成与釉内气泡相连的孔道，外界物质可以通过孔道直接进入釉内部，可以看出釉内气泡中也存在一些小的凹坑，这对促进釉的劣化有着一定作用。劣化较严重的NH-B7和NH-B8号样品表面似乎被大量低衬度物质所覆盖，残余的釉较少(图4-4a、b)，从断面的SEM图像(图4-4c、d)可以看出部分胎已经直接暴露在外，可以直接与外界环境接触而发生劣化。

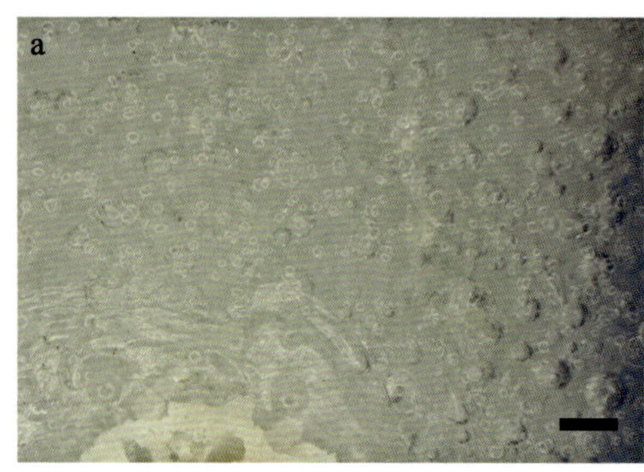

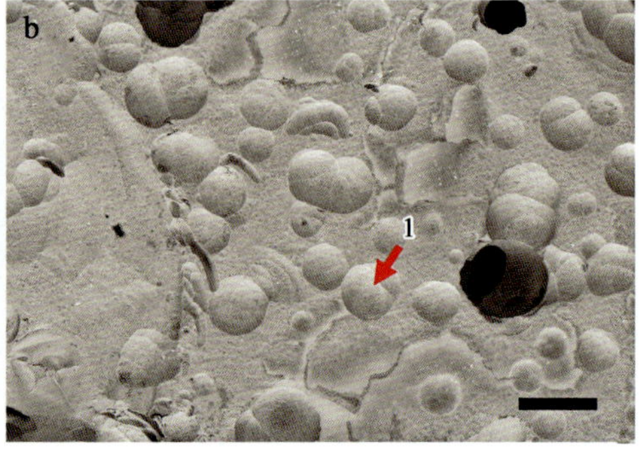

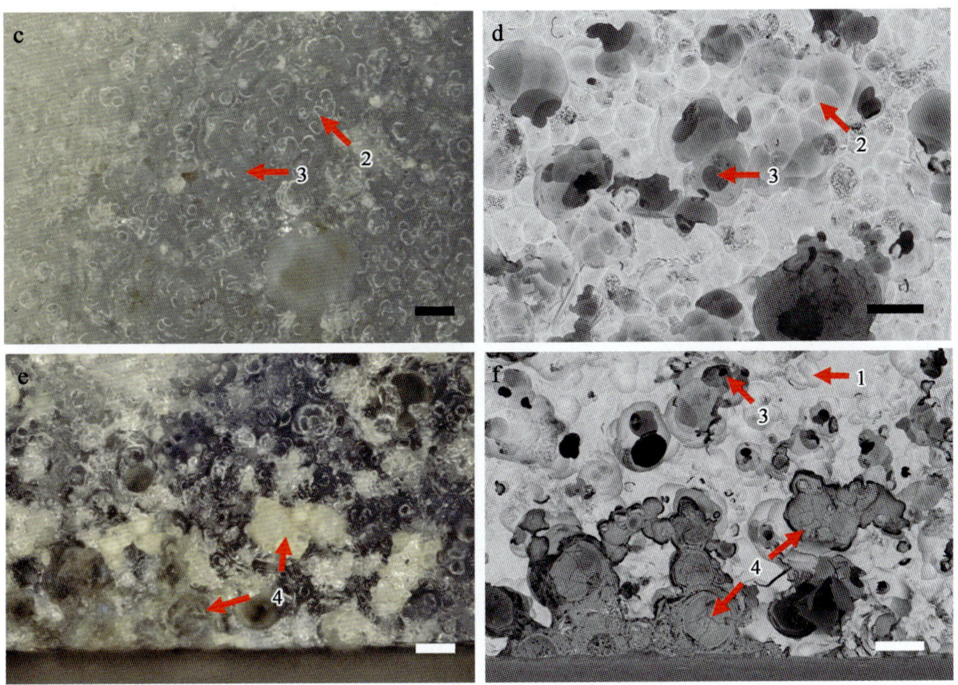

图 4-2 南海出水青花瓷釉表面的形貌

a、b. NH-B1 釉表面的 OM 和 SEM 图像;c、d. NH-B3 表面的 OM 和 SEM 图像;e、f. NH-B5 表面的 OM 和 SEM 图像。图中用箭头和数字标记出表面的几种劣化形态:标记为 1 和 2 的分别是孤立的和互联的浅半球形凹坑,标记为 3 的是深的半球形凹坑,标记为 4 的是填充有低衬度物质的凹坑。图中比例尺为 100 μm

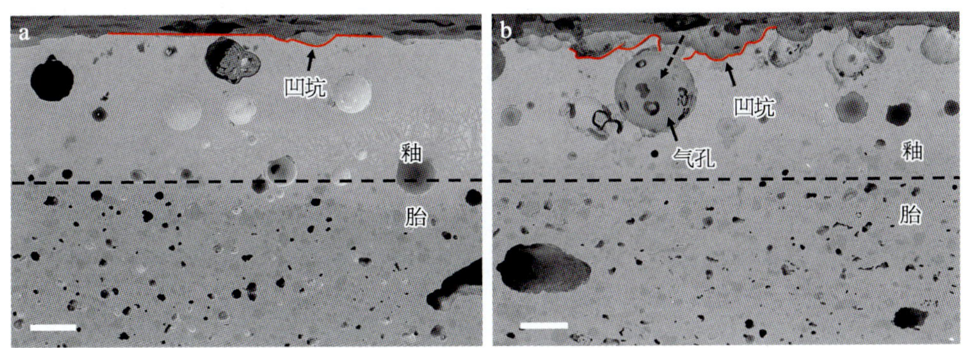

图 4-3 南海出水青花瓷的断面形貌

a、b. 分别为 NH-B1 和 NH-B3 号样品断面的 SEM 图像;其中使用红色曲线标记了劣化后的釉表面轮廓,图 b 中的虚线箭头表示外界物质可以通过表面劣化形成的孔道进入釉内的气泡中。图中比例尺为 100 μm

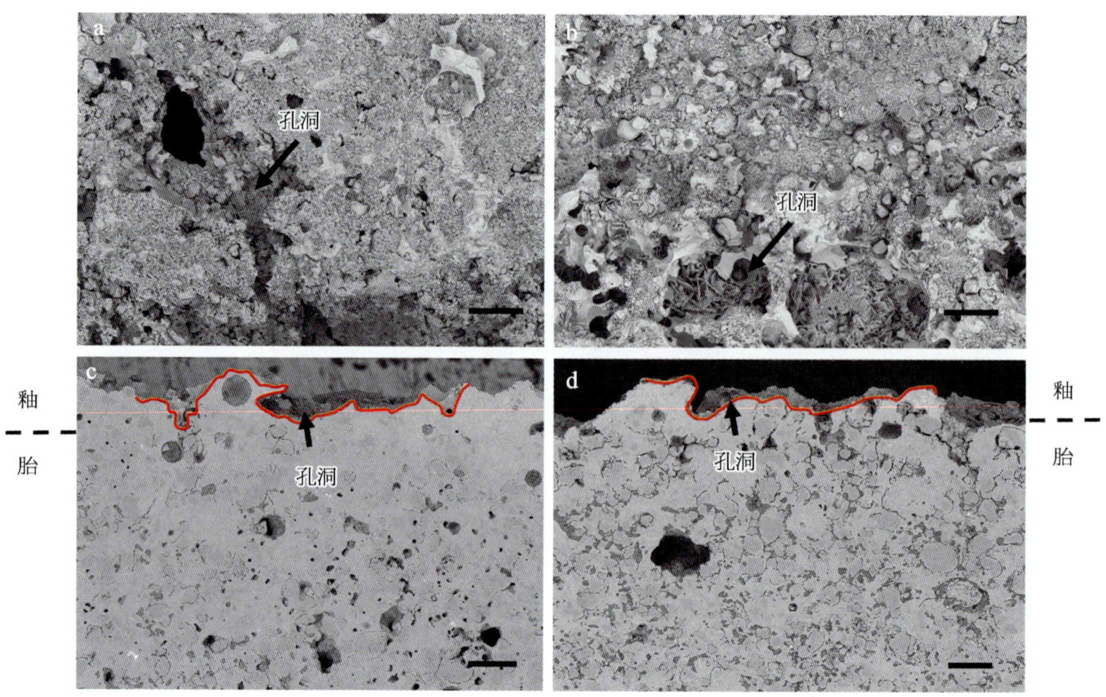

图 4-4　南海出水青花瓷劣化严重的表面形貌和断面轮廓

a、b. 分别为 NH-B7 和 NH-B8 号样品表面的 SEM 图像；c、d. 分别为 NH-B7 和 NH-B8 号样品断面的 SEM 图像，其中使用红色曲线标记了劣化后的样品表面轮廓。图中比例尺为 100 μm

探针式轮廓仪可以反映出样品釉表面的轮廓特征，图 4-5 中展示了几个青花瓷样品的典型表面轮廓曲线，而根据轮廓曲线计算得到的表面粗糙度（*Ra*）列于表 4-4 中。保存状况较好的 NH-B1 号样品表面分布着几个孤立的浅半球形凹坑（图 4-5a），尺寸较小，深度一般小于 20 μm，表面粗糙度（*Ra*）值低于 1 μm。NH-B5 号样品的釉面已经很难看到完整的平面，而是布满了互联的凹坑，高低起伏很大，凹坑的深度可达 50 μm（图 4-5b）。在肉眼观察下劣化程度更加严重的 NH-B7 和 NH-B8 号样品釉表面的轮廓反而相对平整，并未有很大的起伏（图 4-5c、d）。从表面粗糙度的数据来看，青花瓷样品中除了 NH-B3 的 *Ra* 值

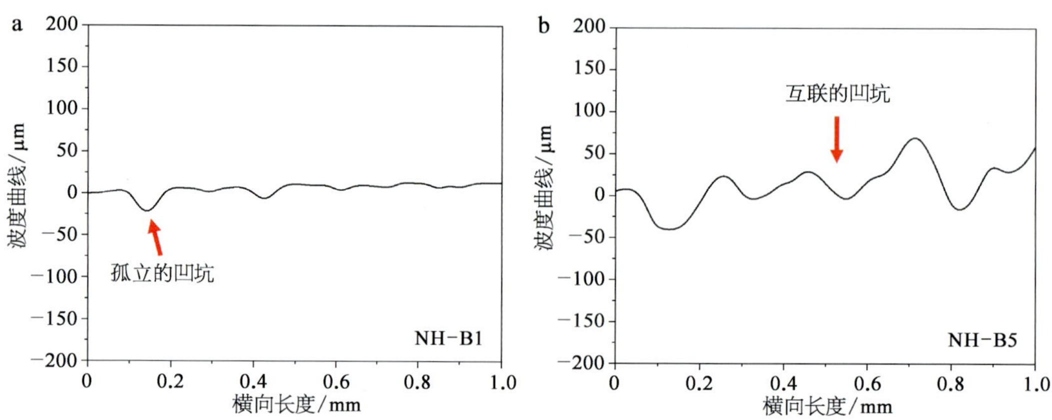

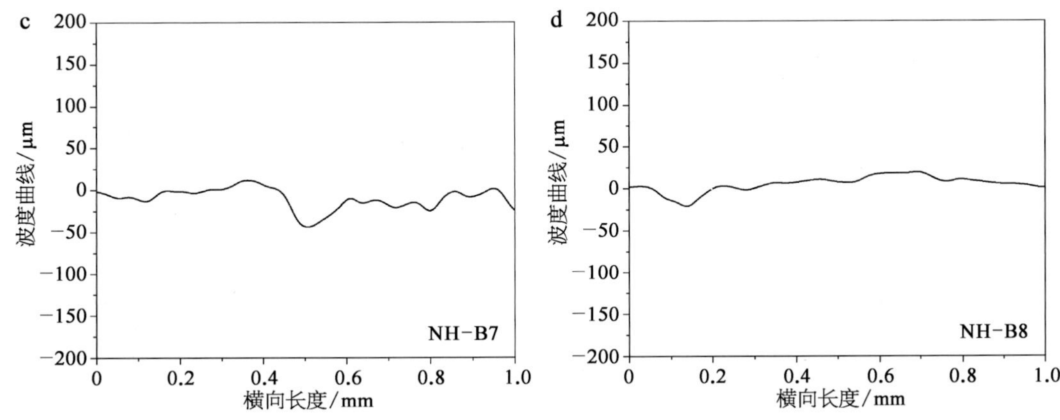

图 4-5　南海出水青花瓷釉的表面轮廓曲线

a. NH-B1；b. NH-B5；c. NH-B7；d. NH-B8

高于 3 μm 外，劣化更严重的 NH-B5、NH-B7 和 NH-B8 仅略高于 2 μm，这可能与它们的孔洞中填充的物质有关，因而降低了表面起伏的程度，如图 4-2、图 4-4 所示。

表 4-4　南海出水青花瓷釉的表面粗糙度(*Ra*)，每个样品在不同位置进行三次测量并取平均值

样品编号	*Ra*/μm
NH-B1	0.84
NH-B3	3.27
NH-B4	2.20
NH-B5	2.28
NH-B7	2.16
NH-B8	2.27

南海出水的这批青花瓷与 3.2 节中南海出水的青瓷非常相似，它们釉面的劣化形貌均以孤立或互联的浅半球形凹坑为主要特征，在 3.2.3 节中对此已经进行了分析，这种劣化形貌的出现主要是由于机械损伤和化学腐蚀的协同作用所导致的，并且均质玻璃相的化学腐蚀主要以全等溶解的形式进行。实际上，瓷器在海洋环境中的劣化过程更加复杂，如在海水中釉的化学腐蚀还涉及新物相的形成，这对瓷器的劣化也会产生重要的影响，在南海出水的大部分劣化严重的青花瓷中可以发现很多新形成的物相，这将在第 5 章中结合海洋生物的附着过程和海水的化学条件做进一步的阐述。

4.1.4　显微结构非均质性对劣化的影响

通过在 3.2.4 节对南海出水的青瓷釉的分析，我们已经指出了釉的显微结构的非均质性对劣化会产生重要的影响，这在青花瓷样品中也能够得到体现。青花瓷釉是透明釉，主要由硅铝酸盐玻璃组成，胎、釉交界处通常会由于组分的扩散而形成一个由结晶相构成的中间层，釉中偶有未熔的石英等矿物，作为装饰的青花图案是以含 Co 的矿物制备成颜料在胎上绘画，高温烧制后 Co 元素主要以离子形式存在于玻璃中而呈色，同时胎、釉交界处可能会存在一些色料颗粒。图 4－6a 为 NH－B5 号样品胎、釉交界处分布的柱状钙长石晶体以及其中包裹的色料颗粒的 SEM 图像，这是青花瓷的一种典型显微结构特征。图 4－6b 则展示了 NH－B3 釉中另一种孤立的球形颗粒，EDS 分析表明（表 4－5），其主要由 Co、As、Cu、S 和 Fe 组成，可能是随着气泡逸出过程携带到釉层里的未熔的含 Co 矿物颗粒。

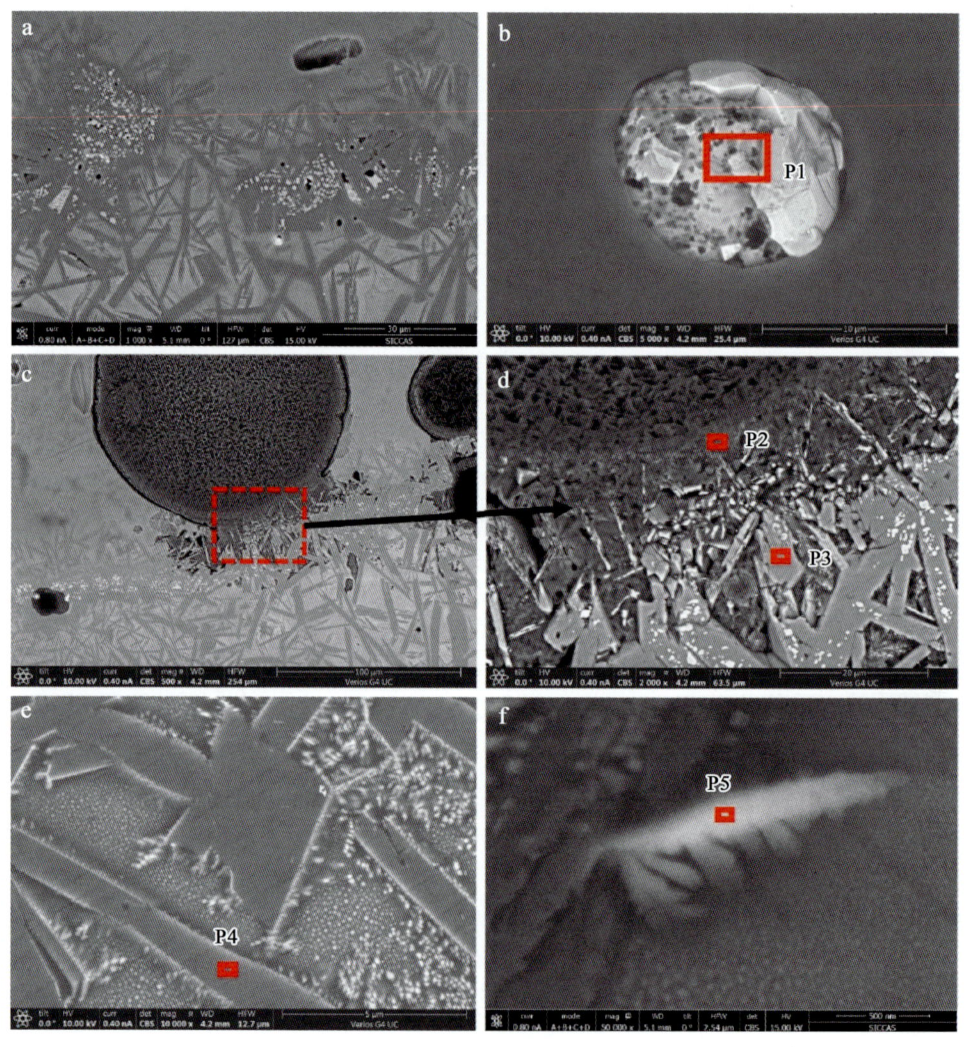

图 4－6　青瓷釉层的显微结构

a. NH－B5 胎、釉交界处的钙长石晶体和青花色料颗粒；b. NH－B3 釉层中的色料颗粒；c. NH－B5 胎、釉交界处受到侵蚀区域的 SEM 图像；d. 图 c 的局部放大；e. NH－B7 釉中的柱状钙长石晶体及晶间分相；f. NH－B7 釉中钙长石晶体边缘生长的枝状晶

大多数青花瓷釉可以看作均质的玻璃层，但偶有胎、釉界面处发育良好的中间层晶体也可能会参与到瓷釉的劣化过程中。这些胎、釉交界处的显微结构经过劣化后显现出的特征能够提供重要信息。在图 4－6c、d 中，NH－B5 釉中一处气泡的下部紧邻胎、釉交界处的柱

状钙长石晶体(EDS 结果见表 4 - 5),新形成的富 MgO 相不仅在气泡壁上形成"壳"体,也分布在钙长石晶体的晶间间隙中,考虑到组成中仍然有较高的 Si、Al 含量(表 4 - 5),可能是玻璃相在长期海水腐蚀过程中逐渐转变为富 Mg 的硅铝酸盐相,关于富 Mg 相的形成将在第 5 章中做进一步的分析。此外,在 NH - B7 和 NH - B8 的釉中,还发现了一些非典型的结构,残留不多的釉层中大多分布着大量 Na 含量较高的长石晶体(图 4 - 6e),并且在它们的晶间间隙中存在很多高衬度的液滴,在晶体边缘处有枝状晶析出(图 4 - 6f),EDS 分析结果(表 4 - 5)表明其可能是赤铁矿晶相(Fe_2O_3),可能与色料绘画区域局部较高的 Fe 含量有关。

表 4 - 5　图 4 - 6 中标记位置的 EDS 分析结果　　单位:wt%

测试位置	Co		Fe		As		Cu	S
P1	27.04		8.05		42.42		16.17	6.32
	Na_2O	MgO	Al_2O_3	SiO_2	K_2O	CaO	Fe_2O_3	CoO
P2		47.00	17.43	35.57				
P3	2.64		34.73	45.01		17.62		
P4	5.32	1.24	21.74	59.04	0.98	10.96	0.73	
P5	2.41	0.76	12.17	61.16	2.12	9.05	10.96	1.37

因此,在探讨出水瓷器的劣化机理时,不能被忽略的是釉显微结构的非均质性的影响,这种局部侵蚀现象与均质玻璃相的劣化有很大差异。釉的局部侵蚀主要体现在析晶区的晶间玻璃相逐渐转变为镁铝硅酸盐相,破坏了样品原有的结构完整性和连续性,在一些孔隙界面处可能会由于某些结晶相的出现而产生应力,进而导致裂纹的扩展,在海水持续性的机械作用下更容易加剧材料的损失。最终导致部分样品几乎完全失去釉层,受到严重的损毁。

4.2　"小白礁 I 号"沉船出水青花瓷的研究

4.2.1　考古背景

中国瓷器外销的历史最早可追溯至唐代(618—907),明清时期(1368—1911)青花瓷作为重要的贸易商品曾大量输出到国外市场。近年来在中国沿海地区发现的明清时期沉船遗址中有大量青花瓷出水,这也证明了青花瓷外销贸易的繁荣。"小白礁 I 号"为一艘沉没于清代道光年间(1821—1850)的以青花瓷为主要贸易商品的远洋商船,2008 年被发现于浙江省宁波市象山县北渔山海域小白礁畔,中国国家博物馆和宁波市文物考古研究所共同组织了水下遗存的调查和试掘。2012 年船载文物的清理发掘工作基本完成,2014 年船体发掘与现场保护工作全面完成。经过 6 年的水下考古工作,该沉船遗址共出水船体构件 236 件、文物标本1 064件，其中包括陶瓷器、金属器、铜钱、印章、石板材等[210]。研究表明，“小白礁Ⅰ号”的始发地为宁波港，而航行贸易的目的地则可能为东方的琉球国或东南亚某个国家或地区[210]。这些珍贵的出水文物以及“小白礁Ⅰ号”本身均是“海上丝绸之路”的有力见证者，具有十分重要的历史、科学和研究价值。

“小白礁Ⅰ号”沉船的出水文物以青花瓷的数量为最，共有592件，根据考古人员的分类，其中属于景德镇民窑的产品就有500余件，本书中称之为第一类青花瓷。这类产品以缠枝花卉纹青花瓷碗类型为主，在船舱中成摞成排堆积，光亮如新，无使用痕迹，为出海贸易的货物。而余下的青花瓷，称之为第二类，外观上与第一类差别较大，纹饰主要有折线纹、花草纹、草叶纹等，青花图案色泽暗淡，大多数器物釉面的缺陷较多，釉色呈灰白或灰黄色，来源仍未知。由于曾经受海水和泥沙长时间的冲刷，“小白礁Ⅰ号”船体上部和船舷等高出海床表面的构件均已损毁，水下考古发掘表明第二类青花瓷大多散落在船体附近的海床上，而并非如第一类集中堆放在残存的舱室内并被埋藏于海床以下，同时，第二类青花瓷在数量上也远少于第一类，仅有27件斜腹碗和6件瓷盘[210]。因此，第二类青花瓷作为船员日用器物的可能性较大。

沉船和水下文物所处的埋藏环境非常复杂，以“小白礁Ⅰ号”沉船出水的青花瓷为例，第一类青花瓷由于保存在下层船舱中，在船只沉没之后，逐渐被海底泥沙淤积掩埋，处于相对稳定的环境中，较少受到外界海洋环境的影响，保存情况良好。而第二类青花瓷大多散落在附近的海床上，在多种环境因素的作用下可能会受到严重的破坏。除了海水本身的化学腐蚀作用外，第二类青花瓷表面还附着有海洋生物，如牡蛎、藤壶、苔藓虫等[211]。这些海洋生物在生长的过程中可能分泌石灰质或酸性物质，对文物产生破坏性的影响[15]。同时，暴露在外的青花瓷还会受到海水和泥沙经年累月的冲蚀作用，造成釉面的物理破坏。因此，两类青花瓷在外观上的差异也与埋藏环境的差异有关。

本章节由“小白礁Ⅰ号”沉船出水的两类青花瓷的外观差异着手，选取具有代表性的瓷器样品，应用多种先进的科技手段进行表征，从科学的角度对该沉船出水的青花瓷进行了研究。通过分析胎、釉的化学组成的差异可以较好地区分两类不同产地的青花瓷，根据青花瓷釉层的显微形貌特征以及拉曼光谱的分析结果，确定了胎、釉界面处青花色料颗粒的存在状态，并从化学组成、青花色料的处理工艺以及烧成制度等多个角度讨论了两类青花瓷显微结构及外观上的差异，最后也从玻璃相的化学腐蚀和晶体选择性腐蚀两个角度探讨了青花瓷釉在海洋环境中的劣化机理，为“小白礁Ⅰ号”沉船出水的两类青花瓷的科学认知和保护工作奠定了基础。

4.2.2 样品信息

本研究选取的实验样品共24件，均为从“小白礁Ⅰ号”沉船遗址出水青花瓷上切下的小块碎片。所有样品均由宁波市文化遗产管理研究院提供，样品的照片如图4－7所示，详细信息见表4－6。根据考古人员的判断，样品可分为两类，其中第一类包括X1－01～X1－16共16件样品(图4－7a)，来源于景德镇民窑，特征是釉面光亮如新，胎体洁白，青花图案呈明艳的蓝色，纹饰以缠枝花卉纹为主，线条清晰可辨。第二类样品来源不确定，纹饰简单，图案无清晰轮廓，表面多附着有沉积物和海洋生物残骸等，包括X2－01～X2－08共8件样品(图4－7b)；其中质量较好的样品以X2－01为代表，质量较差的样品釉面缺陷很多，以X2－04为代表。

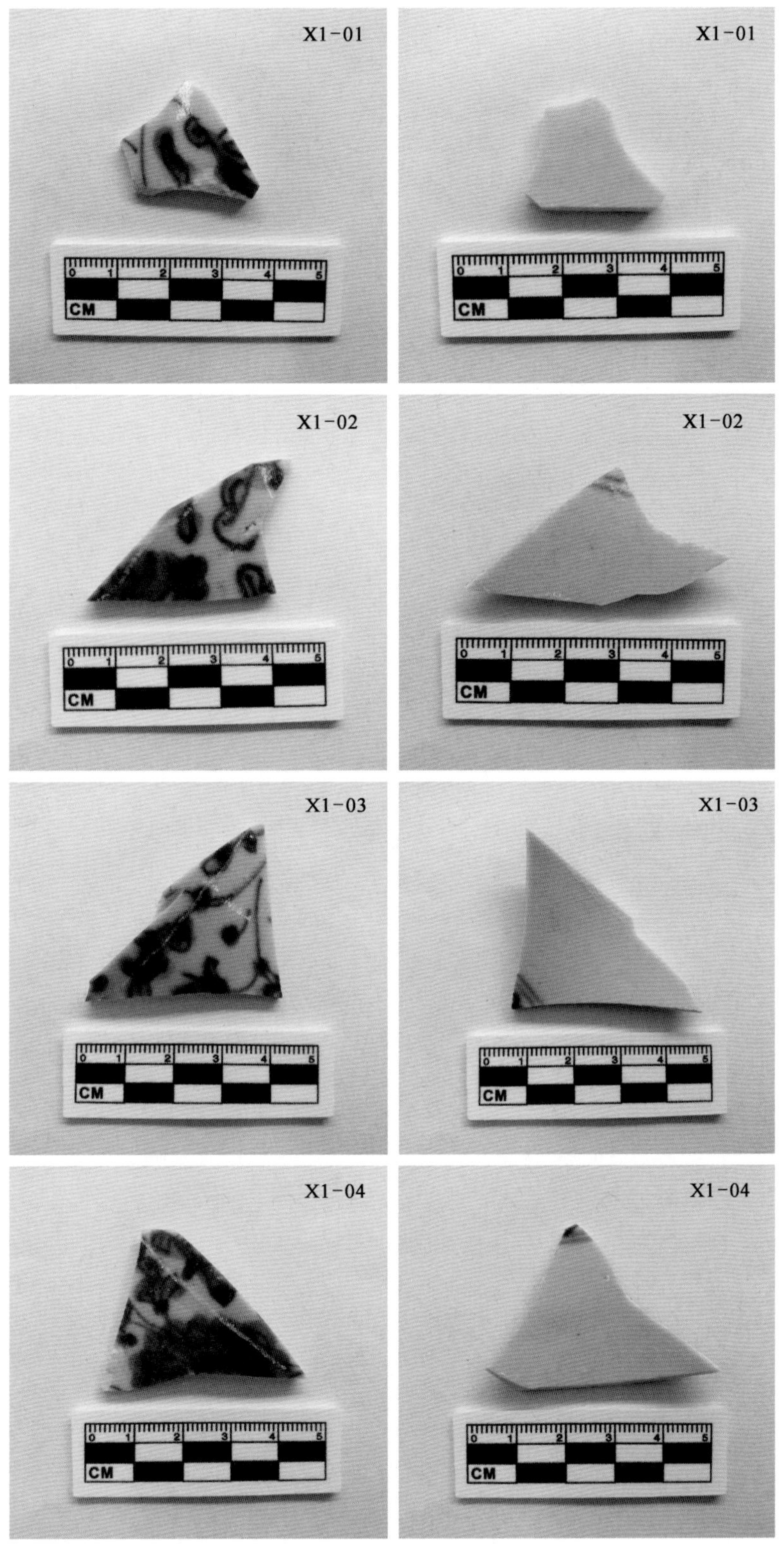
X1-01
X1-01
X1-02
X1-02
X1-03
X1-03
X1-04
X1-04

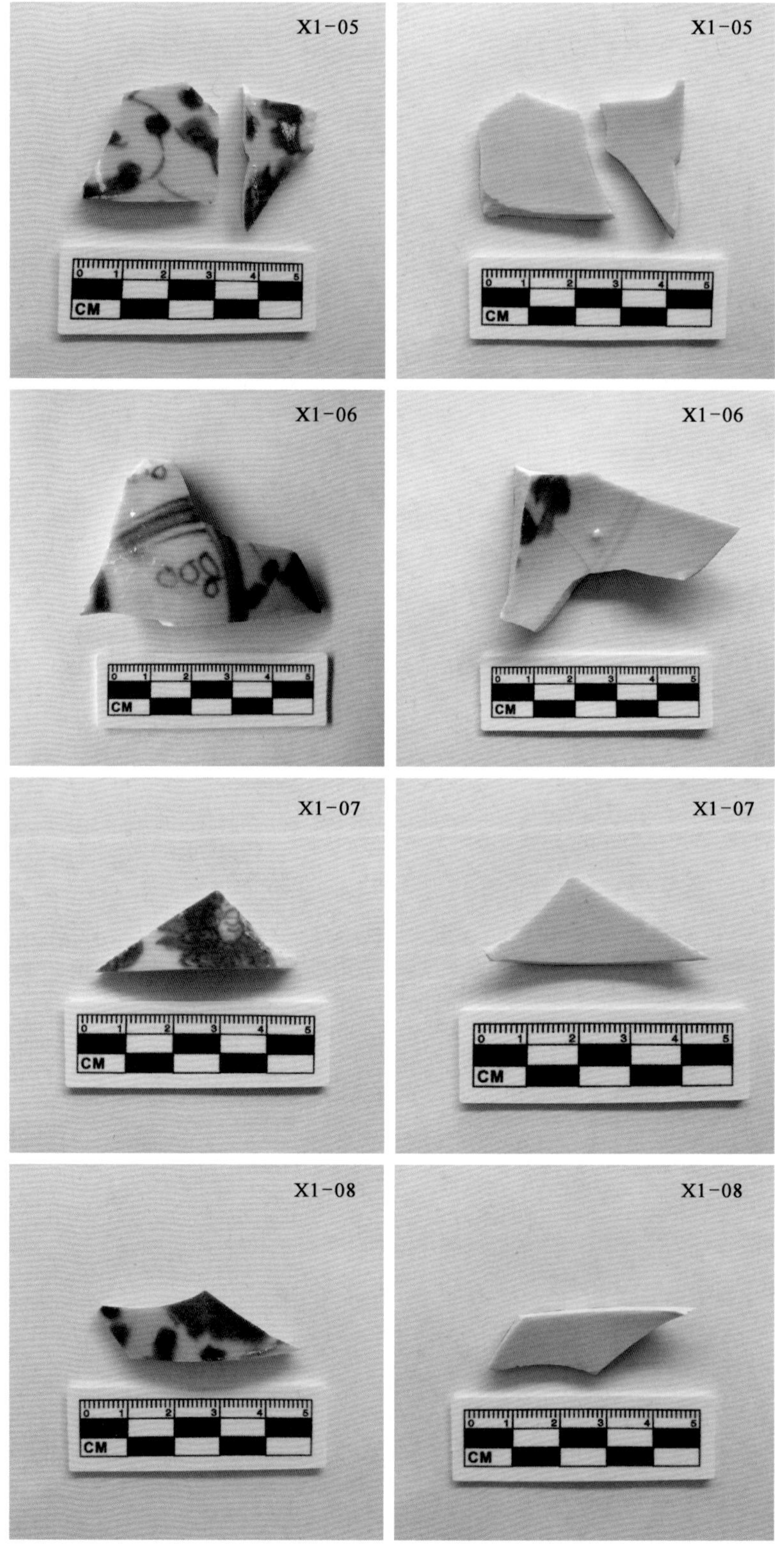
X1-05
X1-05
X1-06
X1-06
X1-07
X1-07
X1-08
X1-08

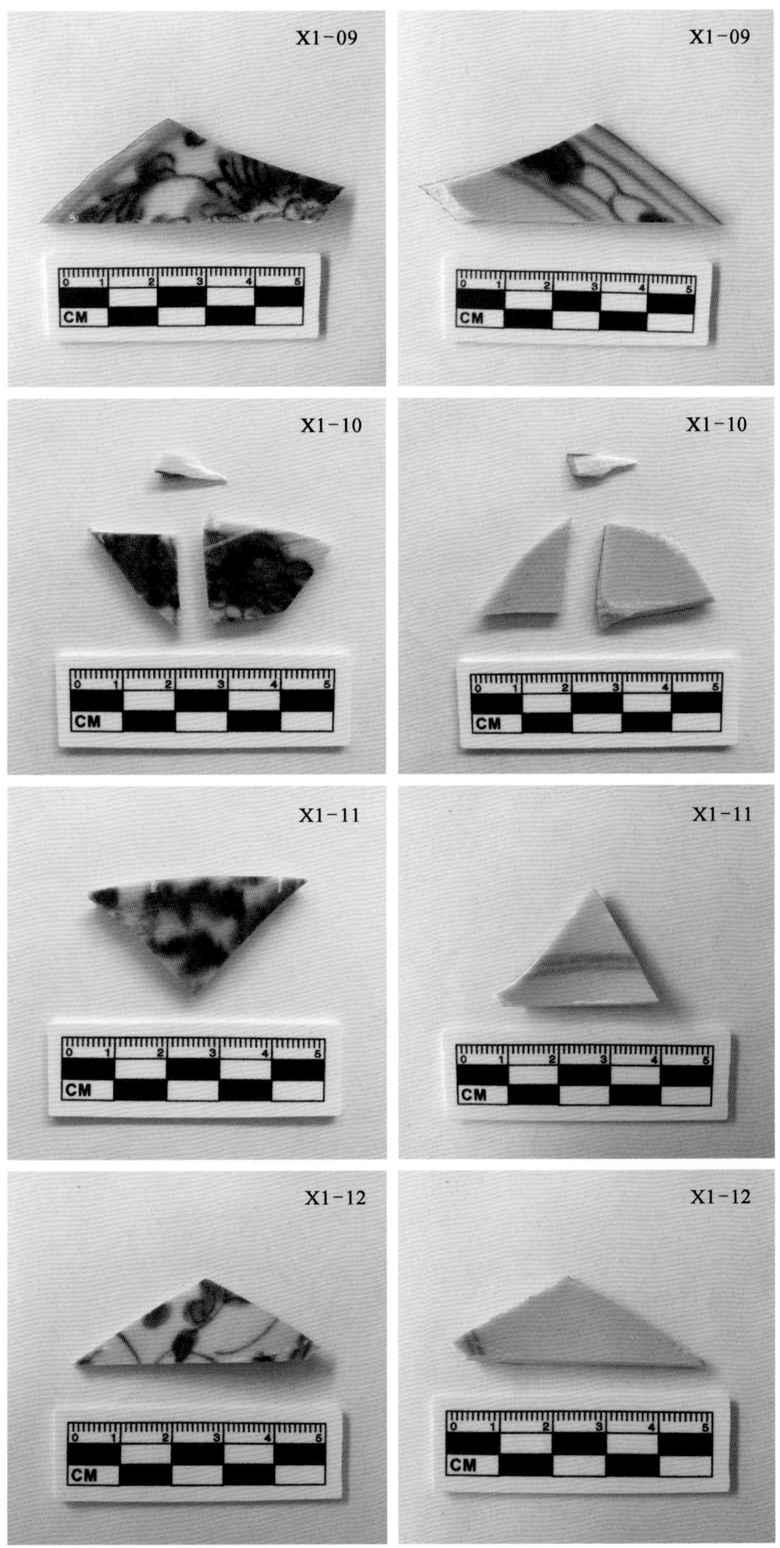
X1-09
X1-09
X1-10
X1-10
X1-11
X1-11
X1-12
X1-12

(a) 第一类青花瓷样品

X2-01
X2-01
X2-02
X2-02
X2-03
X2-03
X2-04
X2-04
CM

(b) 第二类青花瓷样品

图 4-7 “小白礁Ⅰ号”出水青花瓷样品的照片

表 4 - 6　“小白礁Ⅰ号”沉船出水青花瓷样品的详细信息

类　别	样品编号	器型	纹　饰	考　古　编　号
第一类	X1 - 01	碗	缠枝花卉纹	2012NXXBW1：14
	X1 - 02	碗	缠枝花卉纹	2014NXXBW1：25
	X1 - 03	碗	缠枝花卉纹	2014NXXBW1：12
	X1 - 04	碗	缠枝花卉纹	2014NXXBW1：11
	X1 - 05	碗	缠枝花卉纹	2012NXXBW1：12
	X1 - 06	碗	缠枝花卉纹	2014NXXBW1：107
	X1 - 07	碗	缠枝花卉纹	2014NXXBW1：88
	X1 - 08	碗	缠枝花卉纹	2012NXXBW1：28
	X1 - 09	碗	缠枝花卉纹	2009NXXBW1：2
	X1 - 10	碗	缠枝花卉纹	2012NXXBW1：66
	X1 - 11	碗	缠枝花卉纹	2012NXXBW1：46
	X1 - 12	碗	缠枝花卉纹	2009NXXBW1：3
	X1 - 13	碗	缠枝花卉纹	2009NXXBW1：439
	X1 - 14	碗	缠枝花卉纹	2012NXXBW1：64
	X1 - 15	盘	灵芝纹	2014NXXBW1：72
	X1 - 16	盖	缠枝花卉纹	2009NXXBW1：12
第二类	X2 - 01	盘	“福”字纹	2014NXXBW1：120
	X2 - 02	碗	草叶纹	2009NXXBW1：8
	X2 - 03	碗	草叶纹	2012NXXBW1：41
	X2 - 04	碗	折线纹	2014NXXBW1：117
	X2 - 05	碗	折线纹	2014NXXBW1：78
	X2 - 06	碗	折线纹	2009NXXBW1：9
	X2 - 07	碗	花草纹	2012NXXBW1：38
	X2 - 08	盘	花草纹	2008NXXBW1：4

4.2.3　胎、釉的化学组成分析

“小白礁Ⅰ号”出水青花瓷胎、釉的化学组成详细数据分别列于表 4 - 7、表 4 - 8 中，绘有青花图案部位(釉＋青花色料)的化学组成半定量测试数据列于表 4 - 9 中。第一类青花瓷样品胎中 Al_2O_3 含量为 21.00～24.72 wt%，整体上稍高于第二类样品的 17.82～21.64 wt%。第一类样品胎中 Fe_2O_3 含量在 1.05 wt%至 1.99 wt%之间，第二类样品胎中 Fe_2O_3 含量整体上稍高于第一类，除了样品 X2 - 07 较低为 1.78 wt%外，其余样品均高于 2 wt%。最高者达到了 2.37 wt%(X2 - 03)。两类样品胎中 K_2O 的含量主要分布于 3～4 wt%的范围内，CaO 含量大多低于 1.5 wt%，但第二类样品中有 5 件样品 CaO 含量高于 2 wt%，最高达到了 5.68 wt%(X2 - 05)。两类青花瓷样品釉中 K_2O 含量主要分布于 2～5 wt%的范围内。第一类样品釉中 CaO 含量在 6.12 wt%至 11.07 wt%之间而第二类在 9.11 wt%至 13.51 wt%之间，属于钙釉或钙-碱釉类型。釉中 Fe_2O_3 含量则是第一类样品略高于第二类样品，前者为 1.03～1.81 wt%，后者为 0.88～1.32 wt%。样品绘有青花图案部位的 MnO 和 CoO 含量远高于未绘图案部位，这表明绘制图案所用的色料富含 MnO 和 CoO。绘有青花图案部位的 MnO/CoO 比例均高于 5，其中第二类青花瓷的 MnO/CoO 为 10.45～21.38，远高于第一类的 6.27～8.69(表 4 - 9)。

表 4-7 “小白礁Ⅰ号”沉船出水青花瓷胎的化学组成

编号	wt%								μg/g									
	Na_2O	MgO	Al_2O_3	SiO_2	K_2O	CaO	TiO_2	Fe_2O_3	As_2O_3	MnO	CuO	ZnO	PbO	Rb_2O	SrO	Y_2O_3	ZrO_2	P_2O_5
X1-01	1.06	0.02	23.63	68.62	3.18	0.95	0.03	1.50	10	950	30	70	110	470	90	60	80	100
X1-02	1.09	0.04	21.18	70.14	3.88	0.78	0.08	1.81	0	610	30	80	80	470	80	50	160	70
X1-03	2.11	0.03	22.28	68.82	3.38	0.58	0.04	1.76	10	910	30	110	100	470	90	60	90	110
X1-04	1.05	0.02	23.06	67.79	3.85	1.17	0.06	1.99	10	850	70	130	60	470	130	60	180	110
X1-05	1.41	0.03	24.72	66.79	3.41	1.06	0.04	1.54	10	1 040	40	100	90	480	100	60	120	110
X1-06	1.16	0.04	21.00	70.70	3.26	1.24	0.03	1.56	60	780	30	100	100	450	110	50	70	90
X1-07	2.18	0.03	22.74	68.03	3.51	0.65	0.05	1.82	10	860	30	80	90	470	90	50	90	100
X1-08	1.11	0.02	23.11	68.97	3.17	0.77	0.04	1.79	60	660	30	100	110	430	80	50	100	110
X1-09	1.11	0.02	22.02	70.02	3.17	1.02	0.03	1.60	20	720	40	80	110	430	90	50	110	70
X1-10	1.89	0.02	21.14	69.71	3.50	0.91	0.05	1.78	20	750	60	100	100	460	90	50	110	80
X1-11	0.62	0.01	21.15	71.02	3.63	0.72	0.05	1.79	10	630	30	100	100	450	90	50	130	80
X1-12	1.20	0.02	24.09	67.35	3.37	1.33	0.04	1.59	10	1 190	40	80	100	470	100	60	90	100
X1-13	1.39	0.03	21.02	71.00	3.28	0.84	0.04	1.41	10	670	50	130	110	450	120	50	130	90
X1-14	2.35	0.02	21.67	69.08	3.52	0.60	0.04	1.71	20	910	40	90	90	470	80	60	90	110
X1-15	1.18	0.04	23.34	68.59	2.87	1.16	0.05	1.76	10	520	40	110	120	430	80	50	110	100
X1-16	1.16	0.02	21.23	71.15	3.47	0.88	0.04	1.05	10	560	30	40	90	460	60	60	80	70

续　表

编　号	wt%								μg/g									
	Na_2O	MgO	Al_2O_3	SiO_2	K_2O	CaO	TiO_2	Fe_2O_3	As_2O_3	MnO	CuO	ZnO	PbO	Rb_2O	SrO	Y_2O_3	ZrO_2	P_2O_5
X2－01	0.72	0.05	21.25	69.77	3.05	2.04	0.05	2.07	30	540	0	50	120	240	40	50	250	70
X2－02	0.12	0.01	21.64	70.27	3.73	0.98	0.07	2.18	70	400	10	110	80	240	60	50	200	50
X2－03	0.70	0.02	19.62	70.82	3.16	2.62	0.06	2.00	430	300	0	130	120	210	30	60	320	360
X2－04	0.00	0.07	17.99	70.18	2.98	5.35	0.07	2.37	20	500	0	90	130	200	60	50	140	150
X2－05	0.44	0.01	19.29	70.09	2.96	3.91	0.06	2.24	20	430	0	50	120	210	50	50	550	150
X2－06	0.51	0.06	17.82	69.42	3.37	5.68	0.07	2.06	10	290	0	80	120	190	90	50	160	110
X2－07	1.02	0.01	18.92	73.39	3.21	0.22	0.12	2.12	20	320	0	90	110	190	80	40	350	50
X2－08	0.25	0.03	19.46	73.51	3.54	0.23	0.19	1.78	140	510	10	60	90	230	30	50	200	80

表 4－8　“小白礁Ⅰ号”沉船出水青花瓷透明釉的化学组成

编　号	wt%								μg/g									
	Na_2O	MgO	Al_2O_3	SiO_2	K_2O	CaO	TiO_2	Fe_2O_3	As_2O_3	MnO	CuO	ZnO	PbO	Rb_2O	SrO	Y_2O_3	ZrO_2	P_2O_5
X1－01	1.57	0.01	12.79	72.98	3.31	6.58	0.04	1.74	10	400	90	60	100	400	90	50	10	400
X1－02	1.05	0.05	12.36	70.33	2.88	11.07	0.03	1.23	10	290	130	40	110	310	120	40	10	290
X1－03	1.16	0.05	11.17	73.43	2.44	9.13	0.03	1.60	0	440	100	40	140	330	90	40	0	440
X1－04	1.37	0.07	12.34	71.18	2.92	9.32	0.04	1.77	10	350	170	100	110	370	150	50	10	350

续 表

编 号	wt%								μg/g									
	Na_2O	MgO	Al_2O_3	SiO_2	K_2O	CaO	TiO_2	Fe_2O_3	As_2O_3	MnO	CuO	ZnO	PbO	Rb_2O	SrO	Y_2O_3	ZrO_2	P_2O_5
X1-05	1.08	0.05	12.90	73.05	3.32	7.09	0.03	1.48	0	370	110	40	100	390	100	50	0	370
X1-06	1.19	0.03	13.50	70.58	3.16	9.28	0.04	1.21	10	580	100	40	100	290	80	30	10	580
X1-07	1.50	0.02	11.97	72.04	2.68	9.29	0.03	1.48	10	350	140	40	130	360	90	40	10	350
X1-08	1.25	0.04	12.03	71.46	3.00	9.95	0.03	1.24	10	390	110	30	110	340	100	40	10	390
X1-09	1.65	0.04	12.71	72.08	3.13	7.81	0.03	1.55	10	540	170	40	100	360	90	40	10	540
X1-10	0.92	0.00	12.80	70.34	2.82	10.44	0.03	1.64	0	390	140	50	110	340	110	40	0	390
X1-11	0.76	0.05	12.02	70.86	3.04	10.60	0.03	1.63	0	420	150	50	100	340	140	40	0	420
X1-12	1.30	0.04	13.12	72.25	3.87	6.77	0.03	1.63	10	500	140	40	50	450	90	50	10	500
X1-13	1.47	0.04	13.75	71.80	4.02	6.12	0.04	1.77	10	460	170	30	50	410	110	50	10	460
X1-14	1.82	0.03	12.40	69.79	2.67	10.66	0.03	1.60	0	470	150	40	120	380	120	50	0	470
X1-15	1.30	0.05	13.32	70.92	2.78	9.13	0.03	1.47	10	440	100	20	120	340	120	40	10	440
X1-16	1.26	0.08	12.68	72.83	3.67	7.42	0.04	1.02	10	360	80	40	70	370	70	50	10	360
X2-01	0.71	0.09	13.03	70.27	2.63	11.41	0.02	0.85	0	390	20	20	120	200	90	50	0	390
X2-02	0.15	0.03	13.19	72.71	2.86	9.11	0.01	0.94	20	170	10	30	120	180	70	40	20	170
X2-03	0.22	0.27	14.15	68.63	1.59	13.01	0.02	1.11	50	260	0	100	110	140	70	80	50	260
X2-04	0.19	0.24	12.98	69.35	2.11	12.87	0.01	1.26	20	210	20	50	140	160	90	50	20	210

续　表

编　号	wt%								μg/g									
	Na_2O	MgO	Al_2O_3	SiO_2	K_2O	CaO	TiO_2	Fe_2O_3	As_2O_3	MnO	CuO	ZnO	PbO	Rb_2O	SrO	Y_2O_3	ZrO_2	P_2O_5
X2 - 05	0.22	0.20	11.72	69.66	2.46	13.51	0.02	1.22	10	210	20	30	130	180	100	50	10	210
X2 - 06	0.04	0.25	11.58	71.20	1.98	12.81	0.01	1.13	10	160	10	60	140	130	110	40	10	160
X2 - 07	0.71	0.06	11.85	70.54	2.76	12.03	0.05	1.01	10	340	20	50	120	140	280	30	10	340
X2 - 08	0.38	0.06	15.50	67.24	4.49	10.20	0.08	1.05	210	410	80	50	0	200	200	40	210	410

表 4 - 9　“小白礁 Ⅰ 号”沉船出水青花瓷绘有青花图案的部位(釉+青花色料)的化学组成

编　号	wt%								μg/g									
	Na_2O	MgO	Al_2O_3	SiO_2	K_2O	CaO	TiO_2	Fe_2O_3	MnO	CoO	Ni_2O_3	CuO	ZnO	As_2O_3	Rb_2O	SrO	Y_2O_3	ZrO_2
X1 - 01	1.32	0.00	14.13	70.07	3.91	4.56	0.06	1.76	34 557	4 624	368	44	80	526	410	86	7	20
X1 - 02	1.14	0.00	12.42	67.00	3.16	10.49	0.06	1.28	31 678	4 102	130	150	57	262	309	120	10	21
X1 - 03	0.91	0.00	13.88	67.32	3.00	7.65	0.06	1.63	40 539	6 128	294	148	44	58	441	104	15	22
X1 - 04	1.51	0.00	13.75	68.02	3.22	7.94	0.06	1.81	30 862	4 357	187	197	41	45	382	79	11	32
X1 - 05	1.19	0.00	13.88	71.46	3.88	5.48	0.06	1.50	20 630	2 632	124	75	213	79	385	135	12	80
X1 - 06	1.29	0.00	13.49	71.86	3.72	5.85	0.07	1.24	19 016	2 913	228	103	43	572	293	75	5	79
X1 - 07	1.60	0.00	13.13	70.08	3.25	7.48	0.05	1.51	24 157	3 358	196	126	60	70	336	86	13	18
X1 - 08	0.83	0.00	12.99	69.96	3.58	6.90	0.07	1.28	36 049	4 408	415	135	38	84	309	97	17	35

续 表

编 号	wt%								μg/g									
	Na_2O	MgO	Al_2O_3	SiO_2	K_2O	CaO	TiO_2	Fe_2O_3	MnO	CoO	Ni_2O_3	CuO	ZnO	As_2O_3	Rb_2O	SrO	Y_2O_3	ZrO_2
X1-09	1.81	0.00	14.76	67.56	3.32	6.89	0.06	1.57	28 207	3 842	273	146	48	82	327	67	12	25
X1-10	1.83	0.00	12.57	72.07	3.50	6.51	0.04	1.69	17 801	2 837	134	132	66	23	517	96	3	32
X1-11	0.41	0.00	12.48	70.43	3.46	9.67	0.06	1.68	13 647	2 008	237	142	90	50	259	109	0	14
X1-12	1.17	0.00	13.52	72.40	4.17	6.03	0.06	1.64	9 738	1 365	153	105	96	32	656	114	4	41
X1-13	0.93	0.00	14.81	71.01	4.26	4.12	0.07	1.78	26 317	3 665	463	147	68	76	526	116	0	24
X1-14	1.96	0.00	12.93	67.23	2.77	9.27	0.06	1.64	33 207	4 457	190	144	93	58	325	102	13	38
X1-15	0.94	0.00	13.73	70.29	3.58	5.23	0.06	1.50	39 318	4 525	278	150	55	1 082	265	106	14	24
X1-16	1.46	0.00	13.81	68.22	4.09	5.58	0.06	1.03	48 386	4 629	62	76	24	372	298	73	16	30
X2-01	0.19	0.00	14.48	67.09	2.34	11.48	0.07	0.88	22 218	1 449	169	33	10	11	141	64	76	112
X2-02	0.00	0.00	14.51	69.94	3.23	10.59	0.04	0.95	7 296	364	43	11	27	28	146	70	97	72
X2-03	0.23	0.53	13.64	62.82	2.03	13.27	0.07	1.11	30 500	3 800	1 100	300	50	1 100	80	50	60	80
X2-04	0.00	0.25	12.20	73.43	2.15	10.65	0.02	1.32	2 879	210	33	30	115	11	128	93	48	70
X2-05	0.00	0.40	12.81	66.75	2.45	14.82	0.03	1.29	7 357	561	86	20	54	0	133	101	57	69
X2-06	0.00	0.51	15.18	66.50	2.52	14.02	0.02	1.18	909	59	10	3	61	5	105	100	52	53
X2-07	1.23	0.00	13.72	67.66	3.10	12.50	0.08	1.05	6 999	336	181	56	54	3	112	169	16	78
X2-08	0.11	0.00	15.72	66.84	4.46	7.70	0.20	1.08	35 363	1 654	504	163	62	20	127	101	41	91

中国南方地区最重要的制胎原料为瓷石。瓷石由花岗岩等火成岩经过长期风化作用和热液作用后形成，矿物组成主要为石英和绢云母（由水白云母的一种细颗粒组成），根据风化程度的差异，可能还有少量的高岭石和长石[212]。由于绢云母同时具有高岭土的可塑性和长石的熔剂作用，此外瓷石中还有大量的石英，因而可以单独成瓷。一般风化程度高的瓷石常用来制胎，而风化程度低的用于制釉。元代以后景德镇地区为满足大型制品的技术需求，首先在制胎配方中掺用了高岭土，从而开创了瓷石-高岭土二元配方，之后广泛用于青花瓷的生产中，并影响到南方其他地区的窑址。景德镇地区典型的明砂高岭主要矿物组成为高岭石类矿物，同时有较多的水白云母和少量石英、长石及金红石等矿物[212]，掺入高岭土扩大了瓷胎的烧成温度范围，有利于明清时期外销瓷的大批量生产。瓷石矿开采以后，首先需经过粉碎、沉降、淘洗等步骤，去除矿物原料中的一些粗颗粒杂质，高岭土则无须粉碎即可直接淘洗，随后制成砖块状的墩子运送至各窑场，随后经过配料、精淘、陈腐等过程后成为可用于制胎的精泥[129]。

与明代相比，清代青花瓷的制胎配方添加了更多高岭土，瓷胎质量也得到很大提升，尤其在康熙至乾隆时期，官窑青花瓷胎中 Al_2O_3 含量一般高于 24 wt%，最高者可达 28 wt%，据估算需配入 30%～40%的高岭土[129]。第一类景德镇民窑的青花瓷胎中 Al_2O_3 含量在 21.00～24.72 wt%之间（表 4－7），显然高岭土在瓷胎配方中的添加量低于官窑青花瓷。而第二类青花瓷胎中 Al_2O_3 含量比第一类更低，高岭土的配入量也更少。第二类样品胎中 Fe_2O_3 含量略高于第一类样品，而釉中 Fe_2O_3 含量则相对较低一些（表 4－7、表 4－8）。不同地区窑场生产的青花瓷的化学组成的差异通常与使用的配方以及原料的来源有关，第二类很可能使用了当地品质较差、Fe_2O_3 含量较高的原料制胎。同时，在 4.2.4 节中通过对比样品 X1－03、X2－01 和 X2－04 在同一放大倍数的断面 SEM 图像可以发现，第二类样品胎中大尺寸石英颗粒的数量更多，釉中也存在更多的石英颗粒，这也反映出第二类青花瓷对于原料的加工处理并不精细。

第二类青花瓷可进一步分为三个亚类，下面分别使用 Type 2－1、Type 2－2 和 Type 2－3 表示。Type 2－1 包括 X2－01、X2－02 和 X2－03 共三件样品，在第二类中属于质量较好的产品，其中 X2－01 和 X2－02 胎中 Al_2O_3 含量均高于 21 wt%，这与景德镇民窑的青花瓷相近，胎质洁白，烧成质量较好。而 Al_2O_3 含量较低的 X2－03 可能是由于高岭土配入量相对较少，但与 X2－02 具有相同的图案和器型，表明它们应属同类产品。Type 2－2 的三件样品（X2－04、X2－05 和 X2－06）均绘有折线纹图案，胎中 SiO_2 和 Al_2O_3 含量均很低，而 CaO 含量很高。瓷石中的 CaO 主要以方解石的形式存在于矿脉中，该类产品可能恰好使用了伴生方解石矿物较多的瓷石矿作为制胎原料。Type 2－3 中两件样品（X2－07 和 X2－08）的图案均为花草纹，XRF 元素面分布（图 4－8）的分析结果表明 X2－07 号样品胎中较多的黑色物质可能为 Fe_3O_4，应为加工处理时未能完全除去原料中伴生的磁铁矿。化学组成上的差异，反映出第二类青花瓷中不同类型的产品在原料的使用上也存在一定差异。

景德镇地区的釉料通常使用釉石加釉灰配制而成，其中釉石属于浅风化瓷石的一种，助熔剂含量较高，而釉灰则是选用一些植物（如狼萁草）和煅烧后的石灰石经过多次堆叠煨烧后制成，主要成分为 $CaCO_3$。釉灰在窑场中初次沉淀后得到的细浆为头灰，用于配制粗瓷

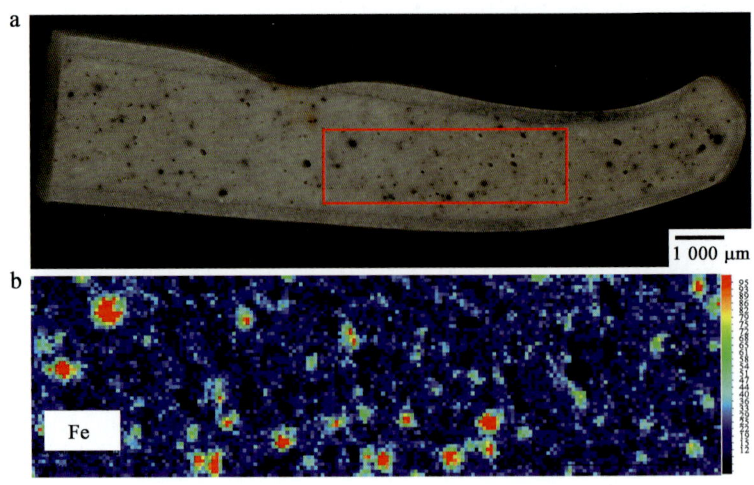

图 4-8　X2-07 号样品胎中的黑色颗粒[213]

a. 断面 OM 图像；b. 胎中 Fe 元素 EDXRF 面分布分析结果，测试位置标记于图 a 中的矩形区域

釉。而沉淀的粗渣经过进一步陈腐、研磨和淘洗，得到二灰，用于配制细瓷釉[129]。青花瓷釉中作为助熔剂的 CaO 和 K_2O 含量可以反映原料和配方的差异。景德镇青花瓷釉中 CaO 含量主要取决于配方中釉灰的添加量，清代景德镇的制釉配方中减少了釉灰的用量[129]，从而降低了釉中 CaO 含量，主要由釉石引入的 K_2O 含量则相应提高。第一类青花瓷釉中 CaO 含量相对较低，在 6～11 wt%之间（表 4-8），第一类青花瓷釉中 CaO 含量的下降伴随着 K_2O 含量的提高，CaO 和 K_2O 含量的变动反映了配方中釉石和釉灰的使用比例的不同。而第二类青花瓷釉中 CaO 含量明显较高，其中有 6 件样品均高于 11 wt%，制釉配方中釉灰的配入量可能比第一类更多。此外，较为特殊的是样品 X2-08 釉中 K_2O 含量明显高于其他样品，同时 CaO 也在 10 wt%左右，这可能是由于原料不同带来的差异。

青花瓷胎中 Rb_2O 和 ZrO_2 含量也存在明显差异，其中第一类样品胎中 Rb_2O 含量（430～480 ppm）明显高于第二类样品（190～240 ppm），且分布十分集中。第一类青花瓷与 Ma 等[214]报道的明晚期景德镇民窑（320～505 ppm，数量 $n=5$）出土的外销青花瓷结果较为吻合。第二类样品则是 ZrO_2 含量更高，从 140 ppm 至 550 ppm 不等，而景德镇民窑青花瓷含量相对较低（70～180 ppm）。此外，两类青花瓷胎中 MnO 含量分布也存在一定差异，景德镇民窑含量从 520 ppm 至 1 190 ppm 不等，这与 Zhu 等[215]报道明晚期景德镇民窑（489～845 ppm，$n=14$）的产品也较为相似，而第二类青花瓷为 290 ppm 至 540 ppm，显然比第一类更低。因此，Rb、Zr、Mn 等微量元素含量的差异用于区分“小白礁 Ⅰ 号”出水青花瓷是十分有效的，第一类青花瓷来源于景德镇民窑，从而印证了考古人员的判断。

化学组成的差异反映了两类青花瓷使用的原料、配方以及生产技术的不同。第一类青花瓷原料品质较高且加工处理也更加精细，制釉配方中配入釉灰的量相对较少而制胎配方中加入了更多的高岭土。而第二类青花瓷整体上来源于同一地区，质量低于第一类产品，可能使用了 Fe_2O_3 含量较高的高岭土作为制胎原料，并且第二类中不同亚类的青花瓷使用的原料也有一定差异。

4.2.4 釉显微结构和青花料预处理对青花瓷外观的影响

首先，分别对 X1－03、X2－01 和 X2－04 号样品的釉面进行 XRD 分析，结果列于表 4－10 中。三个样品均出现了石英的 X 射线衍射峰，但是强度存在明显的差异，X2－04 最强，X2－01 次之，X1－03 最弱。X2－03 号样品具有显著的钙长石晶体衍射峰，另两个样品则没有出现。

表 4－10　X1－03、X2－01 和 X2－04 号样品釉表面的 XRD 分析结果

样品编号	峰位/(°)	对应物相
X1－03	26.67	石英
X2－01	26.61，36.59，42.09，50.05	石英
X2－04	20.78，26.58，36.45，39.51，42.29，50.10，59.86，67.85	石英
	21.93，23.58，24.52，27.40，27.91，28.32，29.36，30.45，33.69，35.70，49.42，51.55	钙长石

为了进一步探究样品外观差异的原因，使用 OM 和 SEM 对不同类型青花瓷的自然表面和断面进行观察。样品 X1－03 釉面光洁，青花图案色泽浓艳，照片如图 4－7a 所示。图 4－9a 为样品 X1－03 绘有青花图案部位的自然表面的 OM 图像，样品釉层的透明度很高，可以清晰地观察到釉层下的青花色料颗粒。样品 X1－03 自然表面的 SEM 图像如图 4－9b 所示，釉面的部分开口孔洞中分布着未熔的石英颗粒。图 4－9c 为放大后的 SEM 图像，EDS 分析的结果表明颗粒仅含 Si 和 O 两种元素(表 4－11)。在图 4－9b 中可以看出该釉面区域存在一个尺寸约 500 μm 的开口孔洞，开口孔洞附近区域放大后的 SEM 图像(图 4－9c)表明孔洞附近存在大量交错分布的柱状或板状晶簇，晶体周围则伴随着分相结构，晶间的玻璃相中还有一些更亮的亚微米级的分相液滴(图 4－9d)。EDS 分析结果表明(表 4－11)，该区域的 MnO 和 CoO 含量较高，分别达到了 6.42 wt%和 1.57 wt%，这可能是由于在烧成过程中由于气泡排出，少量青花色料被携带至釉面，影响了气泡附近局部的化学组成。

样品 X1－03 青花部位断面的 OM 和 SEM 图像如图 4－9e、f 所示，从中可以看出青花瓷胎质洁白，胎中气孔数量较少，致密程度较高，釉层整体均呈深蓝色，仅有少量未熔的石英颗粒和气泡。图 4－9f 为胎、釉交界处放大后的 SEM 图像，从中可以清晰地观察到衬度较高的青花色料颗粒，形状不规则，尺寸从数百纳米至数微米不等。这些色料颗粒几乎全部被周围密集的柱状晶体所包裹，柱状晶体宽约 2 μm、长约 20 μm，EDS 分析结果(表 4－11)表明柱状晶体的 Al_2O_3 和 CaO 含量较高，可能是钙长石晶体。青花色料颗粒的化学组成中 CoO 含量为 15.15 wt%，Fe_2O_3 含量约 5 wt%，MnO 则接近 6 wt%，柱状晶体晶间区域的 MnO 含量也有 4.74 wt%。此外，色料颗粒的 Al_2O_3 含量高达 47.97 wt%，远高于周边钙长石晶体和釉中的含量。

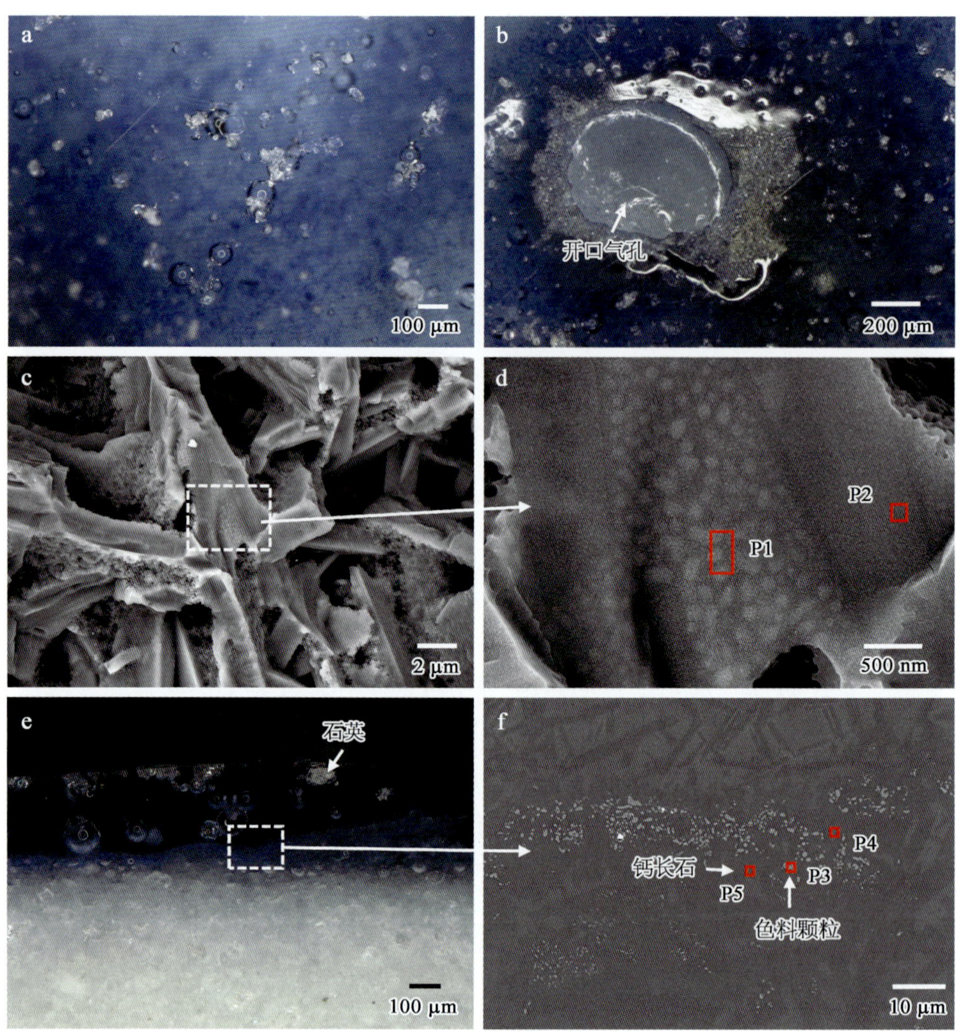

图 4-9　X1-03 号样品自然表面和抛光断面的显微形貌

a、b. 釉面绘有青花图案部位的 OM 图像；c、d. 釉面开口孔洞附近的钙长石晶体以及分相结构；e. 抛光断面的 OM 图像；f. 胎、釉交界处的柱状钙长石晶簇和青花色料颗粒

表 4-11　图 4-9 中标记位置的 EDS 分析结果　　单位：wt%

测试位置	Na_2O	MgO	Al_2O_3	SiO_2	K_2O	CaO	Fe_2O_3	MnO	CoO
P1	1.78		12.64	65.41	2.63	7.10	2.45	6.42	1.57
P2	2.86		22.17	60.60	1.18	10.11	1.62	1.47	
P3	1.13	1.54	47.97	18.16		4.59	5.49	5.97	15.15
P4	1.55		13.22	68.69	2.44	7.47	1.90	4.74	
P5	2.34		28.92	54.76	0.58	13.40			

X2 - 01 号样品的照片如图 4 - 7b 所示。图 4 - 10a 为绘有青花图案部位与无青花图案部位的交界处的 OM 图像，胎质洁白，图中左侧釉层呈灰蓝色，右侧为透明釉。图 4 - 10b 为该区域的 SEM 图像，胎中的石英颗粒尺寸为数十微米，胎中有两处较大的气孔，釉层中分布着较多的气泡和少量的未熔石英颗粒。青花色料颗粒分布在胎、釉交界处，图 4 - 10c 为放大后的 SEM 图像，从中可以发现色料颗粒同样被周围密集的柱状钙长石晶体包裹（EDS 分析结果列于表 4 - 12 中），颗粒尺寸最大为 5 μm，钙长石晶体的晶间有明显的分相结构，如图 4 - 10c、d 所示。青花色料颗粒中 CoO 含量为 12.84 wt%，MnO 和 Fe_2O_3 含量也较高，分别达到了 8.51 wt%和 14.81 wt%，Al_2O_3 含量比 X1 - 03 更高、为 59.03 wt%，与之相对的是 SiO_2 含量和 CaO 很低、均不超过 1 wt%，此外，色料颗粒中还有少量的 NiO。值得注意的是，绘有青花图案部位的胎釉中间层厚度近 100 μm，柱状钙长石晶体最长约 20 μm，而无青花图案的部位约为 35 μm，大量密集分布的短柱状钙长石晶体长度不足 5 μm，如图 4 - 10d、f 所示。

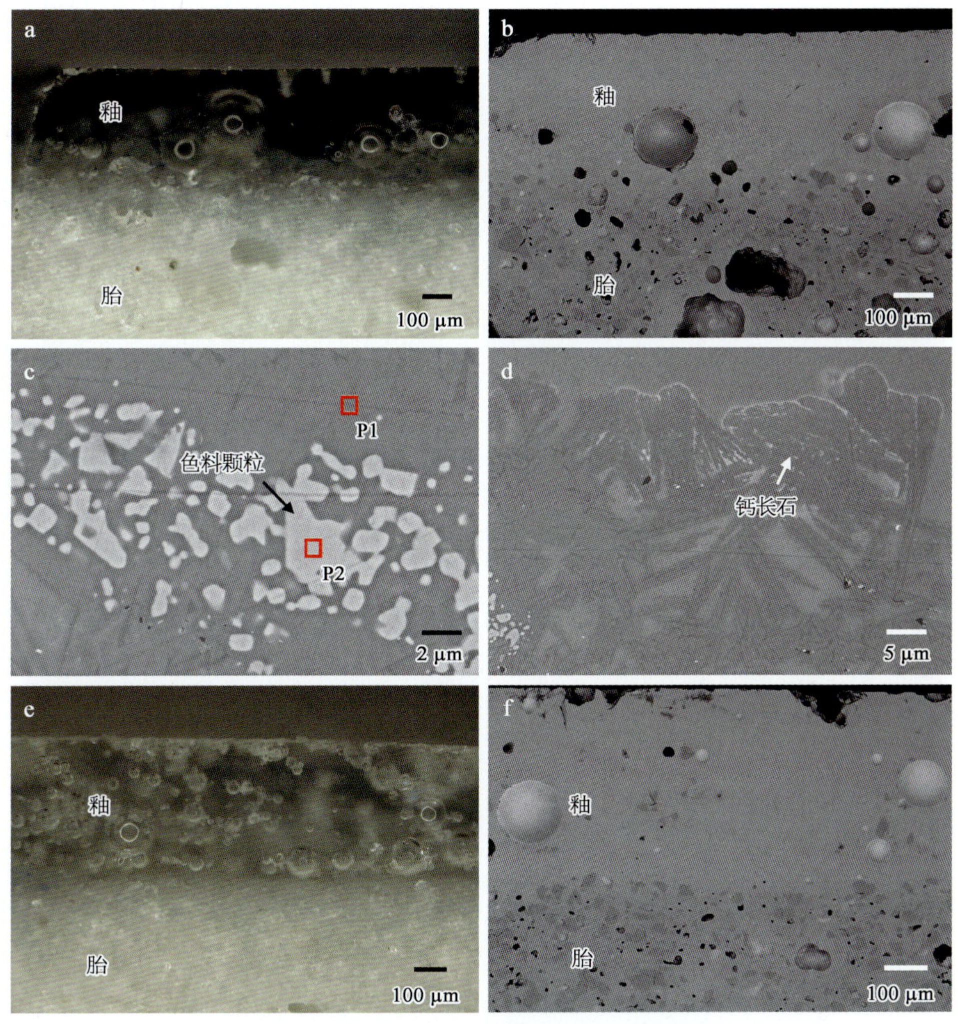

图 4 - 10　X2 - 01 号样品抛光断面的显微形貌

a、b. 绘有青花图案部位的 OM 和 SEM 图像；c. 胎、釉交界处的柱状钙长石晶体以及青花色料颗粒的 SEM 图像；d. 绘有青花图案部位的钙长石晶体；e、f. 未绘青花图案部位的 OM 和 SEM 图像

表 4-12　图 4-10 中标记位置的 EDS 分析结果　　单位：wt%

测试位置	MgO	Al_2O_3	SiO_2	CaO	K_2O	TiO_2	Fe_2O_3	MnO	CoO	NiO
P1		29.66	52.43	15.79	0.78		0.64	0.70		
P2	2.01	59.03	0.73	0.36		0.48	14.81	8.51	12.84	1.22

样品 X2-04 的实物照片如图 4-7b 所示，釉面缺陷较多，釉色泛黄，釉层的透明度较差，釉下青花图案不清晰。图 4-11a 为 X2-04 号样品自然表面的 OM 图像，釉层中密集地分布着大量白色颗粒，釉下青花图案较为模糊。图 4-11b 为自然表面的 SEM 图像，从中可以发现釉面分布着较多的开口孔洞和裂纹以及大量的密集分布的短柱状晶体，长度为 5～20 μm，EDS 分析的结果(表 4-13)表明短柱状晶体可能为钙长石。图 4-11c、d 分别为 X2-04 号样品抛光断面的 OM 和 SEM 图像，胎的颜色泛黄，胎中气孔率较高，大尺寸的石英

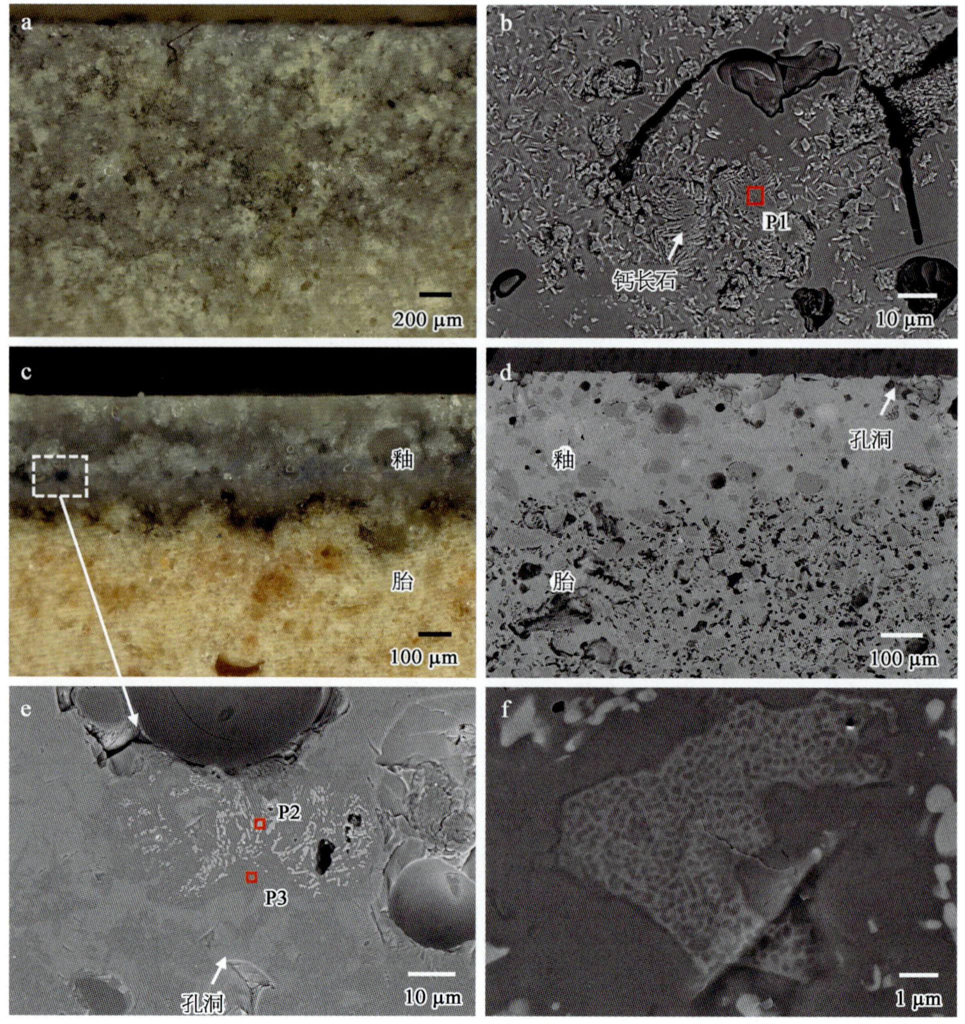

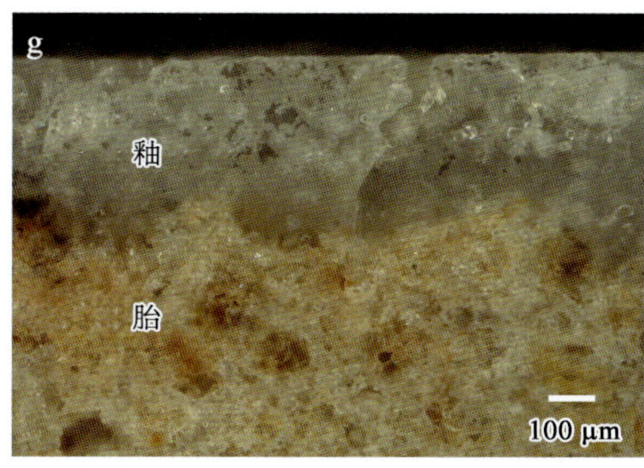

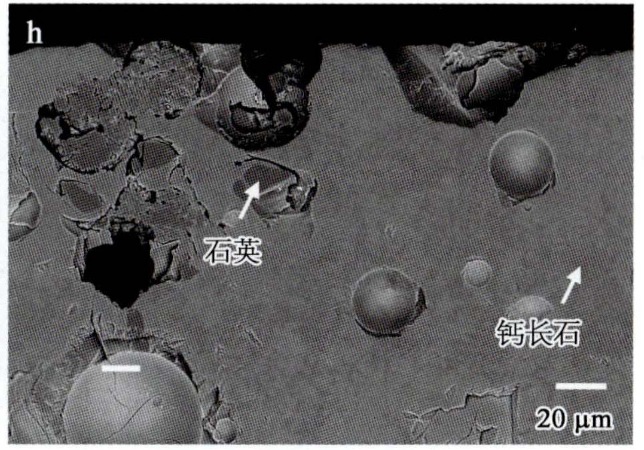

图 4 - 11　X2 - 04 号样品自然表面和抛光断面的显微形貌

a、b. 釉表面的 OM 和 SEM 图像；c、d. 绘有青花图案部位的断面 OM 和 SEM 图像；e. 钙长石晶体和青花色料颗粒的 SEM 图像；f. 钙长石晶体附近的分相结构；g、h. 未绘青花图案部位的断面 OM 和 SEM 图像

颗粒数量较多，尺寸可达 100 μm，釉层中也分布着较多的未熔石英颗粒。图 4 - 11e 为青花色料颗粒的 SEM 图像，色料颗粒同样为密集的短柱状钙长石晶体所包裹。EDS 分析的结果(表 4 - 13)表明，色料颗粒中 CoO、MnO 和 Fe_2O_3 的含量较高，Al_2O_3 的含量也很高，达到了 47.48 wt%，与 X1 - 03 和 X2 - 01 相似。此外，在图 4 - 11f 中还能观察到钙长石晶体晶间和周边区域出现的分相结构。

图 4 - 11g、h 分别为 X2 - 04 号样品未绘青花图案部位的断面 OM 和 SEM 图像，釉层中的未熔石英颗粒较多，尺寸在 10～50 μm 之间。胎、釉交界处和釉层中(图 4 - 11h)均密集地分布着大量短柱状钙长石晶体(EDS 分析结果见表 4 - 13)，长度大多不超过 10 μm。此外，在釉层中还分布着少量尺寸为数微米的片状晶体，组成中含有 8.27 wt%的 MgO，可能为辉石类晶体。

表 4 - 13　图 4 - 11 中标记位置的 EDS 分析结果　　单位：wt%

测试位置	MgO	Al_2O_3	SiO_2	K_2O	CaO	TiO_2	Fe_2O_3	MnO	CoO	NiO
P1		35.20	48.69		15.47		0.64			
P2		30.69	50.80	0.88	16.80			0.84		
P3	1.58	47.48	18.53		8.40	0.55	5.51	4.08	12.83	1.05

从显微结构来看，"小白礁Ⅰ号"出水的青花瓷样品间存在较大差异：第一类青花瓷釉中只有少量的未熔石英和气泡，胎釉中间层及青花色料颗粒周围分布着大量的柱状钙长石晶体。第二类青花瓷釉中未熔石英颗粒数量更多，胎釉中间层和青花色料颗粒周围也分布着较多的钙长石晶体，但更重要的是釉面和釉层内部均出现了大量的短柱状钙长石析晶。将 Na_2O、K_2O、CaO、MgO、Fe_2O_3 这五种熔剂均并入 R_xO_y 中，两类青花瓷釉的化学组成点并未位于 SiO_2 - Al_2O_3 - CaO 三元系统平衡相图中钙长石的初晶区，而是均落在鳞石英的初晶区内。显然青花瓷釉中并未出现鳞石英析晶，由于古陶瓷釉的烧成过程并非热力学平衡过

程，釉层的显微结构往往是由热力学条件和动力学过程所共同决定，烧成过程中非平衡的热力学条件并不足以使鳞石英晶体从高温熔体中析出[216]，因此X1-03和X2-01号样品的釉层主要由透明均匀的玻璃相和少量的未熔石英颗粒构成。胎釉中间层区域的情况有所不同，在高温下胎中含量更高的Al^{3+}离子会逐渐向釉层扩散，釉中含量较高的Ca^{2+}离子也将向胎中扩散，化学组成向SiO_2-Al_2O_3-CaO三元相图中钙长石的初晶区移动，在胎釉交界处形成反应层，同时胎、釉界面处较多的缺陷也为晶体形核过程提供了有利的条件，冷却过程中钙长石随之大量析出，构成了青花瓷的中间层。在实际烧成的过程中，析晶的数量和尺寸同时受到釉的高温黏度和冷却速度的影响，而高温黏度与釉的化学组成相关，因此青花瓷的化学组成和烧成制度共同决定了中间层的形成过程。

需要重点关注的是X2-04号样品仅在胎釉中间层析出钙长石，在釉层内部和釉面也均有大量短柱状钙长石析晶。考虑到钙长石析晶需要更多的Al^{3+}离子和Ca^{2+}离子，显然釉的化学组成无法满足釉层整体析晶的热力学条件。在同一尺度下对比青花瓷胎的显微结构(图4-10b、图4-11d)可以发现，X2-04号样品中的气孔率远高于X1-03和X2-01(用于对比的数据列于表4-14中)，这意味着X2-04和X1-03、X2-01在烧成温度上存在显著差异。前者的烧成温度过低，致密度远低于X1-03和X2-01，这也为钙长石在釉层中的整体析晶提供了一个合理的解释。对于烧成温度较高的X1-03和X2-01号样品，随着温度的进一步升高，钙长石晶体逐渐回熔，而X2-04由于烧成温度较低，釉层中的钙长石析晶则被保留下来。青花瓷釉作为中国古代一种典型的高温透明釉，其透明度对釉下青花图案的显色效果有着显著影响。X2-04号样品由于烧成温度不足导致釉层中存在大量钙长石析晶以及较多的未熔石英颗粒等，这些亚微米级至微米级的物质对于入射光有着强烈的散射作用，最终导致釉层透明度降低，从而成为影响其显色效果的重要因素。

表4-14 青花瓷胎的气孔率及石英颗粒的最大尺寸

样品编号	气孔率/%	最大尺寸/μm
X1-03	0.44	50
X2-01	2.23	75
X2-04	13.52	100

注：气孔率通过Keyence VHX-2000光学显微镜自带软件计算得到；石英颗粒的最大尺寸在同一倍数的SEM图像中量取。

此外影响青花瓷外观的关键因素是釉下的青花图案。EDS的结果表明，三个样品釉下青花色料颗粒的Al_2O_3含量均高于45 wt%，最高的X2-01已接近60 wt%，Co、Fe、Mn元素含量均很高；拉曼光谱的测试结果也表明，中间层附近的色料颗粒主要以钴铝尖晶石及其固溶体的形式存在，其周围包裹的柱状晶体为钙长石，与此前的一些研究结果一致[217]。钴铝尖晶石是一种重要的尖晶石型颜料，作为着色剂广泛应用于现代陶瓷工业[218-219]。然而在中国古代并没有人工合成的化学原料，通常使用含钴的矿物原料来制备青花色料。不同时代所用的钴矿又因产地和矿物类型的不同而有着不同的化学组成。一般认为，清代所使用的钴矿完全是国产的钴土矿，主要产于浙江和云南等地。国产钴土矿的主要矿物组成为富钴锂硬锰矿，其特点是 MnO_2 含量较高、可达 40 wt%以上，Co 元素通常取代 Mn 存在于硬锰矿的晶格中[220]，Al_2O_3 含量也较高，甚至接近高岭土中的 Al_2O_3 含量[221]。锂硬锰矿为 MnO_6 八面体和 $(Al,Li)O_6$ 八面体互层的结构[222]，随着 Co、Ni 进入锂硬锰矿晶格，晶体结构完整性逐渐被破坏。虽然不同地区所产的钴土矿品质有一定差异，但其共同特点是含锰量很高，锰钴比明显高于其他钴矿。本研究中的青花瓷样品绘有青花图案部位的 MnO/CoO 比例显然符合国产钴土矿的特征[223-224]。同时，两类青花瓷 MnO/CoO 比例的差异也反映出它们所用的钴土矿品质的不同。

由于钴土矿中 Co 含量较低，还不足以直接作为色料使用，因此需要经过加工处理后才能够使用。文献中描述的加工处理过程主要包括粉碎、淘洗、煅烧、拣选、研磨等步骤[225-227]，目的是使夹杂的低钴矿易于分开，便于去除杂质，富集着色物质，因而能够显著提高 Mn、Co 含量[223]。经过高温煅烧后锂硬锰矿晶体的八面体层状结构被破坏而转变为尖晶石结构[228]，但由于煅烧温度通常不会超过 1 100℃，锂硬锰矿晶格中的 Co^{2+} 可能部分经过反应生成 $CoAl_2O_4$ 晶体，而大部分以 Co 的氧化物的形式存在[225-226]。

最终青花瓷中较多 $CoAl_2O_4$ 晶体的出现与色料的进一步加工处理也有着密切联系。传统工艺要求在经过煅烧的钴土矿中引入适量未加工的钴土矿、石灰石、填充料进行混合来制备色料配合料，再进行研磨[227]，可能是因为经过煅烧的钴土矿不利于直接在生坯上进行绘画。这里的填充料虽未指明，但结合前文的讨论，填充料很可能就是高岭土。研究表明，在以 $CoAl_2O_4$ 为基础的色料中加入适量釉料，可以降低固液之间的表面张力，提高色料在坯体上的黏附性能[229]。引入适量石灰石和高岭土等矿物原料的色料配方与釉料的性质相似，因此可起到胶结剂的作用，并使得色料具有更好的黏附性和可塑性，有利于色料在高温烧成过程中附着在坯体上，同时便于使用毛笔进行绘画。经过筛选和仔细研磨后色料配合料中的各组分得到充分混合，在 1 200～1 300℃的高温烧成过程中更容易反应生成 $CoAl_2O_4$ 晶体，能够显著提高青花色料的着色稳定性，非常适合作为勾勒线条或轮廓的着色剂。

与此同时，高岭土的引入也提高了绘有青花图案部位局部的 Al_2O_3 含量，为中间层的发育提供了良好的基础。X2 - 01 号样品描绘了青花图案部位的中间层发育程度比无青花图案部位的中间层部位更好，前者的厚度约为后者的 2 倍，柱状钙长石晶体也更长(图 4 - 10d、f)。而 X1 - 03 号样品局部青花色料颗粒移动至釉层中部(图 4 - 9f)，此处的中间层最厚处可达 150 μm。总体而言，色料配合料中引入的高岭土改变了胎、釉界面附近的局部化学组成，因此在高温烧制过程中对胎釉中间层的发育也产生了显著影响。

此外，在 X1 - 03 号样品的釉表面的一处开口孔洞附近以及 X2 - 01 和 X2 - 04 号样品的中间层，均观察到钙长石晶体附近伴随着明显的分相结构(分别见图 4 - 9d、图 4 - 10d 和图 4 - 11f)。X1 - 03 号样品釉面开口孔洞附近的钙长石晶体可能是由于少量色料配合料在烧成过程中被逸出的气泡携带至釉面，改变了局部的化学组成从而引发析晶。钙长石晶体附近的分相结构的形成与 SiO_2 和 CaO 之间强烈的不混溶趋势有关[85]，冷却过程中钙长石晶体的析出伴随着附近玻璃相中大量 Al_2O_3 的消耗，附近玻璃相中 Al^{3+} 浓度迅速下降，组成点迅速移向 950℃以上的液-液亚稳不混溶区，从而发生液-液分相[230]。对于 X1 - 03 釉面的分相结构，孤立的液滴相在 SEM 图像中具有更高的衬度，而 X2－01 和 X2－04 号样品中间层的分相结构则是连通的基体具有更高的衬度，这表明由于不同的局部化学环境，导致不同的元素富集情况出现。根据 EDS 测试结果，X1－03 号样品分相区的 CaO 含量低于 X2－01，因此局部化学组成的差异可能导致 X1－03 号样品出现富 CaO 的液滴相而 X2－01 和 X2－04 号样品出现了富 CaO 的连通相[85]。EDS 分析结果还表明分相区中 Mn、Fe、Co 等过渡金属元素的含量也较高，说明这些色料中的着色离子部分扩散进入了釉中。

根据宏观观察和 OM 图像可以发现，不同青花瓷的蓝色图案的颜色和形态有所不同。第一类青花瓷的蓝色图案大多由清晰的线条构成，颜色明亮，轮廓清晰，线条周围仅有轻微的晕散。而第二类青花瓷中，X2－01 号样品的蓝色图案颜色较深，近蓝黑色；X2－04 号样品的蓝色则更加暗淡，图案不清晰，线条晕散。青花图案呈现出不同的视觉效果与多种因素相关。

青花色料在高温下部分或全部熔融，进入玻璃相的 Co^{2+} 离子倾向于占据四面体配位而将釉着色为蓝色[231]，随着高温下釉的流动以及 Co^{2+} 离子在玻璃相中的扩散而造成青花图案的“晕散现象”[221]。X1－03 号样品釉层厚度仅有 200～300 μm，在图 4－9a 中可以透过透明釉层清晰观察到釉下的青花色料颗粒。由于反应生成了大量的 $CoAl_2O_4$ 晶体，减少了 Co^{2+} 离子在釉中的扩散，因此 X1－03 号样品在烧成之后能够获得具有清晰轮廓的青花图案。但在高温烧成过程中，色料中未参与反应的 CoO 以及少量 $CoAl_2O_4$ 晶体仍会不可避免地熔解进入玻璃相，因此在绘有青花图案部位的釉也会被着色为蓝色（图 4－9f）。同时，由于加入了高岭土等配料，胎、釉界面处局部 Al_2O_3 含量的提高促进了中间层的发育，随着中间层晶体的生长，也可能会推动青花色料颗粒离开胎、釉界面。这些因素都可能导致宏观上线条附近出现轻微的晕散。但总体而言，$CoAl_2O_4$ 晶体的着色效果非常显著，在高温下减少了 Co^{2+} 离子在釉中的扩散，这也是在清代青花瓷在色料中混以高岭土后能够显著降低晕散的重要原因[221,225]。

与 X1－03 号样品相比，X2－01 号样品胎、釉界面处的 $CoAl_2O_4$ 晶体数量相对较少，分布也更加离散（图 4－10c），蓝色图案主要由于色料在高温下熔解进入釉中，Co^{2+} 离子使玻璃相着色。而 X2－04 号样品则情况有所不同，釉层中大量钙长石析晶及较多的未熔石英颗粒严重降低了釉层透明度，从而影响釉下青花图案的显色效果。

此外，青花图案的色调与用于制备色料的钴土矿原料中 Co、Fe、Mn 等着色元素的比例密切相关。X1－03 号样品胎、釉界面处的青花色料颗粒中 Fe_2O_3 和 MnO 含量相对较低，X2－01 号样品色料颗粒中 Fe_2O_3 和 MnO 含量较高，分别达到了 14.81 wt％和 8.51 wt％（表 4－12）。相比第一类样品，第二类绘制青花图案的部位具有更高的 MnO/CoO 比例（表 4－9），同时第二类中不同样品 Co、Fe、Mn 等着色元素的比例也有较大的差异。硅酸盐玻璃中锰元素主要以 Mn^{2+} 离子和 Mn^{3+} 离子的形式存在，其中 Mn^{2+} 离子在玻璃中呈无色，而 Mn^{3+} 离子则使玻璃被着色为紫色[232]。不同的 Co、Fe、Mn 比例可能是导致不同青花瓷图案色调差异的原因之一，但仍需进一步研究。

总而言之，烧成温度、色料的煅烧和研磨等预处理工艺、色料的成分（制备色料配合料的总成分）、绘制时色浆的浓度等因素，共同决定了青花图案的显色效果。

4.2.5　青花瓷的劣化形貌及其形成原因

为了表征由于海水的化学腐蚀对釉中玻璃相网络结构所带来的变化，首先使用拉曼光谱分别对两类青花瓷釉中的玻璃相进行了测试，分别从两类样品中各选取了五件样品进行分析，代表性的结果如图 4－12 所示，位于约 480 cm^{-1} 和约 1 000 cm^{-1} 的两个主要宽峰分别归因于 SiO_4 四面体的弯曲和伸缩振动模式[97]，伸缩包络中的四个组分（Q^0、Q^1、Q^2 和 Q^{3-4}）的位置列于表 4－15 中，使用弯曲包络与伸缩包络的积分面积比 $A_{500}/A_{1\,000}$ 来衡量釉的聚合度[98]（结果列于表 4－15 中）。分析结果表明，第一类青花瓷釉的 $A_{500}/A_{1\,000}$ 比值较高，处于 1.69～1.94 的范围内。第二类青花瓷釉的 $A_{500}/A_{1\,000}$ 比值存在较大差异，其中较高的两件样品 X2－01 和 X2－02 的比值分别为 1.70 和 1.80，与第一类青花瓷的比值接近，另三件样品 X2－04、X2－05 和 X2－07 的比值分别为 1.32、1.34 和 1.50，明显低于前者。根据上文中对于两类青花瓷的分析可以发现，$A_{500}/A_{1\,000}$ 比值较高的两件样品属于质量较好的 Type 2－1 类，而比值较低的三件样品属于质量较低的 Type 2－2 和 Type 2－3 类。因此，聚合度的不同可以直接反映出瓷釉的质量差异，相对较低的 $A_{500}/A_{1\,000}$ 比值可能对应于较低的烧成温度[98,146]，这也进一步佐证了上文对于不同显微结构形成原因的讨论。伸缩包络中各组分的积分面积比 $A_n/(A_{1\,000}-A_0)$ 的计算结果列于表 4－15 中，但两类青花瓷之间并未呈现出明显的变化规律，不同样品之间的差异可能与釉的非均质性有一定关系，而不能完全反映出化学腐蚀对玻璃相结构造成的变化。

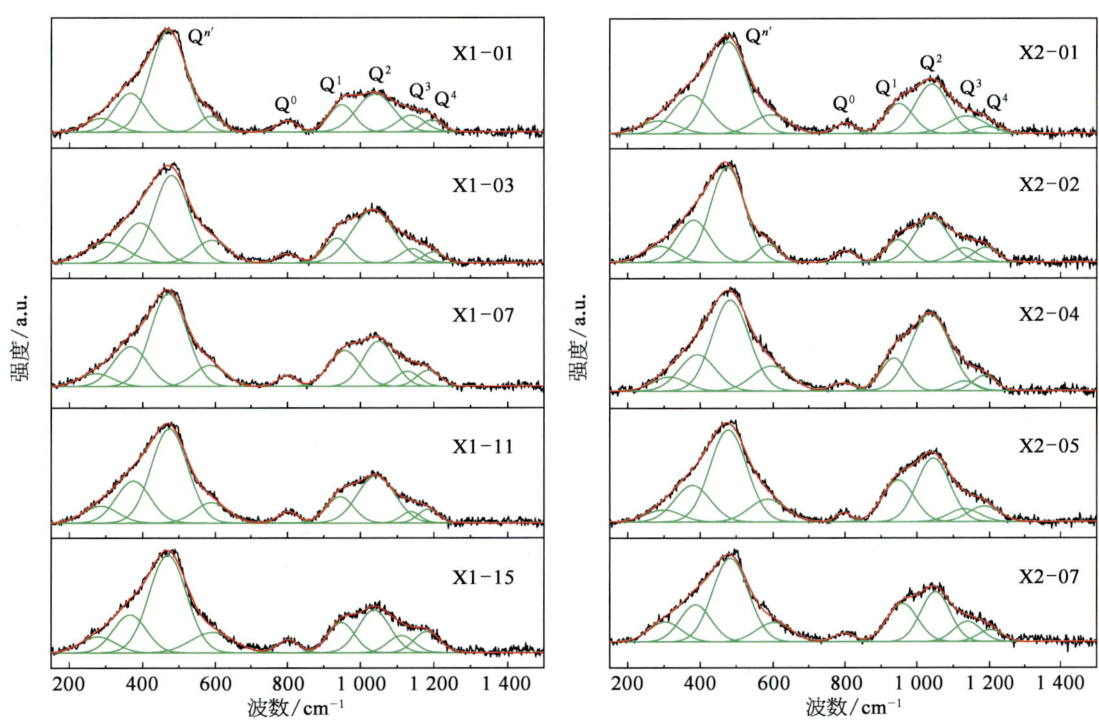

图 4－12　青花瓷釉中玻璃相的拉曼光谱，拉曼光谱经过基线扣除和去卷积处理后用于计算伸缩包络中各组分的积分面积比例，其中 $Q^{n'}$ 代表弯曲振动包络、Q^n 代表伸缩振动包络中的各组分

表 4-15　青花瓷样品釉中玻璃相拉曼光谱弯曲与伸缩包络的积分面积比 $A_{500}/A_{1\,000}$ 以及伸缩包络中各组分(Q^n)的峰位(cm^{-1})和积分面积比 $A_n/(A_{1\,000}-A_0)$

样品编号	$A_{500}/A_{1\,000}$	参　数	Q^0	Q^1	Q^2	Q^3	Q^4
X1-01	1.90	峰位/cm^{-1}	799.1	948.6	1 039.8	1 137.0	1 193.9
		$A_n/(A_{1\,000}-A_0)$	—	25.0	49.9	16.5	8.6
X1-03	1.71	峰位/cm^{-1}	799.0	935.6	1 033.7	1 140.2	1 197.7
		$A_n/(A_{1\,000}-A_0)$	—	18.4	65.2	10.0	6.4
X1-07	1.69	峰位/cm^{-1}	799.4	956.5	1 048.9	1 127.2	1 184.2
		$A_n/(A_{1\,000}-A_0)$	—	34.7	42.9	10.9	11.5
X1-11	1.94	峰位/cm^{-1}	801.9	944.2	1 042.3	1 136.1	1 184.1
		$A_n/(A_{1\,000}-A_0)$	—	24.2	59.3	7.2	9.3
X1-15	1.87	峰位/cm^{-1}	802.1	947.9	1 037.0	1 110.5	1 180.5
		$A_n/(A_{1\,000}-A_0)$	—	25.4	42.7	14.4	17.5
X2-01	1.70	峰位/cm^{-1}	800.5	949.9	1 040.7	1 136.3	1 193.2
		$A_n/(A_{1\,000}-A_0)$	—	26.3	49.0	19.6	5.2
X2-02	1.80	峰位/cm^{-1}	801.8	947.1	1 039.8	1 128.6	1 189.1
		$A_n/(A_{1\,000}-A_0)$	—	19.2	54.6	13.4	12.8
X2-04	1.32	峰位/cm^{-1}	793.9	935.0	1 036.3	1 129.8	1 185.3
		$A_n/(A_{1\,000}-A_0)$	—	19.3	67.5	5.2	7.9
X2-05	1.34	峰位/cm^{-1}	796.8	947.9	1 044.9	1 130.1	1 185.4
		$A_n/(A_{1\,000}-A_0)$	—	30.9	48.5	9.2	11.3
X2-07	1.50	峰位/cm^{-1}	797.5	959.8	1 050.7	1 138.8	1 202.5
		$A_n/(A_{1\,000}-A_0)$	—	33.9	41.6	15.9	8.5

通过元素在深度方向上的分布,对釉表面元素迁移进行纳米级的精确表征。使用飞行时间二次离子质谱仪(time of flight-secondary ion mass spectrometry, ToF-SIMS)对X1-03和X2-04两件青花瓷样品的釉进行元素深度剖析,原始数据分别如图4-13a、b所示,归一化处理后得到的各元素深度分布如图4-13c、d所示。首先,在两个样品的原始数据中,曲线大部分的波动与玻璃相基质的非均质性有关,总体而言,在釉的最表层50 nm的范围内,各元素的变化情况较为明显,而在100 nm以后信号基本维持在一个较稳定的水平,没有观察到玻璃腐蚀中常见的S形扩散曲线。经过归一化处理后的曲线更直观地反映了元素的深度分布情况,可以看出第一类的X1-03号样品和第二类的X2-04号样品呈现出相似的特点,即在最表层的10 nm的范围内,Na元素和Mg元素的相对含量由外向内迅速降低,随后达到较稳定的水平,而相反的是Ca元素在表层的相对含量出现了轻微的下降。Na和Mg元素在青花瓷釉中含量很低,但在海水中富集,因此,Na^+和Mg^{2+}离子可能是通过离子

交换反应进入了玻璃表层结构，并且可能与表层的 Ca^{2+} 离子发生了交换，但反应发生的深度几乎可以忽略不计，这反映了青花瓷釉玻璃结构的致密程度，水分子很难通过网络的间隙渗透进入。另外，X2－04 号样品表层 Na 和 Mg 元素的变化范围比 X1－03 的更深一些，达到了数十微米的深度范围，这也可能与两件样品玻璃网络的聚合度的差异有关，正如拉曼光谱测试所反映的结果(表 4－15)。但无论如何，青花瓷釉中元素的迁移可能仅表现在最表层的数十纳米的范围内，这反映出青花瓷釉中玻璃相所具有的稳定的化学性质。

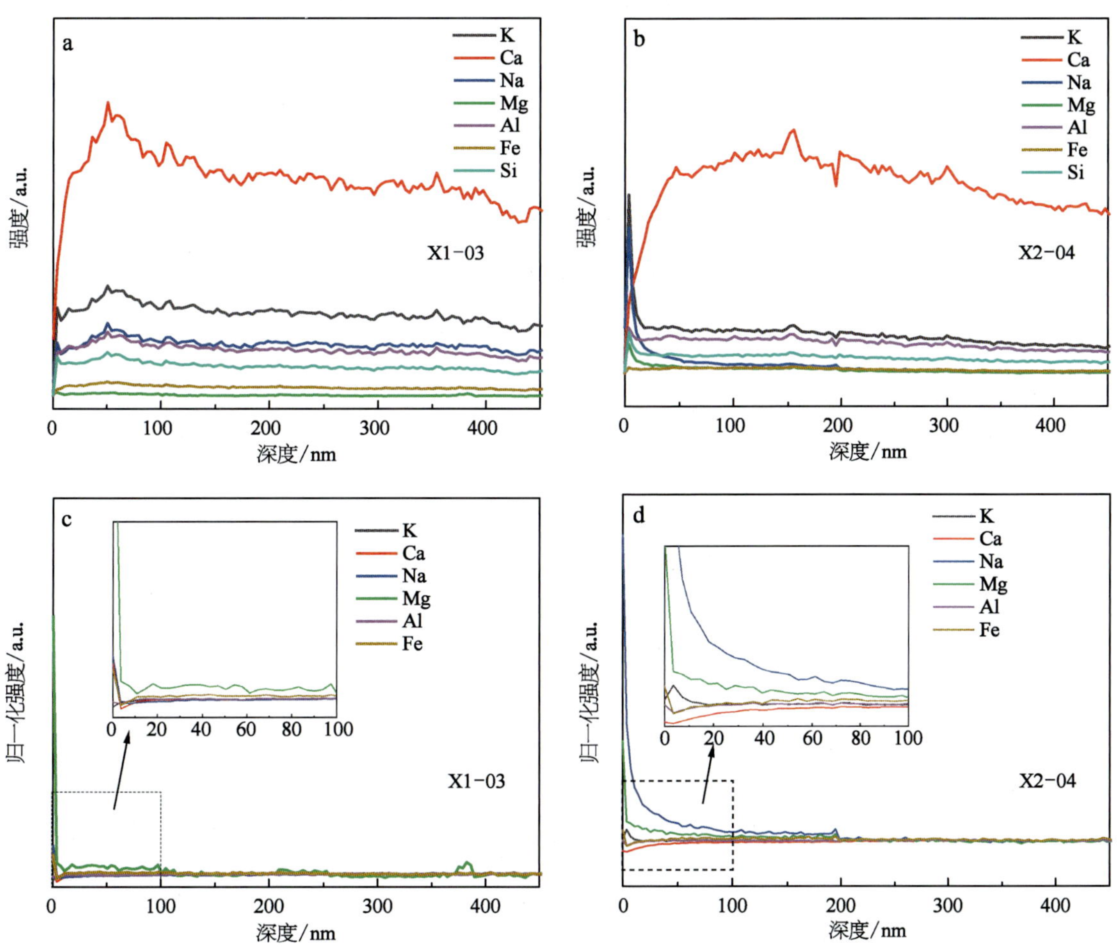

图 4－13　青花瓷样品釉中玻璃相的 ToF－SIMS 深度剖析结果

a、b. 分别为 X1－03 和 X2－04 号样品釉中各阳离子的深度剖析原始结果；c、d. 分别为 X1－03 和 X2－04 号样品釉中各阳离子经过归一化处理后得到的深度剖析图。图中横轴的零值代表釉表面

X2－07 号样品表面的 OM 图像如图 4－14 所示，从中可以看出样品釉层的透明度很低，其中分布着大量的气泡。在样品表面还能够发现大量分散的白色斑块，与“长江口二号”沉船出水的青花瓷 CJK－02 号样品釉表面十分相似。

X2－07 号样品抛光断面的 OM 和 SEM 图像分别如图 4－15a、b 所示，从断面的 OM 图像也可以看出釉层的透明度很低，釉中分布着很多大小不一的气泡。X2－07 号样品釉

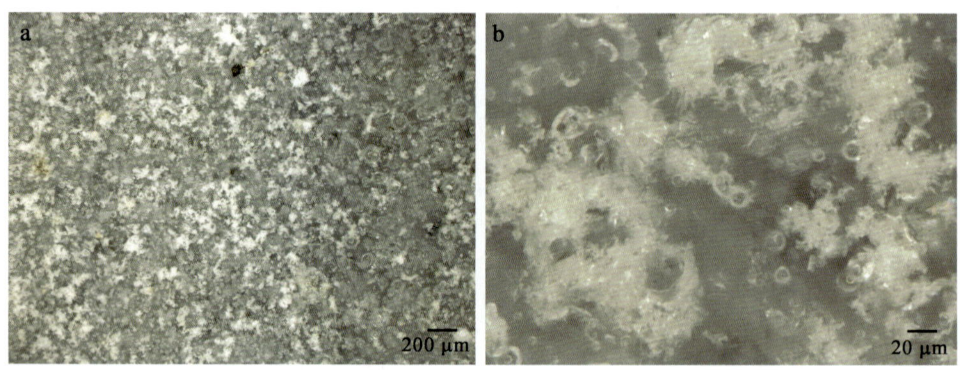

图 4-14 X2-07 号样品釉表面的 OM 图像

层中存在大量不同形态的晶体，如图 4-15c 所示，除了未熔的石英颗粒外，还有衬度较高的硅灰石晶体和衬度较低的钙长石晶体，它们的 EDS 分析结果见表 4-16，拉曼光谱的测试结果也进一步证实了硅灰石晶体和钙长石晶体的存在，如图 4-16 所示，并表明这里所形成的硅灰石晶体是六方的假硅灰石晶体($\beta-CaSiO_3$)。正如在 4.2.4 节中所讨论的，这些晶体的形成并非青花瓷釉所需，而是受限于较低水平的原料处理工艺和烧制工艺而生产的低品质产品。在靠近釉表面的位置，可以发现很多不规则形状的蚀坑(图 4-15d)，其中一些蚀坑的形态与大练岛沉船出水青瓷中的 DLD-07 号样品断面观察到的蚀坑很相似(图 4-15e)。腐蚀坑附近的釉层中存在很多衬度较高的假硅灰石晶体，蚀坑内部和边缘的 EDS 分析结果见表 4-16，从中可以看出蚀坑内部也存在着假硅灰石晶体。从该位置的断面可以看出这个蚀坑与表面有数十微米的距离，说明在釉层内部已经存在着较长距离的连通孔道。在另一处靠近表面的气泡内壁上也可以观察到很多腐蚀坑(图 4-15f)，从其他内部的气泡中可以发现内壁上分布着很多假硅灰石晶体(图 4-15d)，因此这些腐蚀坑的形成可能是由于假硅灰石晶体受到了优先腐蚀的结果，与 Fröberg 等[152,185]在现代日用陶瓷釉腐蚀实验研究中所观察到的现象一致。这些假硅灰石晶体往往成了釉面受到侵蚀的活性位点，并且形成的腐蚀坑为外界流体进入釉层内部提供了通道。另外，这些腐蚀坑的形成也影响了青花瓷釉的外观，导致了白斑的出现，从而进一步降低了釉层的透明度。

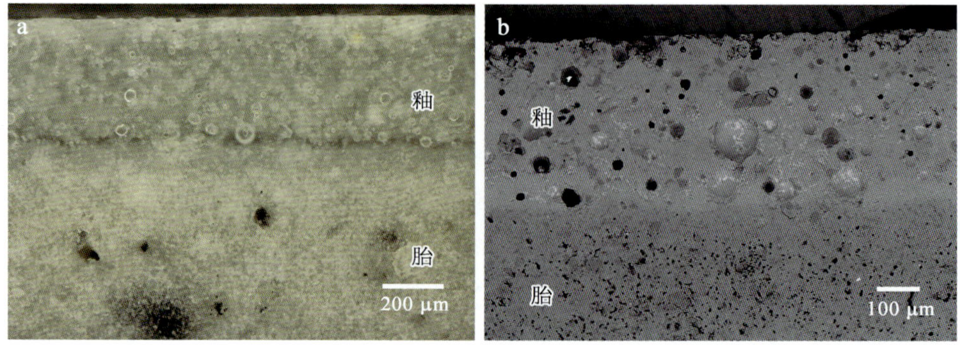

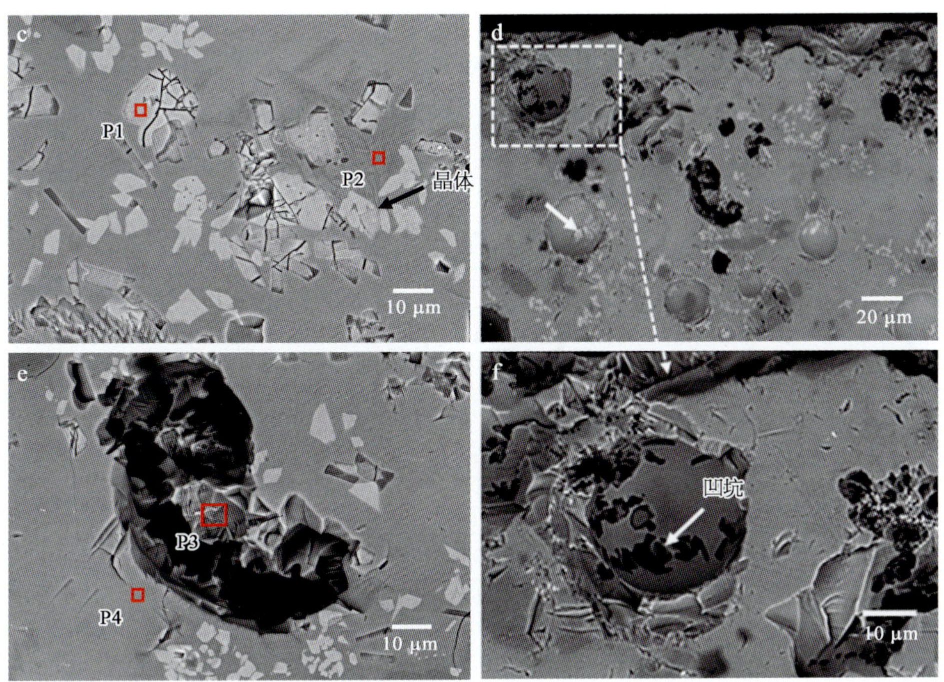

图 4-15　X2-07 号样品的劣化形貌

a、b. 分别为样品抛光断面的 OM 和 SEM 图像；c. 釉中密集分布的晶体；d、e. 靠近釉表面的蚀坑的 SEM 图像；f. 气泡壁上的蚀坑

表 4-16　图 4-15 中标记位置的 EDS 分析结果　　单位：wt%

测试位置	Na_2O	MgO	Al_2O_3	SiO_2	K_2O	CaO	Fe_2O_3	可能的物相
P1			0.30	53.20		46.49		硅灰石
P2	1.54	0.40	20.07	64.00	1.87	11.15	0.98	钙长石
P3	0.71	0.00	9.95	45.70	5.38	32.23	6.04	硅灰石
P4	0.86	0.34	13.99	67.66	2.30	13.68	1.18	玻璃相

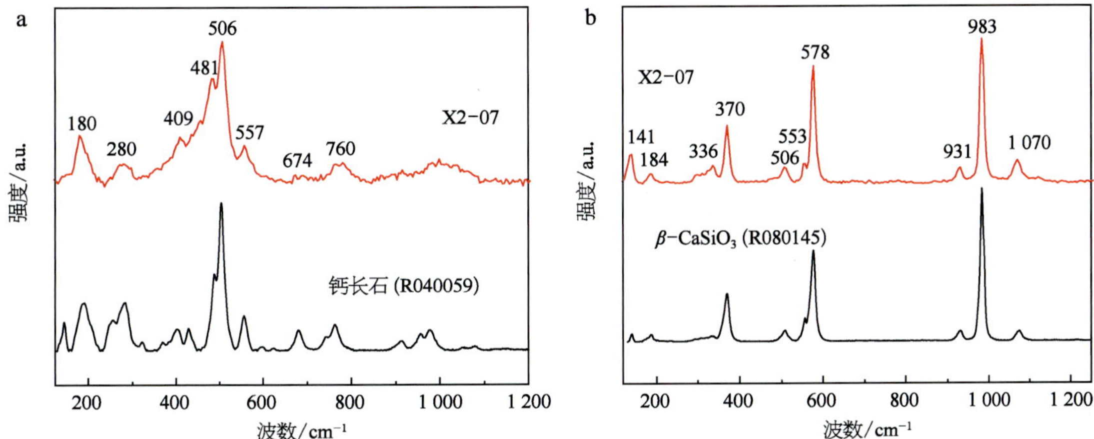

图 4-16　X2-07 号样品釉中晶体的拉曼光谱

a. 钙长石晶体的拉曼光谱；b. 假硅灰石晶体（$\beta-CaSiO_3$）的拉曼光谱。分别引用两者的拉曼光谱（RRUFF ID：R040059[233]和 R080145[234]）以进行对比

总体而言,"小白礁Ⅰ号"沉船出水青花瓷釉的劣化主要体现在两个方面。首先,由于海水的化学腐蚀造成的玻璃网络结构变化和元素的迁移尽管存在,但均体现在微观的尺度上,这反映出青花瓷釉中玻璃基质具有良好的化学稳定性;但另一方面,由于烧成温度不足所造成的釉层整体析晶可能会显著影响釉的耐腐蚀性,这主要体现于假硅灰石晶体的选择性腐蚀。

第 5 章
外来污染物和海洋生物对出水陶瓷劣化的综合作用研究

5.1 海洋生物附着对南海出水青花瓷和青瓷劣化的作用

5.1.1 引言

瓷器同其他文物一样，在海洋环境中所处的位置有多种可能，可能完全暴露在海床表面，也可能被底层沉积物所掩埋，还可能部分暴露部分被掩埋，同时随着环境的动态变化，位置也可能随时发生改变。若是沉船船舱瓷器的原始堆垛没有被扰动，船体被掩埋，器物表面被泥沙覆盖，处于相对稳定的环境中，瓷器出水后的保存状态大多良好；若是瓷器散落在海床表面，那么在流动的海水裹挟着海底的沉积物碎屑对瓷器表面的冲蚀会持续进行，造成机械损伤，并为进一步的侵蚀打开了通道，在第 3 章和第 4 章的研究中已经对此进行了阐述。

另外，位于海床上的瓷器的表面也是海洋底栖生物栖息的良好基体，此前研究在瓷器表面发现大量海洋生物残骸，有些因为不断堆积而形成了大型凝结体[48]。生物对基体材料的侵蚀通常被称为生物劣化[235]，石质、金属和玻璃等无机质文物的生物劣化现象已经受到了考古学家、材料和腐蚀科学家的关注[236-242]，然而对于海洋生物在瓷器劣化过程中的作用仍然缺乏深入研究。本节将以南海出水的青花瓷和青瓷样品为例，探讨海洋生物附着对釉中新物相形成的影响。南海出水的青瓷和青花瓷样品的详细信息分别在 3.2 节和 4.1 节中已经进行了介绍，对其劣化机理的分析也可参考这两部分内容。

5.1.2 釉表面附着的海洋生物残骸

在 3.2 节和 4.1 节中，主要是从机械损伤和化学腐蚀的角度对南海出水的这批青瓷和青花瓷样品的劣化机理进行了研究，然而，不能忽略的是这些瓷器的釉表面大多附着有海洋生物的残骸，并且在很多釉中的孔洞中发现了大量的富 Mg 相，这些现象都表明瓷器的劣化过程与海洋环境之间的密切关系。下面首先对青瓷和青花瓷样品表面的海洋生物残骸进行分析。

使用XRD对样品釉表面的物相组成进行分析。对于大多数保存状况相对较好的样品，如NH－B1、NH－B2、NH－C1、NH－C4等，它们的表面或是以均质玻璃相为主（图5－1a中的NH－B1和NH－C1号样品），或是存在石英、钙长石等古陶瓷釉中的常见晶相（图5－1b中的NH－B2和NH－C4号样品）。

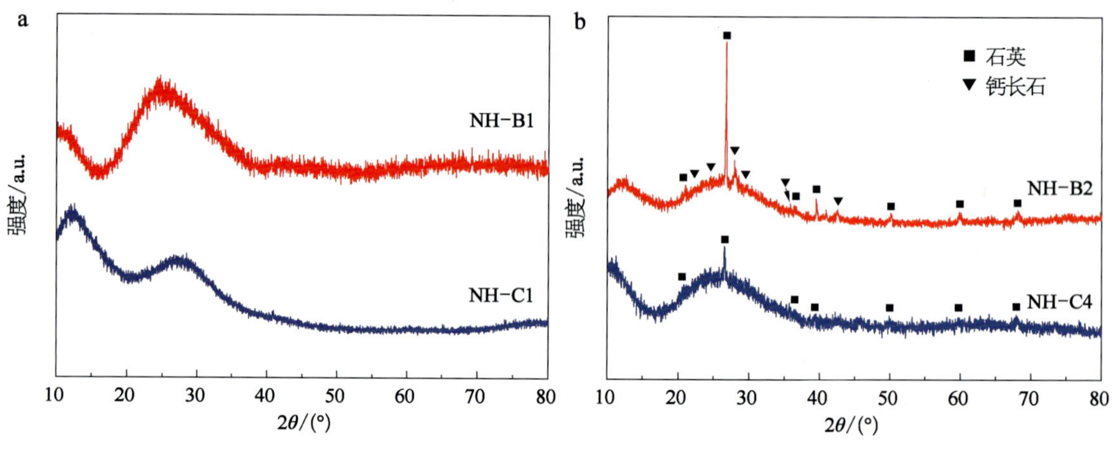

图5－1　南海出水青花瓷和青瓷釉表面的XRD谱图

a. NH－B1和NH－C1；b. NH－B2和NH－C4

部分样品的表面存在较多的白色附着物，它们反映出一些营固着生活的海洋生物在瓷器表面的活动，并在生命体死亡后遗留下钙质残骸。在OM下能够分辨出一些生物残骸的形貌，可以直接识别的是苔藓虫群落的生物沉积残骸（图5－2a）。其他大多数残骸的结构已经不完整，难以辨认（图5－2b），XRD（图5－2c）和拉曼光谱（图5－2d）测试表明这些残骸主要由方解石构成。

部分青瓷样品（NH－C5和NH－C6）表面的附着物中还存在一些浅粉色的部位，拉曼光谱（图5－3）表明它们可能含有有机色素分子类胡萝卜素，并且具有很强的拉曼振动特征。其中，在1 130～1 160 cm^{-1}和1 515～1 530 cm^{-1}波段范围内观察到的最强峰可以归为色素有机分子中存在的C—C(ν_2)和C＝C(ν_1)多烯链的伸缩模式；在1 000～1 020 cm^{-1}和1 270～1 300 cm^{-1}区域内振动模式(ν_3和ν_4)也可以归为类胡萝卜素的特征谱峰[243-244]。这种多烯分子是由于很强的电子/振动耦合而成为强拉曼散射体，在1 000～5 000 cm^{-1}范围内均有非常强的光谱特征[245]。类胡萝卜素是海洋环境中最常见的一类色素，考虑到它们与钙质骨骼结合在一起，可能来自海洋无脊椎动物（海绵、海葵、珊瑚、水母和海鞘等），这些生物体内含有广泛的类胡萝卜素[246]，因此往往表现出鲜艳的颜色。色素分子在生命体死亡后保留在了它们的钙质骨骼中，而没有被完全降解。这也反映出这些生物在瓷片表面附着的时间可能并不远，发生在沉船原始堆积被扰动之后。

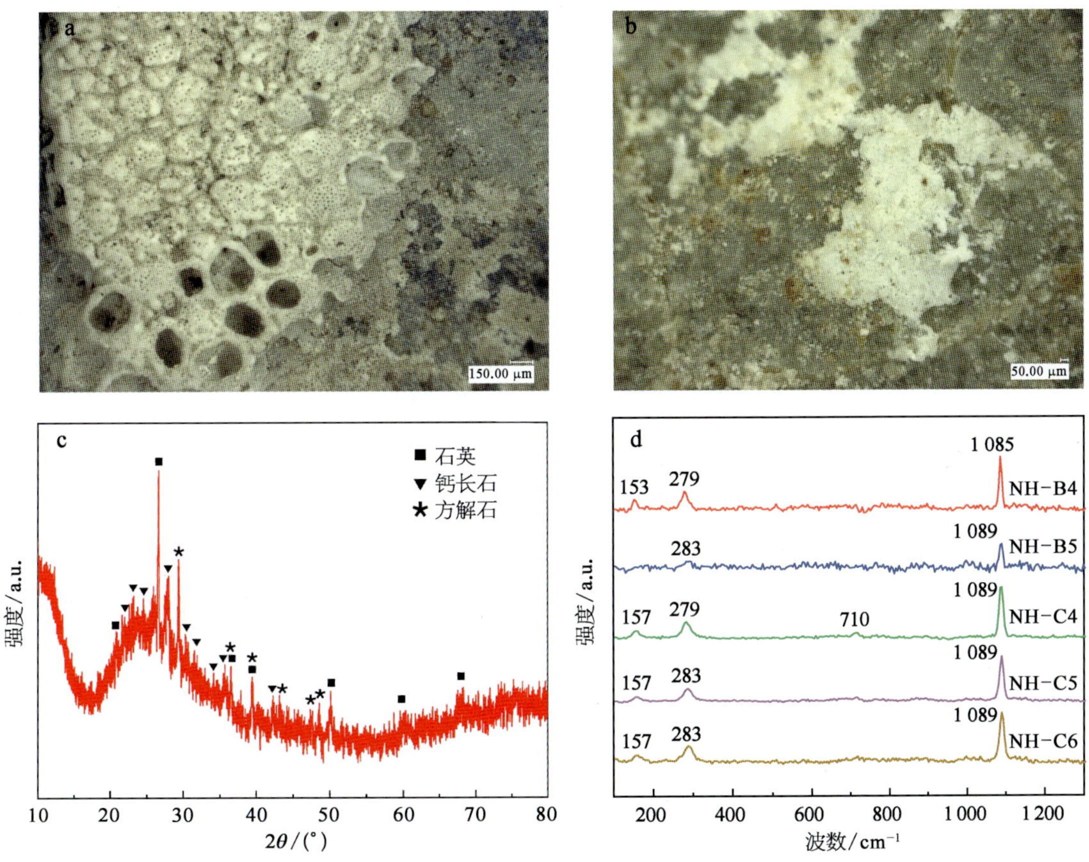

图 5-2　南海出水青花瓷和青瓷釉表面附着的白色生物残骸

a、b. 分别为 NH-B5 和 NH-C4 表面的 OM 图像；c. NH-B5 釉表面的 XRD 谱图；d. NH-B4、NH-B5、NH-C4、NH-C5 和 NH-C6 表面白色生物残骸的拉曼光谱

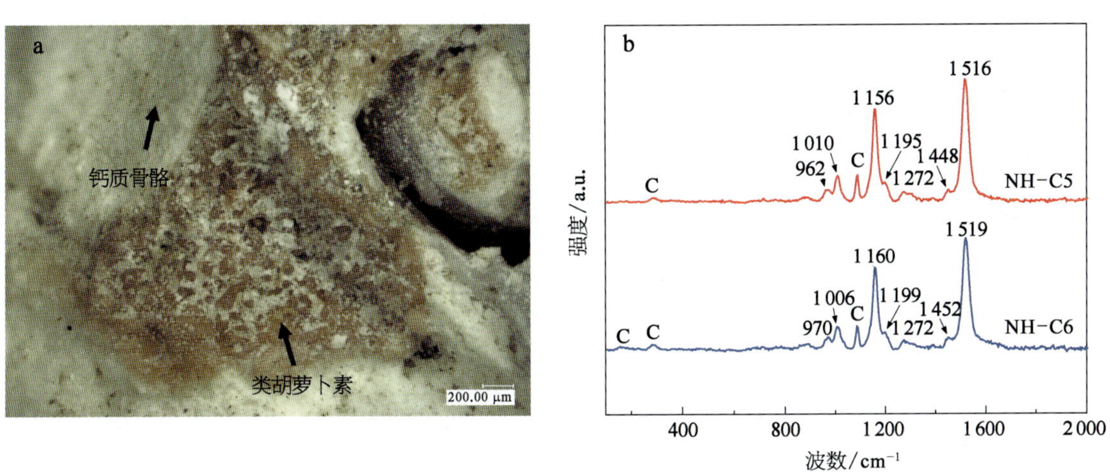

图 5-3　南海出水青瓷表面附着物的红色部位

a. NH-C5 表面的 OM 图像；b. NH-C5 和 NH-C6 表面红色部位的拉曼光谱，图中 C 表示方解石的特征谱峰

在 SEM 下可以发现一些更小的生物，图 5－4a、b 中展示了 NH－C1 釉表面上附着的大量舟形硅藻，长度约 10 μm。EDS 分析结果（表 5－1）表明，其 Si 含量可达 30 wt%以上，可能还含有一些未完全降解的有机物，附近的样品表面则可能存在着大量碎屑。这种舟形藻（Navicula）隶属于硅藻门羽纹硅藻纲，是一种典型的底栖生物。硅藻的显著特征是其细胞原生质体包含在坚固的细胞壁内（称作硅壁），硅壁由水合二氧化硅（$SiO_2 \cdot nH_2O$）组成[247]，这是一种典型的生物矿化结构，通过吸收外界的硅酸盐而形成[248-249]，在有局部溶解硅源的情况下，硅藻可能会做趋向硅源的运动[250]。图 5－4c、d 则为图 3－16e 中白色生物残骸的 SEM 图像，这可能是一种大型钙质生物的残骸。海洋环境下，这些微生物和大型生物在物体上的附着大致经历了以下几个过程：基体表面形成调制膜（有机化合物蛋白质、多糖等），微生物向表面趋近、接触、爬行和重新定位，分泌 EPS（胞外聚合物）形成生物膜，最后诱导大型生物固着，从而共同发展成为复杂的生物群落[241,251-252]。由于海洋生物的定居，基体表面局部区域的环境也会被改变，这对基体也会产生一定影响。一个典型的表现是，生物活动造成的化学条件的复杂多变可能也影响到胎、釉中新物相的形成。

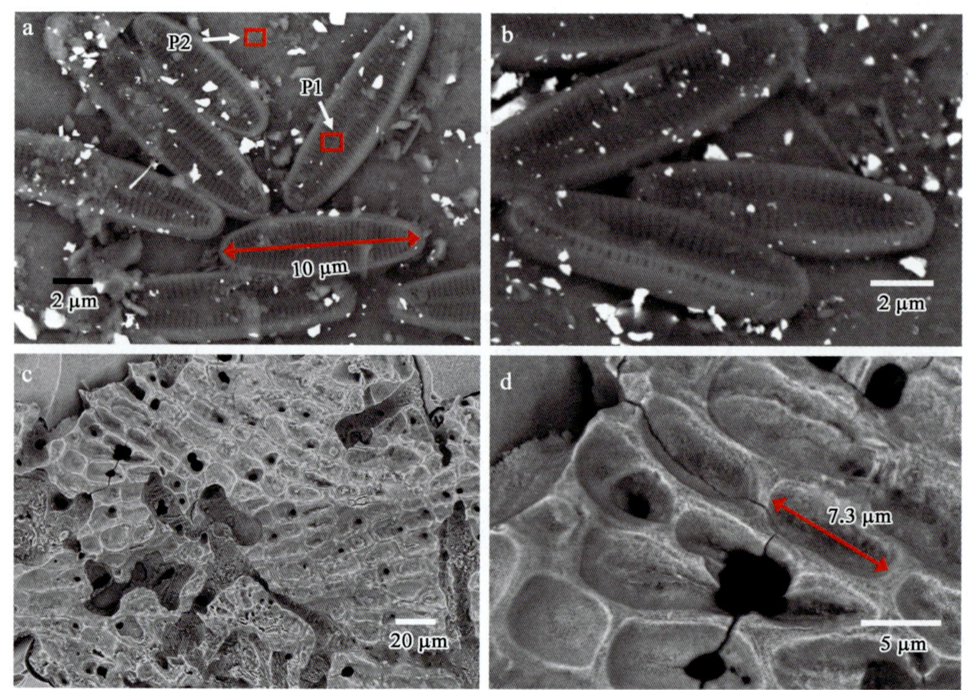

图 5－4　南海出水青瓷釉表面的海洋生物残骸

a、b. 样品 NH－C1 表面的硅藻；c、d. 样品 NH－C6 表面的海洋生物残骸

表 5－1　图 5－4 中标记位置的 EDS 分析结果　　单位：wt%

测试位置	C	O	Na	Mg	Al	Si	K	Ca
P1	22.66	30.55	0.27	0.76	4.85	33.08	1.65	6.19
P2	5.54	15.51	0.18	1.01	10.33	43.35	4.77	19.31

5.1.3 海洋生物附着对胎、釉中新物相形成的作用

图 5 - 5 展示了青花瓷釉的气泡中类似"核-壳结构"的典型形貌，这些气泡大多经孔道与表面连通。图 5 - 5a 为 NH - B8 号样品表面孔洞中的一个球状物质。在图 5 - 5b～e 中，可以从样品断面更清晰地观察到气泡中物质的剖面结构，"壳"体的厚度一般在 10 μm 左右，"核"的大小则与气泡大小有关。特别指出的是，图 5 - 5f 中的"壳"体内部呈片层状交错分布的结构。从组成上看，"壳"体衬度较低，而"核"部分衬度更高，EDS 分析结果（表 5 - 2）表明，贴合气泡壁的"壳"MgO 含量很高（可高达 50 wt%），而内部"核"则主要由 C、O 和 Ca 组成，可能为 $CaCO_3$。

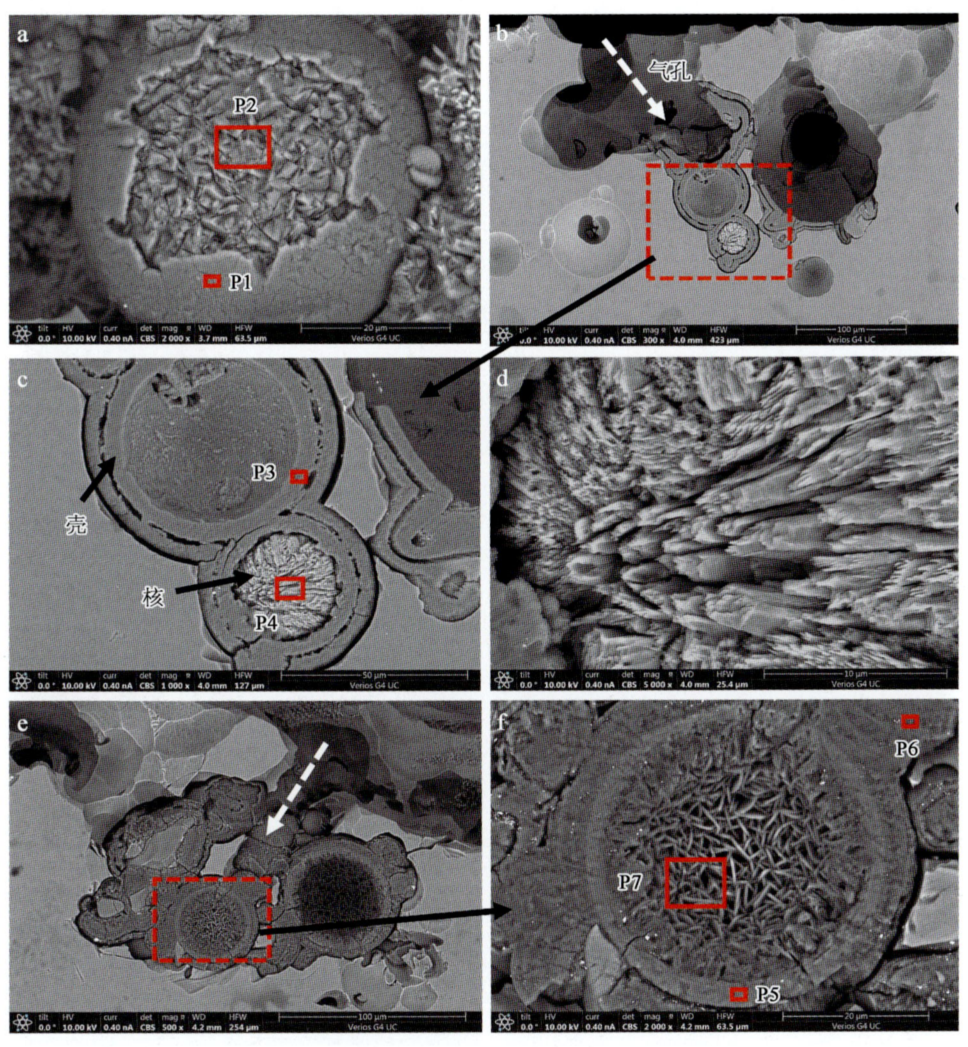

图 5 - 5　南海出水青花瓷釉中气泡内的"核-壳结构"

a. NH - B8 表面的球状物质；b～d. NH - B1 釉中"核-壳结构"的 SEM 图像；e、f. NH - B5 釉中气泡的 SEM 图像，"壳"体内部呈片层状交错分布的结构

表 5-2　图 5-5 中标记位置的 EDS 分析结果　　单位：wt%

测试位置	MgO	Al_2O_3	SiO_2	CaO	CuO	CO_2
P1	28.50	14.31	53.26	2.42	1.52	
P2	33.62	10.87	52.94	1.50	1.07	
P3	51.53	24.20	24.27			
P4				76.56		23.44
P5	40.46	10.39	49.15			
P6	58.80	27.27	13.93			
P7	51.98	15.49	32.53			

图 5-6 为青瓷釉中一处气泡的 SEM 图像，与青花瓷形貌特征相似，气泡中的物质由贴近气泡壁的富 MgO“壳”体和 $CaCO_3$ 相的“核”所共同组成，EDS 分析结果见表 5-3。图 5-6b 展示了 $CaCO_3$ 相的“核”放大后的形貌，可以看出它是由亚微米级的块体交错堆砌而成，类似于软体动物外壳珍珠质层的结构[253-254]。图 5-6 中 d1～d4 为图 5-6c 中矩形区域的 EDS 面分布结果，可以很清晰地看出 Mg 和 Ca 元素分别在“壳”和“核”中富集。拉曼光谱的测试结

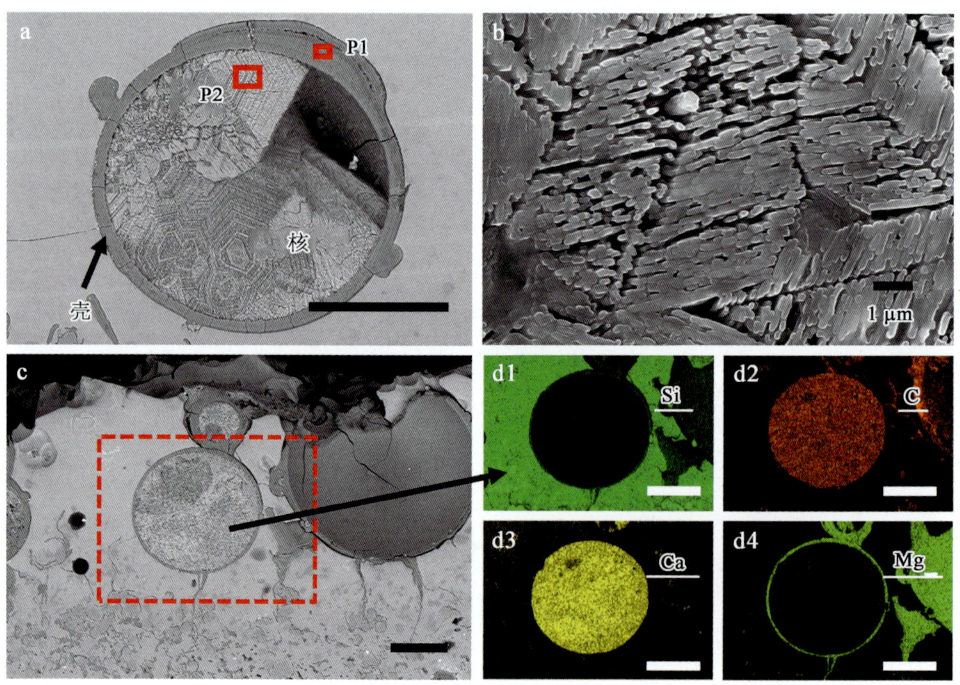

图 5-6　青瓷釉中的“核-壳结构”形态

a、b. NH-C1 釉中的一处孔洞，其中“核”由亚微米级“砖块”结构堆砌而成；c. NH-C6 釉中“核-壳结构”的 SEM 图像；d1～d4. 分别为图 c 中矩形区域 Si、C、Ca、Mg 元素的 EDS 面分布结果。图中比例尺为 100 μm

果(图 5－7)则表明,气泡的“核”主要是文石相。此外,一定含量的 Sr 也是文石的特征(表 5－3),这是因为离子半径更大的 Sr^{2+} 离子更易容纳于斜方晶系的文石结构中,而六方晶系的方解石中往往固溶了更多的 Mg^{2+}[255]。在“壳”的部位,由于强烈的荧光信号干扰,并未获取有效的拉曼信号。方解石和文石是 $CaCO_3$ 晶体的两种最常见晶型,是现代海水中重要的沉积物[255]。通常文石的溶解度较高,热力学稳定性低于方解石,但在海洋环境中,由于 Mg/Ca 比例等非生物因素[256]以及蛋白质和有机基质[257-258]等生物因素(如软体动物壳中文石的形成)的存在,会影响结晶过程中方解石和文石之间的晶型选择。从图 5－6b 展示的有序结构来看,文石的沉淀很可能受到了生物因素的影响。

表 5－3　图 5－6 中标记位置的 EDS 分析结果　　单位: wt%

测试位置	Na_2O	MgO	Al_2O_3	SiO_2	CaO	MnO	Fe_2O_3	SrO	SO_3
P1		36.43	16.76	43.01	0.94	0.20	1.65		0.75
P2	0.28				98.37			1.35	

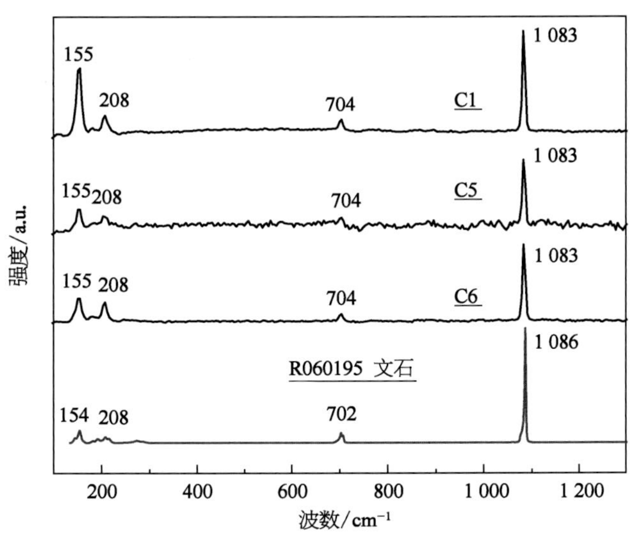

图 5－7　南海出水青瓷釉中“核-壳结构”中“核”部位的拉曼光谱

此外,大多青瓷釉裂纹中的空间也被富 MgO 物相所占据,如图 5－8a 所示。在图 5－8b 所展示的元素面分布图中,可以看出 Mg 元素沿着釉中的裂纹一直延伸至胎中,并广泛分布在四周的空隙中,其中多处存在开裂的现象,这可能是由于样品加工过程(干燥、抛光等)导致。特别地,在裂纹附近我们还观察到釉中一小块不规则物体被低衬度物质所包裹(图 5－8c),EDS 分析(表 5－4)表明中心的不规则物体完全由 SiO_2 组成,很可能是釉中原有的未熔石英颗粒。SEM 图像经放大后还能够观察到外围富 MgO 相中的多层纹路(图 5－8d),不同位置在组成上略有差别(表 5－4),衬度更高,距离石英更近的 P4 位置,有着更高的 SiO_2 和较低的 MgO 含量(相比 P3 位置)。通常,釉中的未熔石英颗粒不会呈现出

图 5-8c 中的不规则形状，一种可能性是石英和周围的玻璃相在长时间的化学腐蚀作用下受到侵蚀，并逐渐转变为致密的蚀变相。从它们保留了大量的 Si 和 Al 元素可以看出，釉中原有的元素在腐蚀中参与了新物相的形成过程，并且海水中较高的 Mg 可能起到了关键性的作用。从裂纹中以及石英周围的蚀变相形态上看，它们的形成似乎是随着釉的腐蚀前沿的扩展而逐层累积，并且孔隙内部的化学环境可能在腐蚀过程中发生了变化（比如 pH 值的升高）。

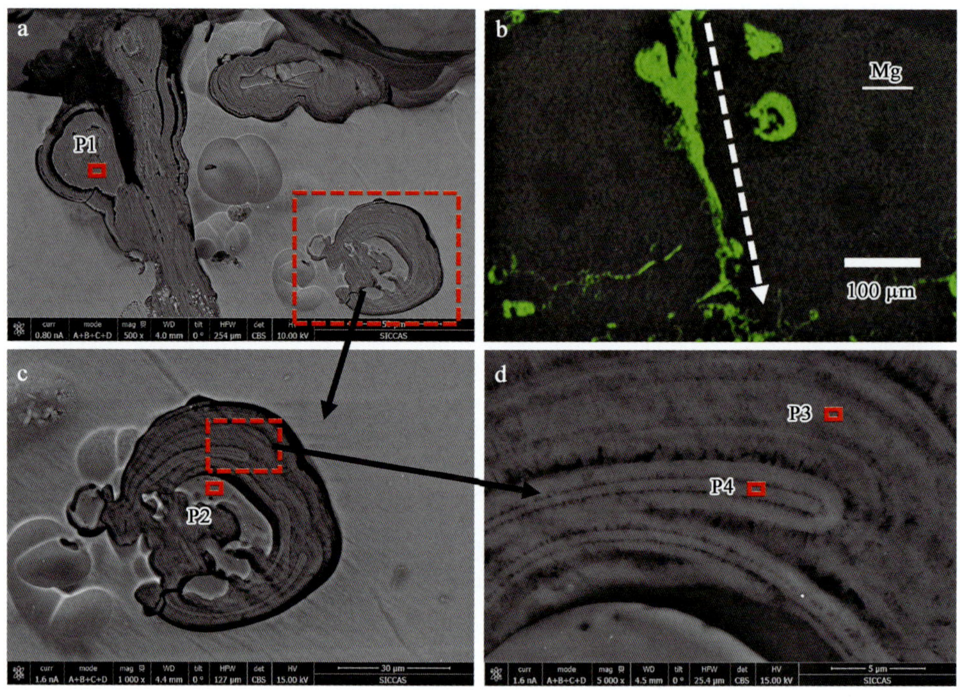

图 5-8　南海出水青瓷釉裂纹中新形成的物相

a. NH-C1 裂纹区域的 SEM 图像；b. 图 a 中 Mg 元素的 EDS 面分布结果；c、d. 图 a 中矩形区域的放大

表 5-4　图 5-8 中标记位置的 EDS 分析结果　　单位：wt%

测试位置	MgO	Al_2O_3	SiO_2	CaO	TiO_2	Fe_2O_3	SO_3	P_2O_5
P1	50.31	25.09	20.13	0.36	0.40	1.54	1.43	0.73
P2			100.00					
P3	47.26	21.03	25.99	0.58		3.65	1.50	
P4	36.70	17.00	41.96	0.60		2.22	0.98	0.53

样品表面的 XRD 分析结果也能够提供一些补充信息，如图 5-9 所示，在 NH-B8、NH-C5 和 NH-C6 等劣化程度严重的样品表面均检测出了 Quintinite 相，这是一种以 Mg 和 Al 为金属阳离子的层状双氢氧化物（LDH），其化学式可以表示为（$Mg_4Al_2(OH)_{12}CO_3 \cdot 3H_2O$）。

在此前对海洋出水瓷器的研究工作中，也曾发现同一物相[144,180]。从形态和组成上看，Mg - Al LDH 可能对应于本研究中少数样品中发现的片层状晶体，而釉中裂纹或气泡中大量没有明显形态的富 MgO 相可能是在玻璃相腐蚀过程中形成的，结晶程度低，它们都可以归结为瓷器与海洋环境相互作用过程形成的新物相。这种 Mg - Al LDH 存在的表面羟基基团也被认为可以影响 $CaCO_3$ 的晶型选择[259]，这可能对“核-壳结构”中文石相的形成也起到一定作用。此外，NH - C5 和 NH - C6 的 XRD 谱图均检测出明显了文石晶相，与此前的拉曼光谱和 EDS 分析结果一致。

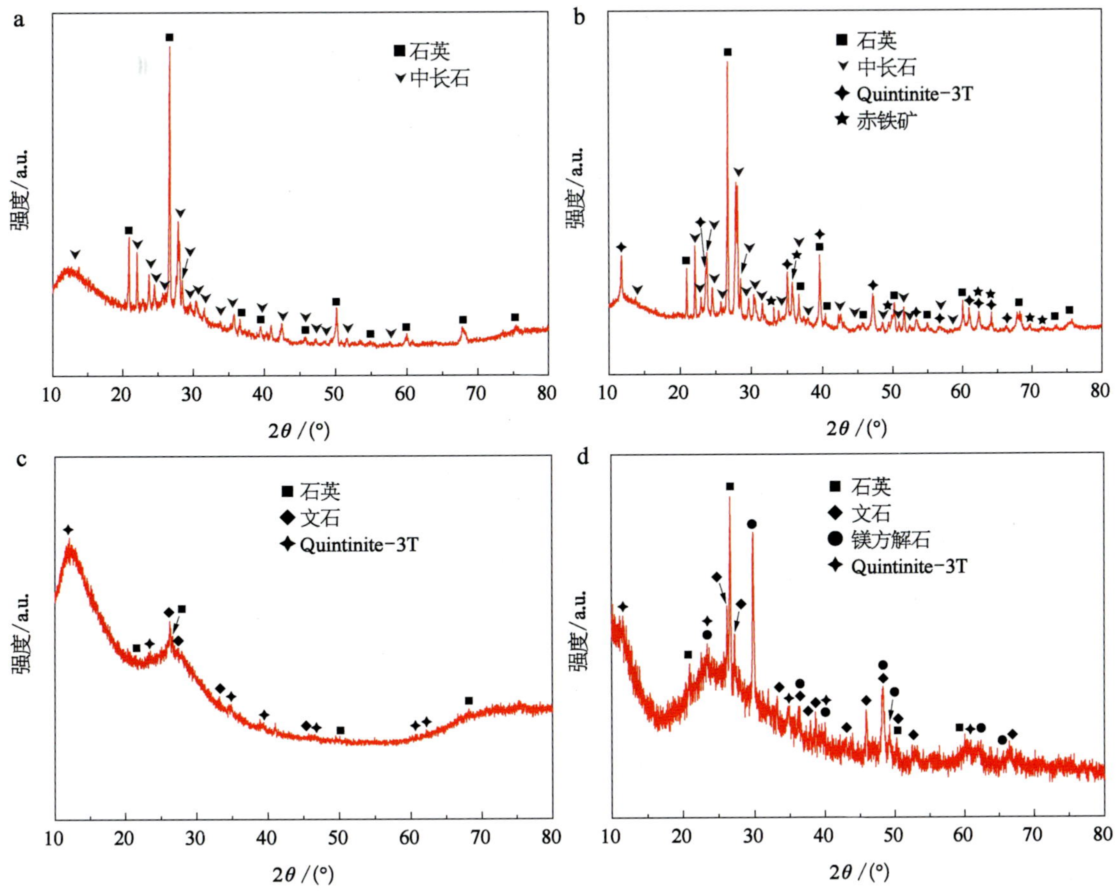

图 5 - 9　南海出水青花瓷和青瓷釉表面的 XRD 谱图

a. NH - B7；b. NH - B8；c. NH - C5；d. NH - C6

最后，正如上文所描述的，样品胎中的孔隙中也存在大量的蚀变相，这在釉层破损严重、胎体直接暴露于外界环境中的一些样品中表现得尤为突出。青瓷样品 NH - C6 的部分区域几乎没有釉层(图 5 - 10a、b)。从该区域的元素面分布可以看出，Mg 和 Ca 元素富集于样品表层(图 5 - 10e、f)，厚度约数十微米，而 Si 元素则是表层区域明显更低(图 5 - 10c)，同时 Mg、Si 两种元素在表层的分布也不均匀，但大体上呈相反的趋势，Mg 元素越富集的区域，Si 元素相对越少。图 5 - 10e 中用箭头指出了一处胎中孔隙中形成的富 Mg 相。

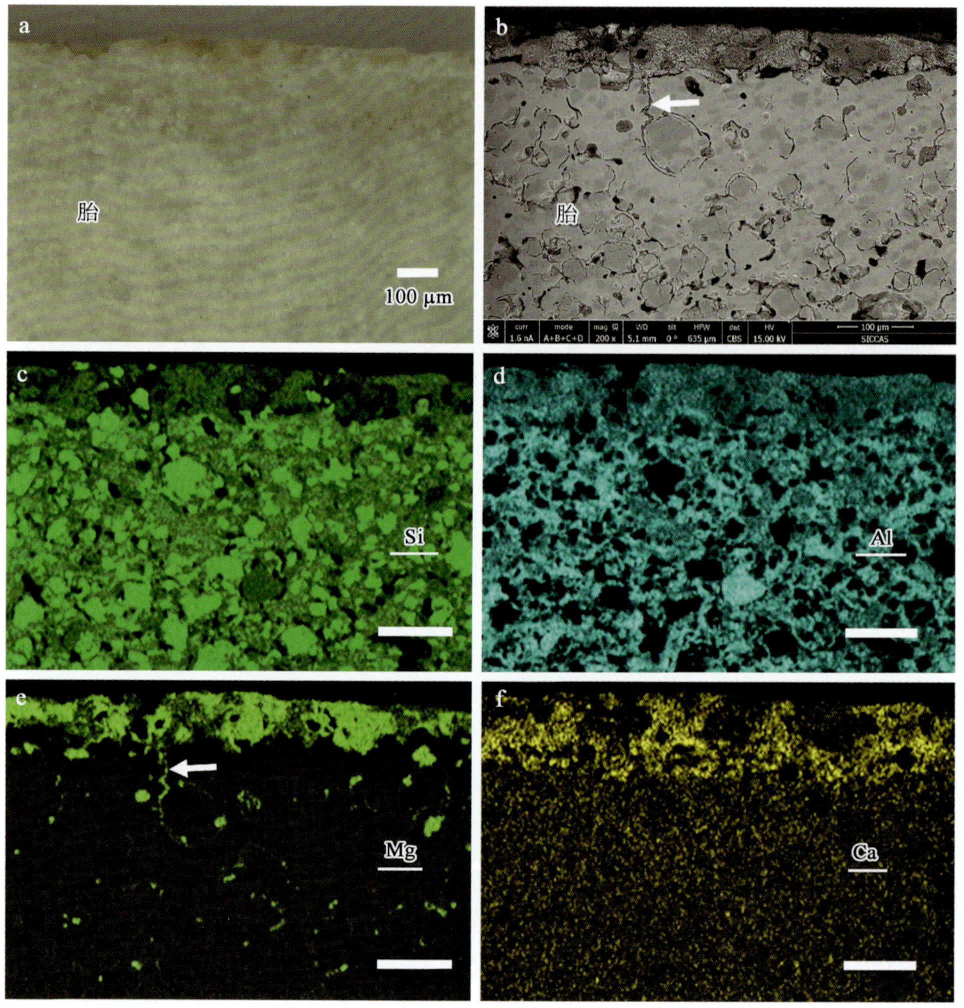

图 5-10　青瓷胎中新形成的物相

a、b. NH-C6 断面 OM 和 SEM 图像；c～f. 分别为图 b 区域 Si、Al、Mg、Ca 元素的 EDS 面分布结果。图 b、e 中使用箭头标记出 Mg 元素的分布沿着裂纹延伸至胎中；图中比例尺为 100 μm

因此，生物因素的参与也使得釉-海水界面处发生的反应变得更加复杂。硅藻等生物通过分泌某些化合物从石英等含 Si 矿物中提取可供生物利用的溶解硅（以硅酸的形式释放），这些硅质生物的生命活动和降解一直影响着界面附近硅的化学平衡。当然，也有研究表明样品表面生物膜的逐渐形成则被认为在一定程度上可能起到保护层的作用[260]。然而，在本研究中，玻璃在海水中的溶解造成的材料损失非常显著，其不仅体现在表面半球形凹坑的演化，也体现在裂纹、气泡等陶瓷孔隙中富 Mg 硅铝酸盐相的形成上。它们普遍地存在于几乎所有样品的胎、釉中，并在气泡中构成了特殊的“核-壳结构”的壳部分。首先考虑 Mg 元素的来源，研究中大多数瓷器中 MgO 含量较低（表 3-16 和表 4-3），因此更可能是来源于海水。在硅酸盐腐蚀中，溶液中 Mg^{2+} 的作用较为特殊，多项研究表明在富 Mg 溶液或海水中，Mg 元素以结合至玻璃表面次生相沉淀的方式（如三八面体蒙脱石等）参与到玻璃的溶解过程中，因而也促进了玻璃的腐蚀进程[107,134,261]。显然，孔隙中较低的物质输运速率更有利于玻璃的溶解再沉淀过程，突出表现在裂纹和孔洞中富 Mg 相的形成。而随着生物群落的发展，样品表面附近生物化学环境的变化对群落的形成和演变也可能产生了影响，而具有钙质或硅质骨骼或外壳的海洋底栖生物在生命周期结束后其残骸会遗留在样品的表面，经过溶解和再沉淀的过程，可能会以其他的形式重新沉积，比如作为生物骨架的方解石的溶解，并且在一些生物或非生物因素的影响下重新以文石的形式沉淀。同时，它们也可能被其他生物的生命活动或者非生物的物理化学过程所利用。此前的一些研究曾在玻璃表面[262-263]或陶器孔隙[264]中发现大量同属 Mg－Al LDH 的水滑石相（hydrotalcite，Mg：Al＝3：1），它们在孔隙中的形成被认为与方解石的溶解密切相关。在富含 Mg^{2+} 离子的海水中，方解石的溶解度较高，并受到海水二氧化碳分压 $p(CO_2)$ 和 pH 值的调节，其溶解过程会增加孔隙中的 pH 值并导致富 Mg 结晶相的析出[265]。

总体而言，瓷器在海洋环境中的劣化以机械作用和化学腐蚀的协同作用为主，胎、釉中的 Si、Al 等元素在海水化学腐蚀过程溶解，并结合海水中的元素特别是 Mg 元素，在孔隙中重新沉淀，转变形成新的镁铝硅酸盐相。生物因素一定程度上也参与了釉中新物相的形成过程，特别是方解石质骨骼的溶解改变了局部的化学环境，促进了“核-壳结构”的形成。

5.2　大练岛码头出水酱釉瓷的复杂凝结物及劣化机理

5.2.1　考古背景和样品信息

大练岛位于中国东南沿海的福建省平潭县西北海域，该处海域作为海上丝绸之路的东西航线交汇点，是中国水下考古的重要区域，具有丰富的水下历史文化遗存和沉船遗址，此前的大练岛沉船遗址即发现了自五代至清代各个时期的文物。大练岛码头位于大练岛的西南，本工作选取了该码头采集出水的一件宋元时期磁灶窑酱釉罐残片 DL 作为研究对象，由福建省考古研究院提供，残片的照片如图 5－11 所示。该残片的保存状况较差，外壁釉层剥落严重（图 5－11a），胎体大面积暴露，内壁未施釉（图 5－11b）。内外壁表面都被大量凝结物覆盖，凝结物种类复杂多样，包括深色的蜂窝状凝结物和单体珊瑚、红珊瑚、管虫和苔藓虫等海洋生物附着物，其中图 5－11c 为内壁一处多种海洋生物附着的典型表面。本工作在残片上选取特征位置切割小样品 DL－1～DL－5，利用多种方法对该残片本体及表面各种凝结物的组成、形貌、物相进行分析，并在此基础上深入探索和总结复杂凝结物对酱釉瓷残片在海洋环境中的劣化作用，也可以为有针对性地进行后续保护工作提供科学依据。

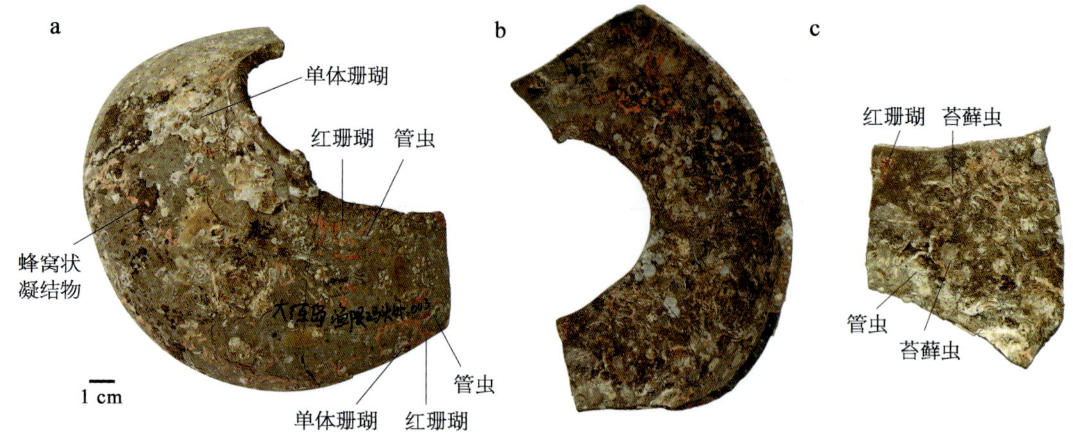

图 5-11　大练岛码头采集出水酱釉罐残片 DL 照片

a. 残片外壁,外壁附着管虫、红珊瑚和单体珊瑚;b. 残片内壁;c. 部分残片内壁,内壁附着管虫、红珊瑚和苔藓虫

5.2.2　胎、釉的化学组成和劣化形貌

使用 EDXRF 对胎的新鲜断面和外壁残存釉做了分析,数据列于表 5-5 中。胎中的 Si 含量为 64.59 wt%、Al 含量为 17.47 wt%,属中国南方的高硅低铝质胎。釉的化学组成数据很不合理,主要体现在 Mg 含量和 Fe 含量分别高达 7.07 wt%和 38.44 wt%,这与外来物对釉层的污染及蚀变密切相关。外来物不仅因海水的携带在釉表面逐渐沉积,也经由裂纹和孔道(图 5-12)侵入釉层内部,参与到釉的蚀变中,影响了釉的测试数据。下面将结合釉的显微形貌对此做出进一步解释。

表 5-5　胎、釉主次量化学组成的 EDXRF 分析结果　　单位：wt%

DL	Mg	Al	Si	K	Ca	Ti	Fe	Mn	P	S
胎	0.26	17.47	64.59	6.52	0.59	1.68	8.85	0.04		
釉(被污染并发生蚀变)	7.07	3.73	15.65	0.40	27.23	0.12	38.44	6.75	0.29	0.32

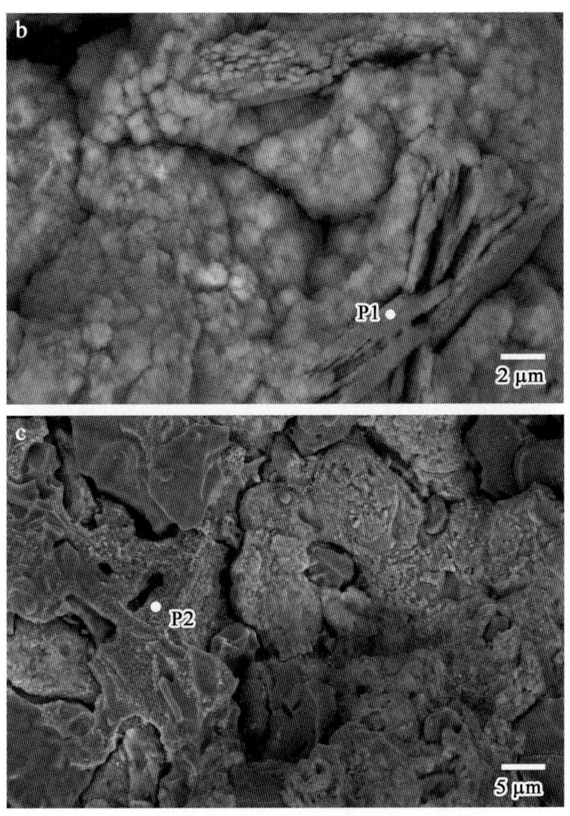

图 5-12　DL 外壁的表面形貌

a. OM 照片，显示釉层局部脱落处裸露出胎体；b. SEM 照片，显示因釉面破损裸露出胎/釉中间层中的柱状钙长石晶体；c. SEM 照片，显示露胎部位的胎内存在莫来石粗大针晶所形成的席状晶簇

DL 的外壁釉层剥落严重。据 OM 观察（图 5-12a），外壁的釉面粗糙且存在大量微裂纹，釉层脱落处可见灰色胎体裸露。对表面进行的 SEM 观察和微区 EDS 分析（表 5-6）证实，釉面破损处露出由柱状钙长石晶丛构成的胎/釉中间层（图 5-12b、表 5-6 P1），裸露的胎内存在莫来石粗大针晶所形成的席状晶簇（图 5-12c、表 5-6 P2）。

表 5-6　DL 残片的 EDS 分析结果　　单位：wt%

图　号	位　　置	Na	Mg	Al	Si	K	Ca	Fe
图 5-12	釉面破损处露出的柱状晶体（钙长石，P1）	0.63	0.46	27.64	43.11	1.20	23.03	3.94
	胎内粗大针晶所形成的席状晶簇（莫来石，P2）	0.44	1.61	32.71	49.98	5.08	1.47	8.72
图 5-13	残余釉层（P3）		13.54	15.13	51.98	0.49	15.53	3.33
	气孔内部填充物（P4）		8.35	6.45	17.32	0.50	2.49	64.88
	气孔内壁沉积物（P5）		10.51	7.04	27.65	0.52	1.76	52.52
	气孔内壁沉积物（P6）		14.46	9.49	36.31	0.71	1.66	37.37

续 表

图 号	位 置	Na	Mg	Al	Si	K	Ca	Fe
图 5－14	胎内壁石英颗粒表面沉积物(P7)		11.08	9.65	34.64	0.76	4.68	38.86
图 5－15	胎内壁开口气孔填充物(P8)		2.00	2.44	89.32			6.23
	六方体晶体(P9)		4.05	26.26	26.16	1.21		42.32
	枝状晶体(P10)		2.42	38.27	1.37			57.93

DL 的外壁存在少量不连续的黄绿色残余釉层(图 5－13a)，SEM 下可以看到玻璃相已大部分剥落，仅有残余钙长石中间层保留(图 5－13b)。EDS 分析表明残余中间层中某位置的 Mg 含量为 13.54 wt %(表 5－6 P3)，这与表 5－5 中宏观釉层分析结果类似，应该是海水中的 Mg^{2+} 在此位置沉积导致。图 5－13b 中可见残余中间层内有两个截面为圆形的坑洞，直径分别为约 30 μm 和 20 μm。坑洞周围为针状钙长石晶簇，内壁沉积了一层外来污染物，以 Fe、Si、Mg、Al 为主要组成(表 5－6 P4、P5、P6)，Fe 高达 37～65 wt%。这两个坑洞原本是中间层玻璃相中未排出的两个气泡，当釉层被外来机械力破坏后，气孔从封闭在玻璃相中的状态变成开放式，直接暴露于海洋环境中，因此外来污染物得以侵入，外来污染物推测为铁器锈蚀物与海砂、海泥混合物。

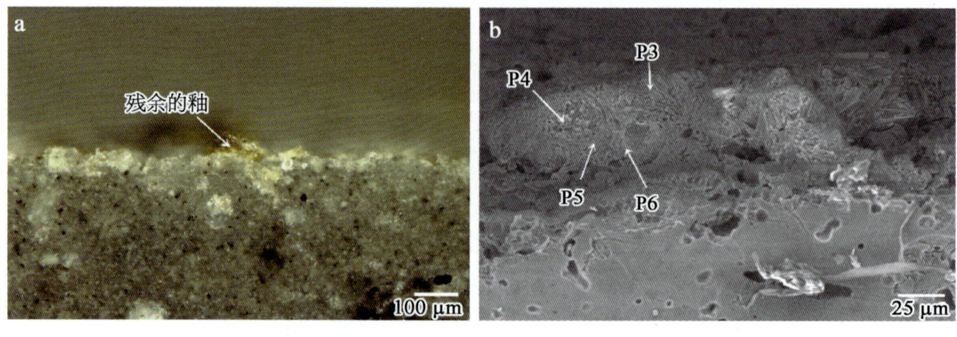

图 5－13 DL 外壁残余釉层的断面形貌

a. OM 照片；b. SEM 照片，显示残存的胎/釉中间层中有两个被外来物沉积填充的气孔

断面的 OM 照片表明，DL 胎的烧结程度不太高，胎内分布着许多孔洞。胎中有大量粗细不一的石英颗粒，最大的石英直径达 0.2 mm 左右(图 5－14a)。这些石英砂应该是人为添加的，目的是提高胎的耐热急变性。胎料在混合时，各粒级的石英被含铁黏土包裹。在升温和降温过程中，石英两次经历 573℃ 的 α－β 相变，因体积反复膨胀-收缩而出现裂纹。

部分暴露于内壁表面的石英受到外来污染。在 OM 下可以清楚地观察到，石英周围的裂纹为污染物渗透进入胎体内部提供了途径，棕色污染物沿着石英外围的裂纹进入胎体中连通的孔洞与裂纹，并延伸到距离胎表面最深约 1 mm 处(图 5－14b)。

对一处被污染的石英的断面(图 5－14c)做了 SEM 观察和 EDS 元素分布分析，可以明显观察到衬度不同的外来污染物填充在石英与胎体之间的微裂纹内，并逐渐沉积在内壁表面（图 5－14c、表 5－6 P7）。外来污染物的化学组成也以 Fe、Si、Mg、Al 为主要组成（图 5－14d），应与图 5－13 中的外来污染物同源，为铁器锈蚀物和海砂海泥的混合物。

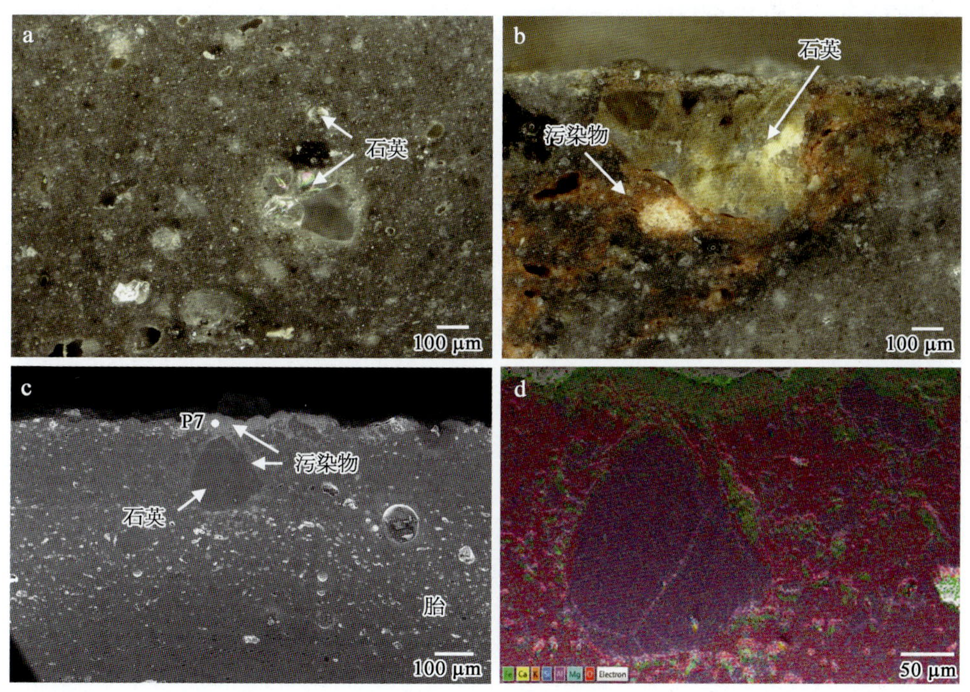

图 5－14　DL 胎的断面形貌

a. 胎的 OM 照片，胎中有大量石英颗粒和气孔；b. 胎的 OM 照片，暴露在胎内壁表面的石英颗粒；c. SEM 照片，胎表面被污染物包围的石英颗粒；d. 石英颗粒所在位置的元素面扫描分布图[266]

胎内壁因机械损伤暴露的开口气孔或破口为细海砂的沉积提供了场所。由图 5－15a 可见，DL 内壁表面一个开口气孔被铁器锈蚀产物污染。该气孔外延裂纹可见明显衬度较浅的铁器锈蚀物，且锈蚀产物通过裂纹深入胎内更深处，气孔内则被细海砂充填（EDS 分析结果见表 5－6 P8），然后被海洋生物骨骼覆盖（图 5－15b）。

对在内壁表面一处较大的棕黑色团块观察可见，周围的裂纹直径达到几十微米，SEM 照片表明（图 5－15c），其内部有大量伴有微裂纹的小石英颗粒和密集的高衬度的微晶集团。石英颗粒的尺寸多在 40 μm 以下，衬度高的小晶体是大量小于 1 μm 的六方体铁氧化物晶体（图 5－15d）（EDS 见表 5－6 P9）。

在接近胎/釉界面处发现一个直径约 300 μm 的气泡壁及周围玻璃相中析出的大量枝状晶体（图 5－15e），该气泡的形成是由于胎料中铁氧化物高温分解产生的气体未能及时排出，随着气泡向釉表面方向的逸出将较多的铁带到胎/釉界面附近，气泡周围的富铁玻璃相在降温过程中析出大量铁氧化物枝状晶（图 5－15f，EDS 见表 5－6 P10）。P8～P10 的 EDS 数据受到束斑较大及 X 射线穿透的影响，仅供参考。

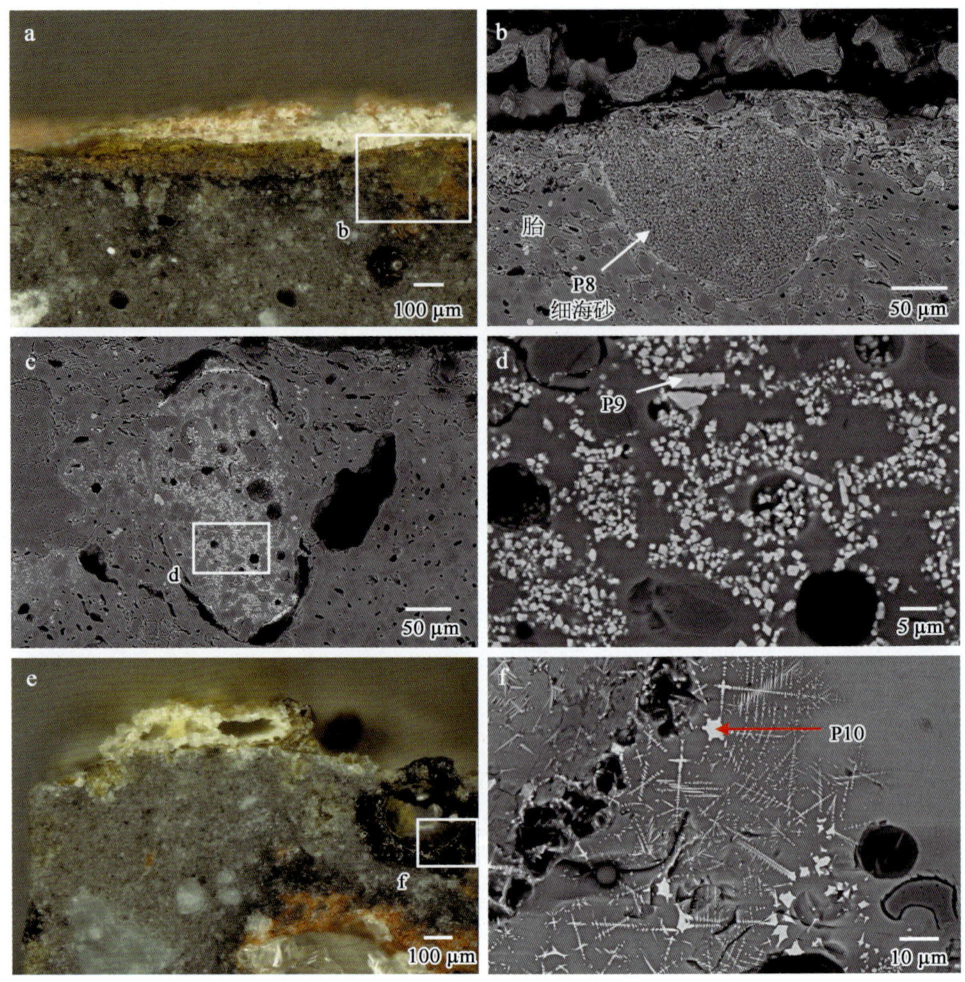

图 5-15　DL 胎的另一处断面形貌

a. OM 照片，内壁表面一个开口气孔被铁器锈蚀产物污染并被细海砂充填，然后被海洋生物骨骼覆盖；b. SEM 照片，为图 a 中方框内区域的放大图[266]；c. SEM 照片，胎内壁界面处的黑色团块；d. SEM照片，为图 c 中方框内区域的放大图，显示黑色团块内大量石英颗粒被铁氧化物微晶包裹；e. SEM照片，胎/釉界面附近的大气泡；f. SEM 照片，为图 e 中方框内区域的放大图，显示大气泡周围富铁玻璃相析出大量铁氧化物枝状晶[266]

5.2.3　铁质污染物对釉层蚀变的影响

DL 外壁存在一处残余釉层，对其断面进行 OM 观察和 SEM-EDS 分析。图 5-16a 中可见残余釉层粗糙不平整，釉层下方一些深色的外来污染物已进入胎体内部，最深处距表面 180 μm。图 5-16b 中可见残余釉层与胎体界面处有明显裂纹存在，釉胎结合已十分松散，釉层的玻璃相基质也有明显的变化。该处周围位置的釉层已完全脱落，胎体裸露。

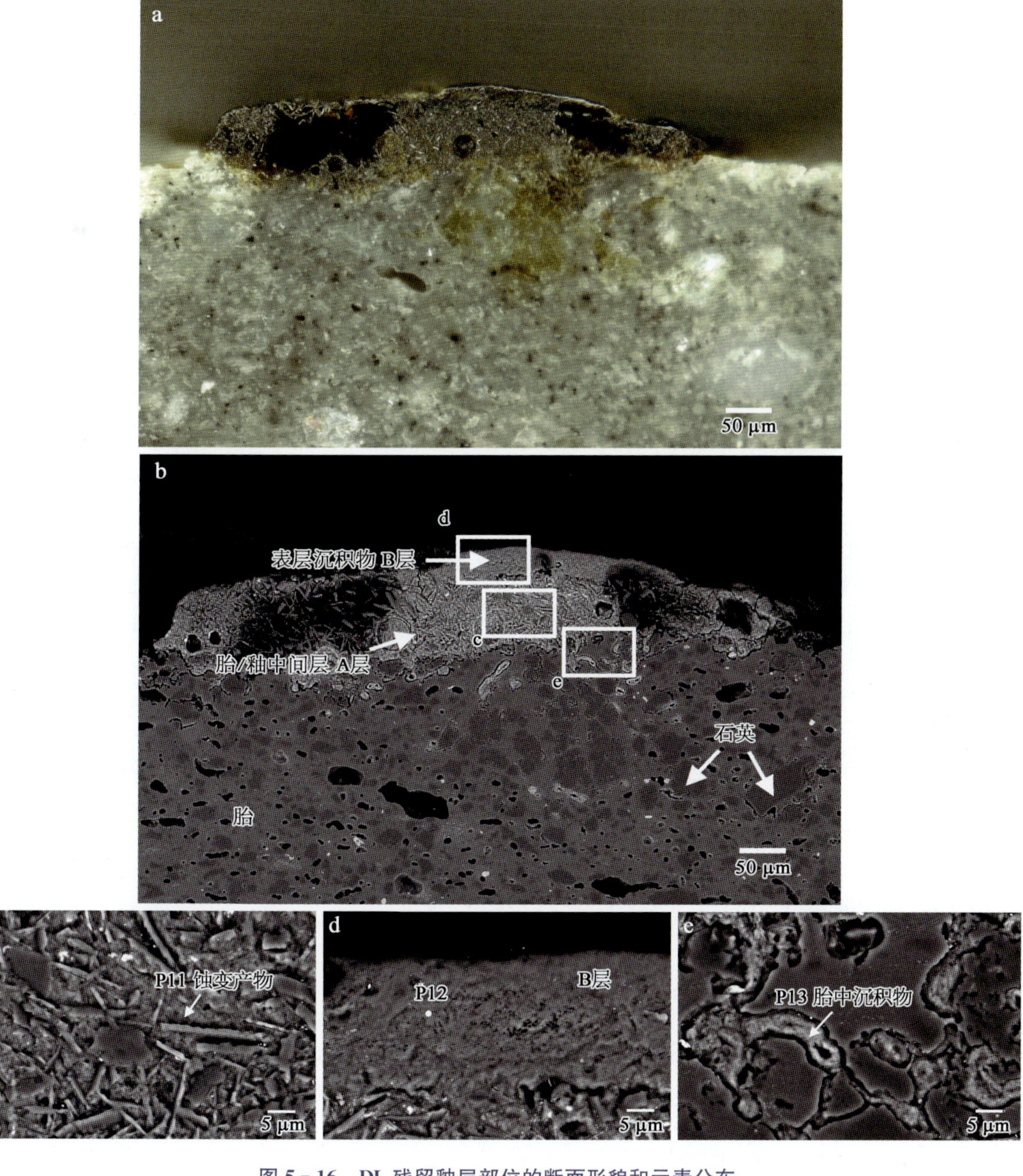

图 5-16　DL 残留釉层部位的断面形貌和元素分布

a. OM 照片[266]；b. SEM 照片[266]；c. 为图 b 中方框 c 内区域的 SEM 照片，含有钙长石晶体的中间层，玻璃相基质被蚀变产物取代；d. 为图 b 中方框 d 内区域的 SEM 照片，蚀变釉层表面的沉积物；e. 为图 b 中方框 e 内区域的 SEM 照片，胎中裂缝被外来沉积物填充残留釉层部位断面的 EDS 元素分布分析显示(图 5-17),蚀变釉层甚至胎的裂纹内含有大量外来的 Fe、Mg。含有大量钙长石晶体的胎/釉中间层(图 5-16b,A 层),厚度约 80~90 μm。填充在晶体之间的相(图 5-16c)富含 Fe、Si 和 O,还有少量 Mg 和 Al(表 5-7,P11),与原本包裹钙长石晶体的玻璃相基质的化学组成有很大差异。中间层上方的 B 层厚度约 25~30 μm(图 5-16d),化学组成(表 5-7,P12)与填充在晶体之间的相相似,但有更多的 Mg 含量和更少的 Al 含量。图 5-16b 中框 e 内还可以看到有衬度较低的物质填充在胎的裂缝中(图 5-16e),EDS 分析结果(表 5-7,P13)表明该物质与 P11 相似但有更多的 Fe 含量。

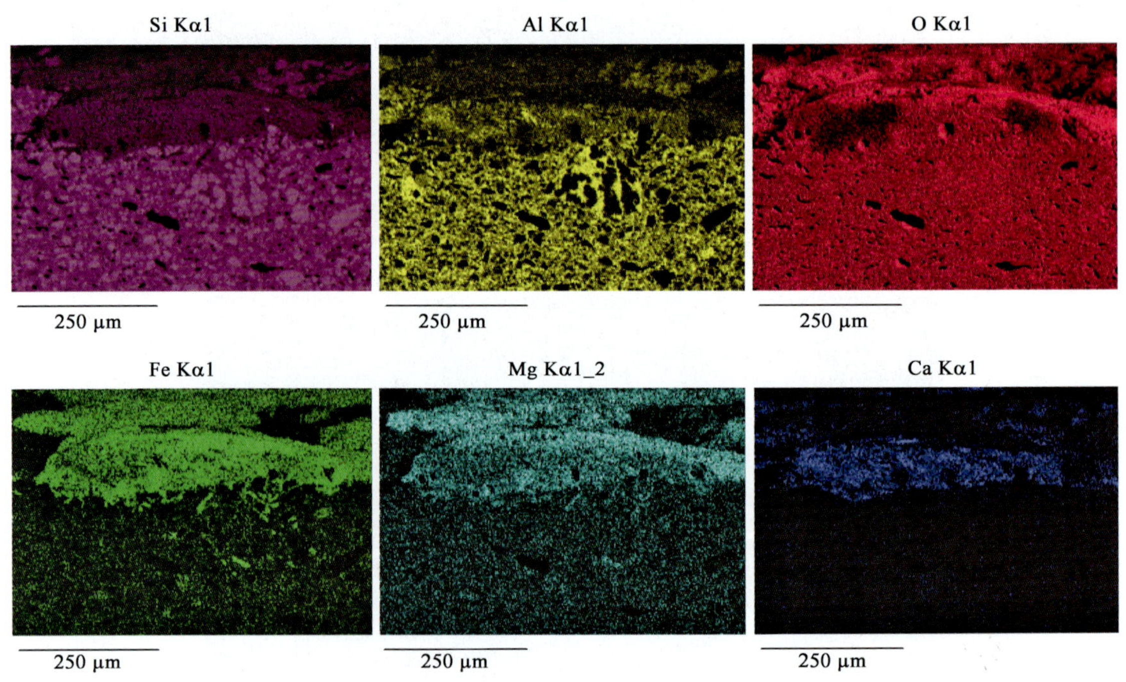

图 5-17　DL 残留釉层部位(图 5-16b)的断面单个元素分布图

表 5-7　DL 残片残余釉层的 EDS 分析结果　　单位：wt%

图　号	位　　置	Mg	Al	Si	K	Ca	Fe
图 5-16	中间层玻璃相的蚀变产物(P11)	8.98	8.15	31.05	0.55	4.11	47.16
	表层沉积物(B 层,P12)	11.29	4.58	32.00	0.00	1.70	50.42
	胎中沉积物(P13)	8.25	7.29	29.79	0.77	1.16	52.72

结合钙长石晶体的位置可以认为,原本的釉玻璃相在其特定的海洋环境中已经发生了蚀变,并被新生成的蚀变产物替代,而钙长石晶体被保存下来,蚀变产物的高 Fe 含量(47 wt%)证明外来的铁器锈蚀物参与了蚀变反应。结合 EDS 的分析结果可以推测,表层沉积物混合了蚀变产物及海水沉积的更多的 Mg,海水携带着蚀变产物和外来污染物通过毁损的中间层将其输送到胎与中间层的界面(图 5-16b 中框 e 内),并沉积在胎的裂缝中。

综合以上研究结果可知，裸露的瓷器表面的物理损伤非常严重，外壁釉层几乎完全脱落，内外壁表面均产生大量开口气孔、破口和裂纹，为细海砂和铁器的腐蚀产物等外来污染提供了侵入的通道和沉积的场所。

此前的研究表明，堆垛在沉船船舱中的瓷器在海洋环境中主要经历离子交换、水解等化学蚀变[144,180]，大部分器物的外貌肉眼看上去光亮如新，小部分釉表面粗糙度增加、失去光泽。而 DL 器物因原始埋藏环境受到外来扰动脱离了原本的船舱环境，在出水前散落在海床上，海水裹挟海砂的水体运动对其产生的机械磨蚀应该是导致其劣化的首要因素，使得器物表面出现了不同程度的物理损伤。应力集中的钙长石/玻璃相界面和胎/中间层界面在受到外力冲击后导致微裂纹的产生和扩展。胎中人为添加的大量石英砂周围因相变产生的微裂纹受到外来机械作用后，扩展成大的裂缝，不仅彼此之间连接，也与胎中的孔洞贯通[267]。

沉积在 DL 器物表面和内部的铁器腐蚀产物来自埋藏环境中的铁器，铁器在海洋中腐蚀的电化学反应如下：

阴极过程
$$\frac{1}{2}O_2 + H_2O + 2e^- \longrightarrow 2OH^- \tag{5-1}$$

阳极过程
$$Fe \longrightarrow Fe^{2+} + 2e^- \tag{5-2}$$

随着腐蚀的进行还有次生反应[268]发生：

$$Fe^{2+} + 2OH^- \longrightarrow Fe(OH)_2 \tag{5-3}$$

$$4Fe(OH)_2 + O_2 + 2H_2O \longrightarrow 4Fe(OH)_3 \tag{5-4}$$

$$4Fe(OH)_2 + O_2 \longrightarrow 4\gamma\text{-}FeOOH + 2H_2O \tag{5-5}$$

$$2Fe(OH)_3 \longrightarrow Fe_2O_3 + 3H_2O \tag{5-6}$$

海水中存在的大量 Cl^- 也会和 Fe^{2+} 生成可溶于水的 $FeCl_2$，向周围环境扩散。由以上方程式可见，在海洋环境中铁器的腐蚀产物种类较多，包括氢氧化铁[$Fe(OH)_3$，方程(5-4)]、纤铁矿[γ-FeOOH，方程(5-5)]、赤铁矿[Fe_2O_3，方程(5-6)]等。因此，DL 表面的含铁污染物具有复杂的组成。这些铁器腐蚀产物在海水的携带下沉积并渗透入釉层，部分以可溶盐形式存在的 Fe^{2+}、Fe^{3+} 重新溶解释放出来并与釉玻璃相发生化学反应。蚀变釉层中钙长石晶体原位保留而玻璃相基质被腐蚀产物取代。与此同时，弱碱性的海水与铁器腐蚀造成的局部碱性增加的微环境促进了釉玻璃相 Si—O—Si 网络的水解，水解产物与铁器腐蚀产物反应形成新相铁硅酸盐[205-206]。

随着铁硅酸盐的不断生成，DL 周围环境中的硅始终无法饱和，玻璃相不断水解，最终导致整个玻璃相都蚀变消失。原本玻璃相中的 Ca 因水解脱碱作用而耗尽，而海水中的 Mg^{2+} 以 $Mg(OH)_2$ 的形式沉淀在蚀变层中[82]：

$$Mg^{2+} + 2OH^- \longrightarrow Mg(OH)_2 \downarrow \tag{5-7}$$

根据以上讨论，提出 DL 的表面釉层在铁质污染物存在下的劣化过程示意图，如图 5-18 所示。首先，釉层在受到海砂等海底沉积物的撞击和冲刷后变得粗糙，布满凹坑与孔洞。釉层玻璃相/钙长石中间层/胎体两个界面处应力集中释放,产生微裂纹并逐渐扩展。坑洞与微裂纹都使得瓷器与海洋环境的接触面积增加,釉层的耐腐蚀性大幅降低,劣化速率增加。接着,在铁锈附着的局部表面,蚀变进程被进一步加速,釉层玻璃相的硅氧网络在弱碱性环境下发生水解,水合脱碱作用使得 Ca^{2+} 几乎全部流失,锈蚀物带来的 Fe^{2+} 与釉层反应析出铁硅酸盐,而铁器腐蚀造成的碱性环境也导致了 Mg^{2+} 在腐蚀产物中的沉淀,持续的反应使得釉层的玻璃相基质逐渐被新相所取代。与原本的釉层相比,新相与胎结合力弱,最终也会在海浪的冲刷中松散、脱落。

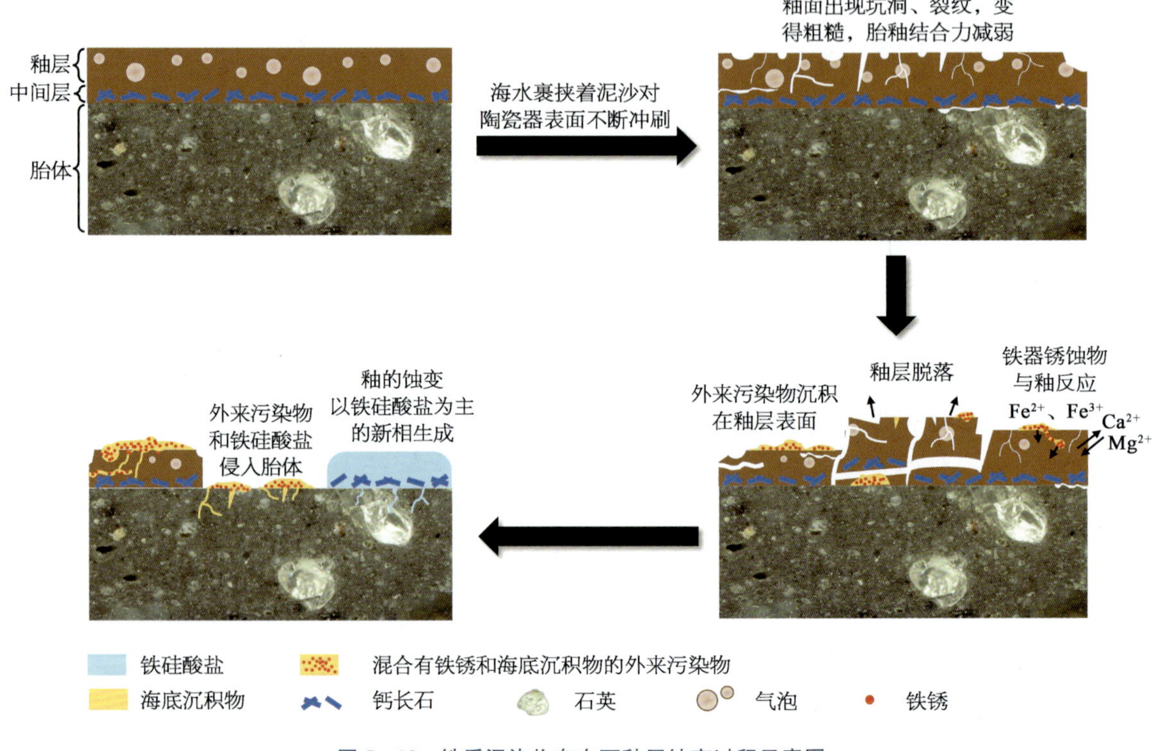

图 5-18 铁质污染物存在下釉层蚀变过程示意图

5.2.4 海洋生物遗骸的化学组成、物相和显微结构分析

5.2.4.1 蜂窝状凝结物

DL 外壁存在大量具有特殊形貌的深色凝结物,使用 OM 对其进行了表面和断面观察(图 5-19)。从表面观察发现(图 5-19a),凝结物的颜色和质地都很不均匀,非均质特征明显。图 5-19b 为从抛光断面所观察到的深色凝结物结构,可以看到,该凝结物内部具备规则排列的蜂窝状结构,且在凝结物与胎体之间存在较为完整的残余釉层,最大厚度处仅有约 50 μm。由釉面破损不堪以及釉层厚度变薄,可以推测在凝结物附着之前,釉层曾遭到海浪裹挟海砂的冲击磨蚀。蜂窝状结构凝结物厚度在 200 μm 以上,它的存在为残余釉层阻隔了海浪的进一步磨蚀,使得残余釉层得以保留下来。

图 5-19　DL 外壁附着的蜂窝状结构凝结物的 OM 照片

a. 表面；b. 断面

图 5-20 为附着有蜂窝状结构凝结物的断面 SEM 图和元素面扫描分布图。胎中可见大量石英及一些含铁矿物颗粒。胎局部(图 5-20a 中 1 号框内区域)呈现破损状态，应为机械力冲击所致。图 5-20a 中可以清楚地观察到残存的釉层玻璃相及钙长石中间层，蜂窝状结

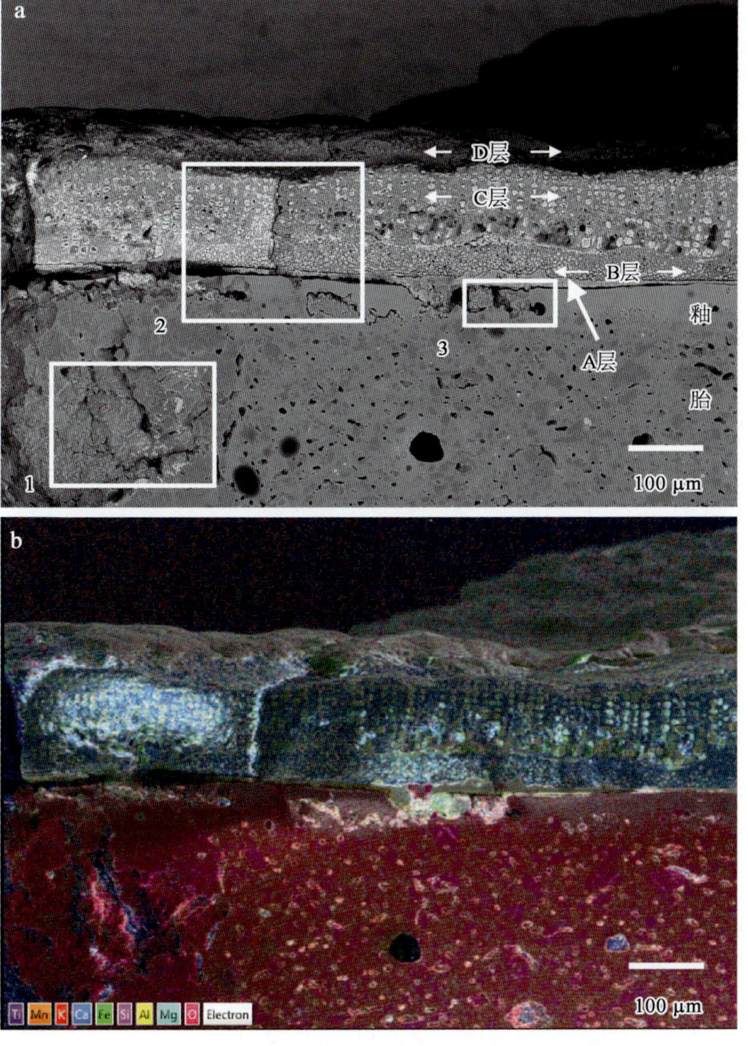

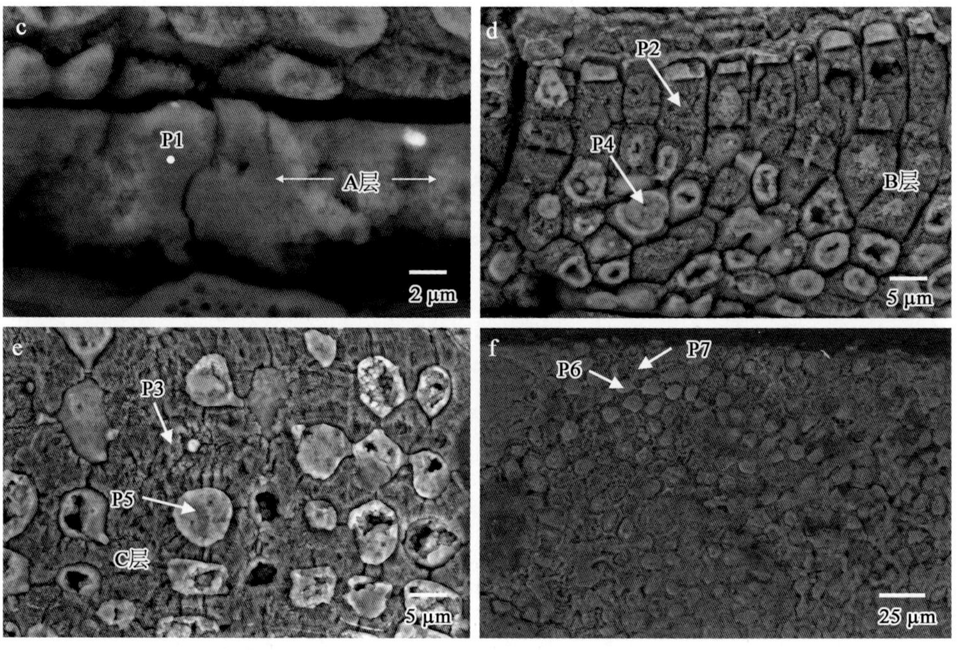

图 5-20 DL 附着的蜂窝状结构凝结物的形貌

a. SEM 照片[266]；b. 元素面扫描分布图[266]；c. 图 a 中方框 2 内下方的 A 层的 SEM 照片，A 层为位于蜂窝状凝结物和釉层之间的层状凝结物；d、e. 图 a 中方框 2 内上方的 B 层和 C 层的 SEM 照片，珊瑚藻遗骸基体及填充物；f. 表面珊瑚藻遗骸基体及填充物

构凝结物呈现出清晰的层状结构。A 层凝结物介于蜂窝状凝结物和釉层之间(图 5-20a 中 2 号框内区域下方，图 5-20c)，主要组成元素是 Fe、Si(表 5-8，P1)，其中 Fe 元素含量高达 62.44 wt%。2 号框中可以看到该处凝结物上方即为贯穿蜂窝状凝结物的裂纹，推测是海水将铁器锈蚀物和海砂等污染物通过裂纹携带至釉面。

表 5-8 DL 残片外壁蜂窝状凝结物的 EDS 分析结果 单位：wt%

图号	位　置	Na	Mg	Al	Si	K	Ca	Fe
图 5-20	层间凝结物(A 层，P1)		2.56	6.11	21.92	1.10	5.88	62.44
	B 层蜂窝状珊瑚藻遗骸(P2)		12.71		1.61		79.53	6.16
	C 层蜂窝状珊瑚藻遗骸(P3)	0.61	8.45		0.50		86.11	4.33
	B 层填充物(P4)		7.61	4.42	24.99	0.64	2.43	59.91
	C 层填充物(P5)		6.45	2.44	23.79	0.67	2.41	64.24
	填充物(P6)		10.23	5.22	31.66	0.93	2.43	49.53
	珊瑚藻遗骸+填充物(P7)		8.02	1.49	11.88	0.27	33.15	45.18
图 5-22	釉层(P8)	0.54	7.09	15.16	51.39	4.56	14.98	6.29
	胎/釉中间层晶体(P9)	2.05	2.23	22.66	50.80	2.46	14.92	4.88
	孔洞内的填充物(P10)		0.88	0.95	2.40	0.22	1.02	94.52

B层与C层形貌相似，整体结构都是由蜂窝状基体和孔道里填充的外来物质构成（图5-20a中2号框内区域上方，局部图5-20d、e），孔道的直径在10 μm以下，部分填充物质因制样过程的清洗处理而有脱落、破裂现象。B层厚度较薄，为20～40 μm；C层的厚度则达到80 μm。B层较C层孔道直径更小。结合元素面扫描分布图（图5-21）和微区的EDS分析可以发现，蜂窝状基体与填充物的化学组成区别很大。蜂窝状基体富含Ca、Mg（表5-8，P2、P3），填充物质则富含Fe和Si（表5-8，P4、P5）。填充物质的化学组成与A层凝结物（表5-8，P1）高度相似。与B层相比，C层基体的Ca含量较高而Mg含量较低。

最外一层（D层）厚度为20～50 μm，从单个元素分布图（图5-21）可以看出，这一层主要含Si、Al、Fe、Mg、O，无Ca，应是铁器锈蚀物与海砂、海泥等外来污染物在表面沉积形成。

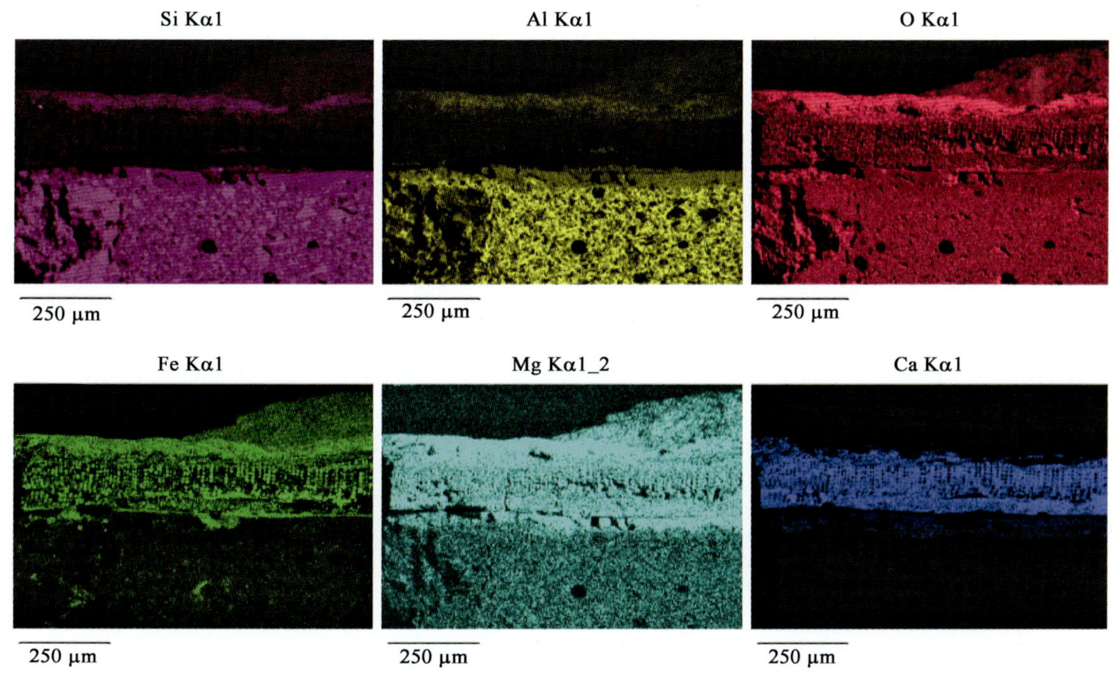

图5-21　DL附着蜂窝状结构凝结物的断面（图5-20b）的单个元素面扫描分布图

在与文献[269]发表的SEM照片对比之后，确认附着在样品外壁的蜂窝状基体属于海洋底栖生物珊瑚藻的遗骸。珊瑚藻的单个细胞大小在10 μm左右，其利用生物矿化作用以方解石的形式在细胞壁上分泌$CaCO_3$，在晶格里有不同程度的镁。坚固的石灰质细胞相互堆叠，构成B层和C层的蜂窝状基体。B层和C层在生物学上分别称为珊瑚藻的髓部和皮层，也称为下叶状体和上叶状体，两者具备不同的细胞排列方式。根据填充物质与A层凝结物高度相似的化学组成可以推测，填充物质是由外来无机质污染物在珊瑚藻的细胞质降解后留下的骨骼中沉积形成。

DL外壁附着的皮壳状珊瑚藻以覆盖物模式生长。受外来机械力作用后，钙质骨骼上有微裂纹形成（图5-20a）。珊瑚藻骨架的微裂纹和细胞质降解后形成的孔道都是外来污染物的侵入途径。图 5 - 20f 为 DL - 1 断面蜂窝状结构凝结物从表面俯视的 SEM 照片，可以看到，P6 处的珊瑚藻细胞质降解后的孔道被填充物完全填充，而 P7 处则填充不充分。EDS 分析表明，P6 填充物的化学组成（表 5 - 8，P6）与图 5 - 20d、e 中断面填充物（表 5 - 8，P4、P5）的化学组成基本一致，以 Fe、Si 和 O 为主要组成元素。两种填充物应具有相同来源，即埋藏环境中的铁器锈蚀物与海砂、海泥等外来污染物。P7 的化学组成则以 Fe 和 Ca 为主要元素，应分别来自填充物和珊瑚藻骨骼。

珊瑚藻遗骸下存在的残余釉层（图 5 - 20a 中 2 号框内下方，图 5 - 22a），厚度为 50～60 μm，EDS 证实其化学组成属于酱釉（表 5 - 8，P8），这个数据比自然釉面测试数据（表 5 - 5）合理多了。胎/釉中间层可见玻璃相和柱状钙长石晶体（图 5 - 22b，表 5 - 8，P9），玻璃相基质与晶体交界处存在明显的裂纹（图 5 - 22a）。该界面有应力集中，是外来机械力作用下易产生裂纹的薄弱环节[180]。在海浪的长期磨蚀后，微裂纹也会进一步扩展、延伸成大的裂纹，成为外来污染物侵袭的通道。

图 5 - 22c 显示珊瑚藻下方釉面存在严重破损（图 5 - 20a 中 3 号框内区域），且 EDS 表明 P10 孔洞内填充物（图 5 - 22d）是铁的氧化物（表 5 - 8，P10）。说明在珊瑚藻附着前，釉面已受到携带海砂的海浪磨损，破损的孔洞内沉积了来自铁器的锈蚀产物。

综上所述，海洋植物珊瑚藻附着在 DL 被磨损过的粗糙釉面，珊瑚藻遗骸内部的三维贯通孔道和贯穿遗骸的微裂纹为外来污染物提供了侵入的途径和沉积的场所。黄白色遗骸的孔道被铁器锈蚀产物和海泥、海砂等外来污染物填充，共同形成具有蜂窝状结构的深色复杂凝结物。

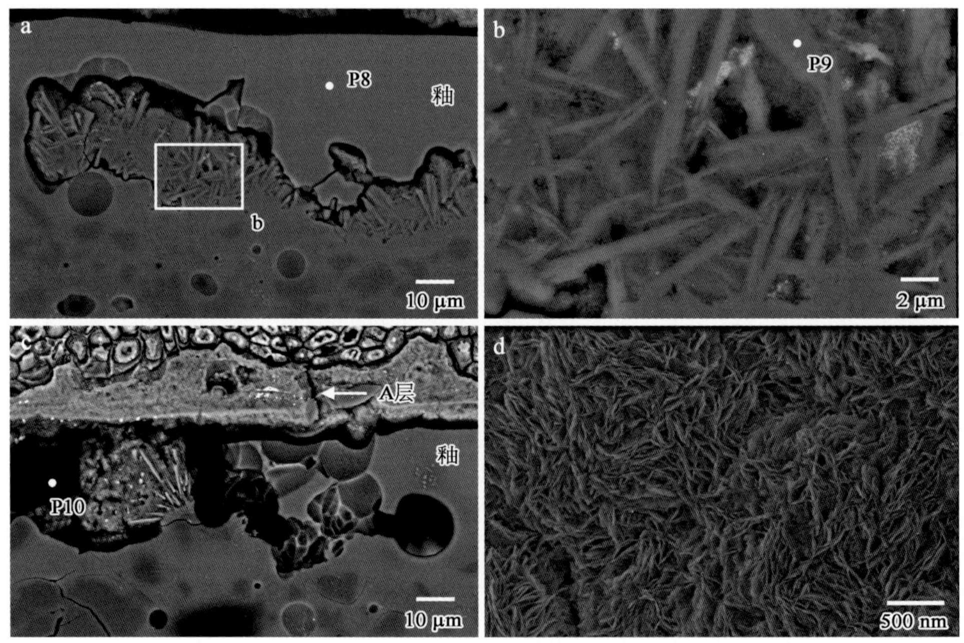

图 5 - 22　DL 蜂窝状凝结物/釉界面的断面 SEM 照片[266]

a. 图 5 - 20a 上 2 号框内下方，残余釉层及胎/釉中间层；b. 胎/釉中间层中的柱状钙长石晶体；c. 图 5 - 20a 上 3 号框内区域，蜂窝状凝结物与胎之间的破损釉层；d. 图 c P10 处孔洞里填充的外来铁质污染物的形貌

对 DL-1 样品断面的层间凝结物(A 层)以及蜂窝状凝结物表面不同颜色的特征位置进行了多点 μ-Raman 测试(表 5-9),鉴别出的物相包括赤铁矿(A 层和点 1)、方解石(点 2)和石英(点 3)。方解石和赤铁矿分属黄白色区域和砖红色区域。

蜂窝状凝结物表面点 4 的 μ-Raman 谱图是方解石和赤铁矿的混合晶相(表 5-9)。遗骸孔道截面直径约为 10 μm,μ-Raman 的束斑直径为 25 μm,因此该测试区域涵盖了珊瑚藻的遗骸及填充物。EDS 微区组成测试表明(表 5-8,P2～P5),珊瑚藻遗骸富含 Ca 和 Mg,填充物和层间凝结物富含 Fe 和 Si。综合 μ-Raman 和 SEM-EDS 结果,珊瑚藻骨架遗骸的物相组成为方解石,填充物和层间凝结物的物相组成包括赤铁矿和石英,沉积在珊瑚藻遗骸下釉层表面坑洞的铁器锈蚀物应是赤铁矿(图 5-22c、d,表 5-8,P10)。

表面的 XRD 分析表明(表 5-9),凝结物的晶相主要为低镁方解石($CaCO_3$)和石英(SiO_2),与 μ-Raman 分析结果相互印证。

表 5-9　蜂窝状凝结物表面不同区域的拉曼光谱和 XRD 分析结果

测试位置	类　别	峰　位	对应物相
断面 A 层	Raman/cm^{-1}	226,244,296,407,509,610,660,1 322	赤铁矿
蜂窝状凝结物表面点 1		227,249,296,408,501,610,660,1 322	赤铁矿
蜂窝状凝结物表面点 2		156,283,713,1 088	方解石
蜂窝状凝结物表面点 3		207,465	石英
蜂窝状凝结物表面点 4		288,1 085	方解石
		223,249,399,510,610,673,1 322	赤铁矿
表面混合区域	XRD/(°)	29.81,36.49,40.06,43.70,48.30,49.95	低镁方解石
		20.84,26.61	石英

5.2.4.2　海洋生物附着物

表 5-10 为对几种海洋生物附着物的 EDXRF 分析结果,结果显示,Ca 元素是几种动物遗骸中最主要的元素,含量都达到 70 wt%以上,这主要是来自生物矿化后生成的钙质骨骼。在所有已知的生物矿物中,大约一半是含钙的,这反映了钙在细胞代谢中的关键功能作用,其中 $CaCO_3$ 是最丰富的生物矿物[270]。对比几种生物遗骸中的 Mg 元素含量发现,红珊瑚和管虫遗骸中含量要高于苔藓虫和单体珊瑚,这可能与 $CaCO_3$ 在生物骨骼中存在的不同晶型以及 Mg 元素在 $CaCO_3$ 晶格中的取代程度有关。苔藓虫和管虫中较高的 Al、Si 含量可能受到表面沉积的海砂、海泥(铝硅酸盐矿物)的影响;除单体珊瑚外几种动物遗骸中的 Fe 含量(3～4 wt%)应是受到样品表面沉积的铁器锈蚀产物的影响(见 5.2.4.1 节)。几种动物遗骸中 S 元素普遍存在,可能包括两个来源:生物在生物矿化过程中,需要高负电硫酸化有机高分子来吸引和粘结二价阳离子,如 Ca^{2+}、Mg^{2+} 等,此前 Tanur 等也确实在管虫内衬中发现硫酸化多糖[271-272];另一个来源则是海洋中的硫酸盐或其他形式的硫化物,海洋中表层海底沉积物中硫酸盐还原菌较为活跃,硫酸盐可能被还原为硫化物或其他低价硫的形

式存在[14,273]。Na 和 Cl 元素作为海水中除 H 和 O 以外最多的常量元素,在几种动物遗骸中也有少量检出。

表 5-10 DL 残片表面海洋生物附着物的 EDXRF 分析结果 单位:wt/%

海洋生物	Na	Mg	Al	Si	S	Cl	K	Ca	Fe
管虫		3.43	3.46	6.06	0.54	0.26	0.70	79.99	3.90
单体珊瑚	1.07	0.38	0.96	1.51	1.79	2.47	0.12	87.02	0.48
红珊瑚		4.65	0.56	1.31	0.66	0.23	0.36	88.04	3.07
苔藓虫	0.15	1.51	7.57	13.26	0.42	0.45	1.16	70.64	3.47

对 DL 残片内壁具有大量生物遗骸的一处区域进行 EDXRF 元素面扫描分析(图 5-23a、b)及局部的组成分析(表 5-11)。Al、Si 元素的面扫描分布图(图 5-23c、d)显示,两种元素主要集中在选区左上区域,该处外来污染物较少、部分胎体裸露,P1 处的化学组成也表明来自胎体的 Si、Al 含量较高,但高达 15 wt%的 Fe 含量表明该处有含有铁器锈蚀物的外来污染物沉积。选区中右上和下方区域红珊瑚等海洋动物遗骸附着处则表现出 Ca 元素的高度富集(图 5-23e),对 P2、P5、P7 三处动物遗骸的点分析结果显示,Ca 元素含量最高为 95 wt%,表明 DL 残片内壁附着的海洋生物遗骸为钙质。选区中深色凝结物集中在上方区域和海洋生物遗骸的间隙,元素的面扫描分布图显示出 Al、Si、Fe 元素的富集(图 5-23c、d、f),P3、P4 处的化学组成表明,深色凝结物区域的 Fe 含量为 35~47 wt%,Si 含量为 21~31 wt%,应是外来铁器锈蚀物和海砂海泥沉积导致。此外,P5、P6 处较为特殊的是 P、S、Cl 元素含量要明显高于其他几点,S 和 Cl 元素推测来自海水中的硫酸盐等硫化物及氯离子;而 P 元素则可能是来自海洋沉积物中的磷酸盐矿物,以无机磷的形式保存在残片表面的外来污染物中[274]。

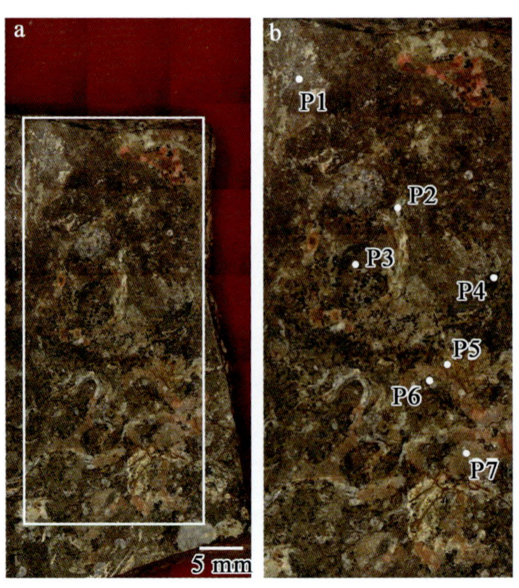

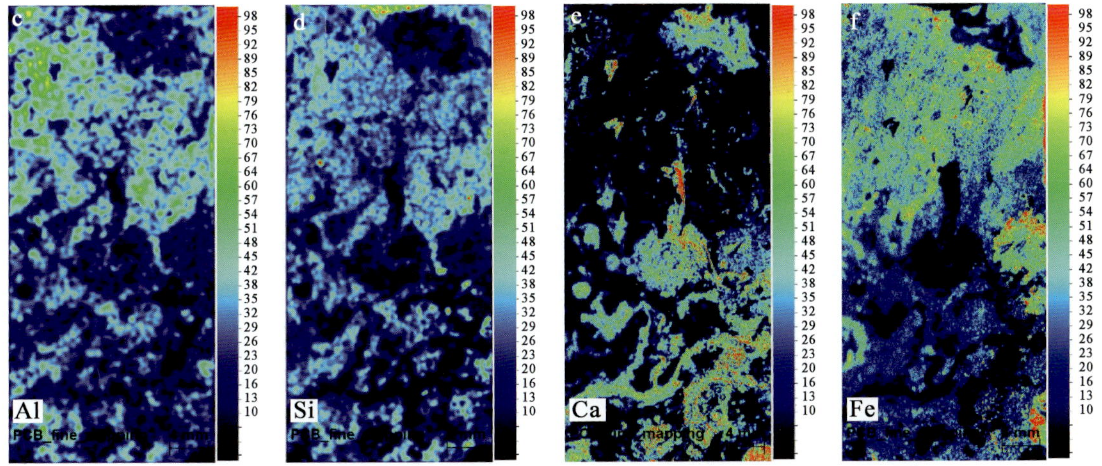

图5-23　DL残片内壁具有大量生物遗骸区域的EDXRF元素面扫描谱图[275]

a. 面扫描区域照片；b. 选点情况；c～f. 元素分布面扫描图

表5-11　DL残片内壁面扫描区域表面选点的EDXRF分析结果　　单位：wt/%

位置	Na	Mg	Al	Si	P	S	Cl	K	Ca	Ti	Mn	Fe
P1	0.59	1.16	24.47	49.93		0.28	1.39	3.50	1.50	1.67	0.22	15.03
P2	1.65	5.07	0.67	1.75	0.24	0.52	1.01	0.07	87.03	0.07	0.49	0.49
P3	2.27	2.66	13.19	31.14	0.04	2.08	3.22	4.00	3.42	1.17	1.64	34.97
P4		7.54	4.97	20.82	0.12	0.35	2.63	1.04	11.78	0.08	3.10	47.22
P5	1.80	3.29	1.16	1.82	3.66	6.7	13.52	0.72	63.03	0.12	0.65	2.59
P6	3.00	3.22	0.76	2.68	17.24	4.49	11.17	2.38	32.02	0.94	1.25	20.28
P7			0.48	0.77		0.37	0.21		95.36	0.01	0.05	0.29

海洋动物附着给DL残片带来的影响是极为明显的，表面90%以上面积被层层堆叠的海洋动物遗骸所覆盖，不施釉的内壁较施釉外壁的动物遗骸更多。对不同形貌的海洋动物遗骸进行了化学组成、物相和形貌分析，根据与文献的对比分为两类：① 单体生物（由单个受精卵衍生出来，结构上自我维持[276]）：管虫和单体珊瑚；② 构件生物（由迭代的一个以上的基本单元组成结构个体[277]）：苔藓虫和红珊瑚。这些海洋动物不仅直接附着于残片表面，也附着于海洋植物珊瑚藻表面，形成生物堆叠附着现象。以下对各类海洋生物遗骸依次进行介绍。

1）**管虫**

DL残片表面存在较多的管虫生物遗骸。管虫是环节动物门、多毛纲的一种环节动物，黄白色中空长管状，栖管长短、粗细不一，长度为10～20 mm，直径约为0.5 mm。栖管顶部常有两条平行的脊线（图5-24）。其栖管内部原先是虫体，虫体死亡降解后石灰质栖管留下，不易自然脱落[278-279]。

图 5-24 DL 残片表面附着的管虫[275]

管虫在附着时，其幼虫首先分泌生物胶将自身黏附在基质表面，接着在基质上完成变态并从幼虫前端开始向后延伸分泌包裹虫体的黏质性石灰质栖管[280]。尽管管虫的生命周期极短、仅为 1～2 年，虫体死亡降解后栖管遗骸仍可保留下来（图 5-25a）。在 SEM 下对栖管进一步观察如图 5-25b 所示，可以看到，DL-2 外壁残留了少量栖管，栖管底壁骨骼深入表面的裂纹中，与表面紧密结合，毫无间隙。构成管虫栖管的纤维材料是以液体形式分泌的，它们可以逐渐渗透入样品表面微米级的裂纹与孔洞中，最后栖管在海水、有机质的存在下逐渐硬化形成坚硬的石灰质骨骼[281]，幼虫得以永久附着。DL-2 外壁残留的栖管的超微结构由两种分区组成（图 5-25b 中两处箭头所指处），每种都对应一个特定的晶体超微结构[282]：分别为球晶不规则取向棱柱结构（SIOP）和不规则取向棱柱结构（IOP）。管虫栖管骨骼的这些复杂的超微结构的形成，和参与它们的生物矿化过程的有机质有密切的关系。管虫栖管内壁的有机质内衬为其无机质骨骼提供模板、介导钙化，并在一定程度上控制了最终晶体的结构和多形性[272]。从表面观察图 5-25a 所示区域可以看到（图 5-25c），管虫所附着的外壁表面杂乱多孔、裂纹密布，已经完全没有正常釉面的光滑平整，这对海洋污损动物幼虫有极大吸引力。

图 5-25d～f 为 DL-2 内壁残存的管虫栖管。未施釉的内壁具有更大的粗糙度，吸引了管虫幼虫集群附着，留下了聚集的大量栖管（图 5-25d）。在 SEM 下可以清楚地看到，管虫底壁将胎体表面的缺陷完全填充，两者间毫无间隙（图 5-25e）。然而样品制样过程中的抛光、镀碳膜工艺模糊了栖管横截面的大部分超微结构。图 5-25f 中，尽管栖管底部与表面有 20 μm 左右间隙，但可以观察到，栖管底部轮廓与样品表面走势完全相同，所以应是受到强烈外来机械作用后有所松动导致（图 5-25f 箭头所指处）。EDS 分析结果表明（表 5-12，P1、P2），DL-2 上附着的管虫的石灰质栖管中所含的 Mg 含量约为 24 wt%，结合 μ-Raman 谱图在 158 cm^{-1}、286 cm^{-1}、1 090 cm^{-1}处有较为明显的谱峰存在（表 5-13），应是方解石质 $CaCO_3$，晶格中有大量的 Mg^{2+} 取代 Ca^{2+}。

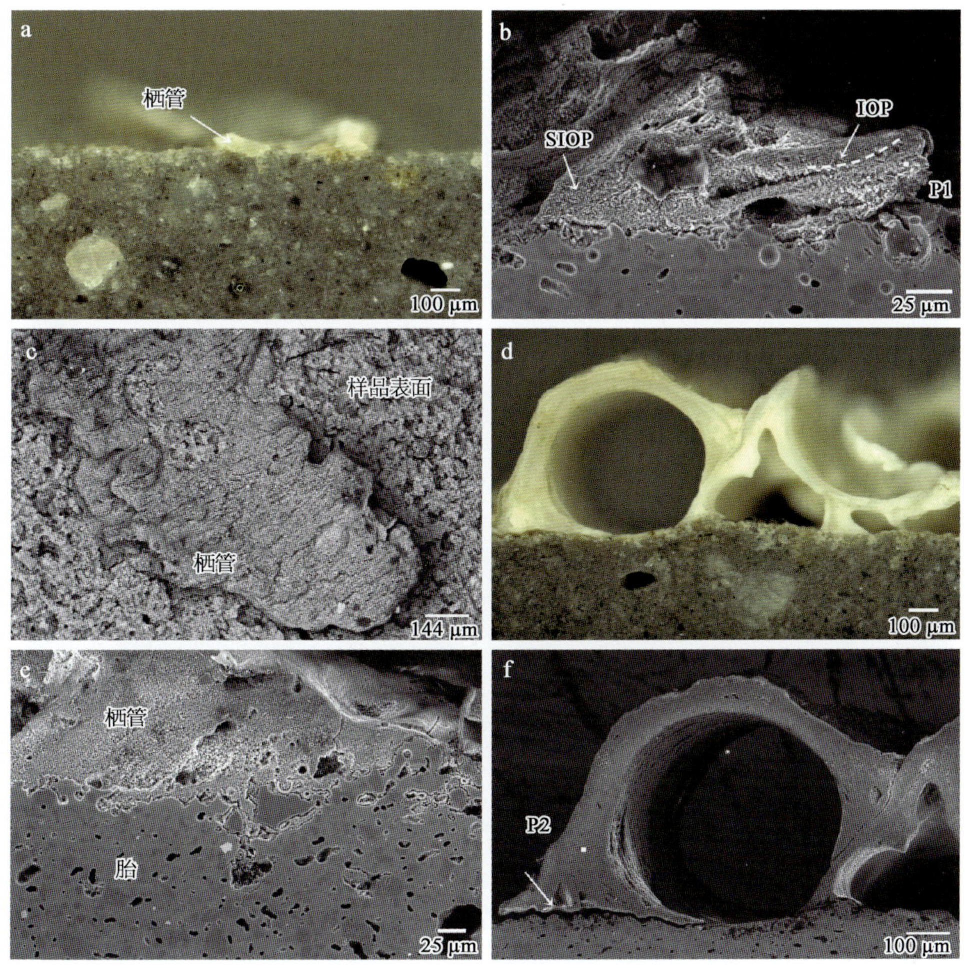

图 5－25　DL－2 样品表面管虫附着处

a. 外壁残留栖管处断面的 OM 照片[275]；b. 外壁栖管断面的 SEM 照片，栖管横截面显示了分区结构(SIOP= spherulitic irregularly oriented prismatic，IOP= irregularly oriented prismatic)，栖管底部与外壁表面紧密结合；c. 图 a 位置对应的表面 SEM 照片，样品外壁表面已十分粗糙[275]；d. 内壁残留栖管处断面的 OM 照片；e. 内壁栖管断面的 SEM 照片，栖管/胎界面结合紧密；f. 栖管/胎断面的 SEM 照片，因外来机械力作用而松动的栖管底部(箭头所指处)

表 5－12　管虫的 EDS 分析结果　　单位：wt/%

测 试 位 置	Na	Mg	Al	Si	Ca	P	S
外壁管虫栖管(P1)	3.03	24.23	1.13	1.70	66.92	1.43	1.56
内壁管虫栖管(P2)		23.56	4.35	12.66	58.35		1.08

表 5－13　管虫的拉曼光谱分析结果

测 试 位 置	峰位/cm^{-1}	对应物相
管　虫	158，286，715，1 090	方解石

2）单体珊瑚

DL－4 样品外壁附着的单体珊瑚属于腔肠动物门珊瑚纲中固着生活的水螅型珊瑚，遗骸外壁呈现白色圆柱，顶端直径约为 3 mm，但底壁覆盖直径可达 8～10 mm，内部隔壁整体呈现辐射对称，类似车轮（图 5－26）。隔壁之间有百微米以上的空隙，隔壁表面有大量锯齿状突起。有的外壁完整，垂直高度达到 3～5 mm；有的还处于成长初期，几乎看不出圆柱形外壁。在珊瑚虫存活时，隔壁支持珊瑚虫软体（水螅体）位于骨骼最顶层，隔壁之间的空隙中还会有下陷的软体部分。

图 5－26　DL 残片表面附着的单体珊瑚[275]

利用 OM 从断面观察附着在 DL－4 外壁的单体珊瑚（图 5－27a），其骨骼呈现黄白色。图 5－27b 显示该处样品外壁已经没有釉层残留，单体珊瑚的底壁完全填充在裸露胎体表面的坑洞里，形成“钥匙与锁”一样的固着界面（图 5－27b 方框内），结合十分紧凑。珊瑚的钙质骨骼相较管虫几乎没有 Mg 元素存在（表 5－14，P3），结合 μ－Raman 光谱分析结果其骨骼物相为文石，在 154 cm^{-1}、207 cm^{-1}、703 cm^{-1}、1 082 cm^{-1}处有较为明显的谱峰存在（表 5－15 外壁）。珊瑚的白色外壁与胎体表面接触的界面还有零散的红色颗粒（图 5－27c 箭头所指处），利用 μ－Raman 光谱分析在 1 126 cm^{-1}、1 514 cm^{-1}、2 243 cm^{-1}、2 623 cm^{-1}处具有特征峰位，对应于红珊瑚的有机色素信号（表 5－15 红色颗粒区域），可以推测，珊瑚附着前该处外壁因携带海砂的海浪的磨蚀造成釉层的剥落，珊瑚幼虫和红珊瑚幼虫都选择该处粗糙的釉面作为落脚点，附着并开始生长，底盘和粗糙表面牢固结合，但最终红珊瑚被单体珊瑚覆盖，包裹在单体珊瑚的外壁中。

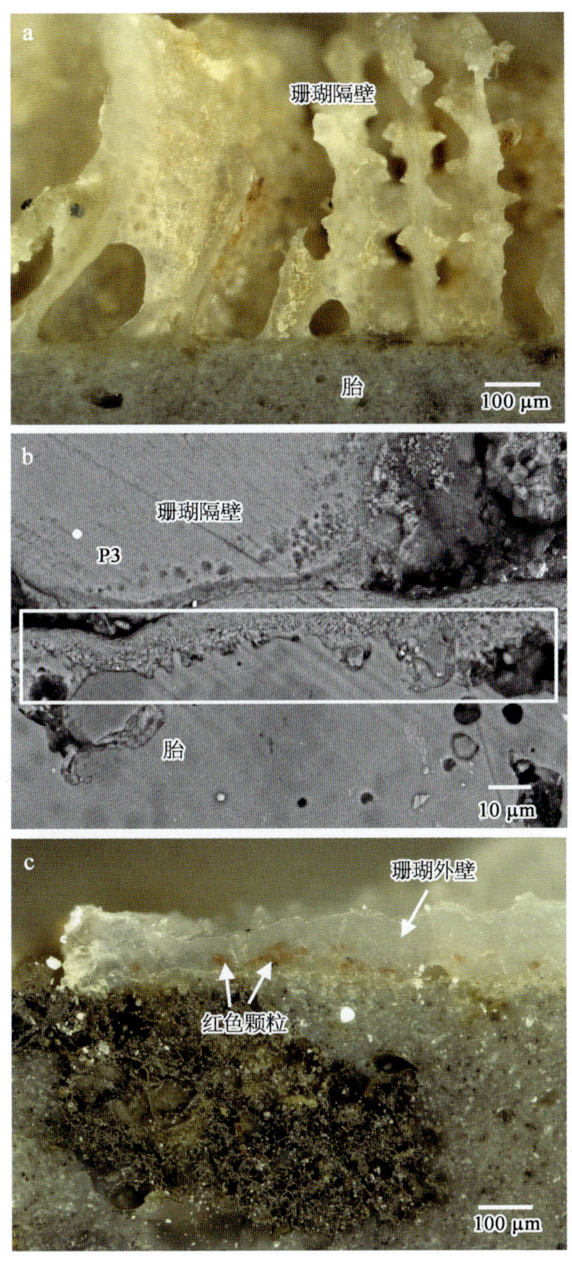

图 5－27　DL－4 样品外壁附着的单体珊瑚

a. 单体珊瑚断面 OM 照片；b. 珊瑚内部与胎体附着界面 SEM 照片；
c. 单体珊瑚断面的 OM 照片，单体珊瑚外壁与胎体界面存在红色颗粒

表 5－14　单体珊瑚的 EDS 分析结果　　单位：wt/%

测 试 位 置	Na	Mg	Ca	S
单体珊瑚外壁(P3)	1.55	0.59	97.35	0.52

表 5 - 15　单体珊瑚的拉曼光谱分析结果

测试位置	峰位/cm^{-1}	对应物相
外　壁	154,207,703,1 082	文　石
红色颗粒区域	155,207,1 083	文　石
	1 126,1 514,2 243,2 623	红珊瑚

3) 苔藓虫

DL-5 样品内壁表面附着的苔藓虫属于苔藓动物门，营底栖固着生活，生长方式为被覆型生长[270]，留下大量黄白色的扇状或片状的群体骨骼平铺在 DL 表面。单个苔藓虫的大小仅几百微米(图 5 - 28)，但苔藓虫以出芽方式不断繁殖出新的个体，形成的群体骨骼却可以达到相当大的覆盖面积。图 5 - 28 呈现出苔藓虫有清晰界线的个体虫室构造。较大的圆孔为虫室的室口，是虫体进出的通道，位于虫室的顶端；较小的圆孔为气孔，是苔藓虫骨骼的微细结构之一。

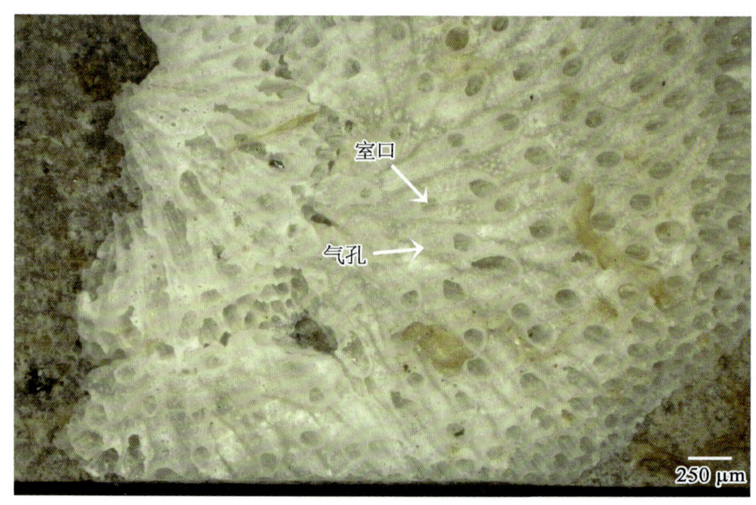

图 5 - 28　DL 残片表面附着的苔藓虫

苔藓虫附着在样品外壁的骨骼呈现出几乎纯净的白色(图 5 - 29a)，应是未受到污染的原因。可以看到苔藓虫的部分虫室底壁与样品表面存在较为明显的空隙。图 5 - 29b、c 分别为骨骼表面和附着处断面观察的 SEM 照片。从骨骼表面形貌可以判断，该苔藓虫属于裂孔类苔虫。单个虫室长约 400 μm、宽约 150 μm，虫管细长，虫室顶壁刺孔较多。虫室一端为室口，是苔藓虫活体出入的通道(图 5 - 29b)。断面可见虫室孔径约 75 μm，基本呈圆形(图 5 - 29c)，大量虫室堆积形成立体骨骼。从切割断面可以看出，该苔藓虫的底壁和间壁厚度约 25 μm，底壁与样品表面结合界面空隙较大，结合松散(图 5 - 29c 中箭头所指处)。

样品内壁附着的苔藓虫群体骨骼颜色逐渐加深，变为黄白色(图 5 - 29d)，这应该是被样品内壁沉积的外来污染物影响所致。图 5 - 29e 显示该苔藓虫断面虫室直径最大达到 300 μm，底壁厚度仅在 15 μm 左右，间壁厚度与顶壁骨骼相近、在 50 μm 左右(图 5 - 29f)。

苔藓虫在内壁未施釉的胎体表面的结合较外壁更为紧密，但结合界面仍有明显空隙存在（图 5－29f 中箭头所指处）。

苔藓虫的顶壁和底壁一般依次包括衬在体腔内的上皮、矿化骨骼、有机角质层三层结构，有机角质层为最外层，即苔藓虫与外部环境之间的界面；上皮为最内层，与虫体接触。间壁则是两侧都为上皮，无有机角质层。苔藓虫附着时，底壁未分化的上皮细胞首先分泌角质层，用于附着的黏合剂为简单的酸性黏多糖分泌物，不会对样品表面产生蚀刻[283]。在上皮细胞的分化过程中，离子钙或电离钙在细胞内累积并释放到细胞外，随后钙盐逐渐沉积在有机角质层的框架中，形成矿化骨骼，这个过程中，最外层的有机角质层可能至少部分矿化，这有利于促进苔藓虫与样品表面的融合[284]。EDS 分析结果表明（表 5－16），苔藓虫和其他生物一样同为钙质骨骼，Mg 元素含量较低，结合 μ－Raman 谱图分析结果（表 5－17）应是文石型 $CaCO_3$。

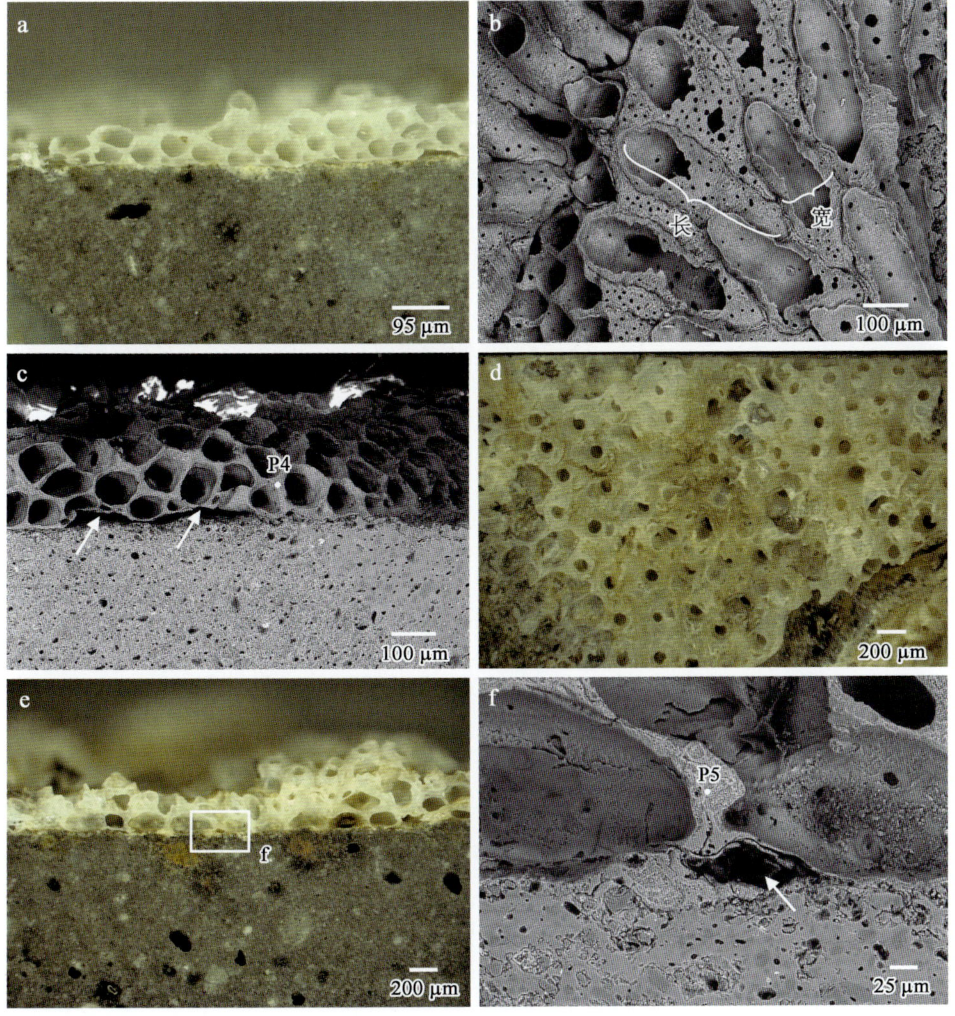

图 5－29　DL－5 样品附着苔藓虫的形貌

a. 外壁苔藓虫的表面的 OM 照片；b. 图 a 俯视的表面 SEM 照片，外壁苔藓虫表面显微形貌；c. 苔藓虫断面的 SEM 照片，苔藓虫骨骼与胎之间有明显空隙；d. 内壁苔藓虫附着表面的 OM 照片；e. 内壁苔藓虫附着断面的 OM 照片；f. 内壁苔藓虫骨骼断面的 SEM 照片

表 5-16　苔藓虫的 EDS 分析结果　　单位：wt/%

测试位置	Na	Mg	Ca	S
外壁苔藓虫骨骼(P4)	3.95	5.65	86.41	3.99
内壁苔藓虫骨骼(P5)	4.89	1.03	92.94	1.14

表 5-17　苔藓虫的拉曼光谱分析结果

测试位置	峰位/cm^{-1}	对应物相
苔藓虫	154,202,703,1 086	文　石

4）红珊瑚

红珊瑚和单体珊瑚同属于腔肠动物门珊瑚纲，在 DL-2 样品内外壁都存在呈现条状或点状的红珊瑚生物遗骸，遗骸长度从 2 mm 到 20 mm 不等，红色深浅不一，表面疏松多孔，这是大量红珊瑚虫（水螅体）聚集在一起利用生物矿化作用分泌形成的树枝状群体骨骼（图 5-30）。骨骼的红色来自珊瑚虫捕食浮游生物所获得的多烯色素[285]。

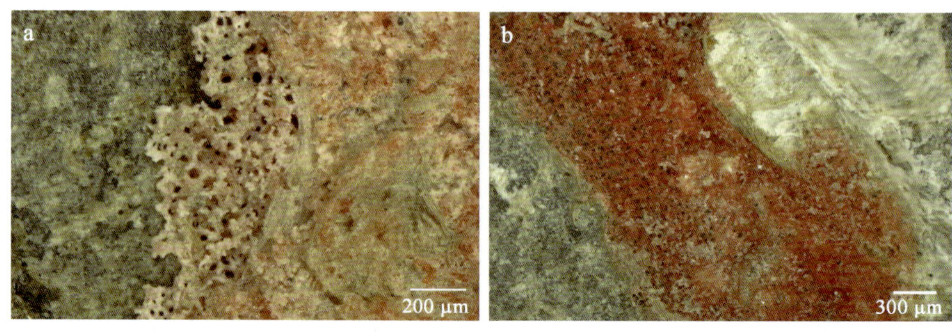

图 5-30　DL 残片表面附着的红珊瑚

a. DL-2 样品外壁颜色较浅的红珊瑚的 OM 照片；b. DL-2 样品外壁颜色较深的红珊瑚的 OM 照片

红珊瑚的附着并不牢固，在实验过程中可以发现红珊瑚群体骨骼完整脱落的现象。图 5-31a 显示 DL-2 外壁无明显残余釉层，但利用 SEM 观察可见红珊瑚骨骼下方的样品表面有密集的凹坑存在（图 5-31b），这可能是釉胎中间层的钙长石晶丛脱落而形成的，但红珊瑚的底部骨骼并未像单体珊瑚的底壁一样、完全填充在表面的凹坑里，而是保留了原本的骨骼走向并与表面产生明显的空隙（图 5-31b）。红珊瑚在陶瓷表面的附着行为模式可能与红珊瑚虫的生物矿化过程有关。EDS 分析结果表明，红珊瑚骨骼中 Mg 含量要远高于其他海洋动物遗骸，这是由于其生物矿化所形成的骨骼为方解石质的缘故（表 5-18，P6）。

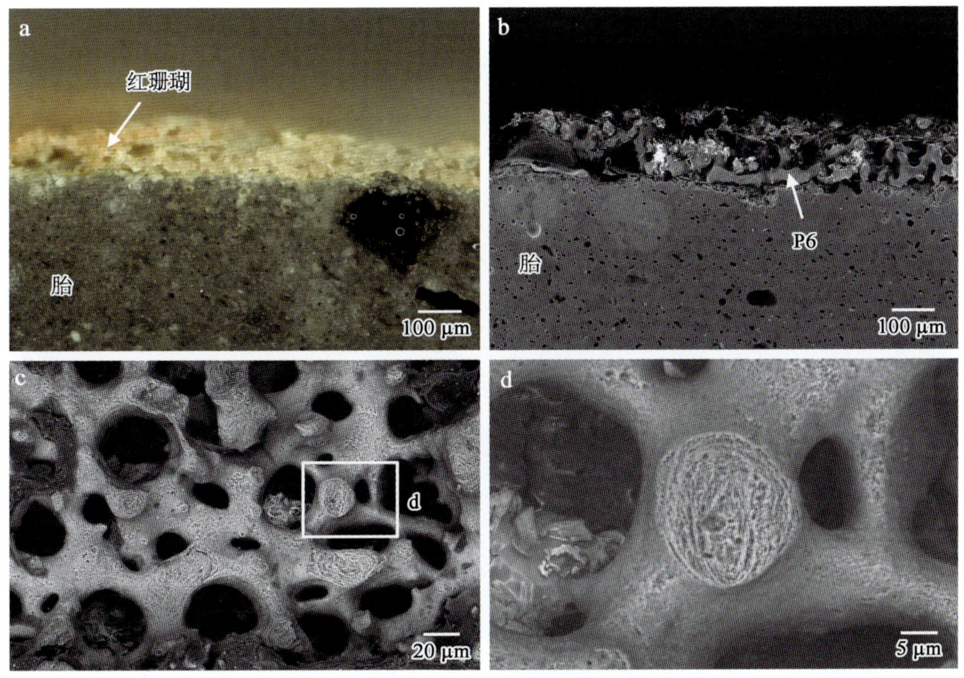

图 5-31 DL-2 样品外壁红珊瑚附着处的形貌

a. 红珊瑚在外壁附着断面的 OM 照片；b. 红珊瑚/残余釉层附着断面的 SEM 照片；c. 图 a 俯视的表面 SEM 照片，红珊瑚的三维网络结构[275]；d. 图 c 方框内区域的 SEM 照片，红珊瑚骨骼剖面的超微结构[275]

表 5-18 红珊瑚的 EDS 分析结果 单位：wt/%

	Na	Mg	Ca	S
红珊瑚(P6)	2.07	22.83	73.35	1.75

红珊瑚的骨骼架构呈现三维网络贯通结构，网眼孔径在 15～35 μm 之间(图 5-31c)。红珊瑚的骨骼上存在一些突起，在突起的剖面可以清晰地看到其生物矿化过程形成的纹理(图 5-31d)，由柱纤状方解石晶体围绕几何中心螺旋堆积。据此前研究，红珊瑚的骨骼是一种有机质和无机质叠加形成的复合材料，有机质分布于方解石组成的骨骼颗粒中并构建多级网脉，这种规律的晶体排布是在有机质的调控下形成的[286]。对红珊瑚的 μ-Raman 分析谱图结果显示，在 1 126 cm^{-1} 和 1 513 cm^{-1} 处分别表现出 C—C 键和 C═C 键的强峰(表 5-19)，这来自红珊瑚的有机烯烃色素。方解石在 1 086 cm^{-1} 左右处的最强信号被有机色素的 1 126 cm^{-1} 信号吞并，在 μ-Raman 分析谱图上已不可见。

表 5-19 红珊瑚的拉曼光谱分析结果

测试位置	峰位/cm^{-1}	对应物相
红珊瑚	1 019，1 126，1 300，1 513，2 143，2 246，2 527，2 625，3 022，3 363	红珊瑚有机色素

红珊瑚幼虫对附着表面极为挑剔，但珊瑚藻的结壳表面非常适宜它们附着，在DL－3内壁就存在红珊瑚和珊瑚藻的生物重叠现象，如图5－32所示。图5－32a中可以看到，从上到下依次是粉白色的红珊瑚骨骼、黄色的珊瑚藻骨骼和砖红色的污染物。对方框内区域进行SEM下的放大观察可以发现（图5－32b），红珊瑚虫形成的群体骨骼厚度达到100 μm，与珊瑚藻的结合则有明显间隙；珊瑚藻骨骼厚度在50 μm左右，骨骼下沿与胎体表面紧密结合。红珊瑚的骨骼架构疏松多孔，并没有将附着基质与外界隔绝开来。珊瑚藻的骨骼孔道和表层胎体的孔洞、裂纹中都有外来污染物沉积。SEM图中的衬度差异和EDS分析结果（表5－20，P7、P8）表明，外来污染物主要是铁器锈蚀物，且并未与胎体本身发生化学反应，只是单纯地沉积其中，形成图5－32a中的砖红色污染物区域。

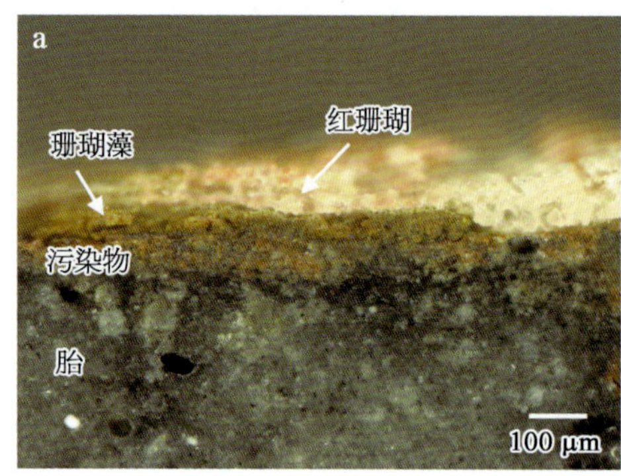

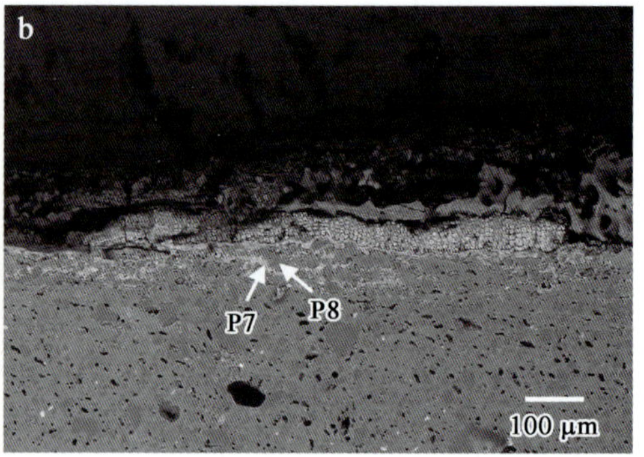

图5－32　DL－3样品附着珊瑚藻、红珊瑚的断面形貌

a. OM照片中可以看出红珊瑚、珊瑚藻、胎表面沉积物三个颜色不同的层[275]。b. SEM照片中可以看出红珊瑚与珊瑚藻界线明显，之间有较大空隙；珊瑚藻与胎表面结合紧密，污染物沉积在珊瑚藻骨骼和胎中的微裂纹中

表5－20　胎的EDS分析结果　　单位：wt/%

测试位置	Mg	Al	Si	Ca	Fe	P
外来污染物(P7)	5.90	5.11	14.70	1.58	70.62	2.09
胎体中的石英(P8)		1.66	94.29		4.05	

该断面的元素面扫描分布图也显示出明显的层状结构（图5－33），最上层的红珊瑚虫群体骨骼以Ca、Mg和O为主要元素，属于生物矿化形成的方解石质骨骼。填充在珊瑚藻钙质骨骼和胎体的裂纹中的外来污染物以Fe、Mg和Si为主要元素，推测是铁器锈蚀物、海砂、海泥和海水中Mg^{2+}的沉淀。

从表面观察了红珊瑚与珊瑚藻的生物重叠现象，如图5－34a所示，DL－3原本的内壁完全被外来污染物和生物遗骸覆盖。在SEM下观察图5－34a中框内区域，污染物沉积层微裂纹密布。在没有珊瑚藻覆盖的污染物沉积层表面，仍然可以看到清晰的与珊瑚藻骨骼趋向、

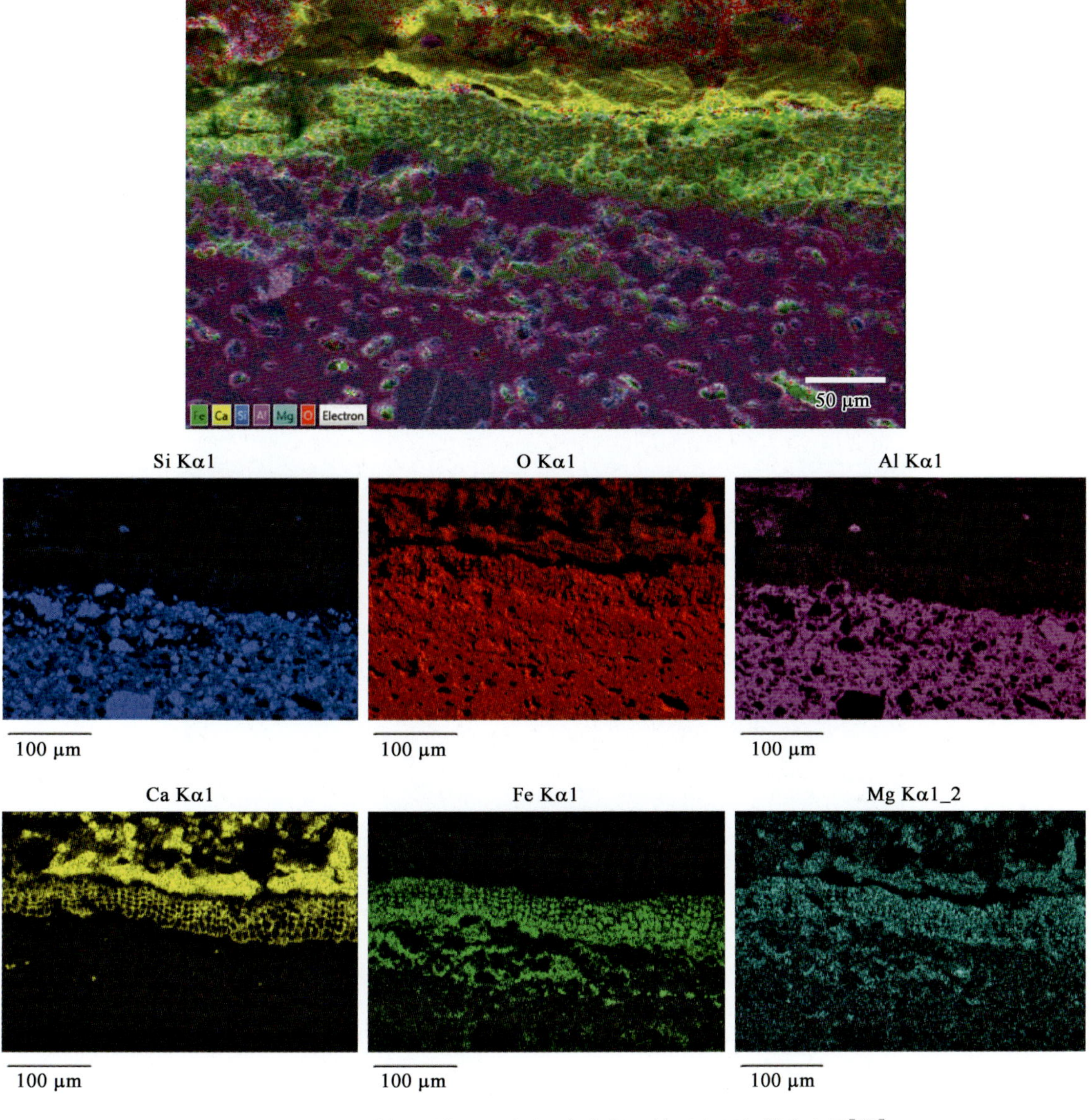

图 5 - 33　DL - 3 样品附着红珊瑚/珊瑚藻断面的元素面扫描分布图[275]

尺度一致的痕迹(图 5 - 34b)。在红珊瑚的骨骼孔洞下方,可以同时观察到被污染物填充的珊瑚藻骨骼以及仅留下珊瑚藻痕迹的污染物沉积层(图 5 - 34b 中箭头所指处)。由此推测,珊瑚藻原本附着于污染物沉积层上,并不断生长矿化,其骨骼大面积覆盖污染物沉积层。红珊瑚虫在珊瑚藻结壳表面聚集附着,并逐渐生长形成红珊瑚骨骼。由于红珊瑚骨骼疏松多孔,污染物在海水的携带下继续沉积在珊瑚藻的骨骼中,将骨骼孔道完全填充。因外来机械力的作用,珊瑚藻群体骨骼有一部分碎裂、脱落,下方的污染物沉积层暴露出来,同时也产生了大量微裂纹。

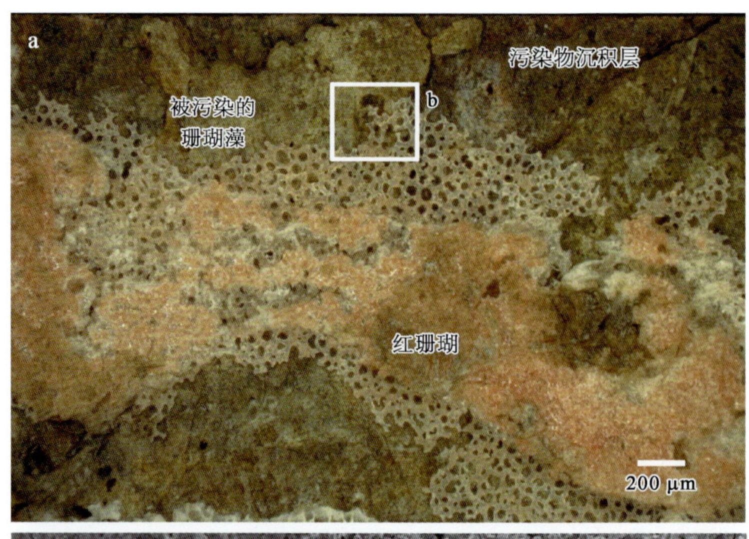

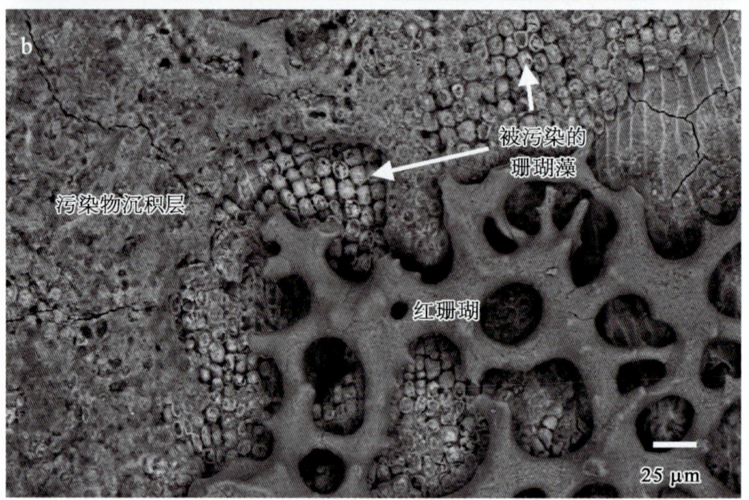

图 5-34　DL-3 样品内壁附着珊瑚藻、红珊瑚的表面形貌

a. OM 下污染物沉积层、珊瑚藻和红珊瑚的逐层附着[275]；b. 图 a 方框内区域的 SEM 照片，同时有污染物沉积层、珊瑚藻和红珊瑚三者暴露于表面的区域，污染物沉积层上有珊瑚藻的骨骼痕迹，红珊瑚骨骼下同时可以观察到珊瑚藻和锈蚀物污染层

5.2.5　海洋生物附着对瓷器劣化的影响

DL 残片原本外壁施釉，平整光滑；内壁不施釉，由粗糙的胎体直接接触海洋环境。根据在 5.2.3 节中所得结论，海水裹挟海砂的水体运动带来的长期机械磨蚀是导致 DL 劣化的首要因素，也使得 DL 的表面越发粗糙。DL 的釉层属于钙釉，主要物相为铝硅酸盐玻璃，包含少量未熔的石英颗粒和析出的钙长石晶体[266]。水环境下硅酸盐玻璃的腐蚀通常存在离子交换和水解两个反应过程：pH<9 时，水溶液中的氢离子或水合氢离子等物质和玻璃中的碱金属离子发生离子交换，阳离子逐渐溶出，玻璃的表面通常会形成一层较均匀的水合层[287]；pH>9 时，溶液中的 OH^- 离子会破坏硅酸盐网络中的离子共价键（Si—O—Si），玻璃网络逐

渐溶解[288]。DL 的釉层中 K、Na 含量极低，较高的 Ca 含量增强了釉层硅氧网络的稳定性[289]，其釉层的离子交换作用并不明显。只有在铁器腐蚀产物和海洋生物遗骸存在的局部表面微环境中，较高的 pH 造成了 Si—O—Si 网络的水解。

DL 的内壁表面检测出少量的 S 和 Cl 元素，应主要是来自海洋环境中的硫酸盐和氯盐，这两者是海洋环境下混凝土腐蚀的重要因素。硫酸盐和混凝土中的 Ca 反应生成的三种腐蚀产物钙矾石、石膏和硅钙石的体积变化，会导致混凝土膨胀性腐蚀、结构被破坏[290-291]。Cl^- 会破坏混凝土内部钢筋表面的钝化膜，增强钢筋的电化学腐蚀[292]。DL 胎中的 Ca 含量极低，并不足以与硫酸盐发生化学反应，高温烧结的胎体也不受氯盐的影响。

DL 表面所附着的海洋植物皮壳状珊瑚藻属于红藻门珊瑚藻目的钙化藻，大多附着于坚硬基质表面。在珊瑚藻附着之前，DL 的表面已经经历了生物污损的前两个阶段：首先，来自生物的排泄物或是死亡生物的分解产物的蛋白质、多糖等在 DL 表面富集形成调节膜；接着，细菌、单细胞藻等生物即附着并分泌产生胞外代谢产物形成微生物膜[21]。在此基础上，珊瑚藻孢子被 DL 表面的生物膜所俘获[22]，并以生物膜为营养源不断生长，其生物矿化过程所形成的坚硬钙质骨架为釉层抵挡了直接的机械作用冲击，并阻滞了其进一步的损毁。

珊瑚藻的细胞质降解后形成孔径在 10 μm 以下的蜂窝状的开放性骨架遗骸，海水携带着海砂、铁器的腐蚀产物等无机质污染物通过骨骼中空的孔道侵入珊瑚藻遗骸内部，并进一步通过裂纹进入釉、胎内部，最终在 DL 表面形成具有独特层状结构的复杂凝结物，给后续的文物保护工作带来困难。

大多数海洋污损动物的附着类型属于湿附着[293]，即动物在体内合成并分泌出具有黏性的液态胶黏物质，这种黏合剂润湿基质表面，在基质表面分散，然后通过化学键合、静电作用、机械联锁、扩散作用中的一种或多种联合作用进行附着[294]。DL 的表面粗糙度大幅增加，大量微米级的孔洞、裂纹等缺陷出现，比表面积增大，润湿性增加，海洋污损动物的黏合剂可以充分地填进缺陷中，或是利用毛细作用渗透到 DL 的内部，从而形成牢固的附着。已经附着的海洋动物若是因海水流动或是完成了生物周期循环脱落，其黏合层还会将少量已经十分脆弱的釉层玻璃相带走，使得表面更加粗糙、起伏不平[236]，新的海洋动物幼虫继续附着。这样的循环演替促使 DL 表面的生物定殖程度不断提高，海洋污损动物层不断变厚，增加了生物丰度。另一个提高了 DL 表面生物定殖程度的是大量覆盖的珊瑚藻，珊瑚藻形成的结壳表面是海洋动物幼虫的首选附着基质，且珊瑚藻所分泌的以硫化多糖为主要成分的一种不溶于水的大分子碳水化合物也会诱导幼虫的附着和成长[269,295-296]，进一步增加了生物丰度。尽管成型的生物膜会改变表面性质，但 DL 表面的几种海洋动物的幼虫在附着时，会直接穿透这两层膜(调节膜和微生物膜)，与基质的表面直接接触[251,297]。因此，DL 表面大量动物附着的结果最终仍应归因于其本身表面性质的改变。

残片内外壁的动物附着情况差异与内外壁表面性质的差异有关。DL 内壁未施釉的胎体更早地吸引海洋污损动物幼虫的落脚，且粗糙的表面更容易被海洋污损动物紧密地、牢固地、长久地附着。内外壁之间的差异在罐体破裂后进一步加大，内壁直面海洋环境，生物群落的形成进度进一步加速，最终导致内壁较外壁被更多的动物遗骸覆盖。

与出土陶瓷相比，海洋动物的附着是出水陶瓷劣化过程的一个特殊影响因素。DL 残片上附着的海洋动物可以分为单体生物(管虫、单体珊瑚)和构件生物(珊瑚藻、红珊瑚、苔藓虫)。单体生物与具有缺陷的样品表面结合牢固,这可能与生物的钙化模式及生物矿化过程有关。管虫在构建附着的栖管时,幼虫会在栖管内来回滚动和移动,并周期性地竖立刚毛来充分地将管材料推离身体[298-299],促使栖管与样品表面最大限度结合。珊瑚幼虫的外胚层是生物矿化的场所,用于分泌钙质骨骼。幼虫外胚层的表皮细胞先完全填充于样品表面,建造底盘的 $CaCO_3$ 结晶在含有必要离子的细胞外液中形成,随着虫体生长,底盘边缘逐渐向上生长形成圆柱体的外壁,同时底盘分泌纵向的板状隔壁以支持活体,将底盘牢固地结合在基质表面的坑洞中有利于单体珊瑚的稳固长期附着[300]。单体生物的底壁与缺陷表面形成"锁-匙"机械联锁后,牢固附着的坚硬钙质骨骼可以减缓陶瓷器局部表面受到的裹挟泥沙的海浪磨蚀和水流波动的冲击[301]。单体生物对陶瓷器表面的覆盖面积较小,但形成的骨骼通常极为致密,附着后可以封闭陶瓷器表面的开口气孔和裂纹,阻隔铁器腐蚀产物等不溶性无机质污染物被海水携带而侵入陶瓷器内部沉积;氯盐、硫酸盐等可溶性盐的渗透率也会降低[302-303],减缓可溶盐在不同温湿度环境下反复溶解、结晶对陶瓷器内部结构的作用力。如果仅用机械方法(手术刀等)强行将与缺陷表面形成"锁-匙"机械联锁的海洋生物遗骸完全去除,则残片本体的表面也会受到磨损,可能会造成不可逆的破坏。在去除时应首先考虑使用稀酸类清洗剂(如草酸、稀盐酸等)或 EDTA 二钠盐溶液进行浸泡,减弱两者之间牢固的结合后,再使用机械方法小心去除海洋生物遗骸[304]。

构件生物以无性出芽的方式繁殖新的个体,在 DL 表面形成具有空间结构的群体骨骼,其群体骨骼通常覆盖面积较大,对于已经受到机械作用而破损的表面具有加固作用,可以抵御裹挟泥沙的海浪的持续冲刷作用。然而苔藓虫、红珊瑚与陶瓷器表面,红珊瑚与珊瑚藻结壳表面的结合都存在较大空隙,结合力较单体生物弱得多,这可能是由于构件生物中的每个个体的成长在空间上是不确定的,个体之间的相互作用和遗传变异会强烈影响群体骨骼的空间排列[277]。珊瑚藻的群体骨骼为开放性的蜂窝状结构,红珊瑚的群体骨骼为网状,无法阻隔无机质污染物的侵入,污染物仍然可以穿过骨骼沉积入陶瓷器本体以及珊瑚藻的骨骼孔道里,甚至进而参与釉层的化学蚀变[266]。而构件生物的遗骸在后续的保护工作中只需要简单的机械操作即可去除。

据文献报道,海洋动物的黏合剂和代谢产生的酸性分泌物对混凝土[291,305]、金属[297,306]、石质文物[296,307]具有侵蚀作用,生物代谢产生的酸性物质具有羧基,可以络合铁、钛、钙等离子,造成穿孔、点蚀等生物侵蚀现象。但在 DL 残片上观察不到明显的生物侵蚀现象,这与材料本身的性质有关,耐侵蚀性较低的釉层已大部分脱落,暴露的胎体具有较高的烧结程度,耐侵蚀性较强。

根据以上讨论,提出海洋污损动物参与的 DL 残片劣化过程示意图,如图 5-35 所示。DL 外壁施釉,粗糙度极低;内壁不施釉,裸露的胎体更粗糙,有孔隙、微裂纹等缺陷。在海洋环境中,陶瓷器表面逐渐形成一层厚度不超过 1 000 nm 的生物膜。在携带沙砾的海浪的磨蚀下,外壁光滑的釉层表面出现孔洞、裂纹等缺陷,粗糙度增加。珊瑚藻附着在部分粗糙的釉层表面,形成坚硬的矿化骨骼,并分泌诱导剂吸引海洋动物幼虫(红珊瑚幼虫)。除珊瑚藻下的釉层,外壁其余的釉层大量脱落,胎体裸露。未施釉的内壁更早地吸引了海洋动物幼虫的附着，幼虫牢固附着并开始成长。内外壁表面都有外来污染物沉积。红珊瑚的网状骨骼和珊瑚藻的蜂窝状骨骼内部逐渐被外来污染物填充。外壁裸露的胎体也被海洋污损动物附着。内壁的生物附着丰度进一步增加，几乎完全被海洋污损动物覆盖。单体珊瑚、管虫附着下的缺陷内，外来污染物较少也不再增加；红珊瑚、苔藓虫附着下的缺陷内以及没有生物附着的缺陷内，外来污染物持续增加。

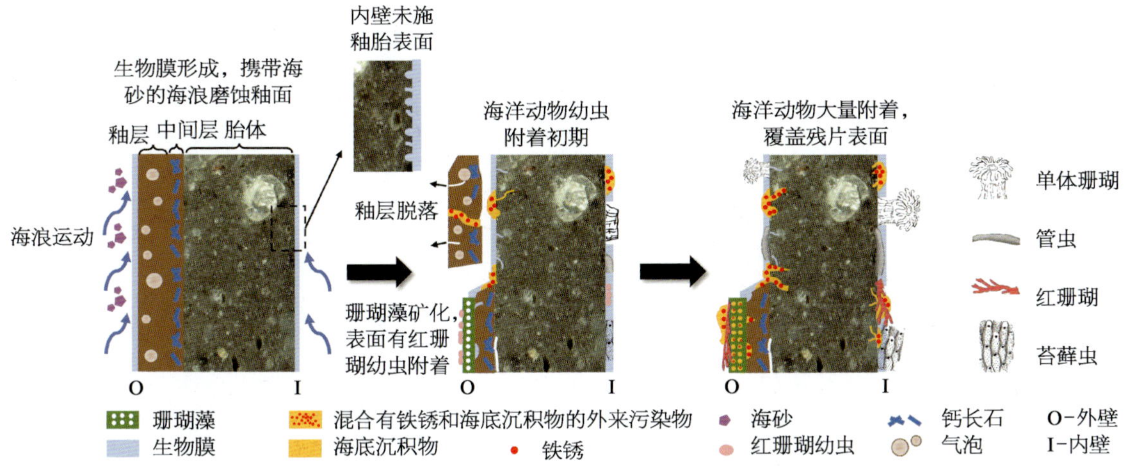

图 5-35　DL 残片表面被海洋生物附着后的劣化过程示意图

对于受到机械损伤、化学蚀变、生物污损的出水陶瓷器，考虑到生物遗骸大多数为钙质，可以首先使用温和的稀酸溶液浸泡至陶瓷器无气泡冒出，减弱遗骸和陶瓷器表面的结合力。清水冲洗干净后用毛刷、手术刀等工具去除已松散、软化的遗骸。对于陶瓷器表面沉积的铁质污染物，可以局部使用草酸或 EDTA 去除，清水冲净后再机械去除。去除凝结物后的陶瓷器可进行进一步的脱盐及加固等保护措施[251,304]。考虑到化学试剂的使用对陶瓷器可能存在不可逆的损伤，海洋生物的遗骸是否必须去除，需视具体情况而定。

5.3　东洛岛出水青瓷的复杂凝结物及劣化机理

5.3.1　考古背景

东洛岛沉船遗址位于中国东南沿海地区的福建长乐松下港东北面海域，是进入海坛海峡的必经地。遗址所在海床平缓，泥沙质，水深 3～6 m，文物分布范围东西宽约 50 m、南北长约 80 m。海床表面可见散落的船板及船体残骸，大部分腐蚀较为严重。沉船遗址于 2014 年在水下文化遗存调查的过程中首次被发现，采集到的陶瓷年代从唐代至清代各个时期，宋至清代的遗物较多，主要以青瓷、青白瓷、黑釉瓷、青花瓷为主，还有少量陶器。器型丰富多样，包括碗、盘、瓶、罐、执壶等，这些陶瓷器物多属于中国用于外销的瓷器[308]。本研究从陶瓷器本体的化学组成、物相结构和海洋生物附着的角度探讨了陶瓷器在海洋环境中的劣化机理，为有海洋生物附着的出水陶瓷的保护工作提供科学依据。

5.3.2 样品信息

研究对象为东洛岛沉船遗址出水的两件南宋晚期至元代初期福建本地窑口烧制的青瓷，由福建省考古研究院提供(图 5－36)。DLD1 釉面青绿透明，保存良好，胎色洁白。内壁底部有涩圈，外壁施半釉(图 5－36a、b)。DLD2 青釉颜色较 DLD1 更深，但釉面已完全失去光泽，灰胎，外壁施满釉(图 5－36c、d)。两件碗内外表面都存在大量海洋动物遗骸及外来污染物，其中 DLD1 表面的动物遗骸集中于内壁的涩圈及外壁底部露胎处，自然断口也覆盖有少量动物遗骸和污染物。DLD2 附着的海洋动物遗骸遍及内外表面，较 DLD1 更多。选取附着有不同种类海洋动物遗骸的特征部位切割样品，包括附着有苔藓虫、管虫和藤壶的釉面以及涩圈处，作为本工作的研究对象。

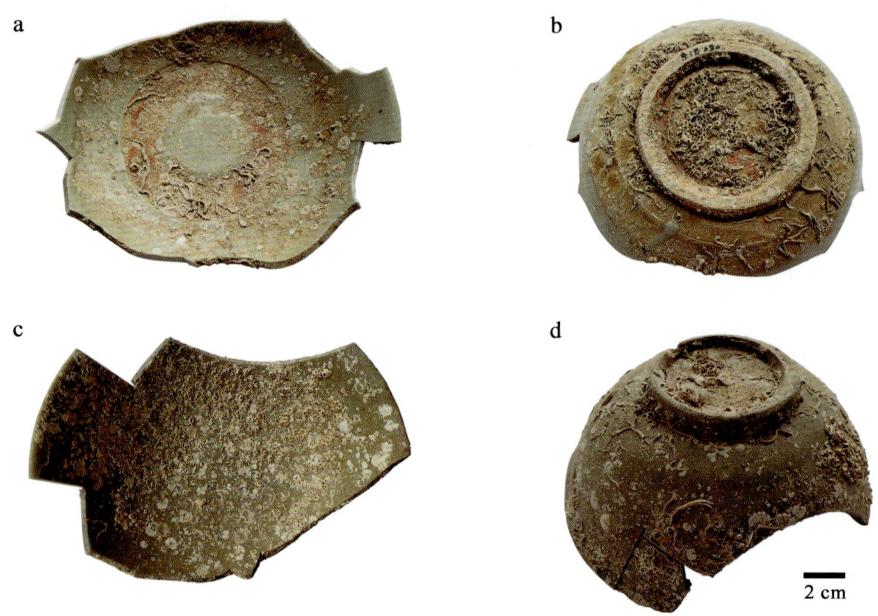

图 5－36　东洛岛沉船遗址水下采集的两件青瓷碗

a. DLD1 内壁；b. DLD1 外壁；c. DLD2 内壁；d. DLD2 外壁

5.3.3 胎、釉的化学组成及劣化形貌分析

采用 EDXRF 对 DLD1 和 DLD2 断面的胎、釉进行分析(表 5－21)，结果表明两件青瓷碗都拥有高硅低铝胎和钙碱釉。

表 5－21　DLD1、DLD2 胎、釉的主次量化学组成的 EDXRF 分析结果　　单位：wt/%

测试位置	Na_2O	MgO	Al_2O_3	SiO_2	K_2O	CaO	TiO_2	Fe_2O_3	MnO	P_2O_5
DLD1－胎	0.34	0.02	20.74	71.03	4.03	0.28	0.03	2.54	0.06	
DLD1－釉	0.41	0.05	12.32	72.39	3.18	7.82	0.02	2.81	0.08	

续　表

测试位置	Na_2O	MgO	Al_2O_3	SiO_2	K_2O	CaO	TiO_2	Fe_2O_3	MnO	P_2O_5
DLD2 -胎	0.96	0.09	15.60	76.99	2.60	0.15	0.36	2.26	0.03	
DLD2 -釉	0.92	1.51	11.93	70.70	3.52	8.49	0.12	1.81	0.30	0.26

在 OM 和 SEM 下对胎、釉进行了表面形貌及显微结构的观察。DLD1 胎洁白细腻，烧结程度较高。断面观察（图 5－37a）发现胎中几乎没有较大的矿物颗粒，釉层厚度大致在 160～180 μm，有少量气泡。EDS 分析也表明该样品的釉属于钙碱釉（表 5－22，P1）。在 SEM 下可见胎釉中间层有一簇簇单个长度不超过 40 μm 的柱状晶体（图 5－37b、c），EDS 分析结果表明，柱状晶体中主要包含 SiO_2、Al_2O_3 和 CaO，根据化学计量比判断为钙长石晶体（表 5－22，P2）。图 5－37d 为胎中的一处较大石英颗粒，在其与胎的交界处可见大量整齐排列的针状晶体（图 5－37e），长度不超过 5 μm，其化学组成与莫来石晶体相符（表 5－22，P3）。

表 5－22　DLD1 和 DLD2 的 EDS 分析结果　　　　单位：wt%

	测试位置	Na_2O	MgO	SiO_2	Al_2O_3	CaO	K_2O	Fe_2O_3	P_2O_5	TiO_2	MnO	ZrO_2	SnO_2	PbO
DLD1 断面	釉层（P1）			69.09	14.19	10.91	3.73	2.08						
	柱状晶体（钙长石，P2）			49.53	32.35	17.28	0.84							
	针状晶体（莫来石，P3）			52.63	43.93		2.52	0.92						
DLD1 表面	凹坑中的晶体（石英，P4）			94.03	2.31	1.51	1.29	0.86						
DLD2 断面	釉层（P5）	0.39	2.05	66.13	14.42	10.83	3.79	1.43	0.96					
	柱状晶体（钙长石，P6）	0.80	0.61	49.73	31.75	16.06	0.62	0.44						
	针状晶体（莫来石，P7）	0.26	0.46	82.45	12.71		1.19	2.42		0.51				
DLD2 表面	釉层（P8）	0.52	2.34	66.11	13.35	10.52	4.12	1.44	1.07		0.54			
	晶体（P9）	0.29	3.04	23.69	4.41	37.84	1.91	1.21	27.17		0.44			
	晶簇（P10）	0.33	8.01	58.51	9.75	16.23	2.72	2.26	1.37		0.84			
DLD2 表面	颗粒状污染物（P11）			2.05	0.91							16.94	19.93	60.16

从表面看，釉面的磨损较为轻微（图 5－37f），在 SEM 下可见表面少量孤立破口，应由釉中的闭口气泡经海砂等机械冲击后导致开口破损，釉中部分石英颗粒因釉玻璃相的脱落而暴露在表面（图 5－37g，表 5－22、P4）。表面也可见由成组弧线坑形成的划痕（图 5－37h），划痕内没有沉积物，这样的划痕与埋藏环境中的刮擦有关，在出水的古代玻璃文物上也很常见[82]。DLD1 受到海洋环境的机械磨损较少，这应是其光泽度虽有减弱但并没有完全丧失的原因。

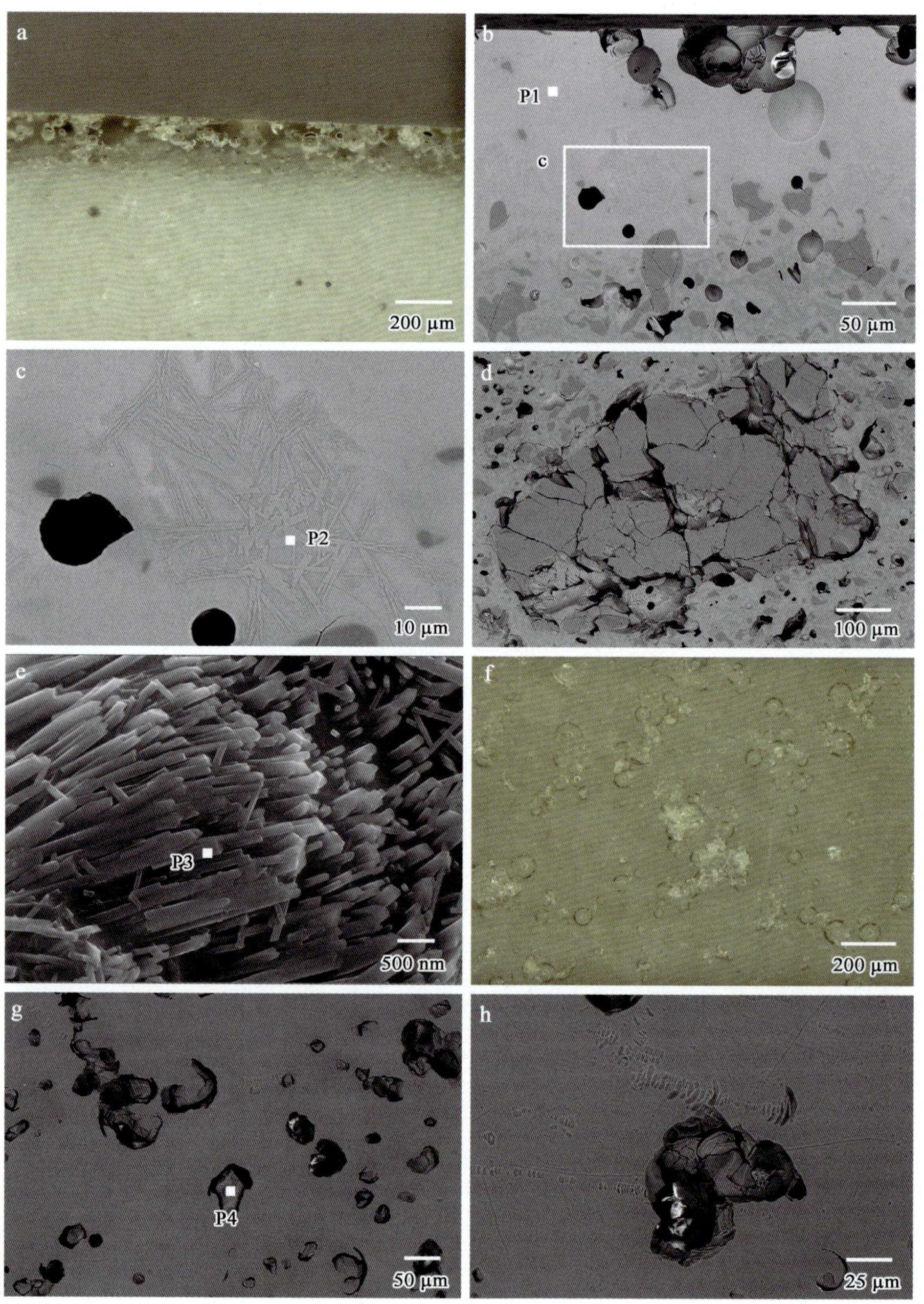

图 5－37 DLD1 的形貌

a. 断面的 OM 照片；b. 断面的 SEM 照片；c. 图 b 方框内区域的 SEM 照片，胎釉中间层的柱状晶体；d. 胎中石英颗粒的 SEM 照片；e. 石英颗粒与胎交界处针状晶体的 SEM 照片；f. 表面的 OM 照片；g、h. 表面的 SEM 照片，表面存在破口与划痕

DLD2 的断面显示其胎色较深，胎中有很多较大的矿物颗粒，釉内有很多大小不一的气泡，有裂纹贯穿釉层（图 5－38a）。在 SEM 下观察断面，釉表面凹坑较多，使得断面看起来已成齿状，裂纹贯穿釉内气泡、钙长石晶体到达胎体，使得气泡也因此与外界连通（图 5－38b）。

釉的 EDS 结果显示其化学组成与 DLD1 相似，也为钙碱釉(表 5－22，P5)。釉中有少量柱状钙长石晶体(图 5－38c，表 5－22、P6)，但比 DLD1 中的要更短更细，长度在 10 μm 以下。胎中也发现有针状莫来石存在，晶体也较小(图 5－38d，表 5－22、P7)。

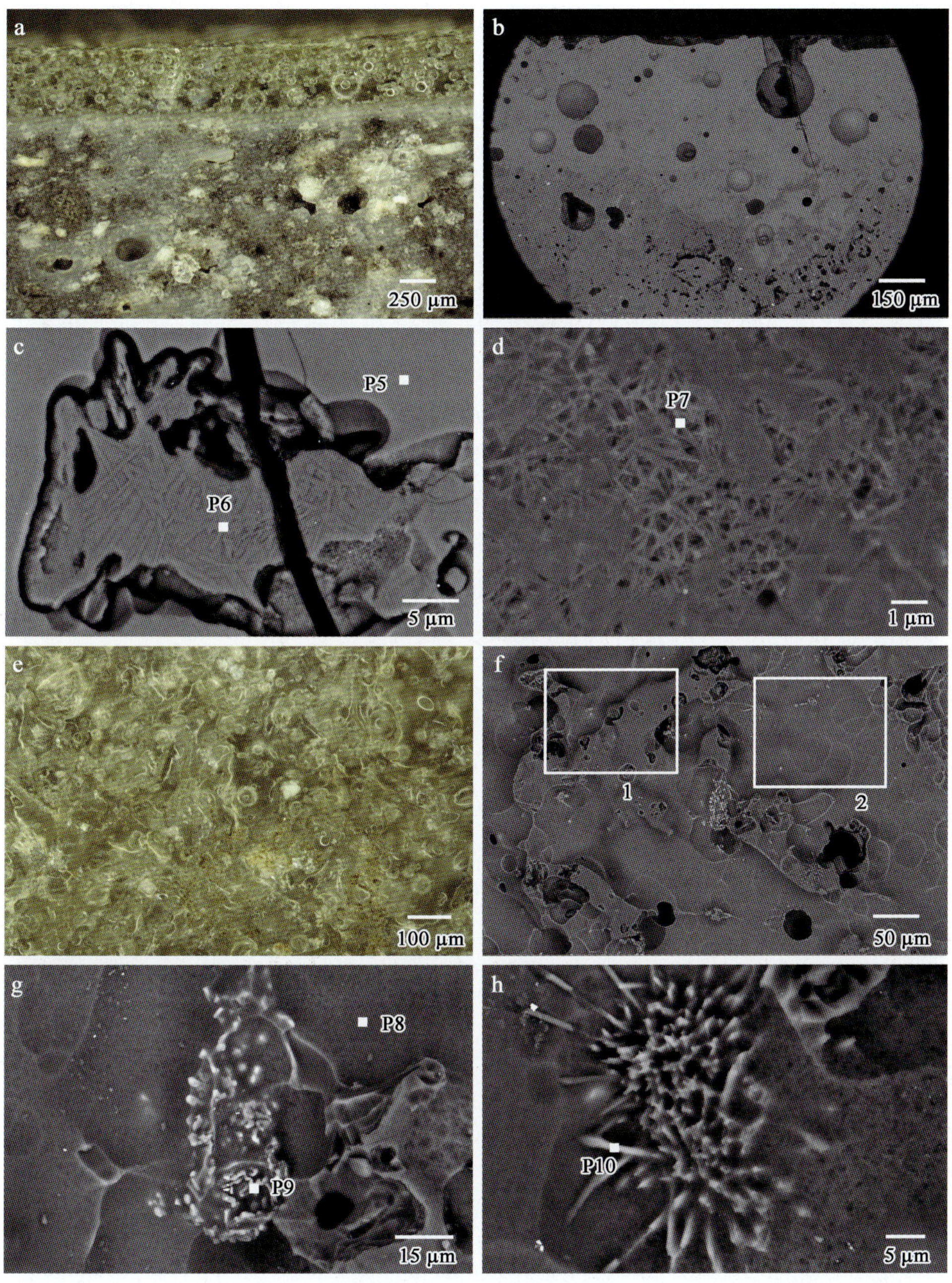

图 5－38　DLD2 的形貌

a. 断面的 OM 照片；b. 断面的 SEM 照片；c. 断面釉层中柱状晶体的 SEM 照片；d. 断面胎中的针状晶体的 SEM 照片；e. 表面的 OM 照片；f. 表面的 SEM 照片；g. 表面的颗粒状晶体的 SEM 照片；h. 表面晶簇的 SEM 照片

从宏观上来看，DLD2 的表面完全失去光泽。OM 观察可见，外来作用力在表面留下了密布的弧形或圆形痕迹，基本看不到原本光滑平整的表面(图 5－38e)。SEM 图像也显示出 DLD2 表面在被携带砂砾的海浪冲刷后沟壑遍布、起伏不平，应是受到了较为强烈的机械损伤所致，不均匀的外力使得表面呈现不一样的形貌，包括一些胎中原本的闭口孔洞在被磨蚀后成为开口坑洞(图 5－38f，框 1)，以及较浅的不规则圆形凹坑(图 5－38f，框 2)。还有一些釉层中的晶体暴露出来(图 5－38g、h)。图 5－38g 中的晶体富含 CaO、P_2O_5、SiO_2(表 5－22，P9)，P 元素应与使用植物灰配釉有关[309]，表面和断面的 P_2O_5 含量都在 1%左右(表 5－22，P5、P8)。图 5－38h 中的钙长石晶簇因釉层玻璃相被磨蚀暴露出表面，因晶体较细其 EDS 分析结果受到了釉玻璃相的影响(表 5－22，P10)。

在 DLD2 的釉面发现了一处裂纹，裂纹附近的釉面上存在黄白色凝结物，与釉面结合牢固(图 5－39a)。从图 5－39b 中可以看出，裂纹附近的釉面也受到了较强的外来机械力作用，有较为明显的开口坑洞与沟壑，黄白色凝结物呈现颗粒状散布在表面，颗粒大小不均，但不超过 5 μm(图 5－39c、d)。EDS 分析结果显示该凝结物主要含有 PbO、SnO_2 和 ZrO_2(表 5－22，P11)。Pb 和 Sn 元素的质量分数比值为 3.56，因此 PbO 和 SnO_2 可能来自海底散落的锡青铜文物[310-311]。ZrO_2 则来自海底的砂粒沉积物，这种砂粒沉积物通常是陆源物质，常含有一些稳定的重矿物如锆石、金红石、锡石等[312]。东洛岛沉船遗址位于台湾海峡北部、福建长乐松下港东洛岛西侧海湾内，距岸边仅有约 150 m，遗址所在海床也为泥沙质。浅海波浪对海岸的冲刷、波浪海流的搬运使得海滨砂中常富集一些稳定的重矿物，并在海水的携带下嵌入到散落在海床上的陶瓷器表面的沟壑与裂纹中。

图 5－39　DLD2 釉面一处裂纹的形貌

a. 裂纹的 OM 照片；b. 裂纹处釉面的 SEM 照片；c. 图 b 方框内区域的 SEM 照片，黄白色凝结物呈颗粒状分布在釉面；d. 图 c 方框内区域的 SEM 照片，附着在釉面的颗粒状凝结物

使用显微拉曼光谱仪对 DLD1 釉表面和断面进行了多处测试，典型结果如图 5-40 所示。在 468 cm^{-1}和 1 018 cm^{-1}处观察到典型的玻璃相拉曼谱带，分别对应于 SiO_4 四面体的 Si—O 键的弯曲模式和拉伸模式[97]。拉曼谱线的聚合指数(the polymerisation index，简写为 I_p，$I_p = A_{500}/A_{1\,000}$，A 表示面积)即拉曼光谱上 500 cm^{-1}和 1 000 cm^{-1}左右两个宽带的面积比，该值不仅与瓷釉的烧成温度相关，也是硅酸盐网络结构聚合度的重要参照[98,146]。结果表明(表 5-23)，表面的 I_p值低于断面，说明表面的聚合度降低。

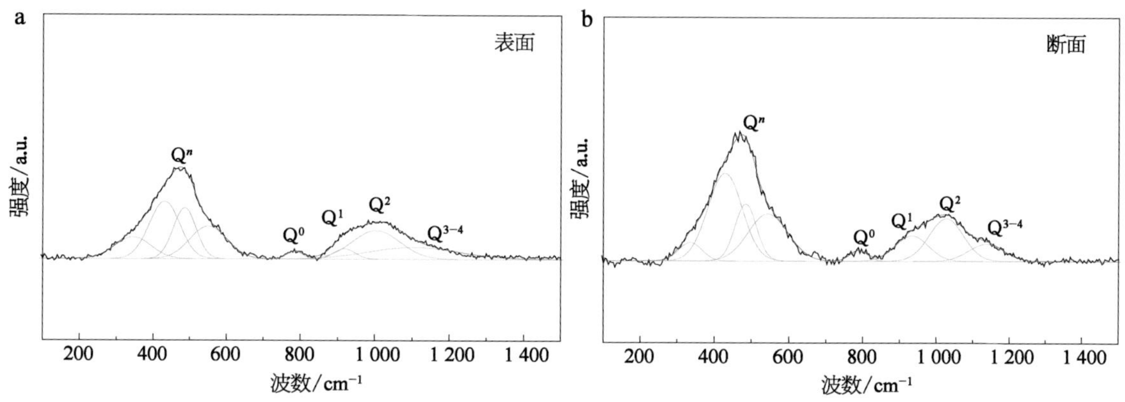

图 5-40　a. 表面玻璃相的代表性拉曼光谱；b. 断面玻璃相的代表性拉曼光谱

表 5-23　DLD1 拉曼组成波数和弯曲峰与伸缩峰的面积比

测试位置	Q^0/cm^{-1}	Q^1/cm^{-1}	Q^2/cm^{-1}	Q^{3-4}/cm^{-1}	I_p
表面	785	918	1 003	1 102	1.80
断面	789	933	1 027	1 136	2.09

5.3.4　海洋生物遗骸的化学组成、物相和显微结构分析

海洋污损生物群落包括七门：大藻类、苔藓动物、海绵动物、刺胞动物、环节动物、软体动物和节肢动物[313]。DLD 两件青瓷碗表面附着的海洋生物遗骸虽然丰度较高，但种类较少，主要包括藤壶(节肢动物)、管虫(环节动物)及苔藓虫(苔藓动物)三种生物附着物，其他还有少量海绵(海绵动物)。在 DLD1 釉层表面有大量的苔藓虫附着，外壁露胎和内壁涩圈内则存在一些管虫和藤壶；DLD2 釉层表面则被大量的藤壶和管虫覆盖。

表 5-24 为海洋生物遗骸的 μ-Raman 光谱分析结果。结合 EDXRF 所得结果和 μ-Raman 的物相分析可知，藤壶和苔藓虫的钙质骨骼主要由方解石组成，在 154 cm^{-1}、284 cm^{-1}、1 086 cm^{-1}处有较为明显的谱峰存在。而管虫的骨骼遗骸则同时存在方解石和文石($CaCO_3$，155 cm^{-1}、183 cm^{-1}、207 cm^{-1}、1 083 cm^{-1})两种物相，管虫的钙质骨骼常是混合物相的[314]。在其与陶瓷表面的附着界面还发现少量石英(SiO_2)颗粒，应该是管虫附着时被裹挟在界面的海砂。

表 5-24 海洋生物遗骸的 μ-Raman 光谱分析结果

测试位置	峰位/cm^{-1}	对应物相
藤　壶	154,284,1 086	方解石
苔藓虫	154,285,711,1 086	方解石
管虫点 1	159,285,1 087	方解石
管虫点 2	155,183,207,1 083	文　石
管虫点 3	128,207,354,397,465	石　英

表 5-25 为几种海洋生物遗骸的 EDXRF 分析结果，结果显示，这三种海洋生物遗骸中 Ca 元素占了绝大部分，应来源于生物矿化后形成的方解石质骨骼。其余元素的含量都较少，部分 Mg 来自方解石物相中 Mg^{2+} 在晶格中的替换，S 元素可能来自硫酸盐或其他硫化物等海洋沉积物，Cl 来自海洋环境中的氯离子，Al 和 Si 来自海底沉积物中的海砂、海泥。Fe 元素含量较少，可能来源于附近的铁器的锈蚀物。

表 5-25 表面海洋生物遗骸的 EDXRF 分析结果　　单位：wt/%

生　物	Mg	Al	Si	S	Cl	Ca	Fe
藤　壶	1.56	1.80	2.54	0.90	0.04	91.36	0.25
苔藓虫	1.62	1.31	1.76	1.40	0.35	91.62	0.43
管　虫	3.44	3.57	6.87	0.56	0.61	80.77	1.93

1) **管虫**

管虫在表面附着留下了大量的栖管，栖管顶部常有两道平行的与栖管走向相同的脊线，垂直于脊线可以看到一圈圈的生长纹（图 5-41a）。经常可以看到管虫的栖管重叠在一起（图 5-41b），这与管虫附着时的集群性有关[315-316]，即并不回避已附着的幼虫，相反经常匍匐其上。同时，管虫的栖管也是后来的污损生物的稳固的附着基质。

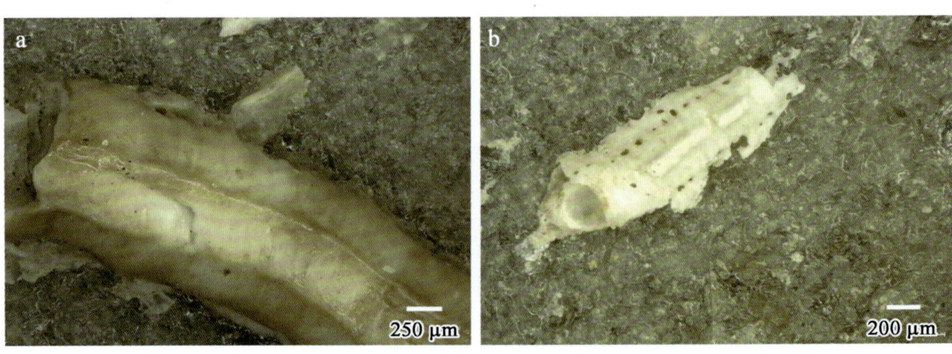

图 5-41 两件青瓷碗表面附着的海洋生物遗骸的 OM 照片

a. DLD2 表面管虫栖管；b. DLD2 表面两条重叠的管虫栖管

DLD2 釉面受到严重磨损，虽然保留了完整釉面，但釉面起伏不平，造成强烈散射，原本的光泽已经完全消失。在对 DLD2 样品的釉面进行观察时发现，除了密集连贯的凹坑，还有较多裂纹贯穿釉层延伸到胎中(图 5－42a～d)。从断面观察一处裂纹时发现，釉层中除了钙长石晶簇(表 5－26，P1)，还有一种絮状晶体和立方形晶体(图 5－42e)。絮状晶体主要包含 Ca、P、O 元素(表 5－26，P2)，受釉料中植物灰带来的 P 元素而生成。立方形晶体的尺寸极小，不超过 2 μm，结合 EDS 的组成显示(表 5－26，P3)，应是 NaCl 的结晶。尽管标本刚打捞出水时已经过初步脱盐处理，但样品制备过程中的超声波清洗将内部的“深层盐”浸泡出来[44]，烘干后在抛光断面重新析出。

裂纹左侧的一处凹坑内有外来物质紧密地嵌入其中(图 5－42e、f)，对该处的 EDS 分析结果显示其应该属于海洋生物的钙质遗骸(表 5－26，P4)，从表面可以观察到其显微结构，较高的 Mg 含量表明其为方解石质的 $CaCO_3$，可能是管虫嵌入表面凹坑的遗骸。

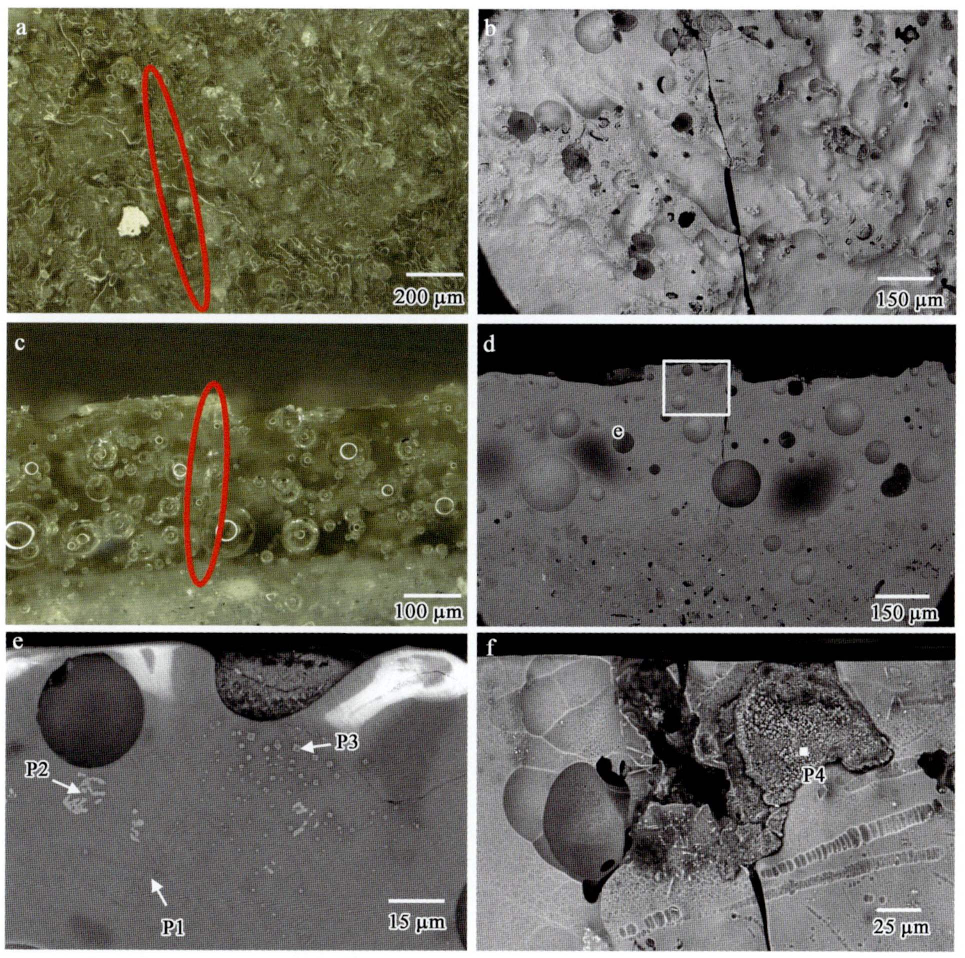

图 5－42　DLD2 一处裂纹的形貌

a. 裂纹表面的 OM 照片；b. 裂纹表面的 SEM 照片；c. 裂纹断面的 OM 照片；d. 裂纹断面的 SEM 照片；e. 图 d 方框内区域的 SEM 照片，釉层内存在絮状晶体和立方形晶体，凹坑里有海洋生物钙质遗骸；f. 有海洋生物钙质遗骸的凹坑的表面 SEM 照片

表 5-26　DLD 海洋生物附着物区域的 EDS 分析结果

单位：wt/%

测试位置	Na	Mg	Al	Si	K	Ca	Cl	P	S	Fe	O
针状晶体(钙长石,P1)	0.67	0.38	15.72	24.31	0.81	11.29					46.83
絮状晶体(P2)	0.25	2.14	0.95	3.90	0.63	31.64		17.87			42.62
立方形晶体(P3)	5.50	1.03	6.16	26.75	2.92	6.84	5.80	0.45			43.07
附着的海洋生物遗骸(P4)	0.82	7.60		0.19	0.40	59.81	0.32				30.29
管虫栖管(P5)	0.73	7.53				59.74		0.55	0.67		30.77
附着界面颗粒(石英,P6)				46.74							53.26
附着界面(P7)	0.73	1.90	2.49	5.62	0.55	54.86			0.35	0.82	32.91
管虫栖管(P8)	0.74	5.77	1.27	1.68		57.84		0.44	0.60		31.66
附着界面(P9)	0.82	4.76	3.97	7.18	1.06	45.56			0.53	1.25	34.86
表面栖管中嵌入颗粒(石英,P10)				46.74							53.26
苔藓虫骨骼(P11)	1.12	1.30				67.33			0.85		29.39
苔藓虫骨骼(P13)	0.64	4.79		0.16		63.32			0.64		29.89
苔藓虫骨骼(P14)	0.74	0.17	0.17			68.73			0.41		28.75
										C	
藤壶骨骼(P12,镀 Ti)	0.53	0.60				37.37			0.81	12.01	48.69

利用 SEM 对 DLD2 包含有管虫遗骸的断面进行了观察。对栖管的 EDS 分析结果表明，其中主要元素为 Ca 和 O，而 Mg 元素含量达到 7.53 wt%（表 5－26，P5），也证明了其骨骼的主要物相为方解石。管虫在附着时表现出两种情况：一种是，如图5－43a所示，尽管管虫在表面分泌了管状外骨骼，但在 SEM 下（图 5－43b）还是可以观察到骨骼与起伏的釉面之间还有明显缝隙，这可能是因为被管虫附着前釉面的凹坑里已有外来污染物沉积；另一种是，如图 5－43c～h 所示，管虫的骨骼底部与釉表面附着紧密，虽存在明显的分界线，但两者之间没有缝隙，其骨骼与釉层被冲刷打磨后形成的齿状表面牢固地契合在一起，在显微观察下可以看到“锁-匙”机械联锁的结合方式[294]，这种联结使得其石灰质遗骸紧密地附着在釉层表面。即使管虫死亡，其栖管也不易脱落。因为两者的紧密结合，当管虫附着后，样品再次受到机械作用所形成微裂纹贯穿了管虫的底部骨骼和整个釉层（图 5－43d 的白框内）。图 5－43e 是管虫钙质骨骼的内壁，可以看到许多簇束状纤维，纤维之间可见数以万计的颗粒。内壁的这种微观形貌与管虫的生物控制矿化过程有关，管虫幼虫利用附着丝将虫体末端黏着在基质表面后，立即开始分泌黏质性的栖管。栖管的分泌始于虫体，以后逐渐往后延伸，附着后 22～24 h，栖管开始钙化[280]。结合 EDS 分析结果和拉曼分析结果，显示管虫的栖管以方解石为主要物相，应是管虫从周围环境中有选择性地吸收 Ca^{2+} 和 Mg^{2+} 两种矿物离子，诱导矿物成核、生长。由于生物矿化能够从分子、原子水平对矿物的成核及生长进行调控，最终形成管虫栖管这种具有独特形貌和精确有序组装结构的生物矿物[317]。图 5－43f 是该管虫弯曲附着在表面的另一处，可以看到在该处，管虫的底部骨骼也与釉层表面紧密固着，在 SEM 下（图 5－43g 白框内）可以看到附着界面有一些颗粒（图 5－43h）。根据元素分布图可以看出（图 5－44），这些颗粒与钙质栖管完全区别开来，主要包含 Si、Al 和 O 元素。结合 EDS 分析结果（表 5－26，P6、P7），这些颗粒分别是来自海底的海砂以及本因受到外来冲击要脱落的釉层颗粒。管虫附着并分泌钙质栖管时，将它们包裹在其中，使它们保留在附着界面，这也进一步说明管虫附着时，DLD2 的表面已受到较为强烈的机械冲击，釉玻璃相已产生了破损和脱落。因管虫附着的集群性，图 5－43i 中可见两条管虫的栖管并排于釉面上。据 SEM 下的显微观察可以发现（图 5－43j），左边的管虫应先于右边的附着，右边的管虫将自己的栖管分泌在左边的栖管上。相比之下，右边管虫的底部骨骼与釉面附着更为紧密（图 5－43k），界面处的 EDS 组成也显示出管虫固着时裹挟的其他物质，相比栖管，Ca 含量明显降低（表 5－26，P8、P9），多了 Si、Al、Fe 和 K 元素，其可能来自釉或是管虫附着前表面的沉积物。

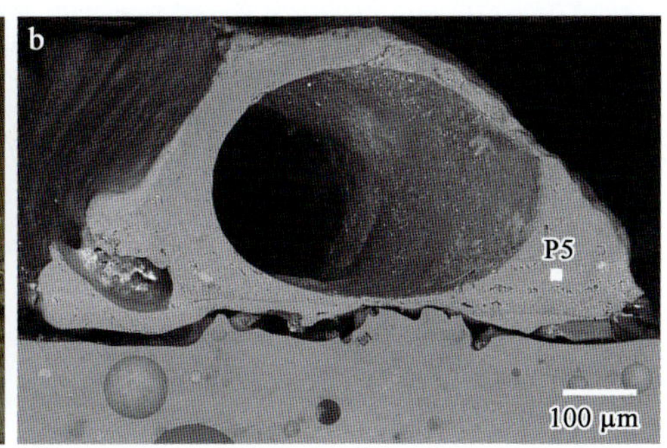

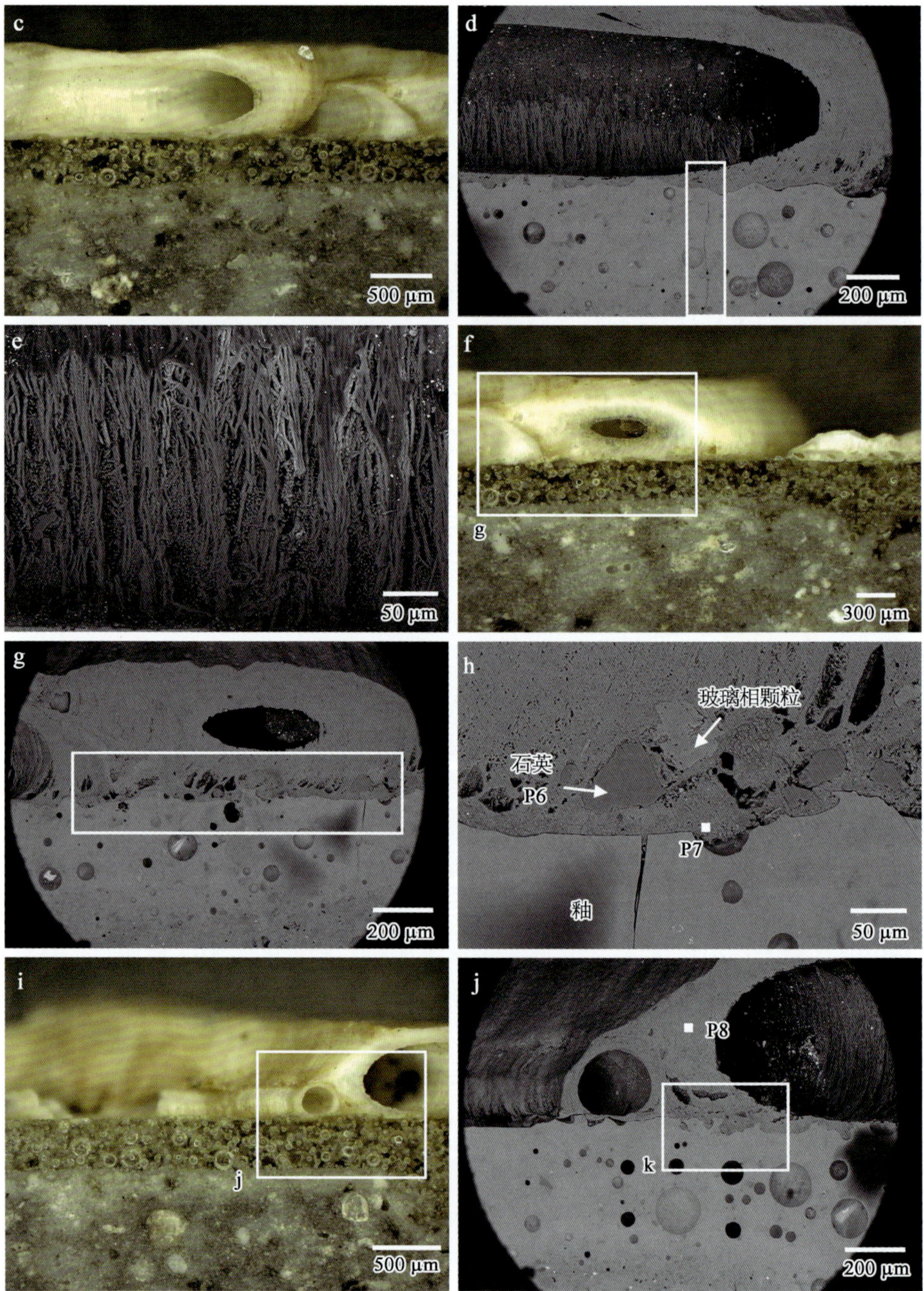
c
500 μm
d
200 μm
e
50 μm
f
g
300 μm
g
200 μm
h
玻璃相颗粒
石英
P6
P7
釉
50 μm
i
j
500 μm
j
P8
k
200 μm

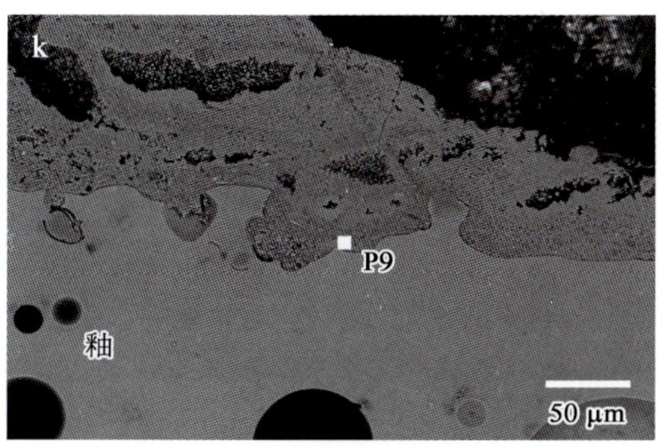

图 5－43　DLD2 断面管虫附着界面的形貌

a. 管虫附着界面的 OM 照片；b. 管虫附着界面的 SEM 照片，管虫与釉表面存在缝隙；c. 栖管纵截面的 OM 照片；d. 栖管和釉面界面的 SEM 照片，有微裂纹连续贯穿栖管和釉层；e. 栖管内壁显微结构的 SEM 照片；f. 管虫附着界面的 OM 照片；g. 图 f 方框内区域的 SEM 照片，栖管和釉层界面有颗粒物；h. 栖管和釉层界面的 SEM 照片，颗粒物为石英和脱落的玻璃相颗粒；i. 两条管虫重叠附着界面的 OM 照片；j. 图 i 方框内区域的 SEM 照片，左边管虫与釉面之间有空隙，右侧管虫和釉面结合紧密；k. 图 j 方框内区域的 SEM 照片，栖管底部与釉面形成"锁-匙"机械联锁，界面有外来沉积物

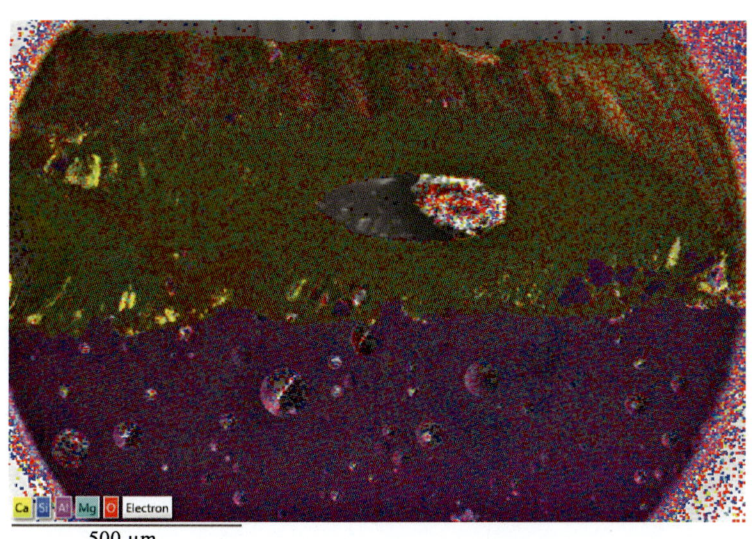

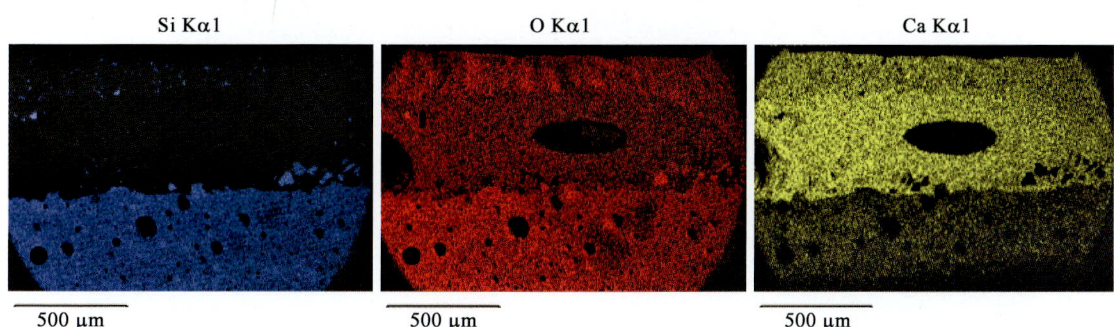

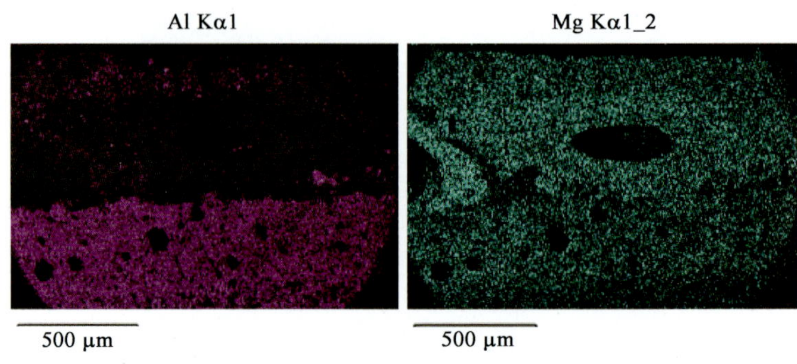

图 5-44　DLD2 管虫附着界面(图 5-43g)的断面元素面扫描分布图

在制样过程中,DLD2 样品表面有部分管虫的栖管出现了脱落现象。观察栖管脱落后的釉面发现,尽管栖管的主要部分都已经脱落,但仍然可以在 OM 下看到少量黄白色骨骼残留在釉面(图 5-45a 框内)。利用 SEM 对该处釉面进一步观察后发现,由于受到了不均匀的外来作用力,釉面呈现出不同的毁损形貌。在受到海水冲刷或是海砂等撞击后,部分釉面受到较强的作用力,出现较深的凹坑与孔洞,并进一步连结成沟壑;另一部分釉面只出现了不规则的圆形或弧形的痕迹,应是受到的作用力比较轻微。可以看到,盘管虫残留的少量骨骼深深地嵌入在釉面的沟壑中,而没有凹坑的部分釉面上已经看不到骨骼附着过的痕迹(图 5-45b)。

生物矿化是生物体从周围环境中有选择地吸收矿物离子,诱导矿物成核或成长,最终结晶形成生物矿物的过程。生物矿化过程与地质上的矿化过程最大的区别在于生物/有机大分子的参与和严格调控,从而形成排列有序、具有优越结构和力学性能的天然有机-无机复合材料[318]。进一步放大观察后可以看到,残留的骨骼微观结构排列有序而紧密,具有整齐的取向(图 5-45c)。

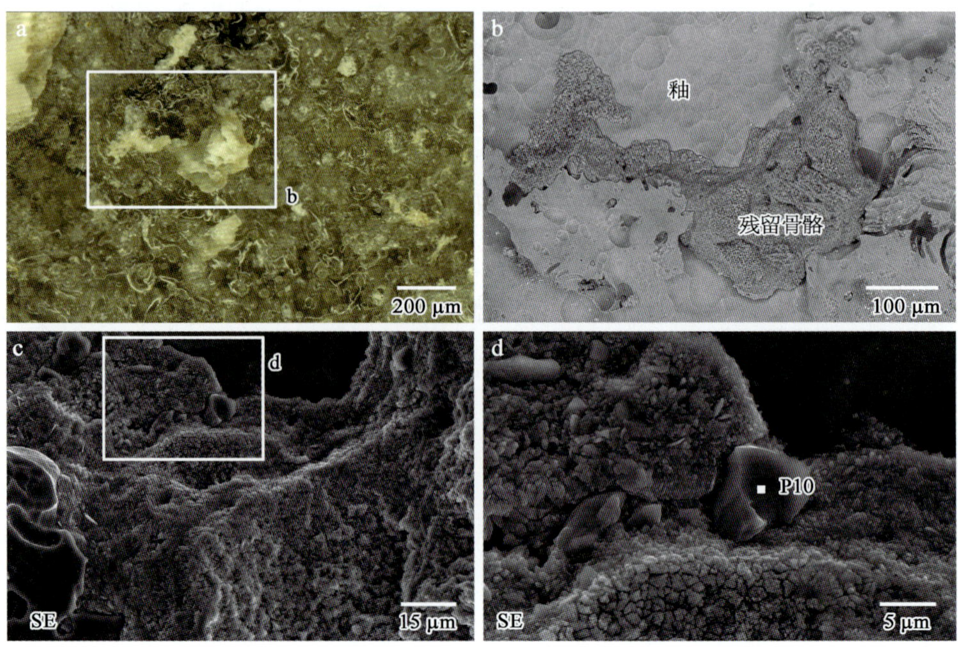

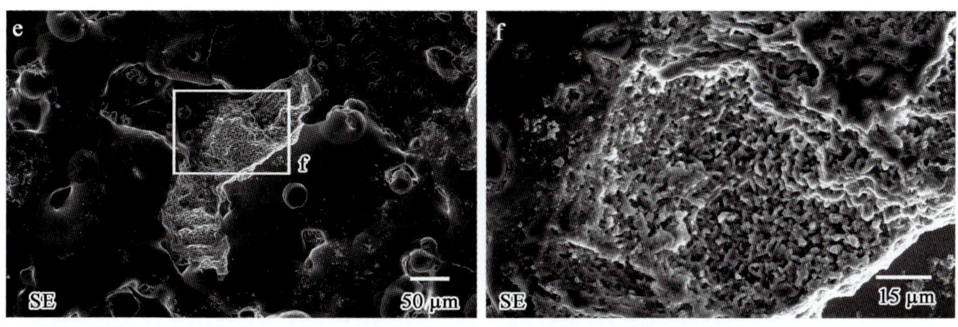

图 5－45　DLD2 表面残留的管虫栖管骨骼的形貌

a. 管虫栖管脱落后表面的 OM 照片；b. 图 a 方框内区域的 SEM 照片，残留栖管骨骼嵌入釉面的沟壑内；c. 骨骼显微结构的 SEM 照片；d. 图 c 方框内区域的 SEM 照片，具有有序微观结构的骨骼和其中嵌入的石英颗粒；e. 另一处残留的部分骨骼的 SEM 照片；f. 图 e 方框内区域的 SEM 照片，骨骼具有多孔结构

在钙质骨骼间还可以看到一些晶体颗粒嵌入其中(图 5－45d)，经 EDS 的组成分析确认为石英颗粒(表 5－26，P10)，这与断面所观察到的情况相似。另一处残留骨骼则表现出多孔的微观结构，紧密地嵌入在釉面凹陷处(图 5－45e、f)。

图 5－46a 为管虫在 DLD1 内壁涩圈上附着界面的 OM 图像，从中可以看到，管虫的栖管底壁厚度在 45～60 μm 之间，底壁下表面与胎体结合紧密。对图 5－46a 中方框内区域进一步在 SEM 下观察可以发现，粗糙胎体表面的微米级凹坑被管虫的底壁完全填充，两者毫无缝隙。管虫的栖管底部还有明显微裂纹存在，应是管虫死亡后栖管受到外来作用力产生的(图 5－46b)。生物矿化所形成的矿物材料作为一种有机-无机复合材料，一般具有极高的强度和良好的断裂韧性，然而在生物死亡、有机质降解后，其生物矿物韧性降低、脆性增加，受外来作用力后则容易开裂产生裂纹。

在胎上我们同样发现了重叠附着的管虫，如图 5－46c、d 所示。较小管虫的截面直径约为 105 μm，而较大管虫的直径则达到 550 μm。两条管虫在胎上的附着与图 5－46b 中的情况相似，结合紧密牢固。两条管虫虽然也紧紧贴合，但还是可以看到具有不同显微结构的骨骼微晶聚集体所形成的明显分隔(图 5－46d)，这意味着栖管的生物矿化过程受到两条管虫各自的高度调控。

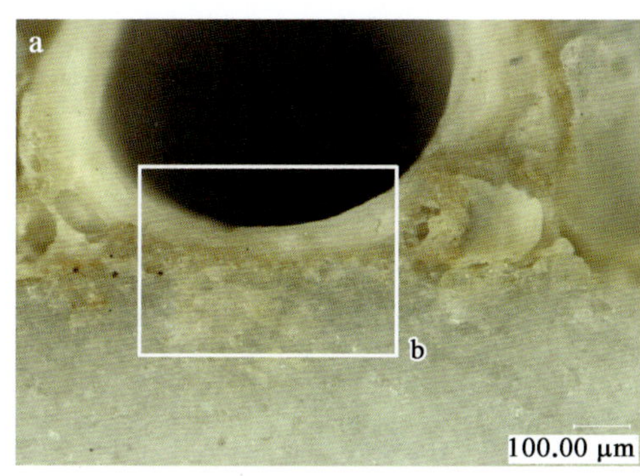

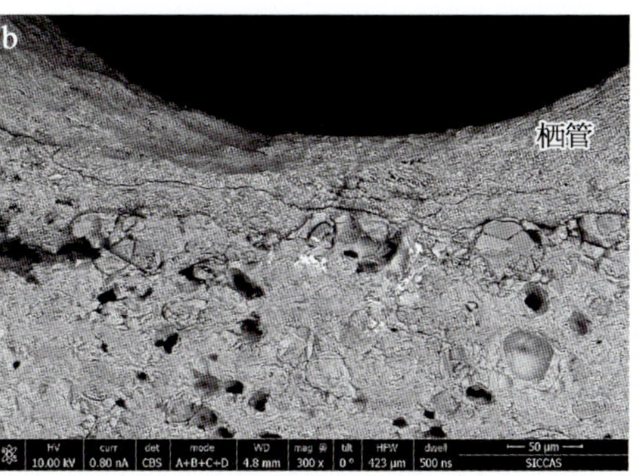

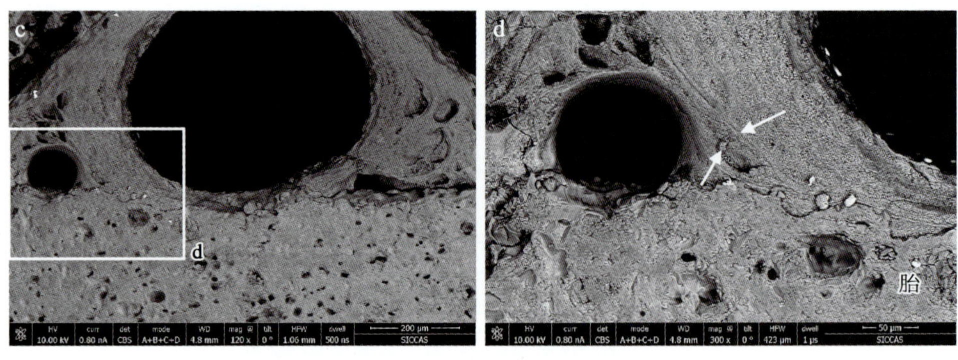

图 5-46 DLD1 内壁表面附着的管虫遗骸的形貌

a. 涩圈裸露胎体上附着的管虫栖管的 OM 照片；b. 图 a 方框内区域的 SEM 照片，栖管底壁/胎结合紧密；c. 两条管虫重叠附着的 SEM 照片；d. 图 c 方框内区域的 SEM 照片，较小管虫与较大管虫的管壁有不同的显微结构，可以看出两者的界线

2) 苔藓虫

苔藓虫的骨骼为群体性骨骼，大量单体组成枝状、网状、片状、半球状的苔藓虫群体骨骼附着在表面，可以看到明显的个体结构[284]。图 5-47a、b 为 DLD 两件青瓷碗表面存在的两种形貌的苔藓虫的群体骨骼。

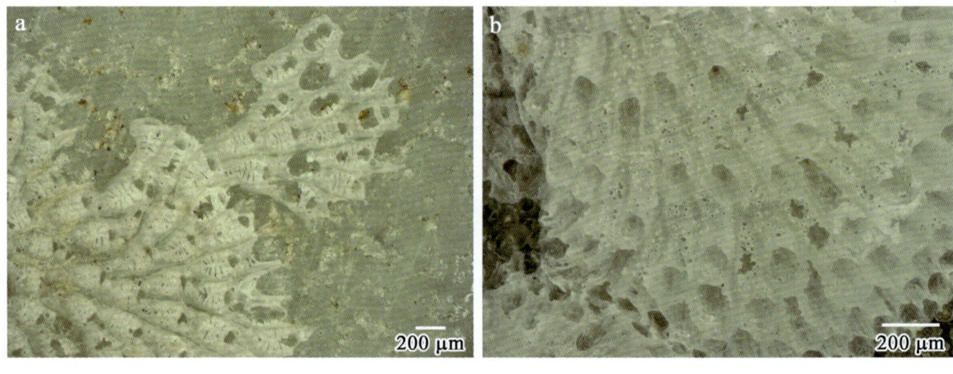

图 5-47 两件青瓷碗表面附着的海洋生物遗骸的 OM 照片

a. DLD1 表面的苔藓虫群体骨骼；b. DLD2 表面的苔藓虫群体骨骼

DLD1 表面的苔藓虫具有较为清晰、独特的生物骨骼结构。在 OM 下可以观察到大量的苔藓虫个体聚集，群体骨骼呈现扇状，平铺覆盖在釉面(图 5-48a)。利用 SEM 可以清楚地观察到苔藓虫的单个虫室，虫室体长直径在 200 μm、体宽在 150 μm 左右。虫室一端有口，是苔藓虫生前活体进出并与外界进行物质交换的通道，室口前端有波浪形线纹(图 5-48b)。

图 5-49a 中为 DLD2 釉面附着的苔藓虫，在 SEM 下可以清楚地观察到其直径接近 100 μm 的管道(图 5-49b、c)，单个管道即单只苔藓虫所生活的虫室，苔藓虫的虫体即栖息在其中。从图 5-49d 中可以看到虫室的体壁上有许多气孔，生物学上称之为壶孔。DLD2 样品上的这种苔藓虫属于被覆型苔藓虫群体，幼虫以水平出芽的方式形成群体骨骼，整个虫室

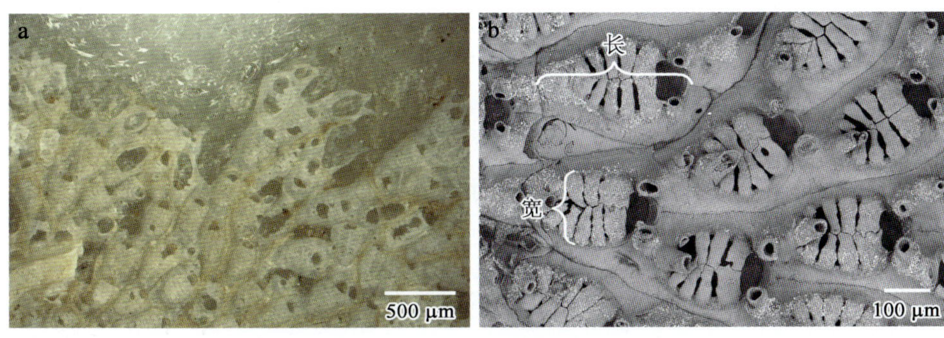

图 5－48　DLD1 外壁表面的苔藓虫的形貌

a. 苔藓虫平铺在釉面的群体骨骼的 OM 照片；b. 苔藓虫骨骼的 SEM 照片

平铺在基质上。可以看到，粗糙的表面为苔藓虫群体提供了绝佳的附着地（图 5－49c、d），它们可以将其钙质骨骼分泌在表面的凹坑内以形成牢固的黏附。对苔藓虫体壁的 EDS 分析结果显示（表 5－26，P11），其化学组成几乎完全是 Ca 和 O 元素，可见其虫室在打捞出水前未被外来物所污染。

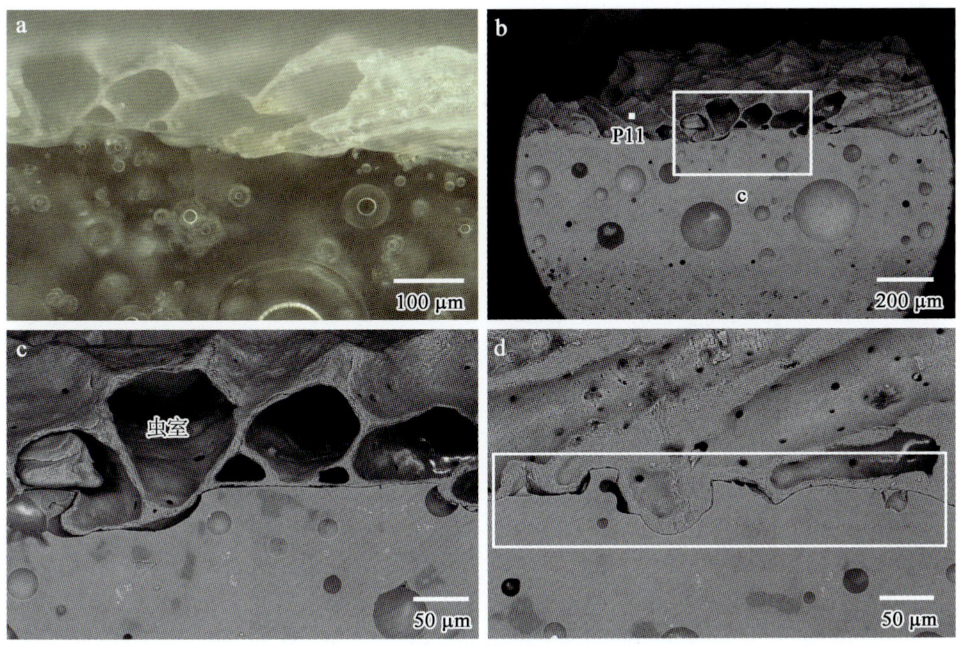

图 5－49　DLD2 断面苔藓虫/釉界面的形貌

a. 苔藓虫/釉界面的 OM 照片；b. 苔藓虫/釉界面的 SEM 照片；c. 图 b 方框内区域的 SEM 照片，苔藓虫的虫室，虫室底壁和釉面紧密结合；d. 苔藓虫虫室截面的 SEM 照片，虫室壁有孔，虫室底部与釉面凹坑紧密结合

中国古代的民用陶瓷碗烧制时为了装烧简便、节省空间，在上釉后，内底常刮去一圈釉，使胎体裸露，这一环形无釉区域被称作“涩圈”。DLD1 青瓷碗的内壁底部即存在涩圈，涩圈表面有红色颜料。相比内壁釉层的光滑表面，直接暴露于海洋环境的胎体更为粗糙，有大量

海洋生物附着，原本的红色颜料也只有少量可见。

在OM的观察下可以看到，附着在涩圈上的苔藓虫骨骼形貌完整，骨骼颜色呈现出原本的半透明色，表明在海洋环境中并未受到外来物质的严重侵入和污染。苔藓虫骨骼与胎之间没有明显间隙，主要依靠虫室的间壁和底壁与胎结合（图5－50a、b）。此前的研究表明，苔藓虫利用简单的酸性黏多糖分泌物[319]，将自身的骨骼永久黏附到基质表面，这种生物黏合剂非常牢固。

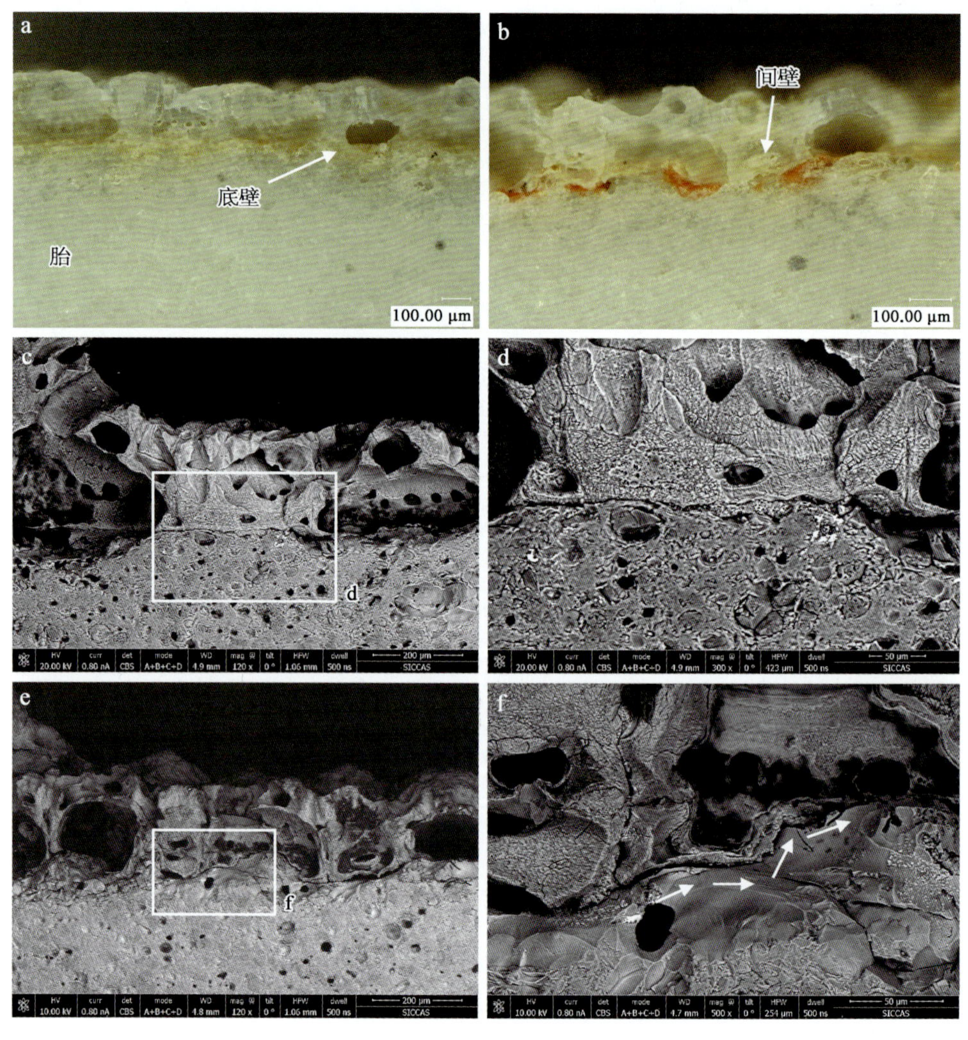

图5－50　DLD1内壁涩圈上苔藓虫附着处的形貌

a. 涩圈露胎处苔藓虫附着断面的OM照片；b. 涩圈红彩处苔藓虫附着断面的OM照片；c. 涩圈露胎处苔藓虫虫室的SEM照片；d. 图c方框内区域的SEM照片，体壁由排列取向不一的晶体构成；e. 涩圈红彩处苔藓虫虫室的SEM照片；f. 图e方框内区域的SEM照片，苔藓虫底壁和胎体表面结合紧密、走势一致

苔藓虫的体壁一般有三层：外角质层、矿化骨骼、衬在体腔内的上皮。外角质层是苔藓动物与外部环境之间的界面；钙化骨骼层夹在上皮和角质层中间；除相邻动物之间共享的内壁没有角质层，两侧都有上皮[284]。图5－50c～f为苔藓虫在涩圈上附着界面的SEM照片，

从中可以看到，苔藓虫的每个虫室体积相似，虫室截面呈椭圆形，连接的顶壁大致与胎表面平行，侧壁上的气孔整齐排列，底壁极薄(图 5－50c)。对图 5－50c 框中的区域进一步放大观察可以看到，苔藓虫的骨骼截面可见大量取向不同、紧密聚集的矿物晶体(图 5－50d)，结合此前拉曼分析测试的结果，推断这些晶体属于苔藓虫利用生物矿化形成的方解石微晶聚集体。根据此前对苔藓虫骨骼超微结构的研究可知，微晶的形成、排列和生长方向受到上皮细胞有机质的高度调控，未分化的上皮细胞首先分泌角质层，这成为生物矿化骨架的第一个微晶的种子表面。分化过程结束时，离子钙或电离钙在细胞内聚集并逐渐渗透到细胞外的纤维状有机骨架中，有机质稳定并将瞬态非晶 $CaCO_3$ 组装成给定的骨骼结构形式。在这个过程中微晶取向的变化形成极多的不同的超微结构织物，大多数与其他织物组合使用构成织物套件，组成苔藓动物形貌独特的钙质骨骼[284]。

涩圈表面的颜料似乎对苔藓虫的附着行为没有明显的影响，图 5－50e 为图 5－50b 在 SEM 下观察的结果。从中可以看到，苔藓虫的骨骼仍然紧密附着在有颜料的胎体表面，并没有出现较大空隙。对图 5－50e 中的方框处进一步放大观察后发现，苔藓虫的底壁形状与胎体表面的起伏走势完全符合(图 5－50f 中箭头所示)，这说明苔藓虫矿化时其底壁角质层会紧密覆盖在基质表面以形成最牢固的结合，最终该角质层在 $CaCO_3$ 的矿化过程中也会部分矿化，从而进一步促进生物与基质的融合[320]。

3) 藤壶

藤壶个体呈现圆锥状，顶部有开孔，几丁质外壳呈鳞片状，颜色为黄白色(图 5－51a)。底板呈一个完整的圆形，内部有放射状纹理(图 5－51b)。在 OM 下观察藤壶，发现其内部有机质活体已降解消失，常有管虫留下的管状遗骸。

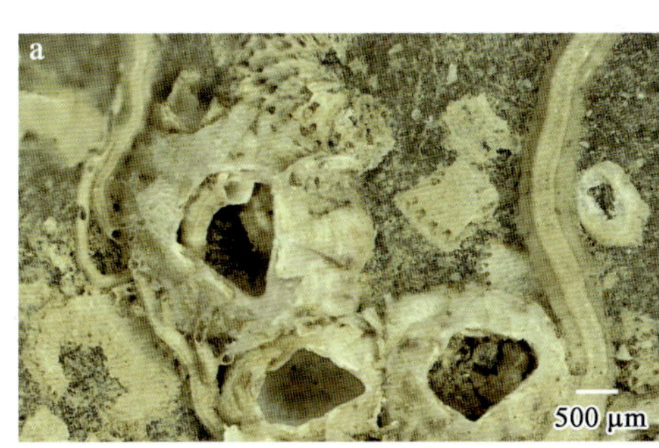

图 5－51　两件青瓷碗表面附着的藤壶遗骸的 OM 照片

a. DLD1 表面完整藤壶外壁；b. DLD2 表面的藤壶底板

藤壶为另一种在釉面附着的优势物种。在制样过程中，藤壶的外部壳板极易脱落，只留下圆形底板保留在釉面(图 5－52a)，有时甚至整个脱落。藤壶底板上的同心环是藤壶生长过程中蜕皮留下的痕迹，同心环间距与蜕皮周期有关，相邻蜕皮周期之间藤壶会分泌固着所需的藤壶胶[321]。同心环间距越窄，表明藤壶分泌了越多的藤壶胶以供固着。图 5－52b 显示，釉面上藤壶同心环的间距为 135 μm 左右。Sangeetha Raman 等对附着在 PMMA、金属钛和不锈钢 SS316L 上的藤壶底板上的同心环间距进行测量后得到，在非金属 PMMA 上同心环间距为 75 μm，金属钛和不锈钢 SS316L 上都是 350 μm，这表明藤壶为了附着在非金属上需要分泌比金属更多的藤壶胶[297]。相比之下，粗糙的釉面上藤壶底板的同心环间距介于以上两者之间，可以认为，受到海洋环境机械作用力后不再光滑平整的釉面较一般非金属基质更容易附着。

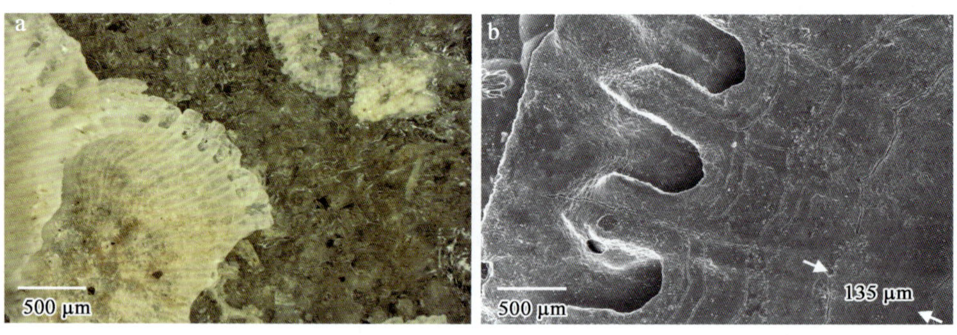

图 5－52　DLD2 外壁表面的藤壶的形貌

a. 藤壶底板的 OM 照片；b. 藤壶底板的 SEM 照片，藤壶底板上可见因藤壶生长蜕皮而产生的同心环

藤壶的断面呈现锥形，DLD2 样品上该断面藤壶附着底板直径约 1 300 μm（图 5－53a）。藤壶的底板上表面较为平整，下表面与起伏不平的釉面紧密结合，呈一致趋势。底壁具有数个孔道，孔道直径在 80～90 μm 之间（图 5－53b）。在 SEM 下观察图 5－53a 中方框内区域，可以看到藤壶底板陷入釉面的凹坑内，结合界面的晶体呈现出与釉面近似平行的排列方式（图 5－53c）。断面晶体的超微结构显示出层叠的片状结构和片状表面堆积的颗粒结构（图 5－53d），这种晶体结构的形成与藤壶的方解石晶体在含有水凝胶的微环境下成核、生长有关[322]，水凝胶可能是硫酸化蛋白聚糖[323]，这种有机物的存在会降低生物矿物的硬度，但带来的内部渗透压可以增加矿物的弹性，在面对海浪运动带来的机械作用时可以起到减震器的作用。藤壶的 EDS 数据显示（表 5－26，P12），此处骨骼壳板应属于文石物相，部分 S 元素来自骨骼中的有机物质（如硫酸化蛋白聚糖）。尽管此前拉曼分析中只测试出方解石物相，但文石物相的存在可能是来自方解石的晶型转化，也可能是藤壶骨骼中原本就存在双晶型共存的情况。

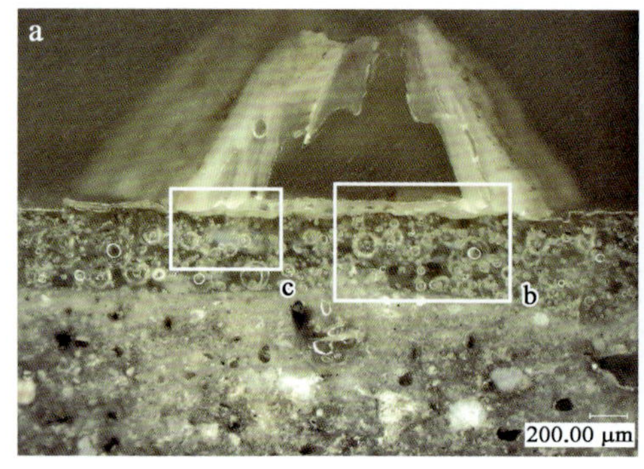

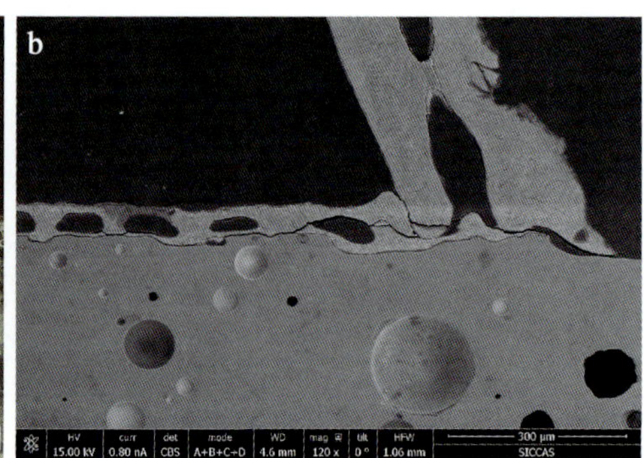

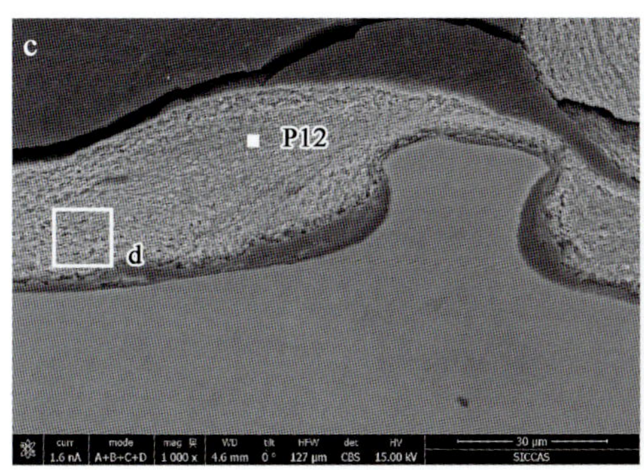

图 5－53　DLD2 内壁藤壶/釉附着断面的形貌

a. OM 照片，藤壶断面为锥形；b. 图 a 中方框 b 区域的 SEM 照片，底壁上有整齐排列的孔道；c. 图 a 中方框 c 区域的 SEM 照片，底壁与釉面紧密结合；d. 图 c 方框内区域的 SEM 照片（SE），藤壶骨骼的超微结构

藤壶下方的釉层常见裂纹存在，这些裂纹中有的贯穿釉层、有的连通釉层中的气泡（图 5－54a）。图 5－54b 为一处藤壶外壁板与釉层连接处的裂纹，该裂纹纵向贯穿釉层及釉层中的气泡。可以看到，该裂纹口径达 30 μm 左右，上方覆盖的藤壶骨骼并未完全封闭该裂纹，外来污染物仍然可以在海水的携带下侵入釉层内部。藤壶的附着会增加被附着基质在海洋中所受到的静荷载和动荷载，且作用于藤壶侧面的应力会集中于藤壶和基质平面的连接处，导致基质局部表面受到的应力增加[324]，这可能是釉层裂纹产生的原因。

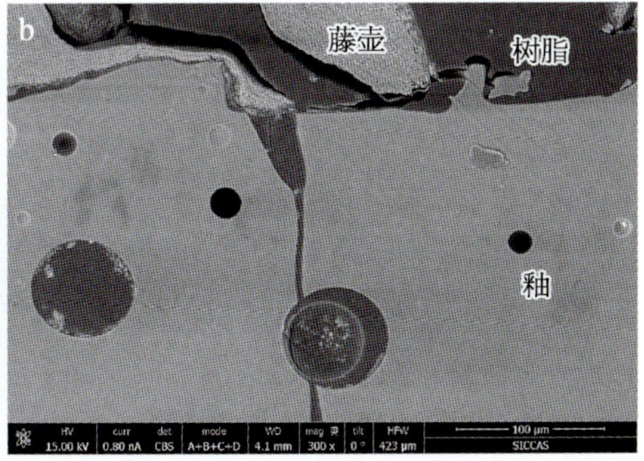

图 5－54　DLD2 断面藤壶/釉附着处的形貌

a. 藤壶与釉层附着界面的 OM 照片；b. 图 a 方框内区域的 SEM 照片，藤壶外壁与釉层连接处纵向贯穿釉层的裂纹

4）生物重叠现象

在涩圈内还存在一种较为独特的生物附着现象，两种生物的骨骼堆叠附着在胎体上，苔藓虫所形成的群体骨骼将管虫栖管完全覆盖（图 5－55a）。对苔藓虫与管虫的附着界面进行了观察，图 5－55b 显示，苔藓虫的底壁与管虫栖管外壁之间还是可以看到明显界线，但无空隙。该管虫栖管形状较为完整，苔藓虫在其上的附着并没有影响。在 SEM 下进一步观察了图 5－55b 中方框内区域（图 5－55c），即苔藓虫和管虫的附着界面，可以看到，两者所形成的生物矿物的显微结构有较大区别，管虫的方解石微晶较苔藓虫更为密集，但该截面没有明显的取向；苔藓虫的骨骼里则可以看到清晰的平行片状结构（图 5－55c 方框内），这属于苔藓虫

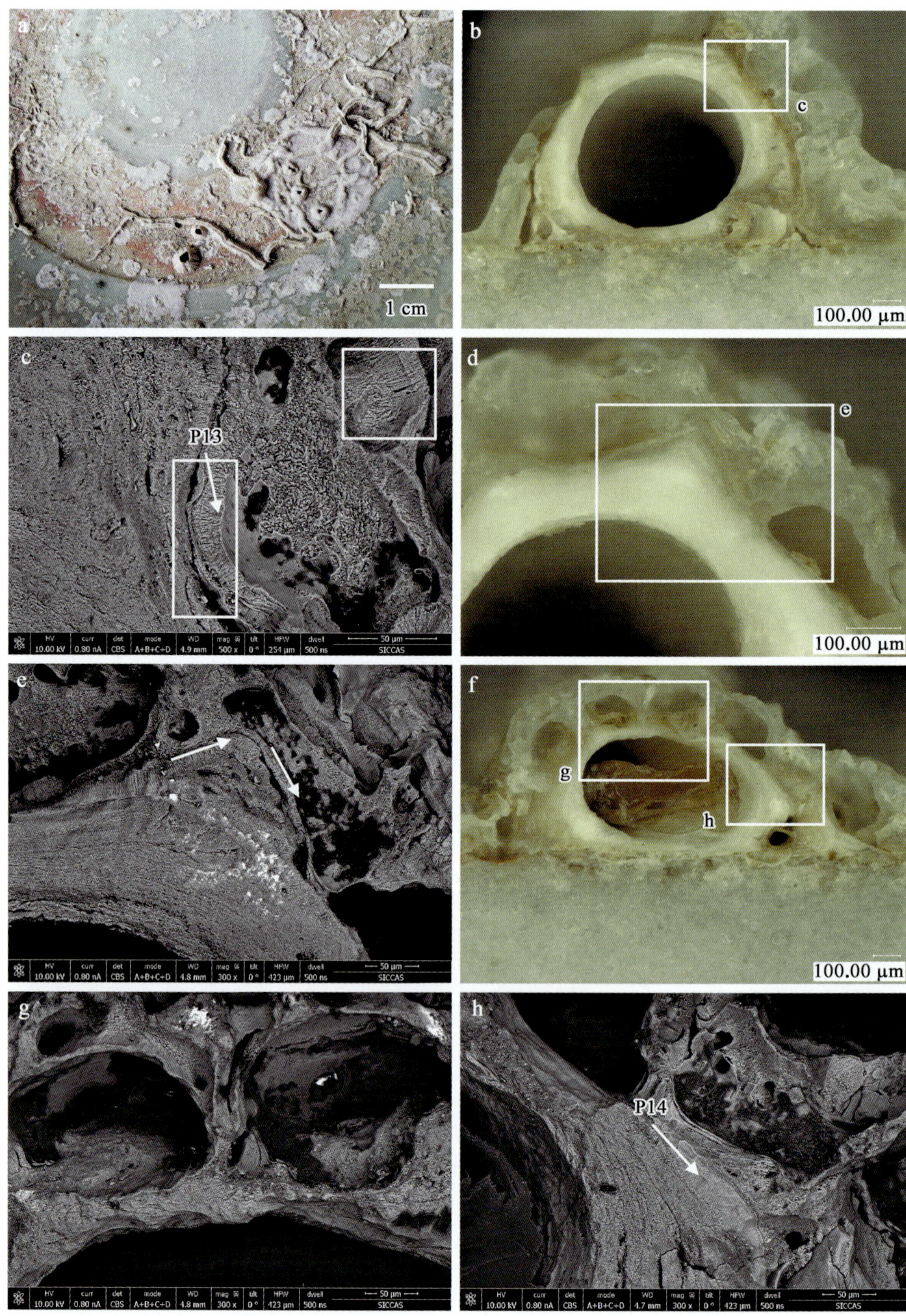

图 5-55 DLD1 内壁涩圈上苔藓虫与管虫堆叠附着的断面形貌

a. 涩圈裸露胎体上堆叠附着的管虫栖管和苔藓虫遗骸；b. 苔藓虫与管虫栖管的附着界面的 OM 照片；c. 图 b 方框内区域的 SEM 照片，苔藓虫骨骼具有较为明显的平行片状结构，苔藓虫与管虫栖管结合紧密；d. 第二处苔藓虫与栖管附着界面的 OM 照片；e. 图 d 方框内区域的 SEM 照片，苔藓虫底壁完全贴合栖管形状；f. 第三处苔藓虫与栖管附着界面的 OM 照片，管虫栖管变形；g. 图 f 中方框 g 内区域的 SEM 照片，苔藓虫虫室完整，管虫栖管顶壁变形；h. 图 f 中方框 h 内区域的 SEM 照片，苔藓虫底壁与栖管外侧结合紧密

超微结构织物中的壁垂直织物，这种织物产生的壁表面具有相对较小的微起伏[284]。苔藓虫和管虫骨骼之间的间隙最大不超过 6 μm，附着很紧密。

图 5－55d 为另一处苔藓虫与管虫的重叠骨骼断面，在 SEM 下可以看到，苔藓虫的底壁为了完全贴合在管虫顶壁突出的脊上产生了极大的弯曲弧度（图 5－55e 中箭头所示处），由此可见，苔藓虫底壁在分泌角质层并沉积 $CaCO_3$ 时，是以与基质形成最紧密的附着为首要目标，而不限于固定的骨骼形状。

苔藓虫的附着似乎对未完全成型的管虫栖管会产生一定程度的压力，图 5－55f 就是一个例子。管虫栖管顶壁的厚度较其他栖管更薄，只有约 50 μm 左右（图 5－55b、d 中的栖管顶壁厚度在百微米以上），且整个栖管截面形状近似椭圆形。对栖管顶部的附着界面进行 SEM 观察可以发现，苔藓虫的底壁和栖管顶壁几乎融合在一起，苔藓虫的底壁、虫室等发育良好、结构完整，但管虫的栖管呈现出不正常的形态（图 5－55g）。我们推测，苔藓虫附着时，管虫的这部分栖管还未完全矿化，其力学硬度较低，栖管壁无法支撑苔藓虫的群体骨骼和苔藓动物活体覆盖所带来的压力。整个栖管不仅形状变形，栖管壁也无法矿化完全。图 5－55c、h 中两处苔藓虫骨骼的化学组成有一定差异，P13 处的骨骼中 Mg 元素的含量要远高于 P14 处骨骼（表 5－26，P13、P14），这应该是由于苔藓虫生物矿化所形成的骨骼是方解石和文石的混合，方解石中通常含有较多的 Mg。

5.3.5　青瓷表面状态对海洋生物附着种类及丰度的影响

很多出水陶瓷器表面受到海洋生物附着，大量的生物遗骸将陶瓷器原本的表面覆盖，甚至和无机质污染物混合形成大型凝结物[325]。海洋生物对水下基质的作用主要有两种模式：通过固定其钙质结构（外壳、骨架）附着在基质表面，从而用碳酸盐沉积物包裹固体基质；在基质中打孔或穿透基质，从而在孔洞中定居[326]。DLD 两件青瓷碗表面所附着的管虫、苔藓虫和藤壶属于前者。这三种生物在附着时都由虫体分泌黏合剂（通常为糖蛋白）将幼虫先黏附在陶瓷表面，此后再逐渐形成有机角质层，以此为钙化模板在其中沉积 $CaCO_3$ 盐，最终形成钙质骨骼[281,297,327]。处于平稳海床上的 DLD 青瓷碗，覆盖的沉积物被海流带走后，暴露出来的表面就成为海洋生物幼虫可以选择的长期附着的沉降基质。

基质表面的润湿性、海洋生物黏合剂的性质和生物膜的存在之间复杂的相互作用，共同决定了海洋生物的附着状况。海洋生物附着过程开始于生物膜的形成，生物膜包括两层：调节膜和微生物膜。调节膜为蛋白质、蛋白多糖等有机物所形成的膜；微生物膜为有机物、水、微生物和胞外代谢产物（EPS）组成的膜[328]。生物膜可以改变表面的理化性质[329]，也为生物幼虫提供食物营养源[330]。

海洋生物幼虫在挑选附着基质时具有主观选择性，对于藤壶和苔藓虫幼虫来说，基质表面的润湿性是主要影响因素[331]。DLD 青瓷碗的釉表面和胎体表面对于生物黏合剂来说是高润湿性的表面，但润湿性也有所区别：釉表面尽管受到一定磨损，但整体润湿性仍然要小于胎体表面。在 DLD1 的釉层表面，苔藓虫是明显的优势物种，而藤壶和管虫更多地附着在内壁涩圈表面和外壁底部露胎表面。此前相关研究表明，苔藓虫的幼虫喜欢润湿性较低的基质表面[327,332-333]，而藤壶的幼虫更喜欢润湿性较高的表面[331,334]。这可能是受黏合剂的极性与基质表面润湿性的关系决定的[335]。对于管虫来说，只要基质表面存在生物膜就能附着[336]，它们的附着受到润湿性的影响较小，因此管虫还存在跨胎釉附着的现象。而生物膜的有无，对藤壶和苔藓虫幼虫附着影响不大。

DLD2 釉表面的优势物种为藤壶和管虫，这可能是因为受到比 DLD1 更强烈的携带海砂的海浪运动造成的机械损伤，具有更多的沟壑和坑洞，增加了釉面的润湿性，也为幼虫的附着提供了优势区域。当藤壶和管虫的幼虫沉降在表面后，构筑钙质骨骼的液体材料陷进沟壑和坑洞内，在内部逐渐钙化为坚硬的骨骼[317]，使得骨骼底部与釉层表面形成紧密的“锁-匙”机械联锁。DLD2 釉面的沟壑和坑洞更多，藤壶和管虫的底部骨骼就与釉面形成更多的联锁结合，它们就更容易形成稳定的附着，幼虫就越趋向于在釉面聚集。总的来说，DLD2 粗糙的釉面造成藤壶和管虫更强的附着[327]。

5.3.6 海浪冲蚀及海洋生物附着对青瓷劣化的综合作用

从陶瓷器和沉船一起散落进海底到被现代考古发掘打捞出水的这段持续数百上千年的时间内，海洋环境中的海水、悬浮物、沉积物和海洋生物都会与陶瓷器本体发生相互作用[337]。海洋埋藏环境在长时间内性质不断发生动态变化，其与陶瓷器发生相互作用后，出水陶瓷器最终也会呈现出不同的保存状态。

东洛岛沉船遗址应该为古代海上丝绸之路的贸易船只避风、补给的场所，遗址位于东洛岛西侧海湾内，海床平缓[308]，较为稳定的海流环境使得 DLD 两件青瓷碗并未受到强烈的机械损伤，釉层保存较为完整，未出现釉层大面积损毁的现象。遗址所在海床为泥沙质，携带着砂砾的海流运动对釉层表面长时间的摩擦还是造成了釉面较为明显的损伤，其中 DLD2 釉面的损伤程度较 DLD1 更为强烈，这可能与暴露在海床上的时间长度有关。DLD1 在海底的这段时间内，受海砂海泥等沉积物的覆盖时间应该较长，这些沉积物可以很好地阻隔携带砂砾的海流运动的摩擦，也可以减缓海流运动带来的冲击力[236,338]。相比之下，DLD2 表面沟壑纵横，大量的开口气泡和凹坑表明其受到强烈的机械损伤，这应该是由于其釉面缺少沉积物的覆盖，长时间直面携带着砂砾的海流运动造成的结果。幸运的是，两件青瓷碗表面并未形成坚硬的无机质凝结物，这可能是由于东洛岛沉船遗址附近没有铁质文物存在的原因。海洋出水的很多陶瓷器都被无机质凝结物覆盖，这些凝结物坚硬且难以去除。凝结物的化学组成常包含 Fe 的化合物，其形成过程也与 Fe 的矿化过程有关，沉积物的覆盖会带来缺氧环境，铁质文物腐蚀溶出的 Fe(Ⅲ)会被硫酸根还原菌等微生物还原，从而导致沉积物厌氧矿化，形成比周围海砂、海泥坚硬得多的凝结物[48,339]。

青瓷釉是玻璃质，DLD1 釉面硅酸盐网络结构聚合度的降低表明其网络在海洋环境中受到了破坏。玻璃在酸性和中性的环境中($pH<9$)，硅氧网络中的碱性离子会和水溶液中的氢离子存在离子交换作用，阳离子的选择性溶出会导致玻璃表面脱碱水合层；而在碱性环境中($pH>9$)，硅氧网络的溶解占主导地位，在玻璃表面形成富硅凝胶层[168,181,288]。然而，DLD1 的釉与碱金属含量高的古代玻璃在组成上具有很大差异，釉中碱金属含量(Na、K)低而 Si、Al 含量较高，助熔剂主要为 Ca，因此釉层玻璃网络更封闭，具有更高的化学稳定性[82]，尽管在数百年间存在一定的离子交换作用，但并未观察到明显的脱碱水合层。

DLD2 的表面暴露出来的晶体表明原本包裹晶体的玻璃相已经发生脱落，这应该是由于晶体和玻璃相化学组成的差异导致界面处的原子排列不紧密，原子网络连接相较玻璃相本身内部网络连接要更松散[180]，在受到外来机械作用时，作为薄弱环节首先受到攻击。DLD2 表面存在的大量连通的凹坑在水溶液中的玻璃表面也有发现，玻璃表面的凹坑的形成与玻璃的溶解有关，且大量小凹坑会逐渐形成大凹坑[165,340]。玻璃表面的凹坑具有较为规整的形貌，这是以裂缝为中心均匀溶解形成的，而 DLD2 表面的凹坑大多并不具有规律的形状，考虑到青瓷釉的化学稳定性，DLD2 表面的凹坑更有可能与长时间随机的机械损伤有关。砂砾的撞击使得表面产生微小的裂痕或坑，而海流的作用将裂痕和坑逐渐扩大，形成表面大量连通的凹坑。

对于有海洋生物附着的局部表面来说，陶瓷的物理性质和受力方式都会发生变化。管虫和苔藓虫在釉层和胎体表面的附着都十分牢固，特别是以被覆型生长方式繁衍的苔藓虫在表面形成大面积平铺覆盖的骨骼，管虫个体的栖管虽覆盖面积不大，但集群性附着后大量栖管也可占据相当面积。它们的骨骼可以有效地抵御携带砂砾的海浪运动的冲刷，减缓局部表面继续受到的机械损伤导致的粗糙、开裂甚至脱落。在胎表面形成的骨骼还可以减少胎体表面孔隙率[313]，阻隔外来污染物进入胎体内部。管虫和苔藓虫的附着对陶瓷的局部表面具有生物保护作用。

相比之下，藤壶虽然在胎体表面的附着比较牢固，却很容易从附着的釉层表面脱落。尽管藤壶底板与釉层表面的坑洞也形成紧密契合的“锁-匙”机械联锁结构，但轻微的外来作用力就会导致藤壶脱落，这可能是因为这些藤壶还处于较为年轻的阶段，通常藤壶附着的时间越长，将其和基质分离所需要的力就越大，这与不同阶段附着面积、黏合剂黏性和骨骼钙化程度有关[341]。DLD 两件青瓷碗上的藤壶底板直径最大不超过 3 mm，整体高度不超过 2 mm，底板覆盖面积极小，属于幼年藤壶（成年藤壶的底板直径可达 20 mm 以上）。藤壶在成长后期所分泌的黏合剂较早期的黏附强度会成倍增强[342]，进一步强化的骨骼也可以增强藤壶的附着稳定性。因此，现阶段青瓷碗表面的藤壶幼体还不能很好地抵御携带砂砾的海浪的冲刷；相反，其锥形的整体骨骼还会将受到的应力集中于骨骼和陶瓷表面的连接处[324]，可能造成骨骼下方陶瓷表面裂纹的产生，对陶瓷器的本体具有一定的危害性。

根据以上讨论，提出东洛岛出水青瓷劣化过程示意图，如图 5－56 所示。青瓷内外壁施釉，携带沙砾的海浪运动对表面进行长时间磨蚀，伴随着轻微的离子交换作用，光滑的釉层

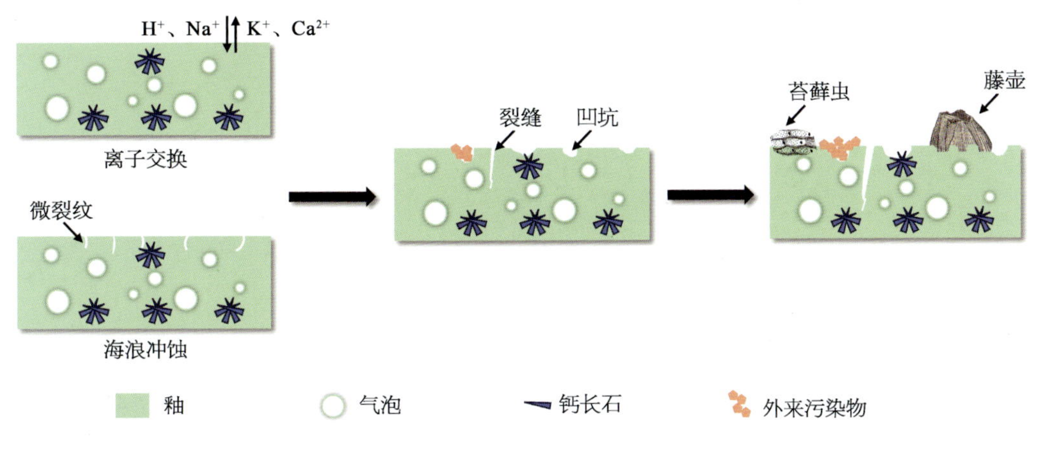

图 5－56　DLD 青瓷表面的劣化过程示意图

表面出现微裂纹等缺陷，粗糙度增加。随着作用时间的增加，微裂纹逐渐向釉层内部延伸形成裂缝。由于表面附近钙长石晶体的存在，晶体与玻璃相的界面作为薄弱环节，在外力作用下致使玻璃相部分脱落，导致釉面凹坑的出现，钙长石晶体也暴露出来。裂缝与凹坑的存在为外来污染物的沉积提供了场所。粗糙的表面逐渐吸引了海洋动物，包括苔藓虫、藤壶等的附着，生物与釉面的缺陷形成“锁-匙”机械联锁的牢固附着。釉面的海洋生物丰度逐渐增加，最终表面几乎被海洋生物完全覆盖。

第 6 章 长江和海洋出水铅釉瓷和红绿彩瓷的劣化机理研究

6.1 “长江口二号”沉船出水铅釉瓷的劣化机理研究

6.1.1 考古背景

“长江口二号”沉船是清代同治年间(1862—1875)的一艘木质帆船,沉没于上海崇明横沙岛东北部的横沙浅滩,2015 年由上海市文物保护研究中心开展水下考古调查时发现[343]。沉船的整体打捞和迁移工作已于 2022 年 11 月完成[344],后续的考古与文物保护工作将在建设中的沉船考古基地中进行[345]。在前期进行的水下考古调查时,在部分舱室中发现了景德镇窑青花瓷、绿釉瓷、紫砂器等大量精美文物[345]。其中绿釉瓷在水下的长期埋藏过程中受到了严重腐蚀,外观发生了显著变化,严重影响了其审美价值,这可能与其所处的沉船环境有着密切关系。

长江口是陆地和海洋间物质和能量强烈交换的地带,其中发生着复杂的物理、化学、生物和地质过程[346]。长江河口区水体的 pH 值一般低于 7.7~7.9,盐度也由于受到长江径流的影响可低至 20‰左右[17],沉船所在位置的盐度甚至只有 10‰左右[347]。长江口附近水体及表层沉积物大多处于还原性环境中[348]。在沉船遗址中,pH、Eh、温度、溶解氧、水流、盐度、生物活动等因素都可能会影响到文物材料的保存状况[14]。长江三角洲是一个典型的潮汐三角洲,现代长江口包括北支和南支两大支流,“长江口二号”沉船就位于南支外的横沙浅滩以北的北港河道,这里也是长江输送的大量泥沙的沉积之处,被称为拦门沙[349]。2017 年,Niu 等[350]在沉船附近获取的沉积岩芯(31°21′02.962″N, 122°04′E)反映出沉船所处的沉积层主要由平均粒度为 46 μm 深灰色淤泥所构成。此外,北港河道的演化导致沉船所处环境发生变化,使得原本埋藏在河口浅滩以下的沉船变成半掩埋的状态[350],这可能会对沉船上层文物的保存状态造成很大的影响。在开展文物研究和保护工作前,亟须对这批珍贵的铅釉器物及其与环境之间的作用进行深入研究,对可能产生的病害进行分析并做出针对性的预防措施。

本研究选取了“长江口二号”沉船出水的三件典型的铅釉瓷作为研究样品,通过多种表征方法对样品进行分析,对腐蚀层形貌结构和腐蚀产物的形成过程进行了研究,在此基础上探讨了水下环境中铅釉的腐蚀机理,为沉船内铅釉瓷的后续研究和保护工作提供科学依据。

6.1.2 样品信息

本研究选取了三件“长江口二号”沉船出水的绿釉瓷残片作为实验样品，分别编号为1号、2号和3号样品，如图6-1所示。样品由上海市文物保护研究中心提供，在打捞出水后进行了脱盐处理。

图6-1 铅釉瓷样品的外观照片

a、b. 1号样品的外壁和内壁；c、d. 2号样品的外壁和内壁；e、f. 3号样品的外壁和内壁

样品原始器型为杯，制作十分精细，胎质细腻洁白，胎体轻薄，通体施透明釉，外壁在透明釉基础上加施一层绿釉，并在杯口处描金。绿釉杯的工艺复杂，质量极佳，外壁的外层绿釉起装饰作用，内壁透明釉可直接接触饮用液体，应为实用饮器而并非用于墓葬的明器，同船出水的同类型器物数量众多，可能为用于出口贸易的外销产品。

通过对样品的观察可以发现，内壁的透明釉保存状况完好，而外壁绿釉表面则经历了不同程度的腐蚀，导致外观出现了明显的变色现象。1号样品部分保留有原始的绿釉表面(图6-1a)，根据表面的形貌特征可大致分为三部分：最上方靠近器物口沿的位置覆盖着一层致密的腐蚀反应产物而整体呈灰色，下方绿釉区保存状况较好，在两者之间是腐蚀产物和未腐蚀绿釉混杂分布的区域。2号和3号样品釉表面几乎完全被灰色或黑色区域所覆盖（图 6－1c、e），未见绿釉区域，而其中值得注意的是，2 号样品黑色区域的部分位置在自然光下由特定角度下观察会呈现彩色（图 6－1c），偏离特定角度观察表面则仍然呈现黑色。

6.1.3 胎、釉的化学组成分析

首先使用 EDXRF 对三件样品外壁绿釉表面的不同区域进行测试，结果列于表 6－1 中。三件样品外釉的 PbO 含量均很高，属于低温铅釉，主要以 Cu 为着色元素。对于 1 号样品，从绿色区域到灰色区域的组成，化学组成的变化规律是 PbO 和 Fe_2O_3 含量增加，而 SiO_2 含量降低，从绿色向灰色过渡的区域组成处于两者的中间值。腐蚀程度较低的绿色区域的 SiO_2 含量可达 40.30 wt%，而灰色区域则仅有 6.47 wt%。PbO 含量从 49.51 wt%增加到 70.55 wt%，Fe_2O_3 含量则从 0.69 wt%增加至 11.55 wt%。此外，表面的 CuO 的含量也发生了变化，从 3.17 wt%（绿）增加到 5.23 wt%（灰）。2 号样品表面黑色与灰色区域组成较接近，而彩色区域 SiO_2 和 Fe_2O_3 含量稍低，MgO、CuO、PbO 含量稍高。3 号样品黑色区域与灰色区域相比，SiO_2 和 Fe_2O_3 含量较高，PbO 含量较低。

表 6－1　样品外壁绿釉表面不同颜色区域化学组成的 EDXRF 测试结果　　单位：wt%

样品编号	测试位置	Na_2O	MgO	Al_2O_3	SiO_2	K_2O	CaO	Fe_2O_3	CuO	PbO	As_2O_3
1 号	绿色区域	1.27	0.39	1.25	40.30	1.62	1.48	0.69	3.17	49.51	0.30
	混杂区域	0.77	1.30	1.55	27.77	1.46	1.49	2.85	3.92	58.40	0.48
	灰色区域		1.31	2.85	6.47	0.15	0.67	11.55	5.23	70.55	1.20
2 号	灰色区域		0.81	0.99	9.37	0.06	0.51	18.39	5.07	63.75	1.04
	黑色区域		1.61	0.92	7.96	0.02	0.29	18.58	4.80	64.37	1.45
	彩色区域	0.86	2.42	0.87	5.53	0.01	0.28	16.85	6.01	66.03	1.13
3 号	灰色区域		0.52	1.47	8.25	0.08	0.35	14.64	5.15	68.11	1.41
	黑色区域		1.30	1.64	13.78	0.07	0.51	19.62	5.09	57.34	0.64

总体而言，1 号样品保存较好的绿釉区域 SiO_2 含量最高、PbO 含量最低。经过腐蚀后绿釉转变为黑色或灰色，SiO_2 含量减少，PbO 含量增加，同时表面出现了 Fe 和 Cu 元素的富集。三件样品经过腐蚀后的铅釉表面组成存在一定差异，表明各自的腐蚀程度也可能存在不同。

三件样品的胎和内壁透明釉表面的化学组成分析结果列于表 6－2 中。胎中 SiO_2 含量为 67～70 wt%，Al_2O_3 含量在 25 wt%左右，制作工艺成熟，与清代景德镇窑的白瓷胎具有相似的化学组成[129]。透明釉中 SiO_2 含量均在 70 wt%以上、最高可达 76.71 wt%，Al_2O_3 含量在 13～15 wt%之间，属于高温釉。三件样品属于同类器物，彼此之间化学组成差异较小。可以看出，这三件精美的绿釉杯的烧制过程非常复杂，需先在胎体上施加透明釉后入窑在高温下第一次烧制（1 300℃左右），随后再于内壁的透明釉上施加铅釉并在口沿处进行描金，入

窑在低温下进行第二次烧制(700～900℃)[351-352]。透明釉没有裂纹,没有污染物的侵入,也没有观察到明显的腐蚀现象,具有良好的耐腐蚀性。铅釉腐蚀严重而透明釉保存良好,表明在其他条件相近的情况下,化学组成对釉的耐腐蚀性具有很大的影响。

表 6-2　样品的胎和内壁透明釉化学组成的 EDXRF 测试结果　　单位：wt%

样品编号	测试位置	Na_2O	MgO	Al_2O_3	SiO_2	K_2O	CaO	TiO_2	Fe_2O_3
1号	胎	0.97	0.02	25.71	67.56	3.43	0.67	0.03	1.60
2号	胎	0.72	0.02	23.61	69.98	3.01	1.02	0.04	1.60
3号	胎	1.46	0.04	24.54	68.37	3.21	0.72	0.03	1.62
1号	釉	1.53	0.05	15.42	73.01	4.35	4.35	0.05	1.24
2号	釉	1.51	0.03	13.94	75.52	4.03	3.70	0.04	1.24
3号	釉	1.97	0.01	13.01	76.71	3.96	3.22	0.05	1.07

6.1.4　铅釉的劣化形貌和组成特征

6.1.4.1　1号样品

1号样品外壁釉表面的不同颜色的区域呈现出不同的特征,在 OM 下观察可以发现,绿色区域为保存状况较好的绿釉,表面存在较多裂纹,裂纹内有少量黄褐色物质,釉内则分布着很多气泡(图 6-2a)。绿色和灰色的混合区域只有少部分绿釉可见,大部分已转变为灰色物质(图 6-2b)。灰色区域的腐蚀程度较严重,绿釉几乎已经完全不可见(图 6-2c)。从样品的断面来看,绿色区和灰-绿混合区域没有明显的腐蚀层(图 6-2a、b),绿色釉层厚度约为 50～60 μm,绿釉下方是透明釉。灰色区域的绿釉层厚度约为 100 μm(图 6-2c),绿釉的上层是呈灰黑色的腐蚀层,绿釉层中还存在一些裂纹,从釉表面一直延伸到铅釉和透明釉的界面处。

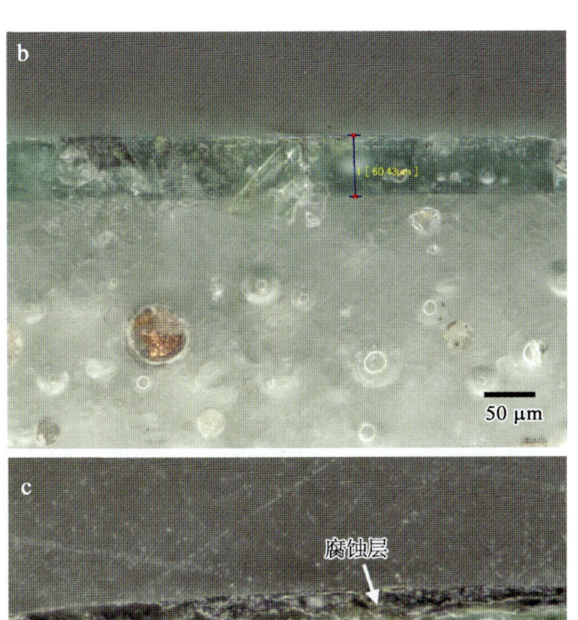

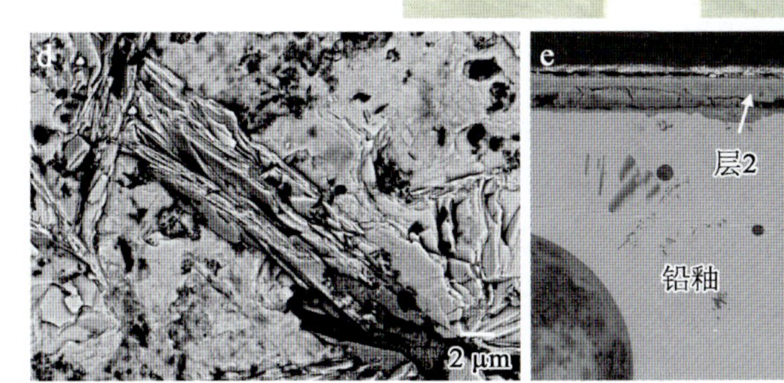

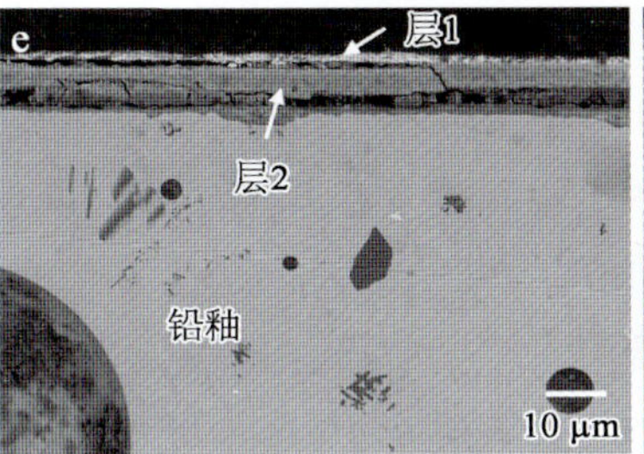

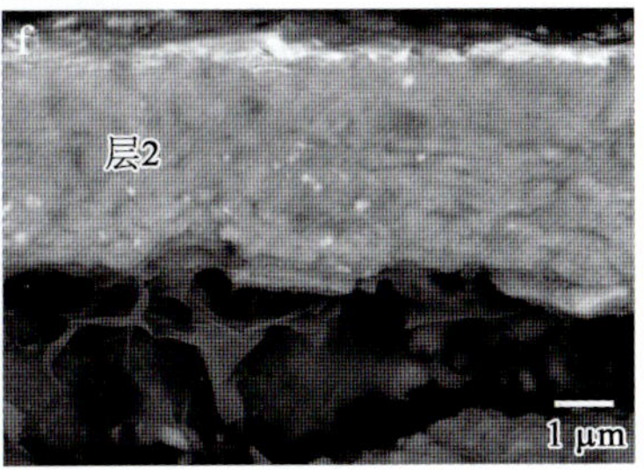

图 6－2　1 号样品外壁铅釉的表面和断面形貌特征

a～c. 分别为绿色、灰-绿混合和灰色区域的断面 OM 照片；d. 灰色区域表面的长棒状晶体；e. 灰色区域腐蚀层的断面 SEM 照片，腐蚀层由层 1(衬度更高的晶体层)和层 2(衬度较低的腐蚀层)两部分构成；f. 图 e 中腐蚀层的放大

图 6－2d 为 1 号样品灰色区域的 SEM 照片，从中可以看出釉表面分布着大量长棒状晶体，晶簇平铺于釉面，长度可达 20 μm。使用 XRD 对表面的不同区域进行分析，结果列于表 6－3 中。其中，灰色区域和混合区域主要由水白铅矿[即碱式碳酸铅，英文名为 hydrocerussite，化学式为 $Pb_3(CO_3)_2(OH)_2$]所组成。同时灰色区域也存在少量的石英。绿色区域结晶相的衍射峰强度很弱，能够匹配的除了水白铅矿和石英外，可能还存在二氧化铅(PbO_2)。灰色区域的拉曼光谱测试结果列于表 6－3 中，其中在 1 045 cm^{-1}位置的振动带可归因于碳酸盐的对称伸缩振动模式(ν_1)[353]，结合 XRD 分析结果可以判断与水白铅矿有关。1 310 cm^{-1}和 1 595 cm^{-1}位置的宽峰可能与无定形碳有关[354]，这可能是腐蚀层中黑色

的来源之一，而 140 cm^{-1} 和 288 cm^{-1} 附近的特征峰则可能与氧化铅（massicot，PbO）有关[355]。

表 6－3　1 号样品外壁釉表面不同区域的 XRD 和拉曼光谱分析结果

测试位置	类　别	峰　　位	对应物相
绿色区域	XRD/(°)	26.73，45.81	石英
		11.05，34.11	$Pb_3(CO_3)_2(OH)_2$
		29.00，48.22，57.23，60.48	PbO_2
	Raman/cm^{-1}	112，493（宽），823，997（宽）	铅铝硅酸盐玻璃
混合区域	XRD/(°)	11.13，34.13，58.25	$Pb_3(CO_3)_2(OH)_2$
		29.08	PbO_2
灰色区域	XRD/(°)	11.27，19.96，21.02，24.78，27.31，33.10，34.15，36.15，40.47，43.18，44.31，48.34，49.12，54.27，57.12，58.31，60.51，62.51，67.93，69.31，71.85	$Pb_3(CO_3)_2(OH)_2$
		21.02，26.73，46.07	石英
	Raman/cm^{-1}	140，288	PbO
		1 045	$Pb_3(CO_3)_2(OH)_2$
		1 330，1 579	无定形碳

绿色区域的拉曼光谱对应于铅铝硅酸盐玻璃（Al 含量相对较低）的特征，其中位于 100～140 cm^{-1}附近的低频区振动带可归因于离子性的 Pb—O 键（100 cm^{-1}附近）和相互连接的 PbO_4 四面体中的 Pb—O—Pb 共价键（140 cm^{-1}附近）振动带的叠加，并且表现为离子性的部分明显更显著[122]。对铅硅酸盐玻璃结构的研究表明，Pb 在硅酸盐玻璃中的结构作用与其相对含量有关，本文所研究的铅釉中 PbO 含量为 49.51 wt%（约为 21 mol%），低于 40 mol%，SiO_2 为主要的玻璃形成体，而 Pb 主要作为网络修饰剂存在。此外，400～600 cm^{-1} 和 900～1 100 cm^{-1}范围内的宽峰分别与[SiO_4]四面体多元环的弯曲-伸缩振动和反对称伸缩振动模式对应[123]，而 820 cm^{-1}附近的峰可归因于 O 原子在 Si—O—Si 平面上的运动引起的 Si—O 伸缩振动，并且随着 PbO 含量的增加，峰的强度降低并向低频移动[122]。

图 6－2e 为灰色区域的断面 SEM 照片，从中可以看出在铅釉表层的灰黑色腐蚀层由两部分组成，图中分别用层 1 和层 2 表示。其中，层 1 主要为碱式碳酸铅晶体，衬度较高，厚度约为 1 μm；层 2 是内部呈层状结构的腐蚀层（图 6－2f），厚度约为 4 μm，其间还隐约可见少量高衬度的晶体。腐蚀层中的很多位置都发生了断裂，表面的晶体层与下方的腐蚀层之间存在明显的裂隙，同时腐蚀层与下方的原始釉层之间也已分离，在这些裂隙中存在很多碎屑。

6.1.4.2　2 号样品

2 号样品灰色区域的形貌与 1 号样品相似，其表面分布着大量的灰色腐蚀反应产物。黑色区域则大部分呈黑色，其间也存在部分区域呈灰色或黄色。对灰色和黑色区域分别进行

Raman 光谱分析(表 6－4),结果表明,灰色区域与 1 号样品相似,仅检测出了碳酸根基团的特征(位于 1 050 cm^{-1})。而在黑色区域则较为复杂,位于 290 cm^{-1}和 355 cm^{-1}附近的振动带属于黄铜矿(chalcopyrite,化学式为 $CuFeS_2$)的晶格振动模式(分别为 A_1 和 E 模式)[356]。由于背景较强,黄铜矿另一个位于 320 cm^{-1}位置(B_2 模式)的谱带在光谱中无法分辨。位于 472 cm^{-1}附近的较强的峰可能与 CuS(covellite,铜蓝)的 S—S 对称伸缩振动有关,同时 265 cm^{-1} 附近的肩峰尽管不明显,但仍然能够分辨,可归因于 CuS 的晶格振动[357]。而正交硫单质($\alpha-S_8$,通常是黄铜矿的氧化产物)主峰虽然也在 470 cm^{-1} 位置[358],但 100～300 cm^{-1} 范围内的属于 S—S—S 弯曲振动模式(δ_{SSS})的缺失(特别是位于 220 cm^{-1} 的振动带),表明其在我们所测试的区域内可能并不存在,CuS 的形成可能与黄铜矿的氧化蚀变有关[359]。位于 980 cm^{-1}附近的峰可归因于硫酸铅矿(anglesite,化学式为 $PbSO_4$)中硫酸根基团的伸缩振动(ν_1)[360]。此外,两者在 1 300～1 600 cm^{-1}范围内也出现了与无定形碳相关的宽带,而 660～680 cm^{-1}范围的宽振动带则可能与磁铁矿(magnetite, Fe_3O_4)有关[361]。XRD 测试结果也证实了拉曼光谱的分析,结果列于表 6－5 中,灰色、黄色和黑色区域存在的主要物相包括白铅矿、水白铅矿、硫酸铅矿等。除此之外,灰色区域内还存在少量石英和方铅矿(galena,化学式为 PbS),而黑色区域也有少量石英和方黄铜矿(cubanite,化学式为 $CuFe_2S_3$)。

表 6－4　2 号样品表面不同区域的拉曼光谱分析结果

测试位置	峰位/cm^{-1}	对应物相
灰色区域	1 050	$Pb_3(CO_3)_2(OH)_2$
	1 352,1 605	无定形碳
黑色区域	290,355	$CuFeS_2$
	472	CuS
	980	$PbSO_4$
	660～680	Fe_3O_4
	1 319,1 589	无定形碳

表 6－5　2 号样品表面不同区域的 XRD 分析结果

测试位置	峰位/(°)	对应物相
灰色区域	20.11,20.93,24.86,27.27,33.28,34.11,36.14,42.58,44.70,48.63,49.08,53.85,54.87,58.10,59.14,72.28	$Pb_3(CO_3)_2(OH)_2$
	20.11,20.93,24.86,25.55,29.14,34.61,36.14,40.82, 43.51,45.19,45.90,47.10,49.08,56.44,58.11,59.14,61.71,63.03,64.18,70.86,76.87,78.79,81.18	$PbCO_3$
	23.46,27.78,30.23,32.52,37.46,39.59,41.81,43.51,52.47	$PbSO_4$
	26.83	SiO_2
	26.04,30.22,43.12,50.87	PbS

续 表

测试位置	峰位/(°)	对应物相
黄色区域	20.12,20.98,24.92,33.22,34.66,36.09,40.78,42.62,44.56,49.09,54.87,56.55,58.26,59.16,72.36	$Pb_3(CO_3)_2(OH)_2$
	20.12,20.98,24.92,25.59,29.13,34.66,36.08,40.78,42.62,43.53,45.15,45.90,47.00,49.03,51.00,56.41,58.25,59.16,61.86,62.98,64.09,65.27,70.94,72.36,76.53	$PbCO_3$
	23.41,27.86,32.40,37.30,39.57,41.65,43.53,52.38	$PbSO_4$
黑色区域	20.16,20.95,24.96,25.58,29.29,34.66,36.14,40.87,42.60,43.58,45.19,45.93,47.10,49.14,51.13,56.45,58.21,59.11,61.76,62.95,64.27,65.95,70.92,72.47,76.57,78.86,80.88	$PbCO_3$
	26.81,60.12	SiO_2
	20.16,20.95,24.96,33.28,34.19,36.14,40.43,42.67,44.71,49.14,55.05,56.58,58.20,59.15,72.47	$Pb_3(CO_3)_2(OH)_2$
	23.44,27.79,32.38,37.46,39.60,41.83,43.58,52.47	$PbSO_4$
	25.58,27.79,29.83,32.51,49.14,52.47	$CuFe_2S_3$
彩色区域	20.14,20.92,24.84,27.21,33.22,34.13,36.13,40.47,42.63,44.54,48.20,49.10,53.65,57.04,58.19,59.11,69.97,72.36	$Pb_3(CO_3)_2(OH)_2$
	20.14,20.92,24.84,25.57,29.67,34.65,36.13,40.81,42.63,43.52,45.23,45.87,47.05,49.07,50.94,56.46,58.09,59.11,61.68,63.05,64.27,70.96,76.59,78.87,81.12	$PbCO_3$
	23.37,27.69,30.19,32.27,37.45,39.44,41.76,43.52,52.54	$PbSO_4$
	26.71,60.22	SiO_2
	26.08,30.19,43.08,50.94,53.86,62.16,70.94,78.87	PbS
	25.57,27.69,29.67,32.38,49.07,52.54	$CuFe_2S_3$

选取 2 号样品一处具有代表性的彩色区域(图 6－3b),在 OM 下进行观察(图 6－3a),可以看出彩色区域形貌较复杂,存在多处大片的灰色斑块,部分斑块的外围还环绕着一圈黄色区域,其他位置则呈现黑色。经过仔细观察后发现,黑色区域在某些角度下观察呈现出彩色效果。SEM 图像(图 6－3c)表明灰色区域主要由片状物质组成,衬度较高,与 1 号样品表面灰色区域的晶体形貌相似,EDS 分析结果(表 6－6)表明片状物质中仅含 C、O、Pb 三种元素。黄色区域(图 6－3d)有大量颗粒状物质,尺寸约为数微米,这些颗粒聚集体也分布于灰色区域的片状晶体间的位置,这些位置也呈现黄色。黑色区域表面则较为平整,在更大的放大倍数下可以发现该区域虽然也有一些小颗粒,但尺寸很小,大多小于 1 μm。黄色、黑色这两个区域 Fe、Cu 和 S 含量较高,其中前者的 Cu 和 Pb 含量低于后者,而 Fe 含量则更高。彩色区域的 XRD 谱图中同时存在前面灰色、黄色和黑色区域中所出现的多种物相(表 6－7),也反映出该区域的复杂性。使用拉曼光谱对彩色区域的不同位置进行分析(表 6－7),其中,灰色斑块处测得的光谱只在 1 050 cm^{-1}处出现了碳酸根基团的振动带,与前面灰色区域的测试结果相同,可能是白铅矿或水白铅矿的特征。黄色与黑色区域拉曼光谱结果相似,可能存在黄铜矿(290 cm^{-1}和 355 cm^{-1})和无定形碳(1 300～1 600 cm^{-1}),而 304～306 cm^{-1}附近的峰可能与 FeS 的部分氧化有关[362]。因此,黄色区域的呈色可能主要与黄铜矿晶体有关[363],并且其在附近的黑色区域以及灰色区域均大量存在。从上述多种表征方法的分析结果中可以看出,不同位置的黄铜矿含量可能差别很大,分布极不均匀,因此颜色的分布也非常复杂。

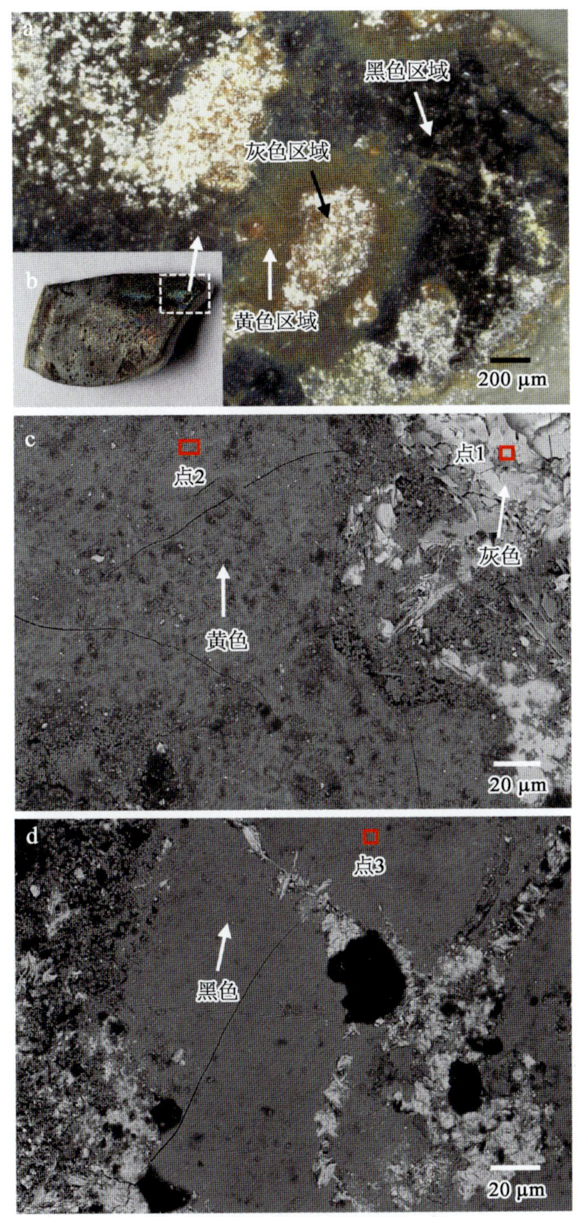

图 6-3 2 号样品表面彩色区域的形貌

a. OM 图像,彩色区域的位置在图 b 中使用矩形框标记;c. 灰色和黄色位置的 SEM 图像;d. 黑色位置的 SEM 图像

表 6-6 2 号样品表面彩色区域的 EDS 分析结果,测试位置在图 6-3 中标记 单位:wt%

测试位置	颜色	C	O	Al	Si	S	Ca	Fe	Cu	As	Pb
点 1	灰色	7.9	26.3								65.8
点 2	黄色	12.1	50.5	0.2	1.1	6.3	0.2	20.0	4.0	0.7	4.9
点 3	黑色	6.9	40.6	0.3	3.0	6.9	0.5	13.6	10.8	0.7	16.7

表 6-7　2 号样品彩色区域的拉曼光谱分析结果，分别从灰色斑块、黄色和黑色位置测试

测 试 位 置	峰位/cm^{-1}	对 应 物 相
彩色区域(灰)	1 049	$Pb_3(CO_3)_2(OH)_2$
彩色区域(黄)	290,350 304 1 355,1 560	$CuFeS_2$ 部分氧化的 FeS 无定形碳
彩色区域(黑)	292,346 306 1 360,1 558	$CuFeS_2$ 部分氧化的 FeS 无定形碳

从断面观察可以发现，2 号样品腐蚀层较深，部分腐蚀层的前沿已经接近铅釉和透明釉的界面附近(图 6-4)。根据腐蚀层在 OM 图像中颜色的不同，可将它们分为以下两种类型。

第一类外层为黑色，内层为黄色(图 6-4a)，但在 SEM 图像中两者的界限并不明显(图 6-4b)。在一些深入铅釉层内部的裂缝附近，釉也呈黑色。腐蚀层结构整体上较为疏松，其中广泛分布着层状结构(图 6-4c)，它们大多由两层衬度明显不同的亚层交错排列构成。其中高衬度亚层的厚度大约为 1 μm，低衬度亚层更薄，厚度约为数百纳米。在不同位置，片层的排列方向也各有不同。在接近表层的位置，片层大多平行于釉面，在腐蚀层内部的裂缝附近，片层方向多平行于裂缝(图 6-4b、c)，在部分腐蚀层内部的气泡附近，片层方向与气泡壁平行，在孔洞外围形成多层的同心圆结构。此外，腐蚀层中的部分位置没有明显的结构特征，不同衬度的腐蚀反应产物相互交杂，其中有些层状结构已经坍塌。

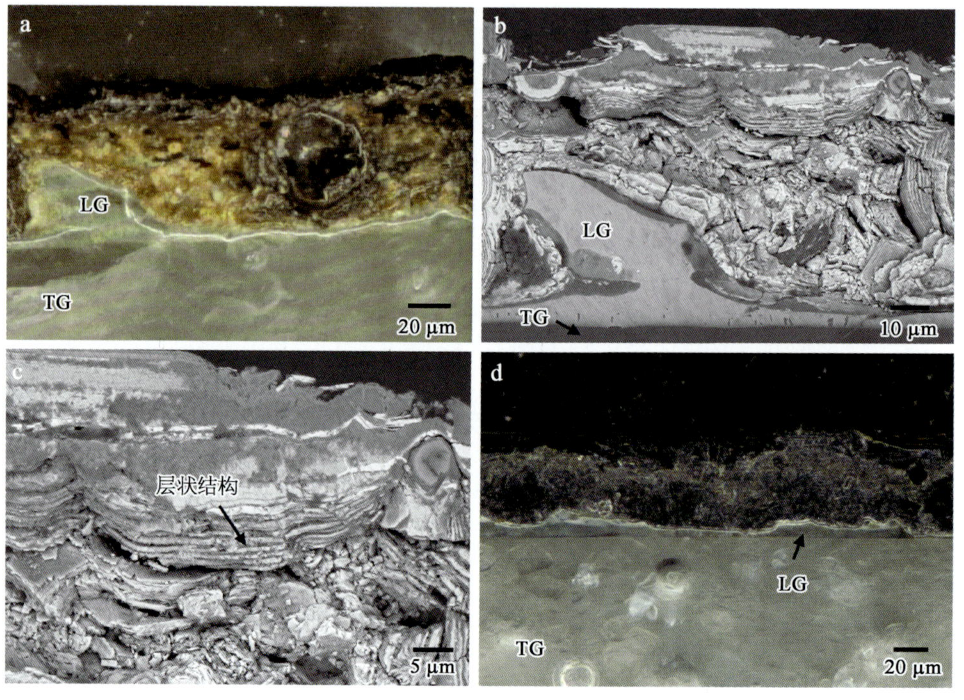

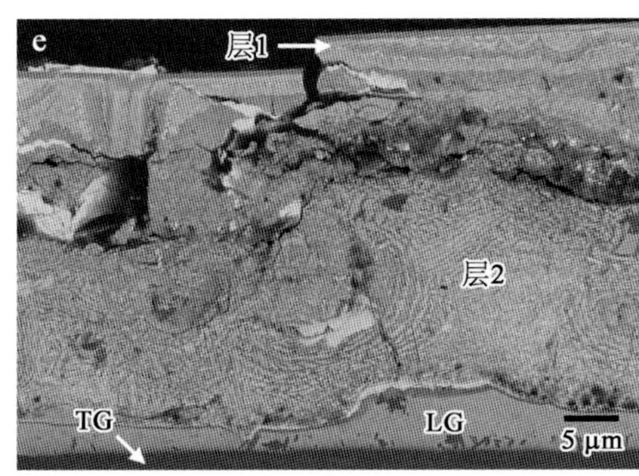

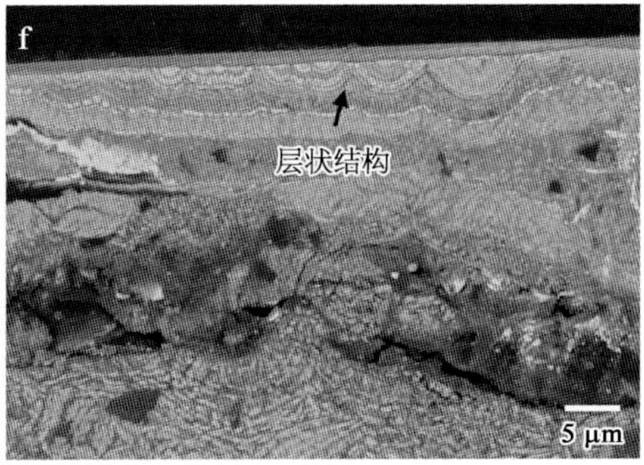

图 6-4　2 号样品彩色区域的断面 OM 和 SEM 图像

a、b. 第一类断面形貌特征，外层和内层分别呈现出黑色和黄色；c. 图 b 腐蚀层中的层状结构；d、e. 第二类断面形貌特征，腐蚀层结构包括外层和内层两部分，用层 1 和层 2 标记；f. 图 e 中层 1 中的层状结构。LG：lead glaze(铅釉)；TG：transparent glaze(透明釉)

第二类外层为黑色，内层为灰黑色(图 6-4d)，在 SEM 图像中两部分界限明显，形貌差异也很大(图 6-4e)，其中外层的黑色腐蚀层结构致密，衬度也更高，有序层状结构平行于釉表面。层状结构大多不再完整，内外层之间也已经出现裂缝，这可能是由于样品加工造成，同时也说明经过腐蚀后，内外层的界面处是腐蚀层结构中的薄弱环节。在最外层，层状结构内部的亚层也具有多种形态，大多并非完全平直，而是多呈弧形(图 6-4e)，部分亚层的前沿则呈半球形(图 6-4f)。

进一步使用拉曼光谱分别对腐蚀层的内层和外层进行测试，结果列于表 6-8 中，其中外层(层 1)的拉曼光谱出现了水白铅矿的特征(114 cm^{-1}、428 cm^{-1}和 1 054 cm^{-1})，970 cm^{-1}附近的峰可能与硫酸铅矿有关(ν_1)，440～450 cm^{-1}范围内的不对称振动带可能也叠加了硫酸铅的特征峰(ν_2)。内层的拉曼光谱特征则不同，没有明显的含 Pb 矿物的特征，475 cm^{-1}附近的峰可归因于 CuS，同时我们在外层的一些位置也检测到了 CuS 的特征。因此，相比内层而言，外层的含 Pb 的结晶相明显更多，而内层的结晶程度相对较低，CuS 则同时存在于腐蚀层的内外两部分。

表 6-8　2 号样品腐蚀层不同位置的拉曼光谱分析结果，层 1 和层 2 分别在腐蚀层的内外两层进行测试

测 试 位 置	峰位/cm^{-1}	对 应 物 相
层 1	114,428,1 054 440～450,970	$Pb_3(CO_3)_2(OH)_2$ $PbSO_4$
层 2	475 1 425,1 563	CuS 无定形碳

选取 2 号样品断面典型位置进行元素面分布分析(图 6 - 5a～c),结果表明,腐蚀层中 Pb 含量明显高于未腐蚀铅釉(图 6 - 5d)。Fe 元素在整个腐蚀层中分布也并不均匀(图 6 - 5e),大体上外层含量最高,由外向内 Fe 元素的含量逐渐减少,表明 Fe 元素可能来源于外界环境,并逐渐向腐蚀层内部迁移。Cu 元素在腐蚀层中的分布较为特殊(图 6 - 5f),主要在腐蚀层与未腐蚀铅釉的界面处以及腐蚀层内部的孔隙处出现富集现象。腐蚀层中 Si 含量很低,仅有很少一些零星分布,部分与 Al 元素的分布一致(图 6 - 5g、h),可能是石英或硅酸盐矿物,而铅釉中的 Si 在腐蚀过程中几乎完全流失。

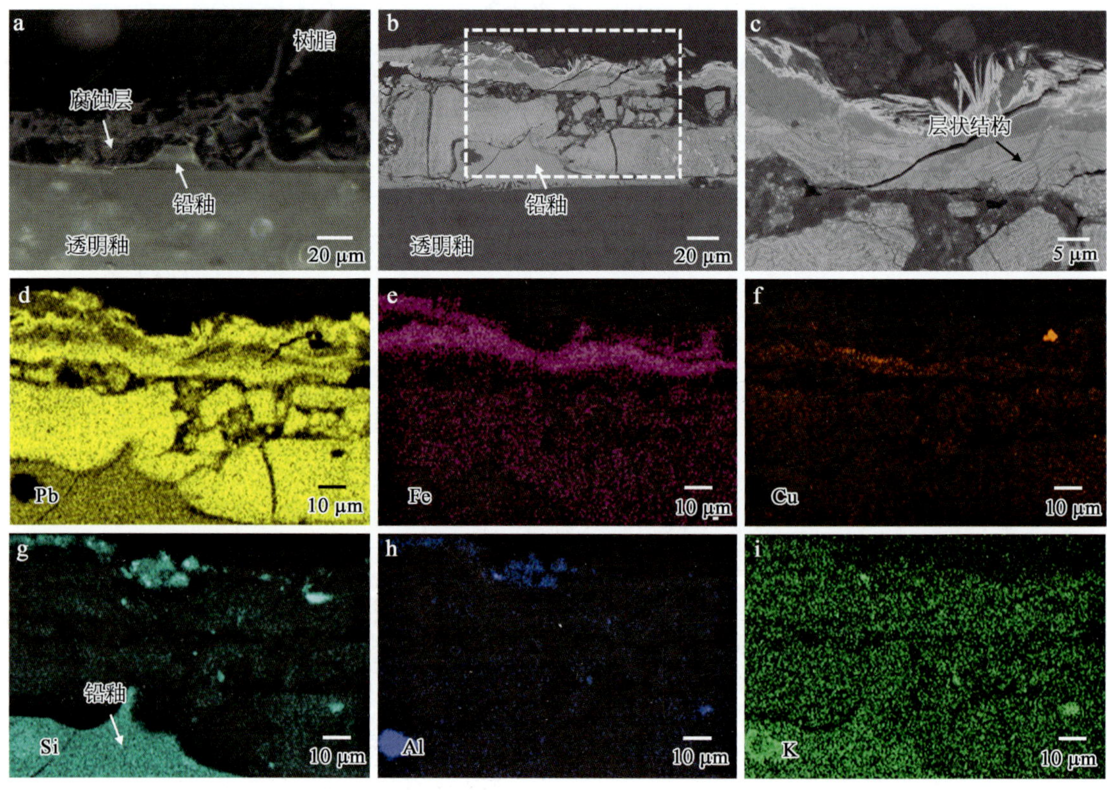

图 6 - 5　2 号样品断面的元素分布特征

a、b. 分别为分析区域的 OM 和 SEM 照片;c. 表层的腐蚀层结构;d～i. 分别为 Pb、Fe、Cu、Si、Al 和 K 元素的 EDS 面扫描分布图

6.1.4.3　3 号样品

3 号样品表面以灰色区域为主,部分区域呈黑色,黑色区域表面较为平整,而与 1 号和 2 号样品相比,灰色区域中的腐蚀反应产物更加致密,但也存在一些微小的孔隙(OM 图像如图 6 - 6a 所示)。灰色区域的 SEM 图像如图 6 - 6b、c 所示,从中可以看出表面分布着大量片状晶体,长度可达 50 μm。与 1 号样品相比,3 号样品灰色区域表面的结构完整性较差,分布着很多微小碎片。XRD 分析结果(表 6 - 9)表明,3 号样品表面的物相以白铅矿和水白铅矿为主,还有一些石英颗粒。

图 6－6　3 号样品表面和断面的形貌特征

a、b. 表面灰色区域的 OM 图像和 SEM 图像；c. 表面的片状晶体；d、e. 腐蚀层断面的 OM 和 SEM 图像；f. 表层的高衬度晶体

表 6－9　3 号样品表面的 XRD 分析结果

测试位置	峰位/(°)	对应物相
3 号样品釉表面	11.20，20.03，20.86，24.74，27.18，33.02，34.06，36.10，40.43，42.61，44.25，48.21，49.05，53.95，58.20，59.28，60.42，62.51，71.72，75.94	$Pb_3(CO_3)_2(OH)_2$
	20.03，20，86，24.74，25.44，29.05，35.65，36.10，40.74，43.45，45.15，46.98，49.05	$PbCO_3$
	20.86，26.62	SiO_2

从断面观察，3 号样品绿釉厚度约为 50 μm，略小于前两件样品。腐蚀层深入到釉层内部，部分位置腐蚀前沿已经接近铅釉与透明釉的界面处(图 6－6d)，腐蚀层整体呈灰黑色，夹杂有部分黄色。在断面 SEM 图像中可以看出(图 6－6e)，腐蚀层结构有序性较差，并没有出现类似 2 号样品的片层状结构，在腐蚀层的最表层存在一层衬度较高的物质(图 6－6f)，可能对应样品表面的灰色腐蚀反应产物。

在 3 号样品断面一处位置进行元素面分布分析，如图 6－7a、b 所示。结果表明，腐蚀层中 Pb 含量整体高于未腐蚀的部分(图 6－7c)，而腐蚀层内部则是内层稍高于外层。与 2 号样品相似的是，腐蚀层中 Si 元素几乎完全流失(图 6－7d)。Cu 和 Fe 元素主要富集于腐蚀层内裂隙附近的位置(图 6－7e、f)，其中 Cu 主要分布在内层，而 Fe 在内外层均有。

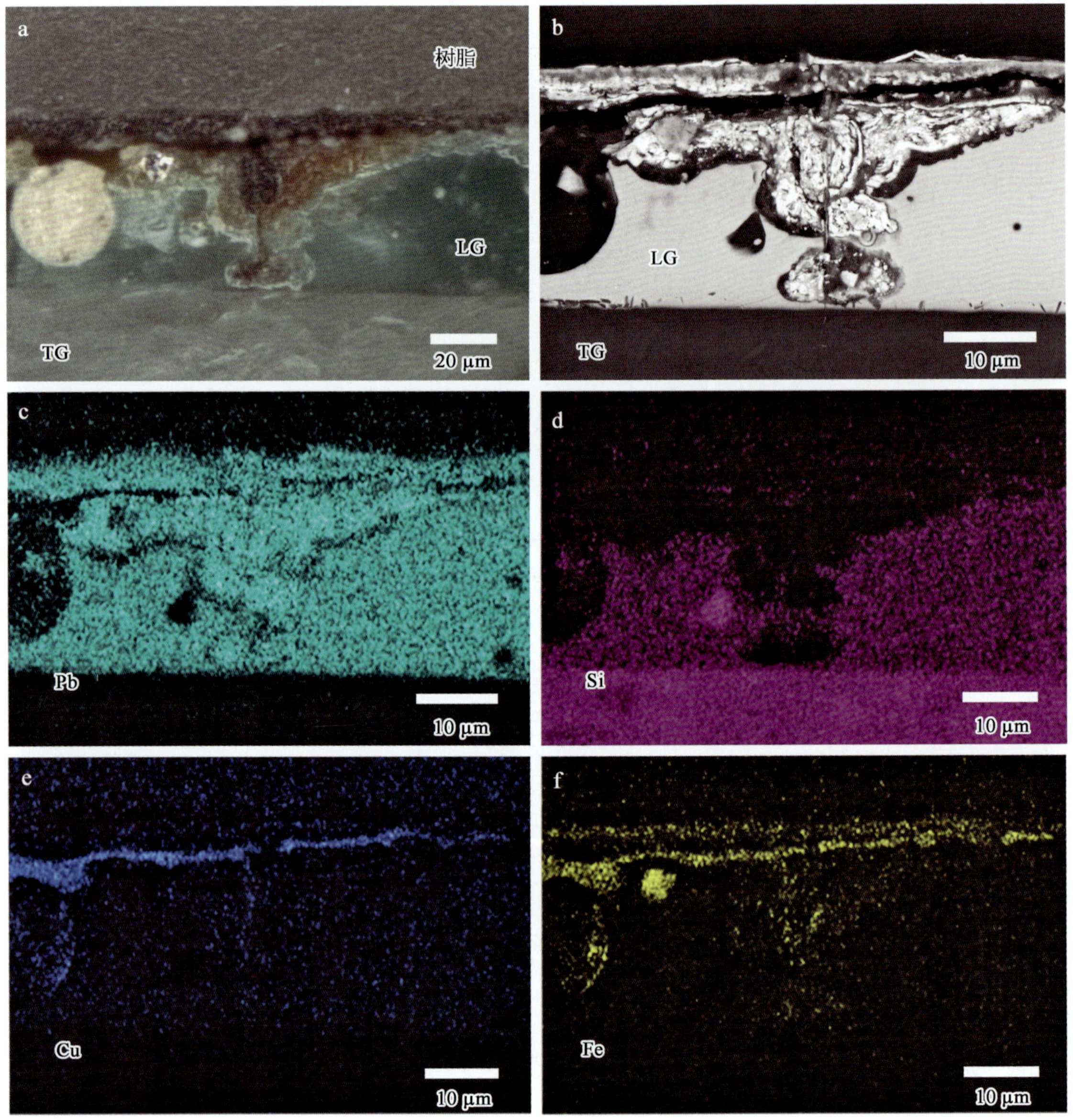

图 6-7　3 号样品断面元素分布规律[364]

a、b. 分别为分析区域的 OM 和 SEM 照片；c～f. 分别为 Pb、Si、Cu 和 Fe 元素的 EDS 面扫描分布图

进一步对 3 号样品的腐蚀层进行 EDS 线扫描，分析位置如图 6-8a 所示，分析结果如图 6-8b 所示，根据元素分布规律可以大致分为三个区域（Ⅰ～Ⅲ），其中腐蚀层包含了Ⅰ和Ⅱ区，Ⅲ区为未腐蚀的铅釉层。Pb 含量在腐蚀层中出现了明显的变化，Ⅱ区最高，并且向外表面逐渐降低，同时 Fe 含量则由外向内逐渐减少。腐蚀层中几乎没有 Si 元素，与面分布结果一致。

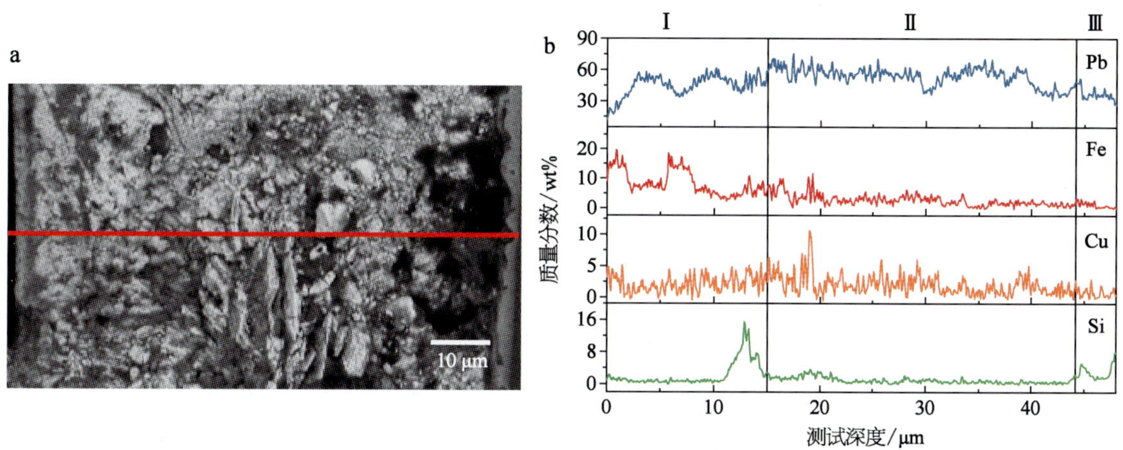

图 6-8　3 号样品腐蚀层的元素深度分布

a. 腐蚀层的 SEM 图像，最左侧为釉表面，最右侧为残余的未腐蚀铅釉；b. 图 a 的 EDS 线扫描结果，测试位置使用虚线在 SEM 图像中标记出来，图中分别为 Pb、Fe、Cu 和 Si 四种元素

6.1.4.4　铅釉样品的复烧实验

在复烧后，1 号和 3 号样品的铅釉均出现了明显的变化。1 号样品在复烧前，绿釉表面存在一层很薄的黑色腐蚀层，如图 6-9a 所示。EDXRF 分析表明（表 6-10），黑色区域的 PbO 和 Fe_2O_3 含量更高，与 6.1.3 节中的分析结果相似，釉表面主要存在水白铅矿和黄铜矿等腐蚀产物。复烧后，釉面的黑色腐蚀层消失，重新显现出绿色，如图 6-9b 所示，绿釉的组成也和复烧前差异不大（表 6-10）。

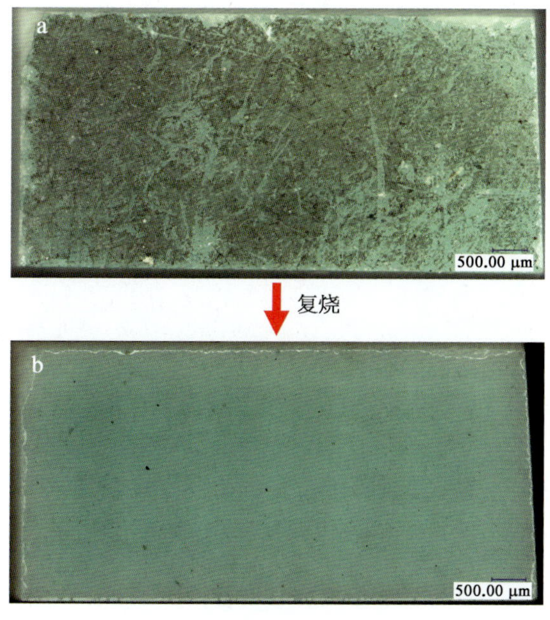

图 6-9　1 号样品复烧前后的变化[364]

a、b. 分别为复烧前后的 OM 图像

表 6-10　样品外壁绿釉在复烧前后的化学组成　　单位：wt%

样品编号	测试位置	Na_2O	MgO	Al_2O_3	SiO_2	K_2O	CaO	Fe_2O_3	CuO	PbO	As_2O_3
1号-未复烧	绿色区域	1.98	0.32	0.81	41.10	1.27	1.48	0.56	3.62	48.85	
	黑色区域	0.01	1.28	1.23	31.91	1.25	1.45	2.35	4.20	55.86	0.45
1号-复烧后	绿色区域	1.81		0.74	39.71	0.66	1.91	0.58	4.13	50.45	
3号-未复烧	灰色区域			1.32	14.39	0.08	0.51	10.07	5.01	67.89	0.73
	黑色区域		1.02	2.24	14.51	0.23	0.74	12.11	5.29	63.86	
	黄色区域		1.93	2.44	13.62	0.42	0.88	15.44	8.10	56.45	0.71
3号-复烧后	绿色区域			1.96	48.80	0.68	2.34	2.51	3.64	40.08	
	褐色区域	2.30		6.03	39.83	1.50	1.45	13.86	5.02	30.01	

3号样品复烧前的OM图像如图6-10a所示，釉面的腐蚀层比1号样品更厚，不同区域呈现出灰色、黑色和黄色等不同颜色，组成也有差异(表6-10)，其中黄色区域的 Fe_2O_3 含量达到15 wt%以上，CuO含量也超过8 wt%，说明存在较多的黄铜矿，拉曼光谱分析结果也与6.1.4.1节一致。3号样品复烧后并非均匀的绿釉，而是出现了很多黄褐色的晶体(图6-10b)。

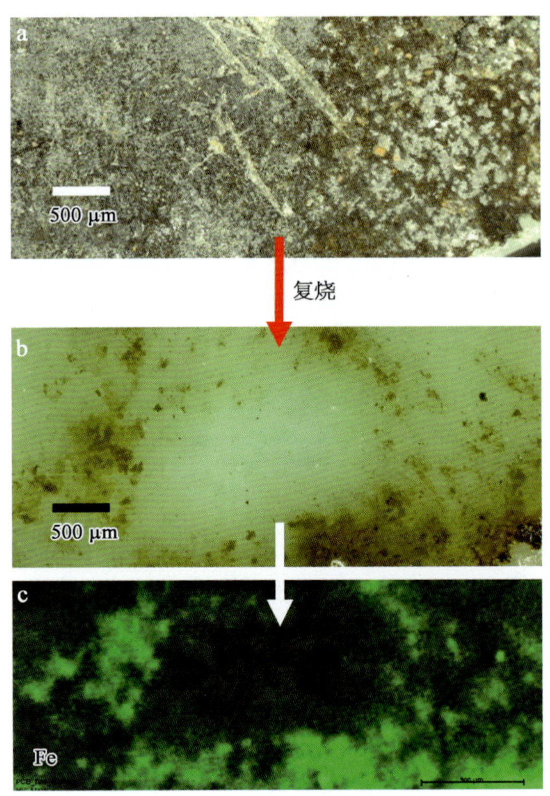

图 6-10　3号样品复烧前后的变化

a、b. 分别为复烧前后的OM图像；c. 图b中Fe元素的EDXRF面扫描分布测试结果

EDXRF 的元素面分布分析结果表明，黄褐色晶体区域的 Fe 含量出现富集(图 6-10c)。拉曼光谱和 XRD 分析结果(表 6-11)表明，黄褐色晶体主要为硅铅铁矿(melanotekite)[365]，化学式可表示为 $Pb_2Fe_3Si_2O_9$，此外还存在少量赤铁矿晶体(Fe_2O_3)。

表 6-11　复烧后釉表面黄褐色区域的拉曼光谱和 XRD 分析结果

测试方法	峰　　位	对应物相
Raman/cm^{-1}	92,158,180,258,306,340,413,528,549,578,690,894,959,1 003	$Pb_2Fe_3Si_2O_9$
XRD/(°)	16.10,17.65,24.00,25.63,27.39,30.40,31.24,31.69,32.82,33.66,35.62,37.18,42.97,47.69,49.74,52.58,56.66	$Pb_2Fe_3Si_2O_9$
	24.00,33.29,35.62,40.90,49.37	Fe_2O_3

在 3 号样品复烧过程中，随着温度的上升，铅釉表面的腐蚀产物也逐渐发生转变。首先是在 450℃以下，水白铅矿和白铅矿逐步分解，释放出 H_2O 和 CO_2[366-367]，进一步升温后逐渐转变为 PbO。在 650～750℃范围内，黄铜矿发生硫化作用生成 $CuSO_4$、Fe_2O_3 和 SO_2[368]：

$$2CuFeS_2 + \frac{15}{2}O_2 \longrightarrow 2CuSO_4 + Fe_2O_3 + 2SO_2 \tag{6-1}$$

随后在 800℃附近 $CuSO_4$ 又进一步分解生成 CuO[369]。因此在 800℃的温度下，水白铅矿和白铅矿已经完全分解，生成的 PbO 熔入釉中，黄铜矿的分解产物中只有赤铁矿(Fe_2O_3)还保留下来，这与 XRD 的分析结果吻合。3 号样品复烧后形成的硅铅铁矿是一种罕见的硅酸盐族矿物，其与硅铅锰矿(kentrolite，$Pb_2Mn_2Si_2O_9$)形成完全互溶的固溶体。研究表明，在 850℃下，硅铅铁矿可以从富含 PbO 熔体中结晶出来[370]，在古代的一些铅釉陶器中也曾发现大量硅铅铁矿晶体[365,371]，实验结果证实了硅铅铁矿在 925℃以下的形成，在更高温度下则会熔解[372]。因此，在铅釉表面黄铜矿富集区域，随着黄铜矿的热转变，可能在局部形成富铁熔体，硅铅铁矿则从熔体中结晶形成。复烧实验进一步佐证了对样品表面腐蚀产物的分析结果，对于腐蚀程度较轻的铅釉器物，可于 800℃的温度下进行复烧从而恢复原有的外观，而受到铁器腐蚀污染而出现了大量黄铜矿腐蚀产物的铅釉器物则不能使用此方法。

6.1.5　铅釉的劣化机理

通过对三件绿釉样品的分析可知，它们属于以 Cu 为着色剂的铅硅酸盐玻璃体系，以硅氧网络结构为骨架，Pb^{2+} 离子在玻璃中主要作为网络修饰剂。在水下环境下经过严重腐蚀的铅釉中出现了结构特征非常复杂的腐蚀层，尽管对于不同样品或同一样品的不同区域，腐蚀区的形貌和组成特点都不尽相同，但整体看来也存在一些共性，主要包括以下几个方面：① 样品表面的腐蚀区主要可区分为灰色和黑色区域，其中灰色区域的表面均分布着大量发育良好的长棒状白铅矿晶体和片状水白铅矿晶体；而黑色区域主要为结构疏松的腐蚀层，若表面存在黄铜矿等晶体则呈现黄色，若表层腐蚀层呈有序的多层平行结构则可能出现彩色特征。② 不同位置的腐蚀层内部结构差异很大，主要存在两种类型，一种为典型的层状结构，高衬度和低衬度层交错分布，另一种没有明显结构特征，在富铅基体中夹杂有各种纳米级的小晶体，大多数位置没有出现具有明显晶体形态的大尺寸结晶相。③ 腐蚀层前沿大多平行于釉面，在部分位置以裂纹、气泡的界面等为中心向外演化形成多层结构。④ 腐蚀层的组成呈现富 Pb 贫 Si 的特征，Fe 元素含量由外层向内层逐渐减少，表现出受到外界环境影响的特点。下面将结合这些典型的腐蚀特征和铅釉器物所处的沉船环境对铅釉的腐蚀机理做进一步探讨。

铅釉的腐蚀是与环境中流体相互作用的结果[373]。与硅酸盐玻璃类似，铅釉或铅玻璃在水溶液中的腐蚀一般被认为包括金属离子的浸出[包括作为网络修饰成分的 Pb^{2+} 离子，方程(6-2)和方程(6-3)，其中方程(6-2)中的 M 代表碱金属离子]、硅氧网络的水解(方程 6-4)以及新物相的形成等多个反应的复杂过程：

$$\equiv Si-O-M^{+}+H_2O \longrightarrow \equiv Si-OH+M^{+}+OH^{-} \tag{6-2}$$

$$\equiv Si-O-Pb-O-Si\equiv +2H_2O \longrightarrow 2\equiv Si-OH+Pb^{2+}+2OH^{-} \tag{6-3}$$

$$\equiv Si-O-Si\equiv +OH^{-} \longrightarrow \equiv Si-OH+\equiv Si-O^{-} \tag{6-4}$$

Pb 的引入会部分破坏互联的硅氧四面体网络结构，从而降低玻璃的化学稳定性，使玻璃更容易受到严重腐蚀[374-375]。作为网络修饰剂的 Pb^{2+} 离子与碱金属离子在硅氧网络结构中以离子键的形式与非桥氧结合，与硅氧键相比结合能较低，更容易脱离硅氧网络。因此，当铅釉表面与水溶液接触时，Pb^{2+} 离子及碱金属离子首先会与水中的 H^{+} 或 H_3O^{+} 发生离子交换反应，在浓度梯度的驱动下扩散进入溶液中[125]。另外，随着反应的进行，界面附近的 pH 值会随之上升，在弱碱性环境中硅氧键更容易受到攻击而发生断裂，并导致玻璃网络结构的解体，在这个逐步水解的过程中，硅以硅酸的形式释放进入水中，并导致蚀变玻璃(altered glass)的结构变得疏松化，水分子能够更轻易地通过这个疏松结构进入玻璃内部[116]，并将反应界面逐步向内推进，腐蚀层的厚度也逐渐增加。

通常，硅酸进入水中后，由于扩散动力学的限制在反应界面附近会很快达到饱和，随后迅速发生原位聚合并以无定形二氧化硅的形式沉淀，从而形成一层多孔的无定形水合层(或称 gel)[130,139,207]，并可能会减缓随后的腐蚀动力学过程[376-377]，这种富 Si 层在很多蚀变铅玻璃中都被观察到[77,375,378]。但在本研究中，Si 元素出现了明显反常现象，硅氧网络的逐渐解体可以从反应前沿(腐蚀层和未腐蚀铅釉的界面)的位置 Si 含量的 S 型变化曲线看出(图 6-8)，但进入腐蚀层后，大多数位置 Si 含量迅速减少到很低的水平，说明 Si 在从铅釉结构中脱离后并未被重新整合到腐蚀层中，而可能通过水溶液直接进入外界环境中，这也侧面说明了腐蚀层结构的疏松多孔并不能起到保护层的作用。只有图 6-8b 外层腐蚀层中保留了一部分富 Si 区，其中的 Pb 含量也很高，说明其结构重组形成的富 Si 网络也并非致密，其中的孔隙可能被富 Pb 物质所填充。

Si 的反常现象可能与环境中的金属铁有一定关系。在腐蚀层表面能够观察到铁元素的富集以及由外而内铁含量逐渐增加的现象，这可能与沉船中附近环境存在的铁质构件有关，如船上的铁钉等[345]，它们在水下环境中由于电化学腐蚀[方程(6-5)]而在短时间产生大量可移动的 Fe(Ⅱ)或 Fe(Ⅲ)离子：

$$Fe \longrightarrow Fe^{2+} + 2e^- \tag{6-5}$$

Fe^{2+}扩散至周围的沉积物间隙水中，可能在不同的区域参与氧化还原反应，形成难溶化合物而沉淀[48,379]，形成的腐蚀产物如菱铁矿、针铁矿、黄铁矿等[380-381]。当这些铁制构件的腐蚀产物在铅釉器物附近时，可能对溶解的硅起到吸附作用[203-204]，类似于“硅泵”，将蚀变铅釉中的硅源源不断地抽取出来，从而也进一步促进了铅釉的腐蚀[206,261]。研究表明金属铁与铅硅酸盐玻璃的机械混合会将铅从网络形成剂转变为网络修饰剂，进而极大地促进铅的溶出[382]。Si 从腐蚀层中的流失也是一个长期过程，腐蚀层的结构并没有被完全破坏，而是通过含 Pb 物质在孔隙中的沉淀保留下来，从而形成富 Pb 层，但腐蚀层中含 Pb 物质的存在形式仍然有待进一步的研究。

沉船处于水下沉积物的还原环境中，船体木材为厌氧硫酸盐还原细菌(SRB)的生长提供了丰富的有机质，它们在沉船环境中普遍存在[240,383-384]。SRB 通过新陈代谢将硫酸盐转化为 HS^- 或 S^{2-} 离子以及单质 S 等[硫酸盐还原的简单描述见方程(6-6)]：

$$2SO_4^{2-} \longrightarrow S^0 + S^{2-} + 4O_2 \tag{6-6}$$

根据 pH 值的不同，HS^- 或 S^{2-} 随后可以与金属离子反应成为金属硫化物[14]，如 FeS 就是金属铁在缺氧环境中的常见腐蚀产物之一[385-386]。在前文中发现的黄铜矿($CuFeS_2$)晶体，可能是通过 FeS 前体和含 Cu^{2+} 离子水溶液之间的进一步反应形成[387]，其中 Cu 则是来源于铅釉中 Cu^{2+} 离子的溶出，它们往往出现在腐蚀前沿界面或裂纹的位置(图 6-5、图 6-7)。Cu 在铅釉腐蚀中的促进作用也值得关注，Yin 等的研究表明，铅釉中少量 Cu^{2+} 的存在会显著降低铅浸出反应的吉布斯自由能垒，这可能源于铜和含铜化合物的催化作用[126]。这也使得含 Cu 的绿釉相比其他铅玻璃而言具有更低的化学稳定性，在不足 200 年的时间内这些样品已经出现了极其严重的劣化现象。

铅釉腐蚀的最终产物通常是溶解度较低的白铅矿或水白铅矿[388-390]，这是由于水中溶解 CO_2 的存在。长江口附近表层沉积物属于中性-弱碱性环境，pH 值通常在 7～8 的范围[346]，沉积物间隙水中的碳酸分量主要以 HCO_3^- 离子的形式存在[17]，相对于方解石等碳酸盐而言一般处于过饱和的状态[391]，但它们在水体中受限于动力学条件很难沉淀。然而，在与文物材料的反应界面处却往往容易形成复杂的凝结物，这从“长江口二号”沉船出水青花瓷中出现的大量碳酸盐凝结物中也可以得到反映。进入水中的 Pb^{2+} 离子会很快结合 HCO_3^- 离子形成溶解度较低的碱式碳酸铅或碳酸铅沉淀[392]，同时在某些位置也可能会形成其他难溶的铅化合物如硫酸铅等。

总体而言，铅釉在水下沉船环境中的腐蚀过程极其复杂，通过一系列有序的反应过程来表示是非常困难的。“长江口二号”沉船中铅釉的腐蚀机理与铅硅酸盐玻璃在水溶液中的腐蚀有相似之处，也有其特殊之处。结合本节的讨论，我们通过图 6-11 所示简化示意图大致总结铅釉在水下的腐蚀机理。首先，铅釉中的 Pb^{2+} 离子通过离子交换作用进入外界溶液，该过程受到 Cu^{2+} 的促进(图 6-11a)；其次，反应界面附近逐渐增加的 pH 值破坏硅氧网络，通过溶解-再沉淀的过程形成无定形二氧化硅构成的腐蚀层(图 6-11b)；腐蚀层的多孔结构并不能阻止水的继续侵入以及物质的输运，由于环境中铁器腐蚀过程的影响导致部分区域出现 Si 的流失，留下结构更加疏松的腐蚀层；与此同时，溶出的 Pb^{2+} 离子与水中的 HCO_3^- 离子等结合,在釉表面形成难溶的 Pb 化合物或填充于 Si 流失留下的孔隙中(图 6-11c);在随后的长期腐蚀过程中,腐蚀层内部仍然持续发生结构调整和组成的变化,在不同的区域也有很大差异,可能在部分区域形成片层结构(图 6-11d),也可能会造成部分区域的腐蚀层结构的进一步破坏,最终形成一系列复杂形貌。

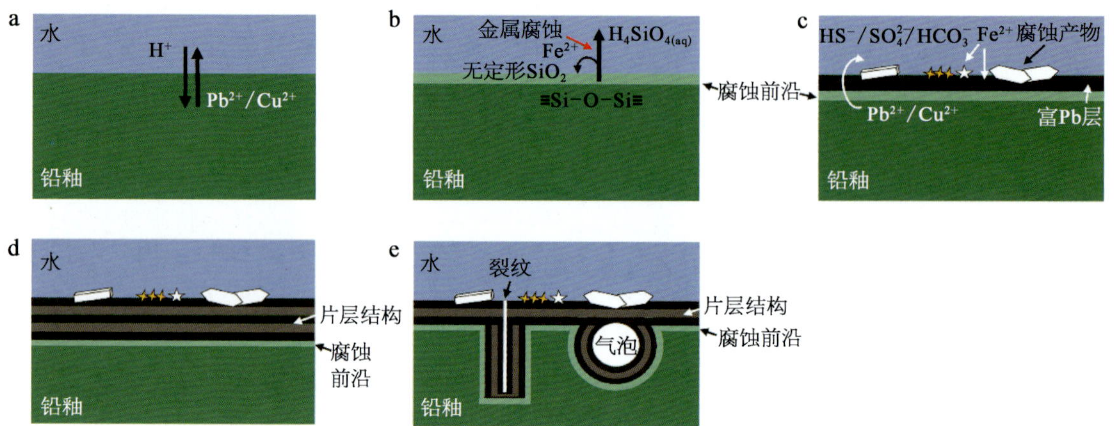

图 6-11 "长江口二号"沉船出水铅釉在水下环境中的腐蚀机理示意图

a~c. 说明了铅釉腐蚀过程中发生的物质转移和新物相的形成过程;d、e. 不同区域的腐蚀层可能由于不同的影响因素而出现不同的结构特征,其中,d 是由于腐蚀前沿化学条件周期性变化造成的有序层状结构,e 是釉中裂纹和气泡等缺陷对腐蚀前沿发展的影响

6.1.6 腐蚀层多层结构的形成原因

本文所研究的三件样品的腐蚀层形貌存在很大差异,甚至在同一样品不同位置处也不完全相同,这一方面与样品的自身性质有关,另一方面也受到每件样品所处的局部环境的影响,每一件文物材料都与邻近的微环境构成一个相对独立的系统。即使是在同一沉船环境中,不同样品也会表现出不同的腐蚀形貌,如大练岛沉船出水的一批龙泉青瓷就表现出完全不同的劣化特征,它们的劣化过程就同时受到所处环境以及釉的显微结构非均质性的共同影响[144,180]。本研究中 1 号样品表面则同时存在保存较好的绿釉和腐蚀严重的部位。

2 号样品部分位置的腐蚀层形貌呈典型的片层结构特征(图 6-4c),这种结构被广泛发现于酸性条件下腐蚀的碱硅酸盐玻璃中,它们的片层大多由非晶态二氧化硅或硅酸盐类次生相组成[80,107,143,393]。对于片层结构的形成通常有两种解释,分别是:① 环境条件的周期性波动[394];② 内部溶解-沉淀动力学过程的变化[393]。前者常常被用于解释土壤或大气环境中由于温度循环或季节性的润湿/干燥导致的层状结构的形成[288,390],但无法解释稳定的海底环境或实验室条件下出现的类似结果[395]。因此,对于不同的环境和不同的玻璃,层状结构可能有着完全不同的形成机制[396]。2 号样品的背散射电子显微镜图像中显示出微米级的层状图案,而在光学显微镜的图像中很难观察到这种特征(图 6-4 和图 6-5),说明片层间的差异可能主要是由于结构上的原因所导致。考虑到腐蚀层整体上 Si 元素的流失,片层内部主要是疏松程度不同的富 Pb 相所组成,并产生了具有不同密度的有序层状结构,这更可能是由于长期腐蚀过程中内部动力学因素造成的结果，一个合理的假设是离子交换反应和溶解一沉淀过程控制着腐蚀反应前沿位置 pH 值的循环变化[397]。

铅釉内部的非均质性、夹杂的气泡以及表面缺陷也都会影响反应前沿的发展，腐蚀层内部出现的裂纹也会改变腐蚀反应的进程(图 6－11e)。裂纹为流体进入釉层内部以及溶解物质的输运提供了快速通道，因而腐蚀前沿除了沿着垂直于釉层表面的方向向釉层内部扩展，还会沿着垂直于裂纹的方向扩展(图 6－5b)。当腐蚀前沿与釉层内部的气泡接触时，便以气泡壁为新的界面继续腐蚀进程，因而会出现大弧形的腐蚀前沿(图 6－5a)。由于样品釉层是非均质的，因此不同位置腐蚀速率也不完全相同，使得腐蚀前沿往往呈现不规则的曲线，同时多处沿着不同方向扩展的腐蚀区域会相互重叠，造成腐蚀层重叠的形貌。

6.1.7　铅釉表面不同颜色的产生原因

铅釉经过腐蚀后在外观上最显著的变化就是颜色的改变，在“长江口二号”沉船出水的这批铅釉瓷中，典型特征就是绿釉的变灰或变黑以及彩色的出现。根据对腐蚀层组成和结构的分析可知，灰色区域主要与表面的碱式碳酸铅晶体有关。片状的碱式碳酸铅晶体具有二维取向结构，若在釉表面有秩序地平铺排列，那么在特定的方向上会对入射光线产生强烈的反射，而可能产生类似“银釉”的特征[398]。但更多情况下这些晶体在铅釉表面的分布并不均匀，晶体的排列也并没有秩序，有些结构已经破碎，散布在釉表面，因此大多数表面区域呈灰白色的哑光特征。铅釉变黑的原因可能更加复杂，此前有研究发现在厌氧还原环境下形成的 PbS 结晶会造成铅锡釉变黑的现象[399]，尽管我们在样品表面也检测出了方铅矿，说明 PbS 的形成确实可能对黑色有一部分贡献，但可能并非最主要的原因，这是因为在腐蚀层内部中 S 含量相对较低。虽然我们目前无法准确获知黑色腐蚀层中富 Pb 相的存在形式，但无疑其与铅釉的腐蚀过程是密切相关的，Cu^{2+} 和 Pb^{2+} 离子的溶出及其在腐蚀层内部的微小孔隙中重新沉淀，很可能是造成釉层变色的主要原因。

2 号样品表面的部分区域出现了明显的彩色，并且有着一定的角度依赖性，通过 SEM 对断面进行观察后可以发现该区域的表层大多为层状结构，因此可以初步推断其呈色机理可能与薄膜干涉有关。使用角分辨光谱对彩色区域的多个位置进行了测试，其中一个典型的测试结果如图 6－12a 所示。当入射光角度为 5°时，反射光谱的峰值位于约 606 nm 的位置。随着入射角的增加，波长逐渐蓝移。当入射角增加到 60°时，峰值在 559 nm。因此，随着角度的变化，该区域的颜色也在逐渐发生变化。

实际上，彩色区域的形貌非常复杂，局部存在一些较均匀的单层结构，更多的则是非均质的层状结构，每层的厚度并不均匀，并且由于结构的破坏出现很多不连续的区域，夹杂着大量的腐蚀产物(图 6－4)，这些因素都会影响到角分辨光谱的测试结果。由于样品表层的形貌特征在微米尺度上是很不均匀的(图 6－12b)，而仪器的光斑直径约为 1 mm，因此所得的每条光谱曲线不可避免地受到其他因素的影响。另外，标准的多层薄膜干涉要求两种具有不同折射率的透明固体材料交替排列，呈周期性的连续分布，这通常也被用于解释古代碱玻璃中出现的多层结构产生的虹彩色现象[393,395,400]。然而，在铅釉样品中，腐蚀过程的复杂性决定了层状结构的非均质性，因此在薄膜厚度的计算中为了简化考虑，我们以表面的单层

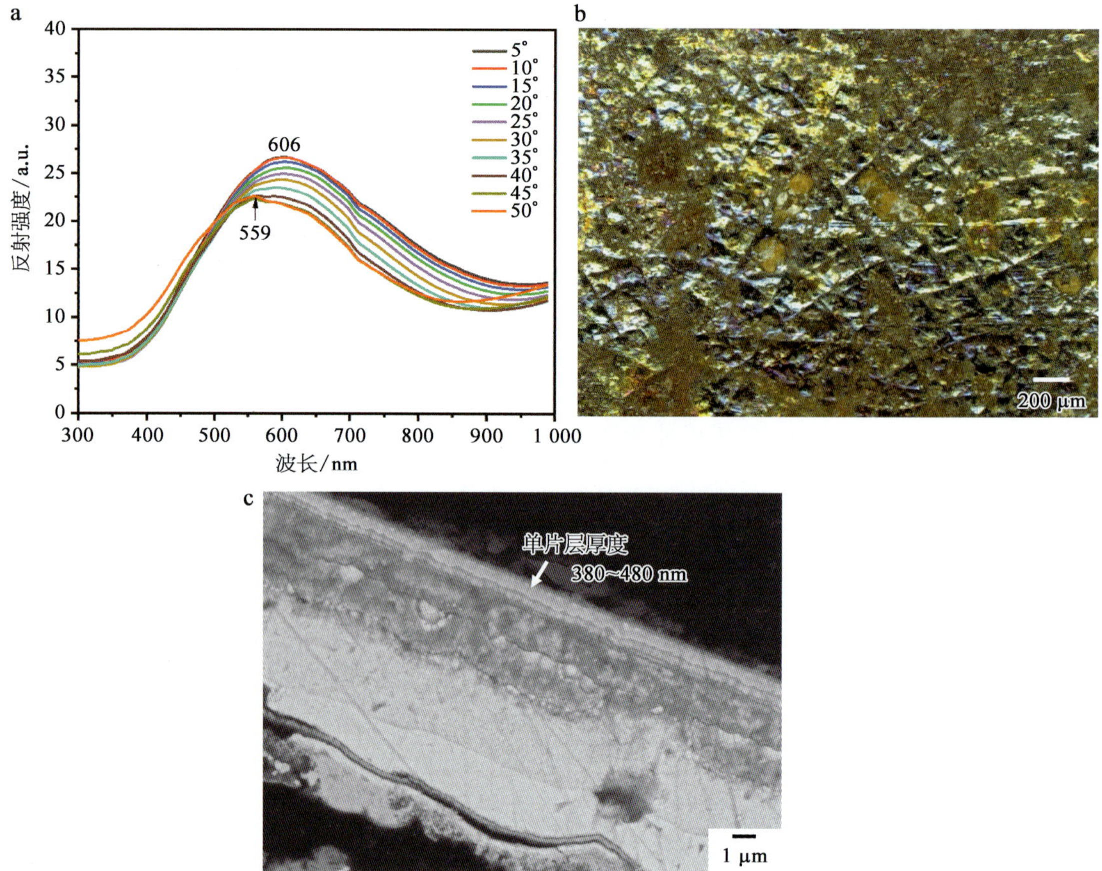

图 6-12　a. 2 号样品彩色区域的角分辨反射光谱图[364]；b、c. 分别为彩色区域表面的 OM 图像和断面的 SEM 图像，根据图 c 可估计出表层薄膜的厚度约为 380～480 nm

薄膜的干涉为例，当光从空气（光疏介质，折射率 $n_0 \approx 1$）进入富 Pb 薄膜（光密介质，下面的计算以高 Pb 含量玻璃为例，折射率 $n \approx 1.8$）时，存在半波损失，根据薄膜干涉的原理，反射光线的干涉相长需满足以下条件：

$$R = 2d\sqrt{n^2 - (n_0 \sin i)^2} + \frac{\lambda}{2} = k\lambda \tag{6-7}$$

式中，R 为两束平行光的光程差；d 为薄膜厚度；n 为薄膜的折射率；n_0 为空气的折射率；i 为光线的入射角度；k 为干涉级数；λ 为满足相长干涉的波长。薄膜厚度的计算结果列于表 6-12 中。对于入射光线 $i=5°$、$\lambda=606$ nm，代入式(6-7)计算可得薄膜厚度 d 为 421 nm($k=3$)，对于 $i=50°$、$\lambda=559$ nm，计算得到 d 为 429 nm($k=3$)。从 SEM 图像中可以看出，表面薄膜的厚度大约为 380～480 nm（图 6-12c），计算所得的薄膜厚度与通过 SEM 估计的厚度之间的误差较小，约为 10%，可以认为理论计算的薄膜厚度较好地反映出该区域的特征。最后需要再次强调的是，在实际的测试过程中，当测试位置偏移一些时，光谱特征便会存在很大的差异，这是由于腐蚀结构的非均质性导致彩色区域的呈色机制存在很大的复杂性，计算结果并不具有整体的代表性。

表 6-12　根据薄膜干涉公式计算得到的 2 号样品釉表层的薄膜厚度

入射角度/(°)	波长/nm	干涉级数	薄膜厚度/nm
5	606	3	421
50	559	3	429

总体而言，铅釉样品的表面呈现不同颜色的原因也各不相同，既有腐蚀反应产物的颜色，也有结构因素所导致的虹彩现象。由于腐蚀过程的非均质性，表面的颜色分布也是非常不均匀的，这些颜色特征从一定程度上也反映了腐蚀过程的复杂性。

6.2　“老牛礁Ⅰ号”沉船出水红绿彩瓷的劣化机理研究

6.2.1　考古背景

“老牛礁Ⅰ号”沉船遗址位于福建省平潭西北面的老牛礁海域，水深 10～14 m。该处海域作为“海上丝绸之路”的必经之地，埋藏了丰富的水下文化遗产。福建水下考古队的考古人员于 2005 年对该遗址调查时采集到部分遗物，后续在 2006 年和 2008 年又分别进行了两次调查，发现的出水陶瓷主要包括白瓷、蓝釉瓷、青花瓷和红绿彩瓷等，在后续的调查中最终确认了沉船的具体位置。船体大部分缺失、散落，仅余部分残骸埋藏在海床之中[401]。根据考古人员的分析，“老牛礁Ⅰ号”沉船遗址出水的瓷器具有典型的明代中期弘治、正德时期景德镇民窑的器物特征[401]，且该处海域位于中国境内闽江口南面，正处于景德镇瓷器外销东南亚的路线上，因此该沉船所载瓷器应是景德镇民窑用于出口贸易的商品。

6.2.2　样品信息

本工作的研究对象 LNJ-04-01 出水自福建平潭“老牛礁Ⅰ号”沉船遗址，为明代中期景德镇民窑生产的红绿彩盘残片(图 6-13)，由福建省考古研究院提供。残片原型为盘，撇口，斜弧腹，圈足，内外均施透明釉。内壁口沿下方有弦纹三道，其中两道弦纹之间绘平行斜线组，内壁盘底也绘弦纹三道，内底中心有花叶图案。外壁口沿和接近圈足处各绘弦纹一道，两道弦纹之间留有缠枝花卉纹。圈足内施透明釉，外底署字外围双圈，字大半缺失不可辨认，圈足外壁绘弦纹两道。该红绿彩盘使用红彩为主、绿彩为辅，红彩多用来勾画、平涂，绿彩用来点涂。红彩绘制了弦纹与花叶图案，特别指出的是，内外壁的花叶图案的红彩使用有所区别，内壁图案为阴刻，即花叶内空白，花叶之间则用红彩平涂，叶头点涂一点绿彩；外壁图案为阳刻，花叶图案直接用红彩绘成，绿彩点涂在花蕊或花瓣中，这符合红绿彩瓷绘画时“画红点绿”的工艺特点。受绘画手法的区别所致，红彩图案处平涂勾画触感平整，但绿彩点涂使得彩料堆积图案突出于平面。该红绿彩盘应为景德镇民窑用于东南亚出口贸易的外销产品。

红绿彩瓷是中国陶瓷史上较为早期的釉上彩绘瓷，是陶瓷装饰技术发展和烧制工艺创新后

图 6-13　红绿彩瓷样品的外观照片

a. 样品的内壁；b. 样品的外壁

出现的瓷器类型。景德镇的红绿彩瓷工艺受到中国北方著名窑场磁州窑的影响，窑工在白瓷釉上进行彩绘装饰，再将彩绘瓷二次入窑低温（约 800℃）烧制[402]。到了明代中期，景德镇民窑大量烧造红绿彩瓷，红、绿彩的绘画工艺较元明早期有了很大的提高，是釉上彩瓷的又一高峰。目前对红绿彩瓷的科学研究少见对其劣化过程的研究[403-405]，"老牛礁Ⅰ号"沉船出水的红绿彩瓷恰好为其在海洋环境中劣化过程的研究提供了实验案例。本研究对象内外壁釉层保存完整，红绿彩图案清晰。但红彩可见部分区域颜色变淡，严重处露出底部釉层；填充在红彩图案内部的绿彩颜色暗淡发黑，凸出于表面，部分已经脱落。本研究通过多种表征手段对红绿彩瓷样品本体和釉上红绿彩料进行了分析，在此基础上探讨了海洋环境中红绿彩瓷的劣化机理。

6.2.3　胎、釉的化学组成和形貌分析

使用 EDXRF 对新鲜断面的胎和釉进行化学组成分析，见表 6-13。胎中的 SiO_2 含量为 72 wt%，Al_2O_3 含量为 20 wt%，与明代景德镇的白瓷胎的化学组成近似[402]。釉中的 SiO_2 含量为 69 wt%，Al_2O_3 含量为 17 wt%，属高温釉。釉中的 K_2O 含量较高（5.1 wt%），超过了 CaO 含量（4.7 wt%），同时存在 1.6 wt%的 Na_2O，属于碱钙釉[406]。

表 6-13　LNJ-04-01 胎、釉的主次量化学组成的 EDXRF 分析结果　　单位：wt/%

样品	Na_2O	MgO	Al_2O_3	SiO_2	K_2O	CaO	TiO_2	Fe_2O_3	MnO	P_2O_5
胎	0.85	0.05	20.05	72.32	3.42	0.74	0.04	1.54	0.03	
釉	1.61	0.08	17.45	68.57	5.07	4.70	0.04	1.48	0.05	0.02

LNJ-04-01 的胎色洁白（图 6-14a），在样品的自然断口可见一些深色污染物嵌入胎中，由于污染物的侵入，胎色较新鲜断面偏黄（图 6-14b）。SEM 下观察，可见胎中有少量微裂缝，大量微米级的孔洞密布（图 6-14c）。污染物为衬度各异的颗粒嵌在胎中，多数颗粒衬度较胎更浅。胎中可见大量针状莫来石晶体（图 6-14d，表 6-14、P1）。对一个衬度极浅的颗粒进行 EDS 分析显示，Fe 含量高达 51 wt%（表 6-14，P2），推测是外来的铁质污染物沉积在胎的断口，使胎色加深。

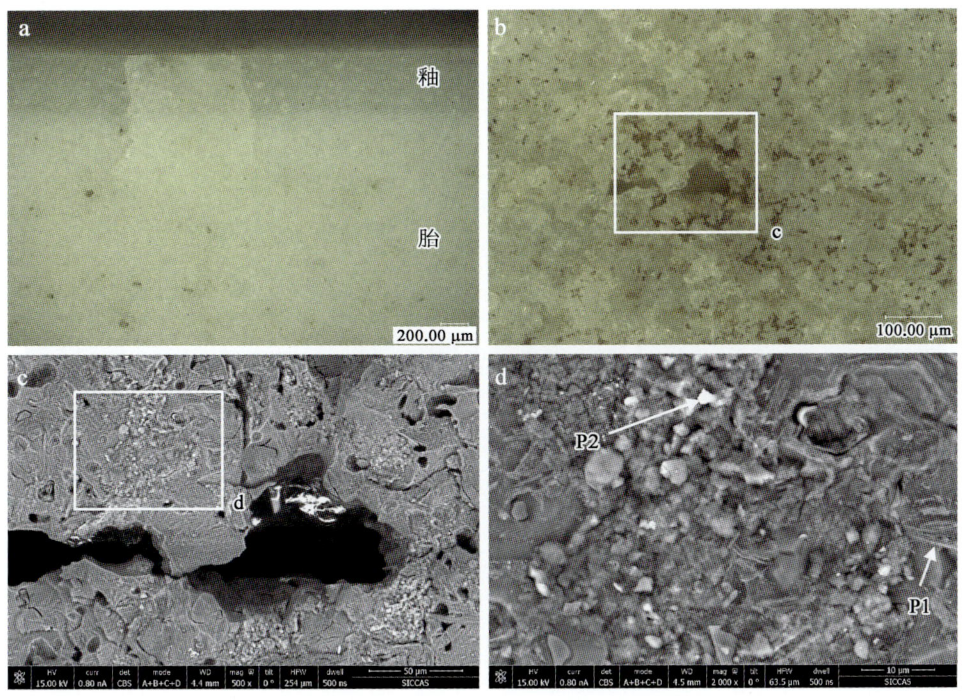

图 6-14　LNJ-04-01 断面的形貌

a. 断面釉、胎的 OM 照片；b. 胎的 OM 照片，孔洞周围有黑色污染物填充；c. 图 b 方框内区域的 SEM 照片，黑色填充物衬度较胎浅；d. 图 c 方框内区域的 SEM 照片。黑色污染物为颗粒状物质

表 6-14　胎、高温釉区域的 EDS 分析结果　　单位：wt%

点	O	Na	Mg	Al	Si	K	Ca	Ti	Fe	Pb
P1(莫来石)	49.01	0.52		23.17	23.97	2.25	0.32		0.76	
P2(污染物)	34.93		0.48	4.61	6.61	0.93		1.07	51.37	
P3(污染物)	44.42	1.39		13.14	22.90	1.34	7.20		6.43	3.19
P4(钙长石)	47.08	1.51		18.15	23.29	0.55	9.42			

LNJ-04-01 的高温釉宏观上表面光泽度和透明度都较低，在 OM 的观察下可见釉层表面有裂缝和白点分布，应是海浪磨蚀留下的痕迹。裂缝内没有明显的污染物存在(图 6-15a)。在 OM 下还观察了外壁釉表面的黄色区域(图 6-15b)，发现有大量黄色斑点状物质分布在釉面上。SEM 照片显示黄色斑点状物质与高温釉表面结合牢固(图 6-15c)，该物质的显微结构呈聚集的颗粒，颗粒之间还有微裂缝存在(图 6-15d)。EDS 分析显示黄色物质可能是来自海床上以铝硅酸盐为主要成分且含有 Fe、Ca 等元素的海底沉积物(表 6-14，P3)。

LNJ-04-01 红绿彩盘的高温釉宏观上看起来呈现哑光质地，透明度较低(图 6-16a)。SEM 图像显示，其高温釉层存在大量未熔石英颗粒，颗粒直径最大可达约 20 μm(图 6-16b)。高温釉层整体析晶，遍布短柱状晶体(图 6-16b、c)，EDS 分析结果表明该晶体为钙长石晶体

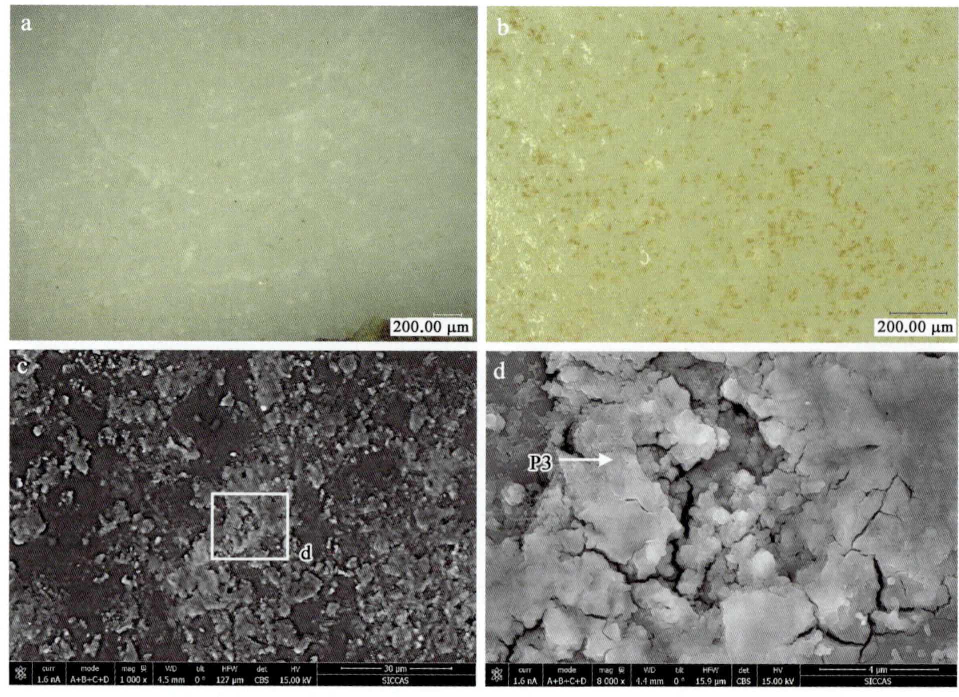

图 6-15 LNJ-04-01 釉表面的形貌

a. 未被污染的釉表面的 OM 照片，高温釉透明度较低，有一些微裂缝贯穿表面；b. 被污染的釉表面的 OM 照片，黄色污染物呈点状分布在釉表面；c. 被污染的釉表面的 SEM 照片；d. 图 c 方框内区域的 SEM 照片，黄色污染物呈聚集颗粒状

（表 6-14，P4），大量的钙长石析晶表明其高温釉的原料配方中 Al_2O_3 含量极高。大量的石英颗粒和钙长石晶体导致光入射透明釉后散射较强，透明度大幅降低。高温釉的 μ-Raman 分析谱图峰位见表 6-15，其中 480 cm^{-1} 和 510 cm^{-1} 处的谱峰为长石类矿物最强的谱峰，这两个谱峰与 Si—O—Si（或 Si-O-Al）的弯曲/拉伸振动有关[407]。在 153 cm^{-1} 和 184 cm^{-1} 处则分别出现了钾长石和钙长石的特征峰，这应该是由于样品的高温釉同时使用了 K_2O 和 CaO 作为助熔剂的原因。

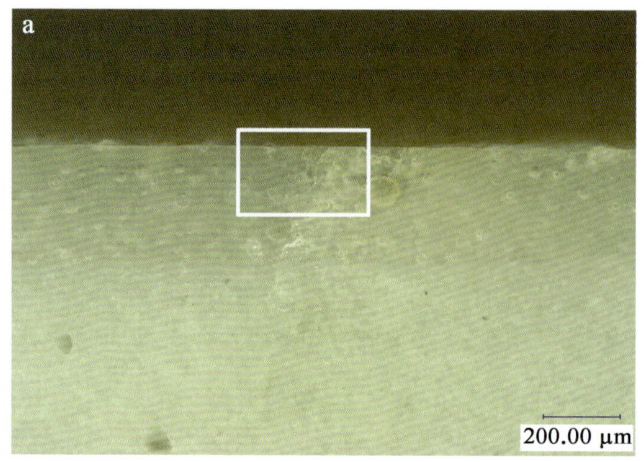

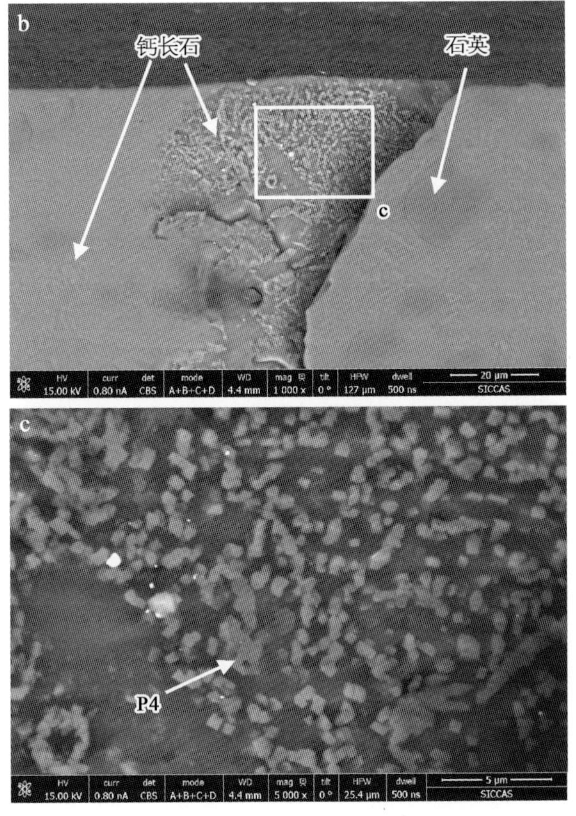

图 6-16　LNJ-04-01 断面高温釉的形貌

a. 断面的 OM 照片；b. 图 a 方框内区域的 SEM 照片，高温釉中有大量未熔石英颗粒和大量析出的钙长石晶体；c. 图 b 中方框 c 内区域的 SEM 照片，大量暴露出来的短柱状钙长石晶体

表 6-15　高温釉的拉曼光谱分析结果

测试位置	峰位/ cm^{-1}	对应物相
高温釉	153,184,197,206,279,417,455,480,510,784,1 014	长石类矿物

6.2.4　彩的化学组成及劣化形貌分析

6.2.4.1　红彩

利用 OM 从表面观察颜色较深处的釉上红彩，可以看到，红彩的颜色仍然保持原本的砖红色，表面未见有其他颜色的蚀变产物。即使是颜色没有明显变化的红彩区域也可见底部的高温釉星星点点地暴露出来，特别是几道划痕处(图 6-17a)。从断面观察可以发现，高温釉表面的红彩厚度极薄，仅有几微米(图 6-17b)。对红彩的 μ-Raman 测试结果显示，其谱图在 223 cm^{-1}、245 cm^{-1}、293 cm^{-1}、409 cm^{-1}、502 cm^{-1} 和 611 cm^{-1} 处存在较强的特征峰，1330 cm^{-1} 处存在一较宽的谱带，这与赤铁矿的特征峰位相符(表 6-16)。

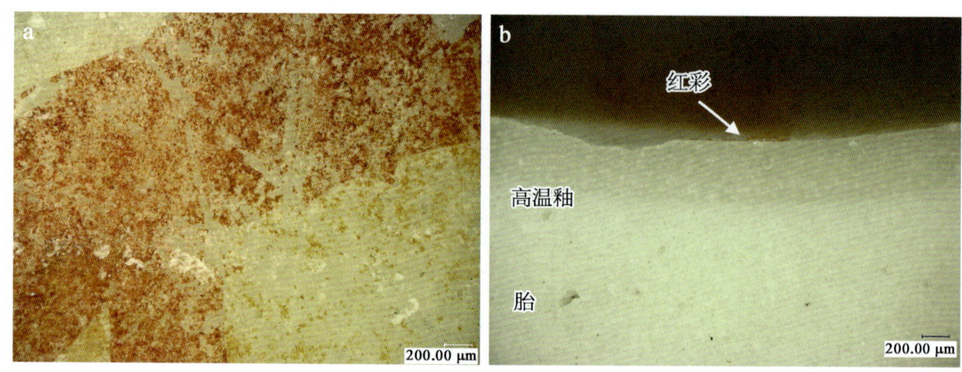

图 6-17 LNJ-04-01 红彩的形貌和 μ-Raman 光谱分析结果

a. 表面的 OM 照片，红彩颜色没有变化；b. 断面的 OM 照片，红彩厚度极薄

表 6-16 红彩的拉曼光谱分析结果

测试位置	峰位/ cm^{-1}	对应物相
红　彩	223,245,293,409,502,611,669,1 330	赤铁矿

古代景德镇窑工在制作釉上红彩时，原料使用青矾（$FeSO_4 \cdot 7H_2O$）制备，经晒干脱去结晶水，加热煅烧至粉料颜色呈现鲜红即可。再经过洗涤、干燥，配以铅粉[也称铅白，碱式白铅矿，$2PbCO_3 \cdot Pb(OH)_2$]作助熔剂使用，绘彩时需加入牛皮胶等黏合剂便于绘制，以防彩料脱落[402,408]。黏合剂在烧制过程中一般即分解或挥发消失。根据此前学者对釉上红彩的组成及结构分析研究，釉上红彩的呈色元素为 Fe[409]，Fe 的物相为 α-Fe_2O_3 晶体[410-411]，这与本研究的实验结果相符。

选择一处红彩颜色变浅的区域做进一步观察，从表面可见红彩大量脱落，原本红彩覆盖下方的高温釉大面积暴露出来，残留的红彩呈点状或块状分散在高温釉表面（图 6-18a）。在 SEM 下观察红彩区域，可以看出红彩剥落后的釉面极不平整，高温釉中未熔的石英颗粒暴露出来，且颗粒周围常有微裂缝存在（图 6-18b）。进一步放大观察残留的红彩，可以看到大量板状晶体聚集，晶体发育程度不一（图 6-18c）。红彩的制作原料中加入了少量铅粉，在二次烧成中 Pb 与下层高温透明釉反应形成低共熔薄层，将 α-Fe_2O_3 晶体颗粒粘结固定在高温釉表面。EDS 分析结果显示，红彩中含有较高含量的 Fe 和 Pb 元素，这符合传统红彩使用的原料，较高的 Si、Al、K、Ca 含量是由于红彩层过薄，EDS 分析所用的电子束击穿表面到达高温釉所致（表 6-17，P1）。EDS 的分析结果也表明，红彩表面并未出现其他外源性元素。结合形貌可以认为，红彩劣化的主要原因是长时间的海浪磨蚀带来的机械损伤，造成红彩的 α-Fe_2O_3 晶体层大量脱落，导致宏观上红彩的颜色变淡。

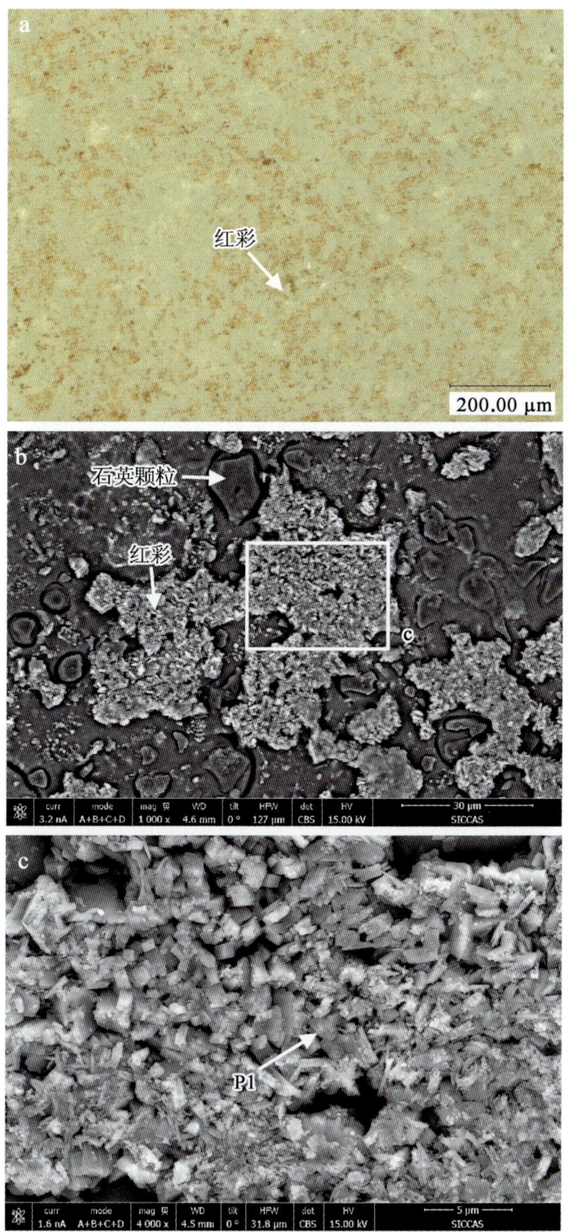

图 6-18　LNJ-04-01 红彩区域的形貌

a. 表面红彩区域的 OM 照片，残留红彩呈斑点状分布在表面；b. 表面红彩区域的 SEM 照片，高温釉中的石英颗粒暴露在表面；c. 图 b 中方框 c 内区域的 SEM 照片，红彩由板状赤铁矿 α-Fe_2O_3 晶体构成

表 6-17　红彩的 EDS 分析结果　　单位：wt%

点	O	Na	Al	Si	K	Ca	Fe	Pb
P1	41.99	1.40	10.28	23.49	5.20	3.06	6.16	8.40

6.2.4.2 绿彩

LNJ－04－01 表面的绿彩普遍已发生蚀变，仅在 LNJ－04－01 样品的断面发现少量仍保有绿色的绿彩，如图 6－19a 所示。该处绿彩厚度较薄，与此前宏观上观察到的明显凸起于表面的绿彩不同，这可能是由于蚀变部分在加工过程中脱落，仅少量未蚀变绿彩保留。在 SEM 下进一步观察绿彩可以发现（图 6－19b），该处残留绿彩厚度约 10 μm 左右，衬度较浅，EDS 分析显示绿彩的化学组成以 Pb、Si、O 为主，此外还有少量的 Cu 元素（表 6－18，P1）。釉上绿色彩料的工艺发展自低温绿釉。法国传教士昂特雷科莱给教会的信中记载了中国清代绿彩的配方："制备绿料时，往一两铅粉中添加三钱三分卵石粉（SiO_2）和大约八分到一钱铜花片（CuO）。铜花片不外乎是熔矿时获得的铜矿渣而已。"这与 EDS 的分析结果相符。在绿彩和高温釉的界面处存在一些衬度较深的短柱状晶体（图 6－19b），EDS 分析显示其主要含有 Pb、Si、Al 元素，还有少量 Ca、K、Na 元素（表 6－18，P2），推测其可能是[$(Pb,K)AlSi_3O_8$]晶体[412]。晶体周围区域的化学组成显示出绿彩本体所没有的 Al 元素（表 6－18，P3），同时还具有较未蚀变绿彩更高的 Si 含量（14 wt%）和更低的 Pb 含量（59 wt%），这应是在低温二次烧成时，绿彩与高温釉相互作用，高温釉中的 Al^{3+}、K^{+}、Ca^{2+} 向绿彩玻璃中扩散，元素的局部聚集生成了这种晶体，而存在晶体的这一层是高温釉与绿彩玻璃的中间层。晶体簇的存在使得绿彩的透明度降低，可以更好地覆盖高温釉的底色[413]。

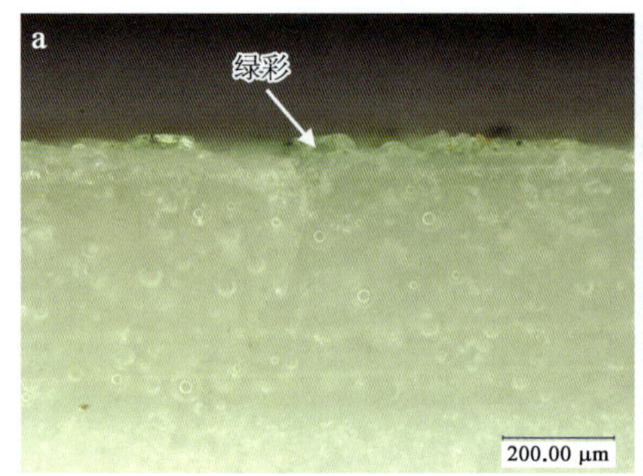

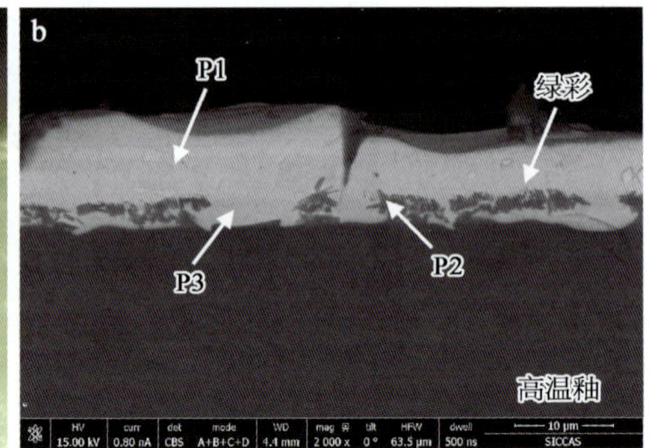

图 6－19 LNJ－04－01 绿彩的形貌

a. 断面的 OM 照片，仅有少量未蚀变绿彩；b. 断面的 SEM 照片，绿彩衬度较浅，与高温釉界面处有短柱状晶体

表 6－18 绿彩的 EDS 分析结果 单位：wt%

点	O	Na	Al	Si	K	Ca	Cu	Pb
P1（未蚀变绿彩）	20.57		0.87	12.62			1.85	64.09
P2（中间层晶体）	40.28	1.36	12.06	21.99	2.93	5.05		15.91
P3（中间层）	23.19		2.45	14.18			1.17	59.01

与红彩的主要形态为 α－Fe_2O_3 晶体不同，绿彩经二次低温烧成后实为 PbO－SiO_2 二元玻璃，其中 Cu 元素为呈色元素，以 Cu（Ⅱ）存在，与铅釉具有相似的结构。产生这种区别的

原因可能有两点：① 在红、绿彩制作原料中所添加的铅粉比例不同，对 LNJ－04－01 样品表面一处同时包含红、绿彩的区域进行 Pb 元素分布分析，如图 6－20 所示，与绿彩相比，红彩中的 Pb 含量相对极低，相似的分析结果也见于潘秋丽等的研究中[414]，这使得铅玻璃难以形成。② 釉上彩二次烧成的温度较低，在 800℃左右[402]，因此红彩中的氧化铁仍然以赤铁矿晶体的形式存在。相比红彩只以晶体颗粒的形式存在于高温釉表面，玻璃质绿彩以及与高温釉界面处中间层和晶体簇的生成可以使绿彩与釉面结合更牢固，未蚀变的绿彩不易受外来机械作用而脱落。

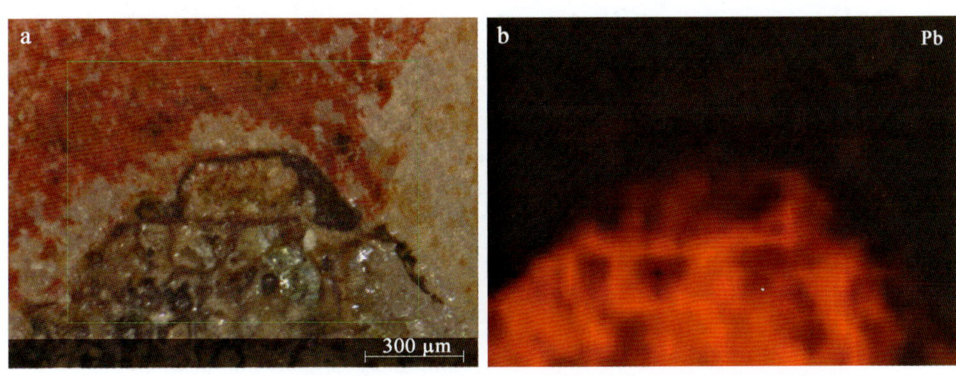

图 6－20　LNJ－04－01 样品表面蚀变绿彩和红彩的 EDXRF 元素面扫描分布图

a. 扫描区域；b. Pb 元素分布图

绿彩区域的 μ－Raman 谱图峰位（表 6－19）则具有典型的硅酸盐玻璃的特征：在 489 cm^{-1} 和 966 cm^{-1} 处出现特征谱带。其中 489 cm^{-1} 处的谱带属于玻璃结构中 SiO_4 四面体的弯曲振动谱带，其强度相当弱，可能是绿彩中 Pb 含量较高的缘故[122]，966 cm^{-1} 处的谱带属于伸缩振动谱带，902 cm^{-1} 处的肩峰则和 Pb 作为网络形成剂有关[415]。位于 105 cm^{-1} 处的峰可归因于 PbO_3 三角形中 Pb—O 共价键的振动[123]，左侧 83 cm^{-1} 处的肩峰则对应于离子性 Pb—O 的振动，右侧 127 cm^{-1} 处的肩峰则是 PbO_4 四角锥结构中 Pb—O 键的对称拉伸振动[122]，从谱带特征可见，Pb 在绿彩玻璃中的结构作用较为多样，这与其在玻璃中的含量比例有关，绿彩中 PbO 的含量约为 39～41 mol%，Pb 主要作为玻璃形成体存在，即 Pb—O—Pb 共价键居多，但也有少量 Pb^{2+} 存在于玻璃网络中[122,416-417]。位于 772 cm^{-1} 处的谱带也暗示着 Pb 在铅硅网络中的含量所引起的结构变化，该谱带对应于 O 在 Si—O—Si 平面上移动引起的 Si—O 拉伸振动[418]，由于 Pb^{2+} 对硅酸盐玻璃网络的解聚作用，Si—O—Si 部分被 Si—O—Pb 取代，相比高温釉中 784 cm^{-1} 左右的谱带（表 6－15），其峰值的降低是由于 Pb 含量的增加而导致的[122]。

表 6－19　绿彩的拉曼光谱分析结果

测试位置	峰位/cm^{-1}	对应物相
绿　彩	83，105，127，400，489，772，902，966	铅硅玻璃

对 LNJ－04－01 样品表面的一处蚀变绿彩进行 EDXRF 元素分布分析，分析区域如图 6－21a 框中所示。可以看出，蚀变绿彩已不复原本的翠绿鲜亮，有些地方变成黑色和棕色。结果表明，除未蚀变绿彩部分有少量的 Cu 元素，其他 Cu 元素含量较高处和 Fe 元素在表面

的分布高度一致，与OM下所观察到的黑色区域相符(图6-21b、c)。此外，蚀变绿彩表面的P元素和Ca元素的分布也高度一致，与OM下的棕色区域相符，且与含Cu、Fe元素区域互补(图6-21d、e)。Pb元素分布也可见部分与Cu、Fe元素互补处(图6-21f箭头所指处)，表明含Cu、Fe元素的黑色区域应不含Pb元素。蚀变绿彩表面的Si元素含量很低，这表明原本绿彩中的Si可能在蚀变过程中流失(图6-21g)。

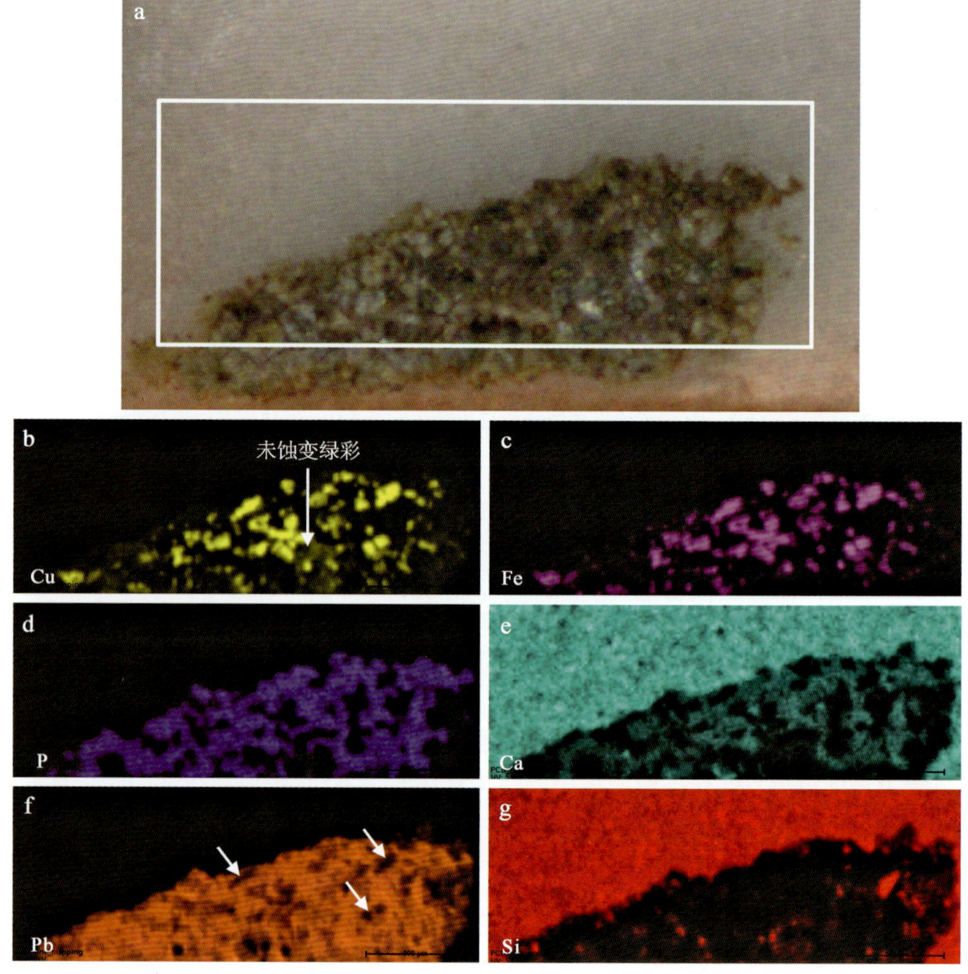

图6-21 LNJ-04-01样品表面蚀变绿彩EDXRF元素面扫描分布图

a. 扫描区域；b. Cu元素分布图；c. Fe元素分布图；d. P元素分布图；e. Ca元素分布图；f. Pb元素分布图；g. Si元素分布图

对蚀变绿彩表面的黑色区域做进一步的观察和分析，在OM下可见黑色区域呈现铜黄色的金属光泽(图6-22a中箭头所指处)，呈块状随机覆盖在表面。利用SEM-EDS对黑色区域进行显微结构的观察和微区组成的分析，黑色区域呈不规则球状集合体，衬度较深(图6-22b)，EDS分析结果表明黑色区域的化学组成以Cu、Fe、S三种元素为主(表6-20，P1)。另一处蚀变绿彩表面的黑色区域呈圆形斑点分布，斑点表面部分呈现锖色(图6-22c)。圆形斑点的表面形貌与图6-22b中的黑色区域有所不同，相对更为粗糙，衬度较周围深

(图 6-22d)，在更大的放大倍数下可见大量晶体颗粒聚集(图 6-22e)，颗粒尺寸都在 2 μm 以下。其化学组成也以 Cu、Fe、S 三种元素为主，但还有少量 Pb 和 Si，可能是受绿彩原有元素影响(表 6-20，P2)。使用 μ-Raman 对黑色区域的几处位置进行分析，铜黄色区域的光谱在 293 cm^{-1}、319 cm^{-1}、353 cm^{-1} 和 464 cm^{-1} 处出现特征峰，与黄铜矿($CuFeS_2$)一致(表 6-21)；锖色斑点的光谱则同时包括黄铜矿与铜蓝(CuS)的特征峰(表 6-21)。由于背景较强，黄铜矿在 319 cm^{-1} 和 353 cm^{-1} 处的特征峰已被淹没，464 cm^{-1} 处的特征峰则与铜蓝 473 cm^{-1} 处的 S—S 对称伸缩振动峰重合，铜蓝的晶格振动所产生的 267 cm^{-1} 处的峰依稀可辨[356]。此外，SEM 下在黑色区域还观察到聚集的片状晶体(图 6-22f)，EDS 分析结果显示其含有 63 wt% 的 Cu 元素和 33 wt% 的 S 元素，符合铜蓝的化学组成(表 6-20，P3)。

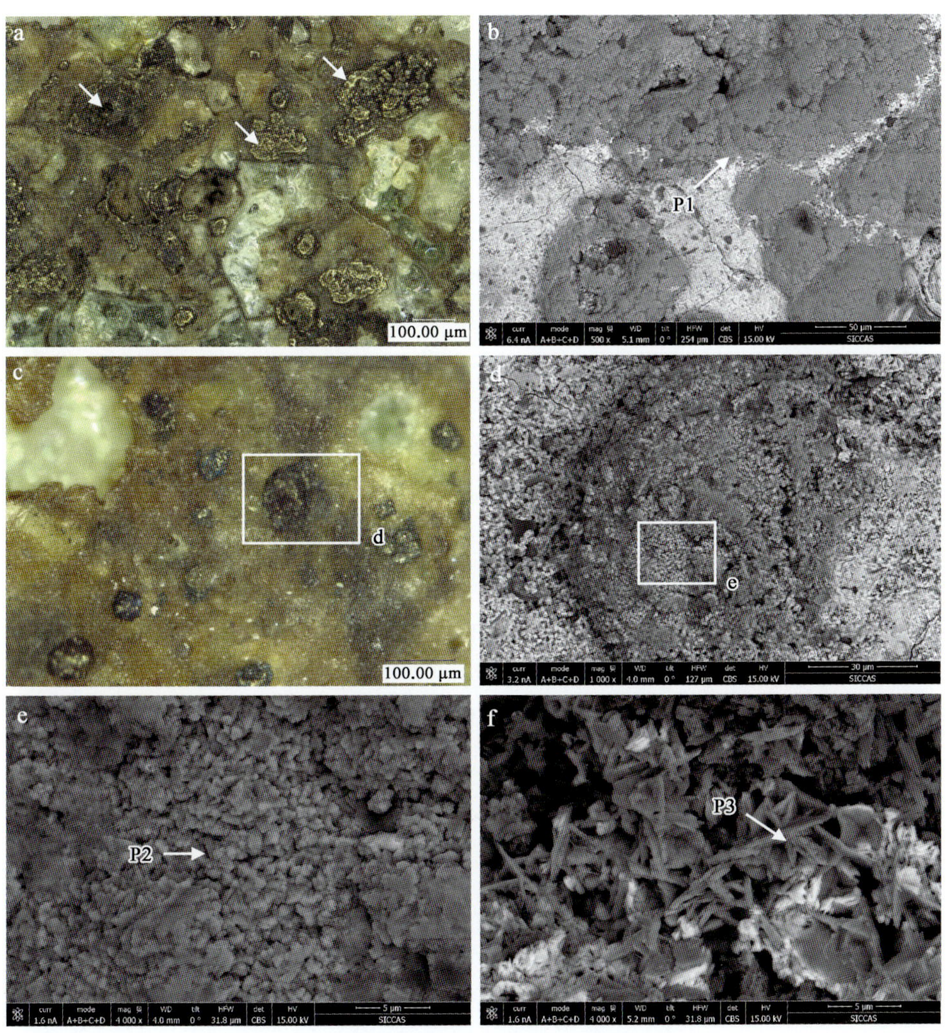

图 6-22　蚀变绿彩表面黑色区域的形貌

a. 蚀变绿彩表面的 OM 照片，黑色区域有铜黄色的金属光泽；b. 黑色区域的 SEM 照片，黑色区域为不规则球状集合体；c. 蚀变绿彩另一处表面的 OM 照片，黑色区域呈斑点状分布在表面，斑点表面有锖色；d. 图 c 中方框 d 内区域的 SEM 照片，斑点表面粗糙；e. 图 d 中方框 e 内区域的 SEM 照片，斑点为大量晶体颗粒聚集形成；f. 片状晶体的 SEM 照片

表 6-20　绿彩表面腐蚀产物的 EDS 分析结果　　单位：wt%

点	O	Al	Si	P	Cl	S	Ca	Fe	Cu	Pb
P1(黄铜矿)		0.28	0.35			35.23		29.50	33.64	1.00
P2(黄铜矿)		1.31	1.57			31.52		31.19	34.09	
P3(铜蓝)					1.08	33.36	0.37	0.32	62.63	2.24
P4(黄铜矿)			0.73		0.30	22.53		30.86	31.85	13.72
P5(沉积物)	21.46	0.41	3.41	5.68	1.86		8.14	2.97	3.34	51.26

表 6-21　绿彩表面腐蚀产物的拉曼光谱分析结果

测 试 位 置	峰位/cm^{-1}	对应物相
铜黄色区域	293,319,353,464	黄铜矿
锖色斑点	267,289,473	黄铜矿和铜蓝

LNJ-04-01 样品蚀变绿彩的表面有一些圆形凹坑存在，这些凹坑常出现于裂缝上或裂缝交界处（如图 6-23a 中箭头所指处），在 SEM 下观察了连续存在的几个圆形凹坑（图 6-23b），可以看到几个凹坑由裂缝贯穿，左侧两个凹坑有互联趋势。图 6-23c 显示，凹坑内有大量沉积物存在。左侧凹坑内存在两种不同形貌的沉积物：位于上方的沉积物在 OM 下显示出黑色（图 6-23a），显微结构可见聚集成葡萄状堆积在凹坑内壁上（图 6-23d），右侧的凹坑内也几乎全部为这种沉积物（图 6-23c 中箭头所指处），单个“葡萄”的直径约为 5 μm；位于下方的沉积物在 OM 下显示出黄白色（图 6-23a），没有明显的晶体结构，大量小颗粒随机堆积（图 6-23e）。EDS 对两种沉积物的分析结果显示，前者以 Cu、Fe、S 为主要元素，结合此前的 μ-Raman 分析结果，应是黄铜矿晶体（表 6-20，P4）。后者主要含有 Pb 元素，Ca 和 P 元素的含量也较高，分别为 8.1 wt%和 5.7 wt%，此外还有少量 Si、Cu、Fe 和 Cl 元素，应是来自海洋的钙盐和磷酸盐沉积物（表 6-20，P5）。

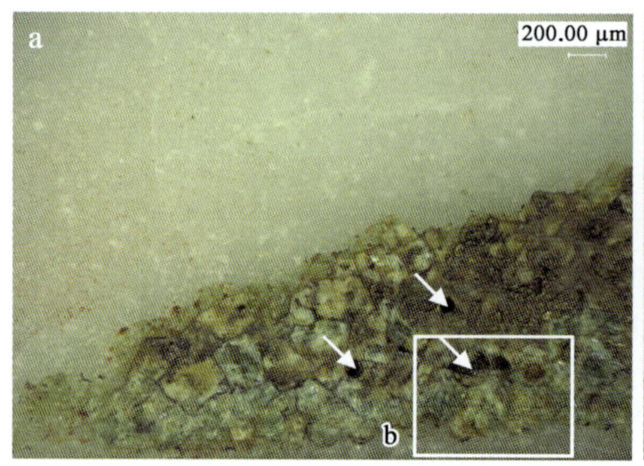

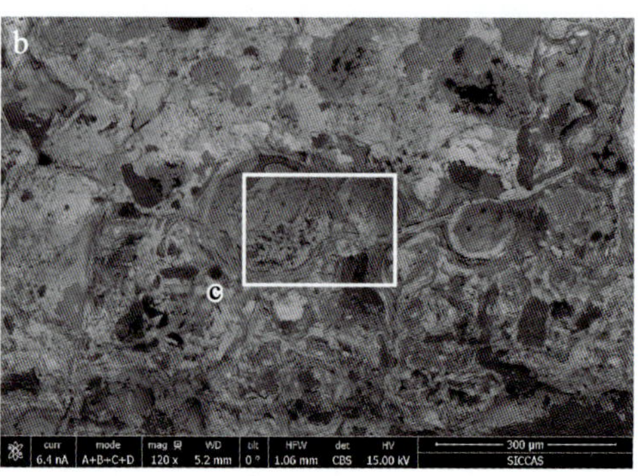

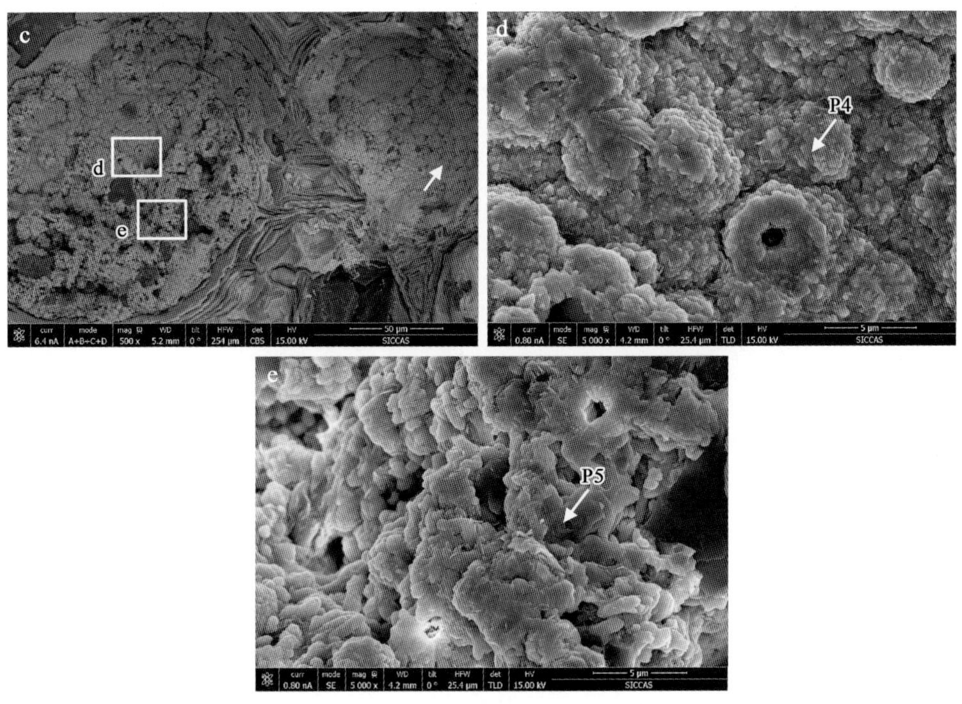

图 6－23　LNJ－04－01 表面绿彩的蚀变形貌(一)

a. 蚀变绿彩表面的 OM 照片，有许多圆形凹坑；b. 图 a 中方框 b 内区域的 SEM 照片，几个连续的圆形凹坑；c. 图 b 中方框 c 内区域的 SEM 照片，凹坑内有两种形貌的沉积物；d. 图 c 中方框 d 内区域的 SEM 照片，葡萄状沉积物；e. 图 c 中方框 e 内区域的 SEM 照片，小颗粒随机堆积的沉积物

LNJ－04－01 样品表面的绿彩还可见部分区域保留有绿彩原本的颜色，但其周围也呈现出复杂的蚀变形貌，包括覆盖在表面的白色物质、棕色或黑色的裂缝，以及一些黑色物质(图 6－24a)，利用 SEM 分别对这些区域做进一步观察。部分白色区域的显微形貌如图 6－24b 所示，在白色区域可见一定的层状结构，由衬度较浅的鳞片状晶体层和衬度较深的层构成，对两个层分别做 EDS 分析，结果显示，鳞片状晶体层以 Pb、C、O 为主要元素，另还有少量 Cl 元素(表 6－22，P1)。衬度较深的层除前者所含元素外还有 Si、Fe、Mg、Cu 元素(表 6－22，P2)，其中 Si、Cu 元素应来自绿彩本身，Fe、Mg 元素则可能来自海洋环境。衬度最深处为石英颗粒(表 6－22，P3)，应是由于绿彩原料制作时工艺较为粗糙，留下了较大的石英颗粒，在二次烧成时，较低的烧成温度无法使它们完全熔融(石英熔融温度约为 1 750℃)所致。对白色区域进行 μ－Raman 光谱分析结果显示，白色区域存在白铅矿(cerussite，$PbCO_3$)和水氯铅矿[laurionite，PbCl(OH)]物相(表 6－23)。其中，白铅矿谱图中 105 cm^{-1} 处的振动带应是 Pb—O 键的多种振动带的叠加产生，水氯铅矿的谱图中在 109 cm^{-1} 处也有相似振动带。综合以上分析结果，蚀变绿彩表面白色区域的物相主要包括白铅矿和水氯铅矿。

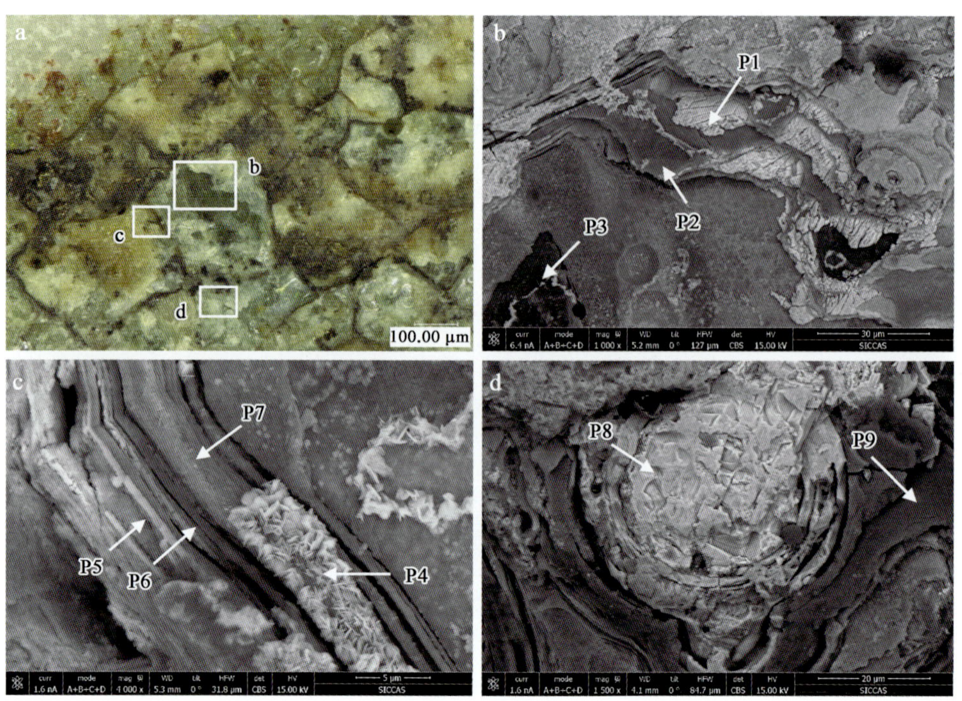

图 6-24　LNJ-04-01 表面蚀变绿彩的形貌(二)

a. 蚀变绿彩表面的 OM 照片；b. 图 a 中方框 b 内区域的 SEM 照片，白色区域具有层状结构；c. 图 a 中方框 c 内区域的 SEM 照片，裂缝具有清晰的层状结构，层之间有衬度差异；d. 具有同心圆结构的蚀变区域的 SEM 照片，内部为白铅矿

表 6-22　蚀变绿彩表面的 EDS 分析结果(制样时镀 Pt)　　单位：wt%

点	O	C	Mg	Si	S	Cl	Ca	Ti	Fe	Cu	Zn	Pb
P1(白铅矿和水氯铅矿)	37.66	12.84				5.98		0.13				43.39
P2(富 Si 层)	49.23	12.22	2.92	9.37		0.64		0.09	3.07	1.96	0.46	19.25
P3(石英颗粒)	53.26			46.74								
P4(白铅矿)	41.95	12.49	0.50	2.94		0.46		0.14	0.87	0.63		38.95
P5(富 Pb 层)	46.98	15.09	0.39	2.34		1.65	1.27		1.29	0.40		29.99
P6(富 Si 层)	40.95	11.25	0.86	5.43		3.59			1.81	0.72		34.60
P7(富 Si 层)	46.44	12.57	1.29	6.30		1.81	0.14		2.11	1.10	0.34	26.30
P8(白铅矿)	32.54	10.43		0.24			0.29					56.50
P9(富 Si 层)	34.97		6.05	21.18		0.65			12.21	2.21	3.78	17.99
P10(蚀变层)	36.05	6.65	1.29	4.56					23.56	18.01	1.48	8.41
P11(白铅矿和水氯铅矿)	27.71	7.56	0.26	0.98		2.43	4.07		0.85			55.83

续　表

点	O	C	Mg	Si	S	Cl	Ca	Ti	Fe	Cu	Zn	Pb
P12(富 Si 层)	34.83	7.11	0.70	8.04		1.35			5.06	6.19		36.18
P13(白铅矿和水氯铅矿)	22.85	6.33		0.87		7.75				1.17		61.03
P14(黄铜矿)	31.50			0.84	13.31	0.67	0.78		14.93	17.79		20.18
P15(富 Pb 层)	16.49		0.33	6.92		2.89	4.15		2.20	1.49		64.32
P16(富 Si 层)	27.44		0.69	17.64		1.37			6.45	0.80		43.72
P17(富 Si 层)	25.21		0.62	15.79		2.71		5.69				47.73
P18(白铅矿)	35.04	11.24		0.43			0.39		0.88	1.00		51.01
P19(黄铜矿)	32.75			0.46	12.44				20.22	29.67		4.45
P20(黄铜矿)	36.00			0.53	16.52	0.40			17.60	19.41		9.53

表 6－23　蚀变绿彩表面白色区域的拉曼光谱分析结果

测 试 位 置	峰位/cm^{-1}	对 应 物 相
白色区域点 1	105,1 050	白铅矿
白色区域点 1	105,122,271,327	水氯铅矿

裂缝的 SEM 照片如图 6－24c 所示，可以看到裂缝具有清晰的层状结构，层之间有明显的衬度差异，部分层表面还有针状晶体形成的晶体簇存在，晶体的衬度较下方的层浅，这应是由于其具有较高含量的 Pb 元素所致，EDS 化学组成显示该晶体应为白铅矿（表 6－22，P4）。对几种衬度的层分别做 EDS 分析，结果显示层之间的衬度差异主要是由于 Pb、Si 含量的不同导致：衬度较浅的层 Pb 含量较高（表 6－22，P5），Si 含量较低；衬度较深的层反之（表 6－22，P6）。白铅矿下方的层 Pb 含量尤其低（表 6－22，P7），应是 Pb^{2+} 大量浸出生成白铅矿导致。绿彩表面有一处同心圆结构的腐蚀区域（图 6－24d），根据其内部的化学组成推测其为白铅矿腐蚀产物（表 6－22，P8）。其周围区域的 Pb 含量仅为 18 wt%，应是 Pb^{2+} 迁移聚集的结果（表 6－22，P9）。该区域 Fe 和 Mg 含量分别高达 12 wt%和 6.1 wt%，应和 P2 位置相似，是外来污染物沉积在表面造成。

在另一处绿彩附近的白色蚀变区域（图 6－25a），也可以看到清晰的层状结构存在（图 6－25b），最表层衬度较深的层上还有一些衬度较低的椭圆体颗粒存在。EDS 分析结果显示，最表层具有极高的 Fe 和 Cu 含量，分别为 24 wt%和 18 wt%（表 6－22，P10），可能是受到附近的黄铜矿腐蚀产物的影响。椭圆体颗粒的化学组成以 Pb 为主，还有少量的 Ca 元素（4.1 wt%）（表 6－22，P11）。其下一层的 Pb 含量大幅降低，Si 含量增加至 8.0 wt%，还有 Cu 和 Fe 元素存在（表 6－22，P12）。最下层的形貌和图 6－24b 中的鳞片状晶体层相同，化学组成的 Pb 含量与椭圆形颗粒近似，且存在极高的 Cl 含量(7.8 wt%)(表 6－22，P13)，可以认为最下层和椭圆体颗粒应是白铅矿和水氯铅矿的混合物。

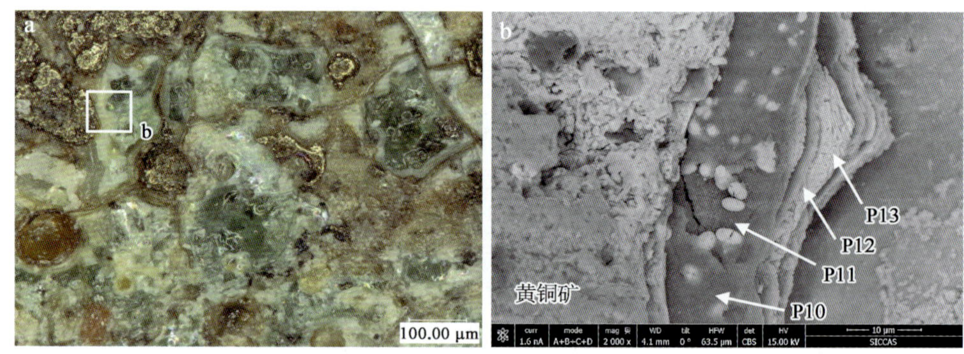

图 6－25　LNJ－04－01 表面绿彩的蚀变形貌(三)

a. 蚀变绿彩表面的 OM 照片；b. 图 a 中方框 b 内区域的 SEM 照片，蚀变绿彩白色区域的层状结构

对 LNJ－04－01 另一处蚀变绿彩表面观察后可以看到，OM 下黑色污染物沿裂缝沉积，图 6－26a 中箭头所指处存在一些半透明区域。在 SEM 下观察图 a 中方框 b 内区域可见，半透明区域存在不同衬度的层平铺于表面重叠，而裂缝里的黑色污染物也是多层结构，但层垂直于表面(图 6－26b)。对半透明区域不同衬度的层(图 6－26c)进行化学组成分析，结果显示，最

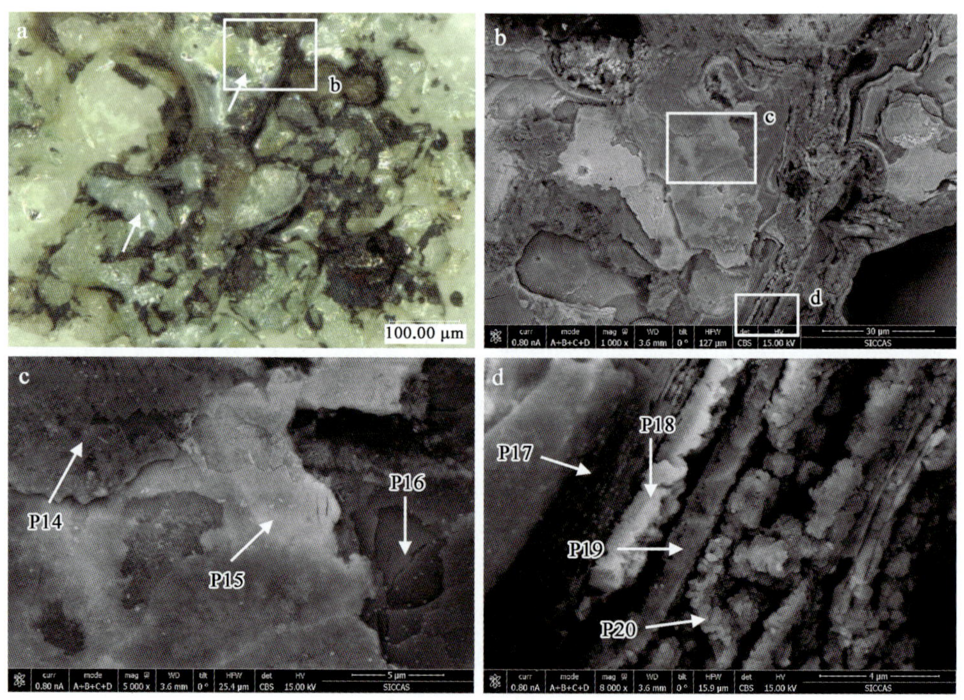

图 6－26　LNJ－04－01 表面绿彩的蚀变形貌(四)

a. 蚀变绿彩的 OM 照片；b. 图 a 中方框 b 内区域的 SEM 照片，可见表面不同衬度的区域和裂缝中的层状结构；c. 表面不同衬度的层的 SEM 照片；d. 裂缝中的层的 SEM 照片，层具有不同衬度

上方的层为黄铜矿(表 6 - 22,P14),其下衬度较浅的层为富 Pb 层,Si 含量较绿彩玻璃本体减少,还有 Ca、Cl、Fe 等外来元素(表 6 - 22,P15)。最下方衬度较深的层为富硅层,Pb 含量减少、Si 含量增加(表 6 - 22,P16)。对裂缝内的黑色污染物的层(图 6 - 26d)进行化学组成分析,结果显示,最左侧为富 Si 层,层上可见一些衬度较浅的晶体颗粒析出(表 6 - 22,P17);衬度最浅的层 Pb 为主要元素,应是析出的白铅矿(表 6 - 22,P18);其右边紧接着的层以及最右侧层状结构逐渐不明显的区域化学组成相近,以 Cu、Fe、S 为主要元素,应是沉积的黄铜矿(表 6 - 22,P19、P20)。

LNJ - 04 - 01 样品的一处断面 OM 照片显示(图 6 - 27),绿彩的厚度约 100 μm,蚀变绿彩存在两种颜色的蚀变区域:棕色区域和半透明区域(图 6 - 27 中箭头所指处)。在 SEM 下对一处蚀变前沿已经接近高温釉的蚀变区域进行观察,如图 6 - 28a 所示,OM 下的棕色区域在 SEM 图片中结构致密,衬度与未蚀变绿彩相似,但存在明显的层状结构,由衬度不同的层交替形成,棕色区域与原始绿彩之间存在衬度较深的层,在这种层内部还可见明显的亚层结构。与蚀变绿彩相比,高温釉的衬度最深,釉中可见较大的石英颗粒(直径约 20 μm)和密布的钙长石晶体。裂缝从表面贯穿绿彩,深入高温釉内部。

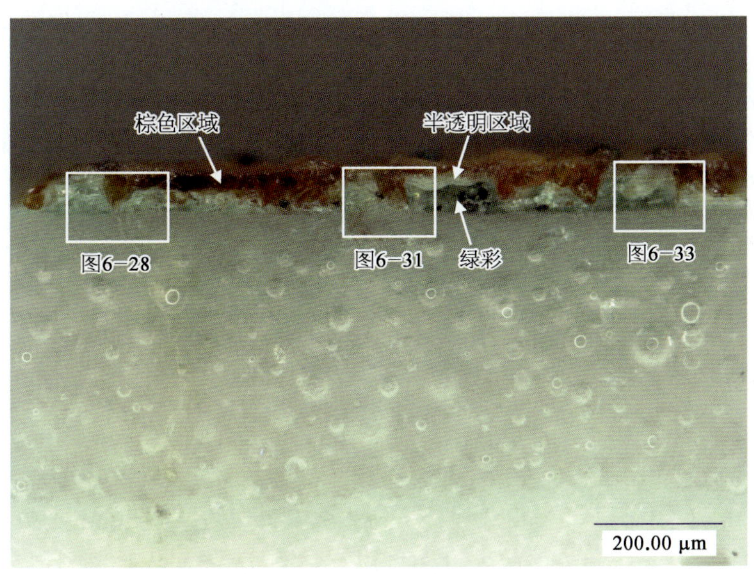

图 6 - 27 LNJ - 04 - 01 样品断面绿彩的 OM 照片

对该蚀变区域进行 EDS 元素分布分析,结果如图 6 - 28 所示。可以看到,相比原本的绿彩区域,棕色区域的 Si 元素明显减少,Cu 元素也有减少;Ca、P 元素在棕色区域则有明显增加,应是来自海洋环境。棕色区域与原始绿彩之间的层则具有较其他区域更多的 Fe 和 Mg 元素,同时也有一些 Si 元素。此外,Cu 元素和 Fe 元素在表面处也有明显聚集,应属于表面的腐蚀产物黄铜矿。

棕色区域的 μ - Raman 分析谱图峰位显示(表 6 - 24),与未蚀变的绿彩区域的谱图(表 6 - 19)相比,棕色区域仍然保留 87 cm^{-1}、109 cm^{-1} 和 122 cm^{-1} 处属于 Pb—O 的几个特征谱带,但 500 cm^{-1} 和 1 000 cm^{-1} 左右的 SiO_4 四面体的特征谱带都消失了,结合 Si 元素分布分析图,可以认为棕色区域的蚀变可能与 SiO_4 网络的破坏有关。

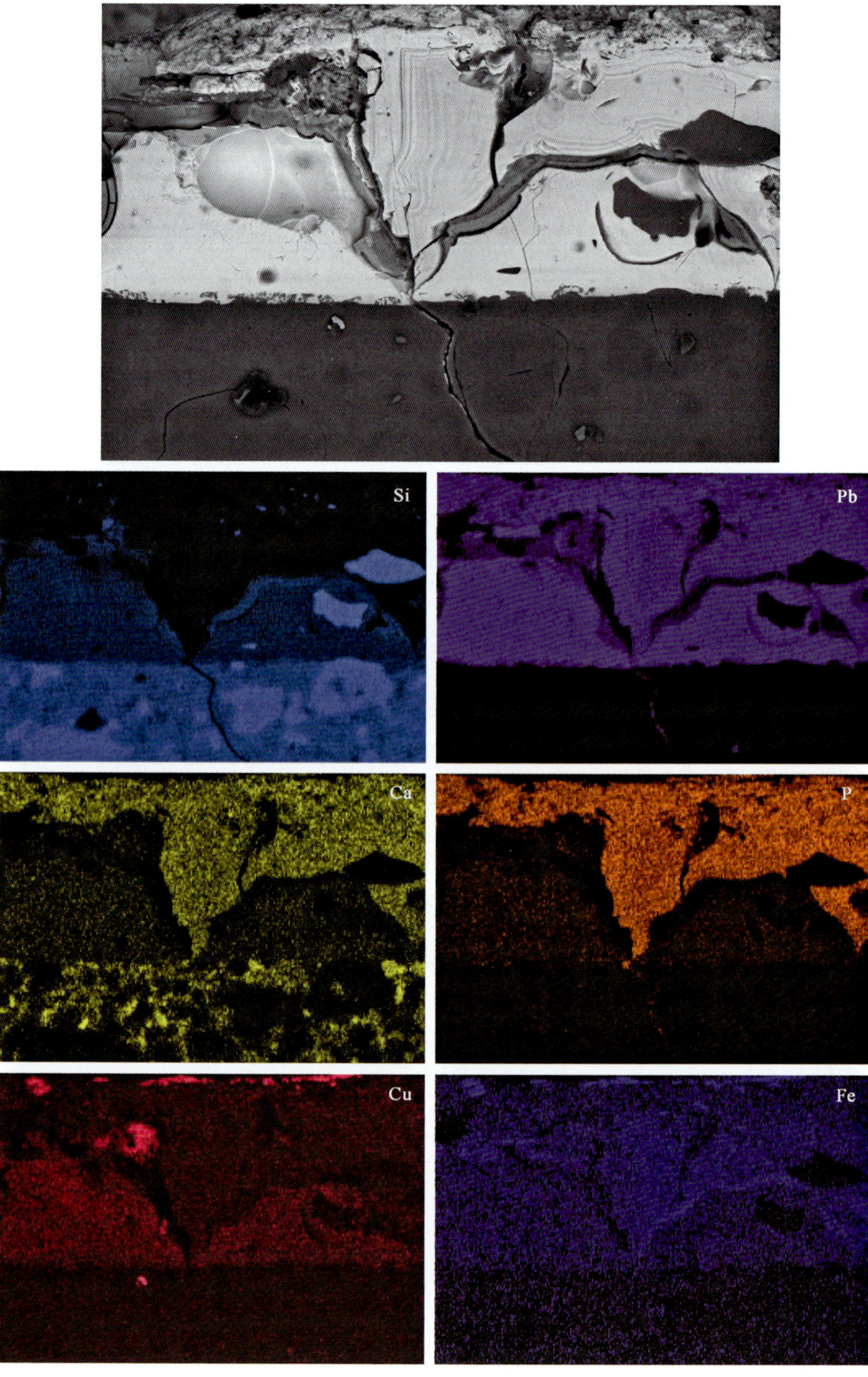
Si
Pb
Ca
P
Cu
Fe

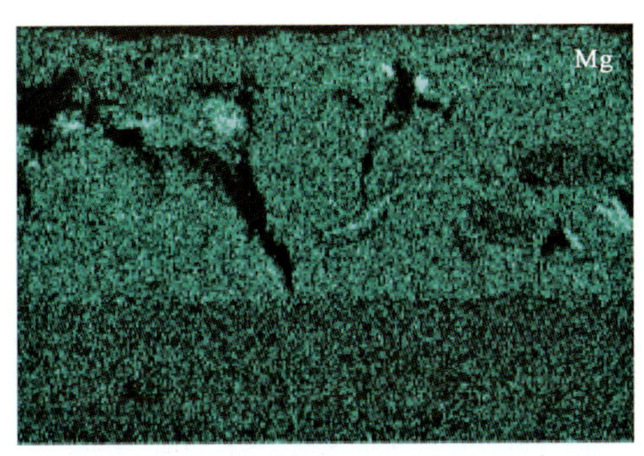

图 6－28　断面绿彩棕色蚀变区域的元素面扫描分布

表 6－24　蚀变绿彩表面白色区域的拉曼光谱分析结果

测 试 位 置	峰位/cm^{-1}	对应物相
蚀变绿彩棕色区域	87,109,122	铅氧网络

利用 SEM－EDS 继续分析该蚀变区域的显微结构和微区组成，棕色区域的层状结构下衬度较浅的层较衬度较深的层更宽。接近表面的位置，层状结构与表面平行且存在一定的波浪形；内部的层状结构则与裂缝平行(图 6－29a 中框 b 内，图 6－29b)。对垂直于表面的层状结构进行 EDS 元素线分布分析(图 6－29b 线 1 处，结果见图 6－30a)，结果显示，衬度较深的层 Si、Fe 元素出现含量极大值，Pb、Ca、Cl、P 出现含量极小值；衬度较浅的层则刚好相反。与未蚀变绿彩相比(表 6－25，P1)，Pb(最大值 56 wt%)、Si 含量(最大值 6.1 wt%)都有减少，增加了外源性的 P、Ca、Cl 和 Fe 元素。

在棕色区域与绿彩交界处的半透明区域，还存在具有明显边界的单独层，如图 6－29c～h 所示。图 6－29c 为蚀变前沿的绿彩(图 6－29a 中框 c、d 内左上)，可以看到界面处的绿彩表面存在大量半球形凹坑连接形成的区域，该区域的化学组成与绿彩相近(表 6－25，P2)。图 6－29d 为衬度较绿彩更深的一层(图 6－29a 中框 c、d 内右侧)，可能是由于加工过程中力的作用，该层内部暴露出来，表面存在一些不规则的颗粒物(图 6－29d 中框 e 内，图 6－29e)，与绿彩相比，其化学组成所含 Pb 明显减少、Si 含量相近、Cu 元素增加，并出现了 Fe、P、Ca、Cl 等其他元素(表 6－25，P3)。图 6－29f 为图 6－29d 层右侧一层衬度较浅的层(图 6－29a 中框 f 内)，可以看到，衬度较深的层(即与图 6－29d 所示层为同一层)上有大量针状晶体析出。EDS 分析结果显示衬度较浅的层主要元素为 Pb(表 6－25，P4)，推测为白铅矿(因 SEM 制样镀碳，C 元素未包含在 EDS 分析结果中)；衬度较深的层与绿彩相比，Si 含量大量增加，Pb 含量大量减少，还存在少量外源性的 Fe、Al 元素(表 6－25，P5)。

在另一侧，棕色区域和绿彩之间也存在衬度较深的一层，该层两侧都存在较大空隙。图 6－29g 显示该层内部还存在亚层(图 6－29a 中框 g 内)，两侧的亚层衬度较浅，中间的亚层衬度较深。对该层进行 EDS 元素线分布分析(图 6－29g 中线 2 处，结果见图 6－29b)，结果显示，该层整体 Pb 元素较绿彩大量减少，尤其中间亚层的 Pb 元素含量最少。Si 元素含量在接近绿彩的亚层中少量增加，接近棕色区域的亚层中则逐渐减少。中间亚层的 Fe、Mg 含量出

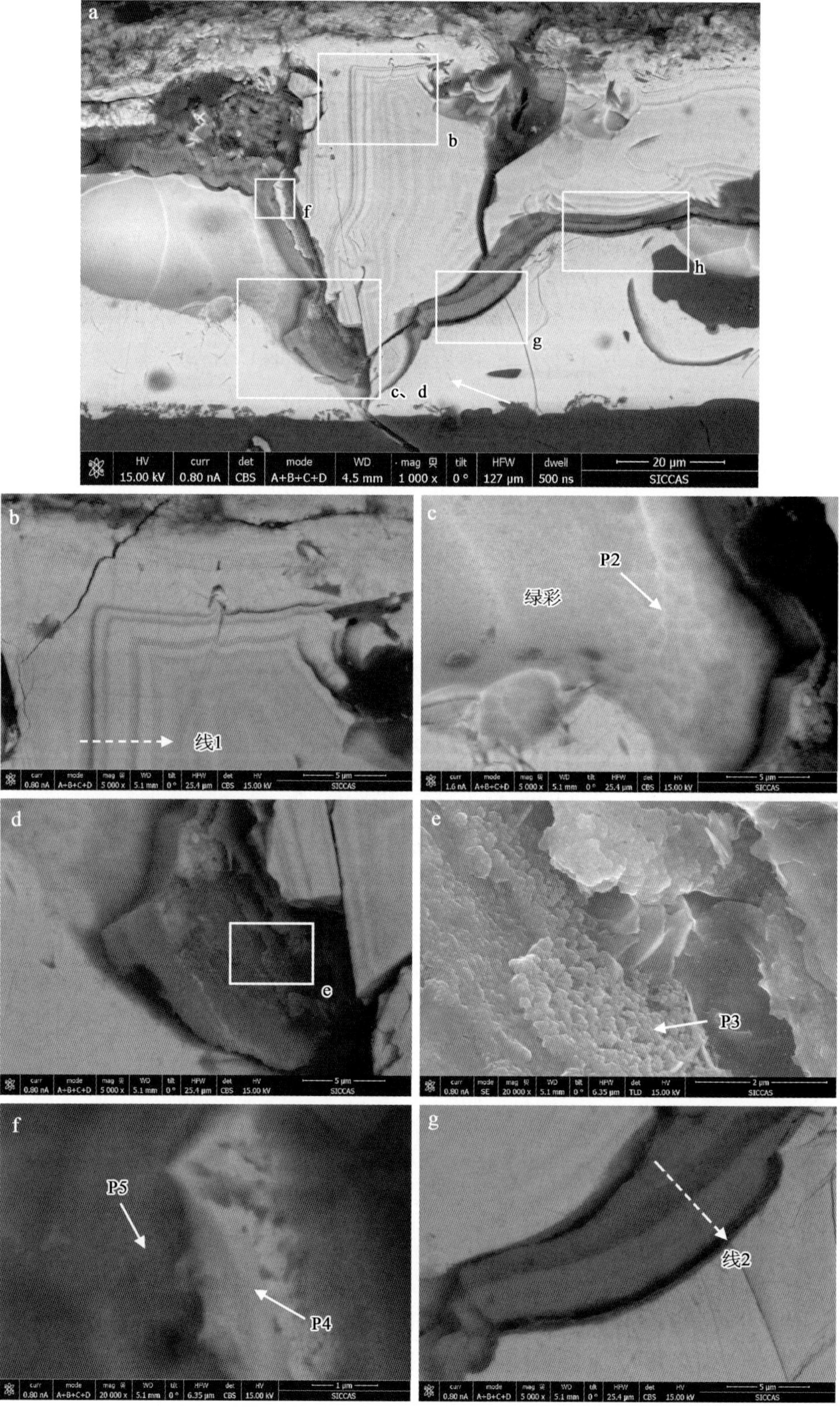
a
b
f
h
g
c、d
20 μm
SICCAS
b
线1
c
P2
绿彩
d
e
e
P3
f
P5
P4
g
线2

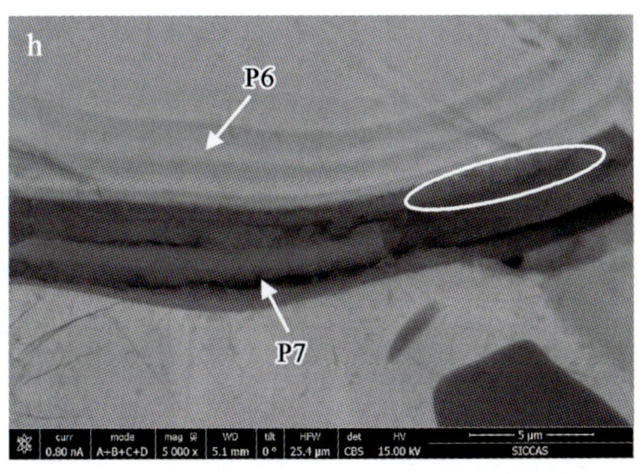

图 6－29　LNJ－04－01 断面一处蚀变区域的 SEM 照片

a. 具有不同显微结构的蚀变区域；b. 具有平行层状结构的区域；c. 绿彩与蚀变区域的界面处有连续的半球形凹坑；d. 衬度较深的蚀变层；e. 衬度较深的蚀变层表面有一些颗粒结构；f. 衬度较浅的层和衬度较深的层，衬度较深的层表面有针状晶体析出；g. 与绿彩接触的衬度较深的层，存在一些亚层；h. 衬度较深的层，其中的亚层呈颗粒状，质地疏松，与衬度较浅的层之间有交错状界面

现最大值，Fe 含量最高可达 17 wt%，Mg 含量最高可达 2.3 wt%。该层沿裂缝一直延伸，右侧逐渐平行于表面（图 6－29a 中框 h 内）。图 6－29h 中的亚层结构并不致密，亚层之间连接也不紧密，部分亚层可见一些颗粒结构。该层上方是衬度较浅的区域，即 OM 下的棕色区域，也显示出一些界线不很明显的亚层。该层与上方区域交界处可见明显的交错状界面（图 6－29h 中椭圆圈内）。与绿彩的化学组成相比，衬度较浅的区域 Pb 含量与原绿彩相近，但 Si 含量减少约 8 wt%，增加了一些外源性的 P、Ca、Fe 和 Cl 元素（表 6－25，P6）。而衬度较深的层 Pb 含量大幅降低，减少了约 38 wt%、仅为 26 wt%；Si 含量则高出约 11 wt%、为 24 wt%。此外还增加了 Fe、Al 元素，尤其 Fe 元素含量约达 9.3 wt%（表 6－25，P7）。

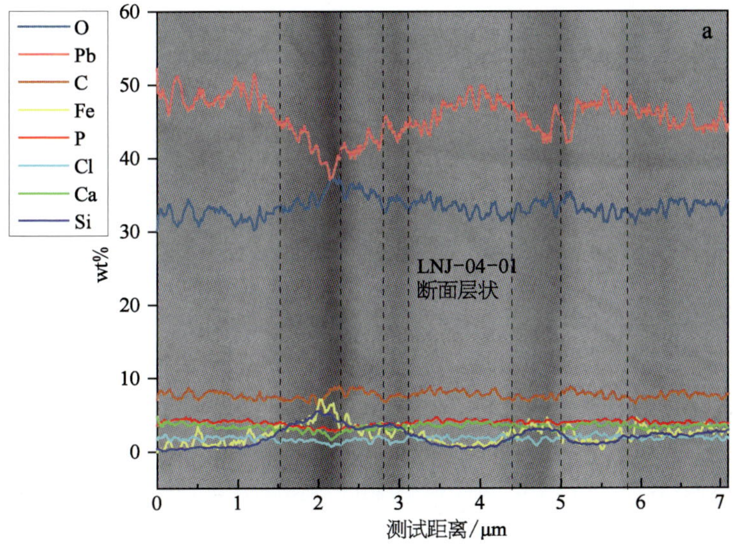

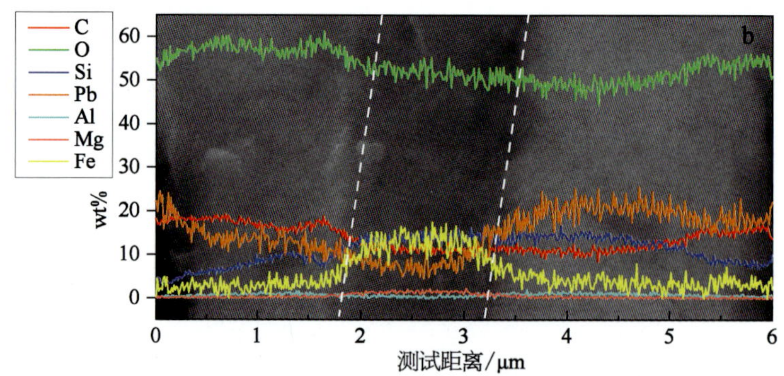

图 6 - 30　LNJ - 04 - 01 样品不同层状结构区域的元素分布

a. 图 6 - 29b 中线 1 处的元素分布；b. 图 6 - 29g 中线 2 处的元素分布

表 6 - 25　蚀变绿彩的 EDS 分析结果　　单位：wt%

点	O	Mg	Al	Si	P	Cl	Ca	Fe	Cu	Pb
P1(未蚀变绿彩)	20.57		0.87	12.62					1.85	64.09
P2(半球形凹坑)	19.83			12.31					3.19	64.67
P3(颗粒物)	23.48	0.67	0.84	11.28	1.91	0.98	1.21	4.77	4.69	49.87
P4(白铅矿)	8.22			0.85			0.71			90.23
P5(富 Si 层)	32.01	1.02	2.53	21.88		0.48		2.81	1.86	37.41
P6(层状结构)	19.71		0.66	4.73	5.05	2.76	4.28	3.13		59.67
P7(富 Si 层)	35.51	0.78	2.66	24.08			0.38	9.28		25.82
P8(富 Pb 层)	14.44		0.83	6.74						77.99
P9(富 Si 层)	25.49	0.37	0.90	17.31				1.96		53.98
P10(李泽冈环内部)	16.58			1.15	5.71	2.02	4.46	2.68		66.89
P11(白铅矿)	10.41	1.15		2.66						85.77
P12(中间层)	31.48		2.23	22.54			0.27	0.84	0.98	41.66
P13(中间层)	24.62		1.28	16.19				1.18	1.84	54.88
P14(富 Si 层)	35.41	0.36	3.54	24.71			0.68	4.21		31.09
P15(片状晶体)	25.88		2.58	17.00						54.54

在 SEM 下对一处具有尖锐前沿的蚀变区域进行观察如图 6 - 31a 所示，可以看到该处绿彩蚀变前沿也存在由互联的半球形凹坑形成的区域(图 6 - 31b)。尖锐蚀变区域在 OM 下呈现棕色(图 6 - 27)，其内部也存在与裂缝平行的层状结构，与图 6 - 29h 相似(图 6 - 31c)。该

区域与未蚀变绿彩通过间隙隔开，这间隙可能是绿彩的铅硅玻璃的溶解前沿，也不排除受制样的机械作用力产生[419]。在该区域右侧，存在平行于表面的层状结构（图 6 - 31d），即 OM 下的半透明区域。层状结构由衬度较深的层和衬度较浅的层交替组成，两种层厚度接近，约为 2 μm。与未蚀变绿彩接触的第一层蚀变层衬度较深（图 6 - 31e），交界处可见交错状界面（图 6 - 31e 中椭圆内区域）。该层看起来并不致密，质地较疏松。较浅的层内有多层亚层（图 6 - 31f），也不致密，与上方较深的层之间有明显的空隙，可能是制样造成的。对两层分别进行 EDS 分析显示，衬度较浅的层以 Pb 为主要组成，Pb 含量较绿彩增加约 14 wt%，达到 78 wt%，而 Si 含量只有 6.7 wt%，在本工作中将其称为富 Pb 层（表 6 - 25，P8）；衬度较深的层的 Pb、Si 含量则呈现相反趋势，Pb 含量较绿彩减少约 10 wt%，而 Si 含量则增加了约 4.7 wt%，在本工作中将其称为富 Si 层（表 6 - 25，P9）。对图 6 - 31d 中线 3 位置进行 EDS 元素线分布分析，几种元素的含量变化如图 6 - 32 所示。可以看到在未蚀变绿彩接近富 Si 层约 600 nm 的位置 Si 含量就开始逐渐增加，而 Pb 含量逐渐减少。Si 含量在富 Si 层达到最大值，至富 Pb 层逐渐降低。O 元素含量变化和 Si 几乎完全一致。Pb 含量在富 Si 层达到最小值，至富 Pb 层逐渐增加至最大值。富 Si 层与绿彩交界处 Pb、Si、O 含量的急剧变化可能说明了富 Si 层和未蚀变绿彩之间存在结构差异，已经不连续。

接近表面的蚀变区域常有同心圆形的层状结构，这是一种在玻璃腐蚀中常见的蚀变形貌（图 6 - 31g），类似于 Liesegang 效应所形成的环，称为李泽冈环（Liesegang rings）[80,419]。在 SEM 下观察环可以发现（图 6 - 31h），环的间距随着半径的增加而增加，但环之间的衬度没有明显的区别。环内部的化学组成中，Pb 含量与绿彩相近，但 Si 含量仅 1.15 wt%，应是大量流失，还有一些外源性的 P、Ca、Fe、Cl 元素（表 6 - 25，P10）。

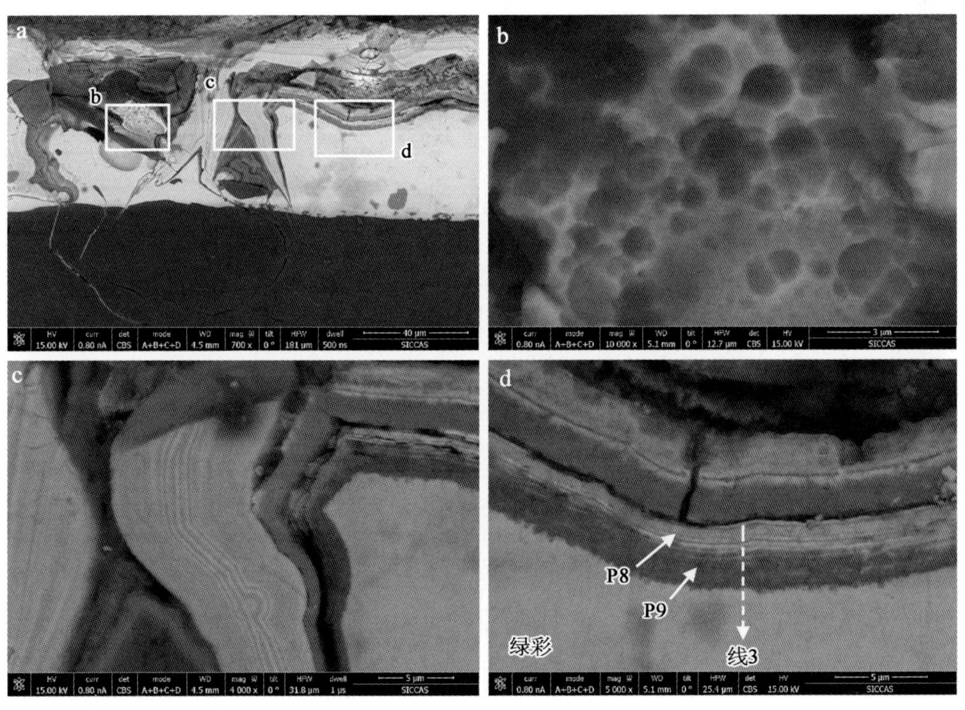

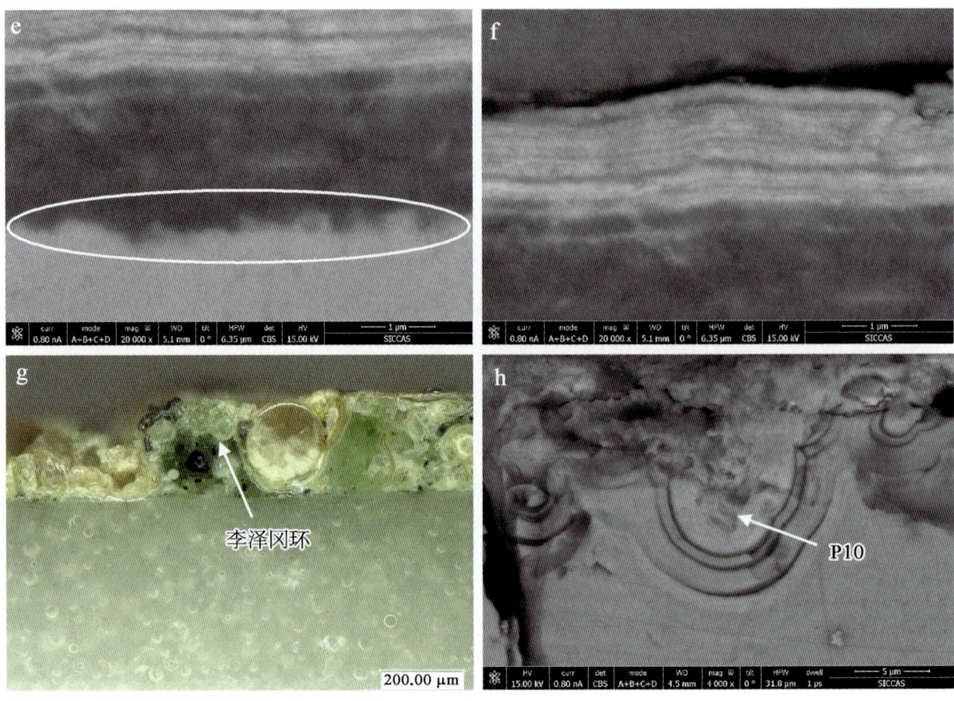

图 6-31　LNJ-04-01 断面一处蚀变区域的 SEM 照片

a. 该蚀变区域具有尖锐的蚀变前沿；b. 图 a 中方框 b 内区域的 SEM 照片，孤立或连续的半球形凹坑组成的表面；c. 图 a 中方框 c 内区域的 SEM 照片，尖锐的蚀变区域内有层状结构，与未蚀变绿彩有间隙；d. 图 a 中方框 d 内区域的 SEM 照片，具有另一种层状结构的区域，衬度深的层和衬度浅的层厚度相当；e. 衬度深的层结构疏松；f. 衬度浅的层具有清晰的亚层结构；g. LNJ-04-01 断面的典型李泽冈环蚀变形貌的 OM 照片；h. 接近蚀变绿彩表面的李泽冈环形貌

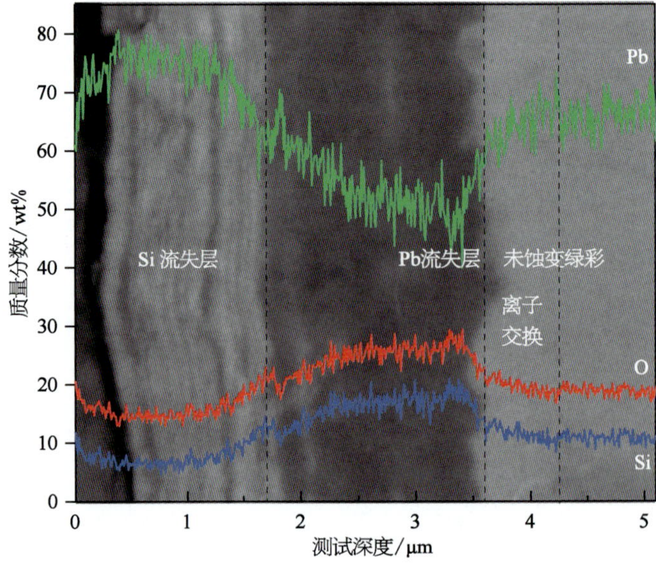

图 6-32　LNJ-04-01 样品图 6-31d 中线 3 处层状结构区域的元素分布

对另一处 OM 下的半透明区域(图 6-33a)进行 SEM 观察后发现，该处的层状结构中，衬度较浅的层厚度极大，在 6～10 μm 之间(图 6-33b)，具有颗粒状的微观结构(图 6-33c)；而衬度较深的层厚度小于 1 μm(图 6-33b)。衬度较浅的层(富 Pb 层)的化学组成中 Pb 占有大部分，达到 86 wt%，少量的 Mg 元素应来自外界海洋环境(表 6-25，P11)。对该区域进行 μ-Raman 光谱分析，白铅矿在 1 086 cm^{-1}、1 365 cm^{-1}、1 478 cm^{-1}处的特征峰都有出现，

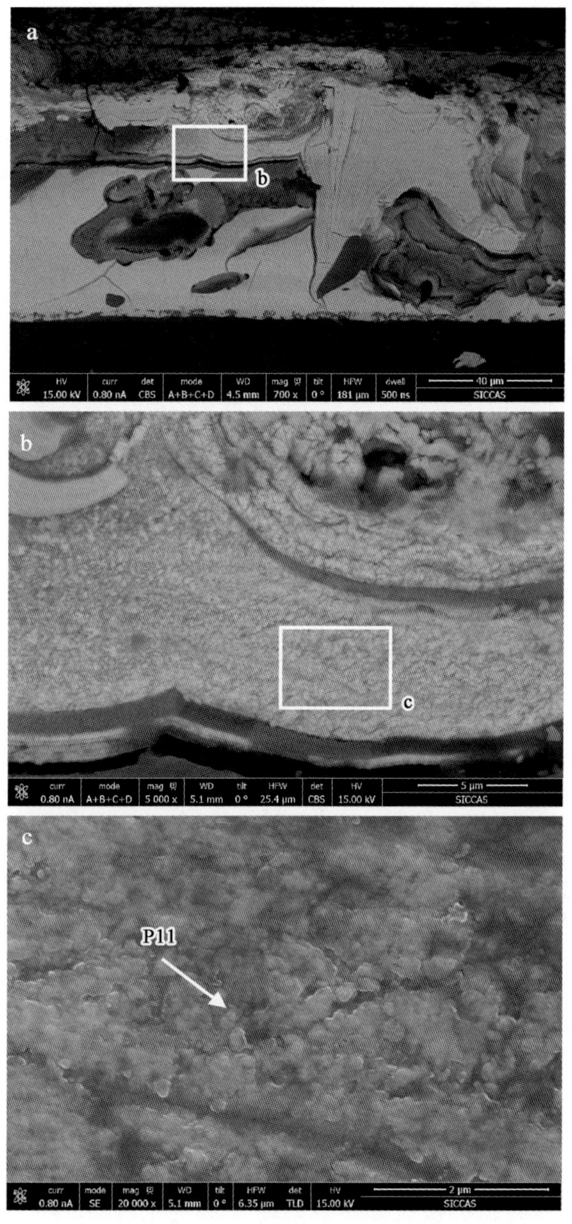

图 6-33　LNJ-04-01 断面一处蚀变区域的 SEM 照片

a. 该处蚀变区域同时具有平行于表面的层状结构和平行于裂缝的层状结构；b. 图 a 中方框 b 区域的 SEM 照片，衬度浅的层较衬度深的层宽得多；c. 图 b 中方框 c 区域的 SEM 照片，衬度浅的层具有颗粒状结构

105 cm^{-1}、149 cm^{-1} 处出现较宽振动带，应分别属于原铅硅二元玻璃结构中的离子性 Pb—O 键和共价性 Pb—O—Pb 键，谱峰的强度普遍较弱，表明富 Pb 层可能经历了溶解-再沉淀过程：原本的铅硅玻璃网络解构，溶解浸出的 Pb^{2+} 和外来的 HCO_3^- 反应生成白铅矿沉淀（表 6－26）。

表 6－26　蚀变绿彩颗粒区域的拉曼光谱分析结果

测试位置	峰位/cm^{-1}	对应物相
颗　粒	105,122,149,590,1 086,1 365,1 478	白铅矿

LNJ－04－01 的表面绿彩蚀变区域有部分脱落，绿彩玻璃与高温釉共熔形成的中间层暴露出来（图 6－34a）。在 SEM 观察下，该表面裂缝密布，起伏不平，应是绿彩玻璃脱落时不均匀的机械力所致。表面上也存在一些连续的半球形凹坑组成的区域，也应是机械力作用所致（图 6－34b）。利用 EDS 对绿彩玻璃脱落后形成的层分别进行化学组成分析（表 6－25，P12～P14），结果表明，受到高温釉元素扩散的影响，中间层的 Pb 含量低于绿彩玻璃本体，Si 含量则更高，且出现了绿彩玻璃本体所没有的 Al、Fe、Ca 元素（表 6－25，P12）。P15 处较 P14 具有更低的 Si 含量和更高的 Pb 含量，是因为更接近绿彩玻璃本体（表 6－25，P13）。至于 P14 处，Si 和 Pb 元素的含量则又呈现相反的趋势，Si 含量增加，Pb 含量减少，推测该处可能已经是蚀变前沿的富 Si 层，4.2 wt%的 Fe 可能源于外来污染（表 6－25，P14）。该处表面可见大量衬度浅的片状晶体暴露（图 6－34b），结合化学组成判断其为中间层的[$(Pb,K)AlSi_3O_8$]晶体（表 6－25，P15）。

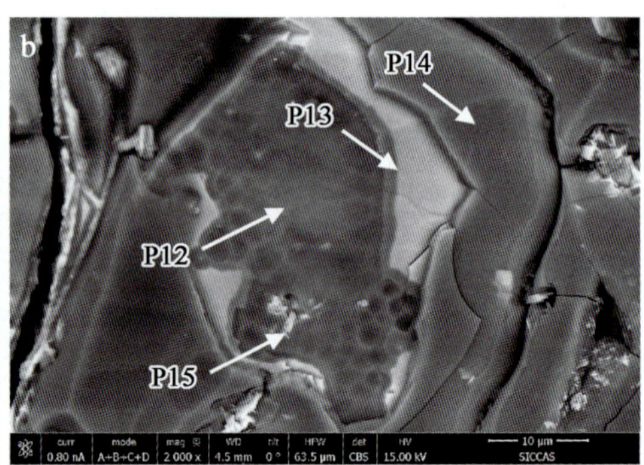

图 6－34　LNJ－04－01 表面绿彩玻璃脱落后的表面形貌

a. 中间层表面的 OM 照片，透明无色，沟壑纵横；b. 中间层表面的 SEM 照片，存在分层结构和暴露出来的片状晶体

6.2.5　海浪冲蚀对红彩脱落的影响

LNJ－04－01 瓷盘表面的红彩用于勾勒花卉等图案的轮廓线，在轮廓线内填充绿彩，这是一种被称为“两面夹彩”的施彩技法。尽管在海洋环境中埋藏了几百年，LNJ－04－01 表面的红彩从宏观上观察仍然可见原本的轮廓，仅局部颜色变淡，这是红彩劣化的主要表现。对红彩的显微结构观察和物相分析表明，红彩表面仍然分布着密集的赤铁矿晶体，在宏观颜色变淡的区域可见原本应被红彩覆盖的高温釉暴露出来，赤铁矿晶体分散地出现在表面，但并

未出现其他物相和外源性元素。

赤铁矿作为红色颜料的使用历史十分悠久，被东西方普遍应用于陶瓷装饰和壁画绘制[404,410,420]，红彩中的赤铁矿晶体虽结晶程度不如纯赤铁矿高，但已经处于晶态有序环境[410]，用于装饰的红彩即使经过千百年也几乎全部保有原本的赤铁矿物相而未见有发生蚀变的现象[405,420-421]。LNJ－04－01 的出水地点为平坦的海床，水深仅 10 m 左右，海水流动性较强，埋藏海域的水体具有含氧量较高和弱碱性（pH＝8.16）的水文特征[422]，赤铁矿晶体在该环境中具有较高的稳定性[423]。

本研究中并未观察到红彩的铅玻璃基体，只在表面观察到赤铁矿析晶，这可能是由于红彩制作时所加铅粉含量远低于绿彩，生成的铅玻璃可能极薄；加之二次烧成时较低的烧成温度和氧化烧成氛围，赤铁矿晶体并未熔于铅玻璃中形成铅铁黄，而是悬浮在铅玻璃基体的上部[424]。结合此前的研究者对红彩的观察可知，红彩对高温釉基底的润湿程度很差，有凝聚的倾向[409]，红彩与高温釉表面的结合力弱。因此，在受到携带海砂海泥等悬浮物的海水冲刷时，红彩容易发生赤铁矿颗粒脱落的情况，这是红彩局部颜色变淡的主要原因。大量赤铁矿颗粒的脱落导致基底高温釉暴露出来，而高温釉中的石英颗粒与玻璃相基质的界面属于应力集中的薄弱环节，继而在海水的持续冲刷作用下进一步产生微裂缝。

6.2.6　铜离子对绿彩铅玻璃耐腐蚀性的影响

玻璃的化学组成对其玻璃网络结构起重要影响，进而影响其在特定环境中的耐腐蚀性。绿彩本体属于以 Cu^{2+} 为着色剂的铅硅二元玻璃，研究表明，铅硅玻璃的网络形成由 SiO_4 四面体单元和 PbO_x（$x=3\sim5$）多面体单元作为网络形成体的相互作用决定[425]。即使在具有低浓度（如＜30 mol%）的 PbO 的铅硅玻璃中，铅氧网络也会形成，PbO_x 会通过边缘共享形成 Pb—O—Pb 键[426]，这应是 μ－Raman 分析谱图中存在共价键峰的原因。LNJ－04－01 绿彩中 PbO 的摩尔百分比约为 39～41 mol%，在该种比例下，SiO_4 四面体单元大部分作为网络单元，也有部分非网络单元在玻璃中随机分布存在，PbO_x 多面体单元的情况相似，这样的玻璃网络中还存在大量的自由体积容纳作为着色剂的 Cu^{2+}[425]。铅硅玻璃的腐蚀行为往往与作为着色剂的元素有较大关系[427-429]，绿彩中的 CuO 含量约为 3.1 wt%（约 4.9 mol%），这种含量的 Cu^{2+} 的引入足以对铅硅玻璃网络造成破坏，导致硅氧网络和铅氧网络的解聚，增加非桥氧原子的存在，使得铅硅玻璃网络更开放、不稳定性大幅增加[124]。作为着色剂的 Cu^{2+} 在玻璃基质中通常以畸变的八面体构型（六配位）存在于绿彩玻璃网络中[104]，该构型结构开放，以离子形式与非桥氧连接的 Cu^{2+} 在溶液环境中非常容易溶出[429]，是断面蚀变区域的 EDS 分析结果中 Cu 元素几乎完全消失的原因，这也导致蚀变区域不再呈现绿色。Cu^{2+} 溶出后产生的网络空穴，也为外源性元素进入绿彩玻璃内部并沉积下来提供了通道。此外，根据此前研究者对含 Cu 和不含 Cu 的硅酸盐玻璃的比较研究[126]，少量的 Cu^{2+} 即可显著降低 Pb 元素浸出反应的吉布斯自由能垒，这与 Cu^{2+} 的催化活性有关。这表明绿彩玻璃的蚀变过程是一个自加速过程，即铅硅玻璃的蚀变可以由自身释放的阳离子催化，该过程将在 6.2.7 节中详细说明。

6.2.7 绿彩两类层状腐蚀结构的形成原因

相比红彩，绿彩的劣化以化学蚀变为主，同时也伴有一定的机械损伤。由于制作绿彩所用原料中掺入了比红彩更多的铅粉[414]，在低温二次烧成时，形成的铅硅二元玻璃与下层的高温釉形成共熔层，共熔层中还有晶体析出，这是绿彩与高温釉的结合相对更牢固的原因。绿彩的蚀变区域主要有以下几个特征：

(1) 绿彩表面存在一些斑点状的黑金色区域和连片的棕色区域，其中黑金色区域主要有黄铜矿晶体($CuFeS_2$)和极少的铜蓝晶体(CuS)，棕色区域则有较高的外来 P 和 Ca 元素。

(2) 绿彩表面遍布裂缝，且裂缝上或裂缝交界处常有圆形凹坑，裂缝和凹坑内常有黄铜矿等外来污染物。

(3) 绿彩内部具有贯穿绿彩的尖锐的蚀变前沿和接近表面类似于李泽冈环的蚀变形貌，蚀变所产生的多层结构包括两种：① OM 下断面的半透明区域。该区域的层状结构外来元素少，衬度深的富 Si 层和衬度浅的富 Pb 层交替存在，富 Si 层与绿彩本体连接，质地疏松多孔，有时有 Fe 元素夹杂其中，富 Pb 层则常有白铅矿和水氯铅矿晶体析出。② OM 下断面的棕色区域。该区域的层状结构存在较多的外来元素，以 Ca、P 为主，原本绿彩中的 Si 大量流失。两种层状结构通常平行于表面或裂缝。

结合以上蚀变特征和器物的埋藏环境，进一步研究绿彩玻璃的蚀变机理。

6.2.7.1 两类不同层状结构的形成原因

老牛礁沉船所处海域水体具有弱碱性(pH＝8.16)、高盐度(26.4‰)的特征，由于 LNJ－04－01 的绿彩玻璃中 Cu^{2+} 的存在，其玻璃网络的耐腐蚀性较差，在水体的长时间浸润下发生蚀变。在未蚀变区域与半透明蚀变区域的界面处，绿彩玻璃的表面出现了连片的半球形凹坑，这种表面形貌在 C. Dubois 等对核废料容器玻璃的模拟腐蚀实验中被证明是玻璃一致溶解留下的形貌[165]。因此可以认为，绿彩玻璃首先发生了一致溶解，即玻璃网络完全坍塌，Si 以硅酸(H_4SiO_4)的形式释放入溶液中，Pb 和 Cu 以离子的形式也释放入溶液中。蚀变区域所出现的尖锐的蚀变前沿和类似于李泽冈环的蚀变形貌则是玻璃网络溶解过程被浸出的阳离子(Cu^{2+}、Pb^{2+})催化所导致的，即玻璃网络的溶解是一个自加速过程[430]。当绿彩玻璃表面附近溶液中的 Si 逐渐饱和后，这些硅酸重新在玻璃表面聚合为无定形的非晶富 Si 层。根据海水弱碱性、高盐度的环境条件，这种富 Si 层可能属于 SiO_2 随机分支链条组成的开放结构固体材料[393]，因此显微结构下的富 Si 层质地疏松多孔，溶解的 Pb^{2+} 和外来污染物如铁质污染物可以填充在其中，这也是富 Si 层中常有较高的 Pb、Fe 含量的原因。这种外源性的铁(器物埋藏环境中的铁质器物)也是促进绿彩玻璃溶解的可能原因之一[205]。富 Si 层和绿彩玻璃界面处有约 600 nm 的离子交换层，这应该是由于表面的蚀变层向下逐层增加后，外界海水溶液变得难以与绿彩本体玻璃大面积接触，一致溶解速率减慢，离子交换作用占主导地位所致。

富 Pb 层中常有白铅矿及水氯铅矿物相存在，这是因为无论是玻璃网络一致溶解还是离子交换浸出的 Pb^{2+} 都极易与海洋环境中的外源性阴离子反应从而生成次生矿物[431]，即溶解-再沉淀机制。白铅矿的形成是 Pb^{2+} 和海洋中的 HCO_3^- 离子结合的结果[432-433]：

$$3Pb^{2+} + 2HCO_3^- + 2H_2O \longrightarrow Pb_3(OH)_2(CO_3)_2 + 4H^+$$

$$Pb_3(OH)_2(CO_3)_2 + HCO_3^- + H^+ \longrightarrow 3PbCO_3 + 2H_2O$$

水氯铅矿的形成则受海洋中大量存在的 Cl^- 有关：

$$Pb^{2+} + Cl^- + H_2O \longrightarrow Pb(OH)Cl + H^+$$

与半透明蚀变区域通过原玻璃溶解-再沉淀机制形成层状结构不同，棕色蚀变区域的层状结构应是由海水溶液中的离子迁移进入玻璃网络形成[434]。该区域整体 Si 大量流失但 Pb 含量与绿彩玻璃本体近似，且并未形成厚度相似的富 Si 层和富 Pb 层。外源性的 Ca、P、Fe、Cl 增加，其中 Fe 元素应是棕色来源[434]。可以认为由 PbO_x 聚合物链构成的网络结构仍然保留，而 SiO_4 四面体构成的网络因绿彩玻璃表面局部微环境的碱性而溶解，由于蚀变区域接近绿彩玻璃表面，溶液流动性大，Si 溶出后可能在溶液的携带下直接流失[364]。玻璃网络中的缺陷被海洋环境中的 Ca、P、Fe、Cl 等元素填充。在绿彩玻璃与海水溶液长期的相互作用下，元素在玻璃内的迁移和分区聚集引发了分层，形成了平行于表面或是裂缝的层状结构[288,419]。

海浪运动或是携带悬浮物的海水冲刷导致绿彩玻璃表面和内部出现裂缝，这些裂缝也是加速绿彩玻璃蚀变的主要原因。海水溶液通过裂缝进入绿彩玻璃内部，导致内部的玻璃逐层溶解蚀变，这是平行于裂缝的层状结构的来源。表面裂缝的交叉处尤其增大了绿彩与海水溶液的接触面积，具有更高的溶解速率，导致了圆形凹坑的形成，圆形凹坑也为腐蚀产物提供了沉淀场所。

6.2.7.2　表面腐蚀产物的来源

绿彩玻璃表面的腐蚀产物主要包括黑金色的产物和棕色产物，此前的实验结果表明黑金色产物主要包括黄铜矿（$CuFeS_2$）和铜蓝（CuS），其中 Fe 和 S 元素无疑是外源性元素，Cu 元素的来源则可能同时包括外源性的和绿彩玻璃中浸出的。Fe 和 Cu 元素的外部来源应该是埋藏环境中的铁质和铜质文物。老牛礁沉船的埋藏海域（平潭大练岛西南海域）沉积环境整体呈现出较强的腐蚀性，该海域具有较高的盐度和海水流速，这会促进铁质、铜质文物这种表面难以形成钝化膜的金属材料的腐蚀反应，也会冲走金属表面的腐蚀产物加速腐蚀[422]。此外埋藏环境的沉积物中可能存在硫酸盐还原菌（SRB），厌氧的 SRB 在还原性环境中可以将硫酸盐还原为硫化物，其中硫化氢对金属有强烈的腐蚀性。在接近中性的条件下（pH＝8.16），铁质文物溶解的 Fe^{2+} 会与硫化氢、硫化氢离解产生的 HS -产生反应生成 FeS 沉淀[435-436]：

$$Fe^{2+} + H_2S \longrightarrow FeS + 2H^+$$

$$Fe^{2+} + HS^- \longrightarrow FeS + H^+$$

FeS 暴露在硫化物环境中可能会发生进一步转化，生成灰岩（Fe_3S_4，greigite）[437]，灰岩则也会转化为黄铁矿（FeS_2，pyrite）[438]，黄铁矿则是生成黄铜矿的前体，其和附近溶液中的 Cu^{2+} 继续反应从而生成黄铜矿[387]：

$$2Cu^+ + FeS_2 \longrightarrow CuFeS_2 + Cu^{2+}$$

铜蓝的来源可能是海洋环境中铜质文物在缺氧环境下的腐蚀产物[439]，也可能来自黄铜矿的氧化蚀变[359]。棕色产物则与断面的棕色区域为同一物质，是绿彩的玻璃网络被 Ca、P 元素填充后形成的。

6.2.8 红绿彩瓷的劣化机理

综合以上讨论，以示意图的形式展示红绿彩瓷的劣化过程，如图 6－35 所示：携带砂砾的海水的冲刷作用，使得红彩中的赤铁矿晶体持续脱落，绿彩表面和内部出现裂缝。在绿彩表面的局部区域，弱碱性海水使得绿彩玻璃网络开始溶解，该过程还受到溶出的着色剂 Cu^{2+} 的催化。绿彩与海水界面处的 Si 重新聚合为无定形的疏松的富 Si 层，部分 Pb^{2+}、Fe^{2+} 和 Cl^- 填充在富 Si 层的空隙中。溶出的 Pb 与外源性的 HCO_3^-、Cl^- 反应生成白铅矿和水氯铅矿，构成富 Pb 层沉积在富 Si 层上。富 Pb 层和富 Si 层交替分布，共同形成半透明蚀变区域。在绿彩表面的另一些区域，Ca^{2+}、PO_4^{3-}、Fe^{2+}、Cl^- 等离子从表面或是裂缝内的海水溶液进入绿彩玻璃，在玻璃网络内的迁移和局部聚集引发了分层，在表面附近还会形成李泽冈环结构。这些外来离子的侵入造成棕色蚀变区域的形成。在随后的长期劣化过程后，赤铁矿晶体大量脱落导致红彩颜色变浅，绿彩玻璃的蚀变前沿进一步向玻璃内部推进，形成更多层状结构。裂缝的存在和 Cu^{2+} 的自催化作用，使得绿彩玻璃内部出现尖锐的蚀变前沿。在表面，Fe^{2+} 受硫酸盐还原菌影响生成的 Fe_2S 和溶出的 Cu^{2+} 反应生成黄铜矿腐蚀产物。由于绿彩表面局部微环境的差异性以及周围海洋环境的波动性，最终形成复杂多变的劣化形貌。

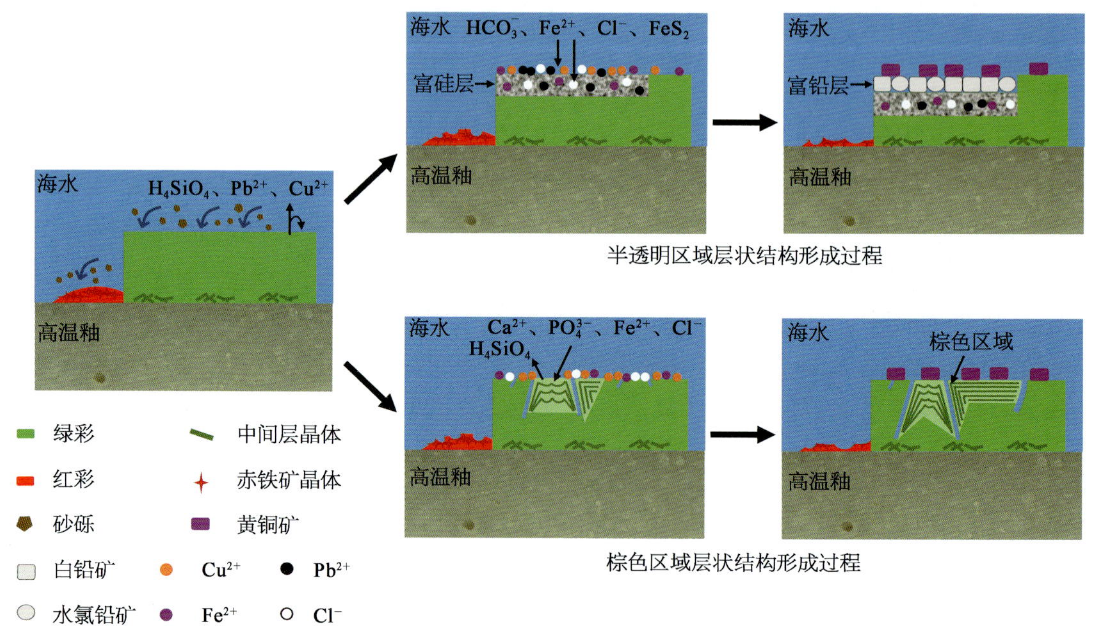

图 6－35 老牛礁红绿彩瓷劣化过程示意图

参 考 文 献

[1] 陈淳.考古学研究入门[M].北京：北京大学出版社，2009.

[2] 小江庆雄.水下考古学入门[M].北京：文物出版社，1996.

[3] 基思・马克尔瑞.海洋考古学[M].北京：海洋出版社，1992.

[4] 张威.海洋考古学[M].北京：科学出版社，2007.

[5] 孟原召.中国境内古代沉船的考古发现[J].中国文化遗产，2013(4)：8，54－65.

[6] 孙键.从"南海Ⅰ号"开始的二十年中国近海水下考古历程[J].中国文化遗产，2007(4)：46－53.

[7] 孙键.绥中三道岗元代沉船的发现[J].国际博物馆(中文版)，2008(4)：114－118.

[8] 王志杰.碧海长鲸探龙宫"中国考古01"[J].大众考古，2020(9)：24－30.

[9] 徐芑南，胡震，叶聪，等.载人深潜技术与应用的现状和展望[J].前瞻科技，2022，1(2)：36－48.

[10] 航辑."长江口二号"考古与文物保护正式启动首创弧形梁非接触文物整体打捞技术[J].航海，2022(2)：4－5.

[11] 赵亚娟.中国水下文化遗产保护现状与建议[J].华南理工大学学报(社会科学版)，2008，10(1)：27－30.

[12] UNESCO. Convention on the protection of the underwater cultural heritage[Z/OL]. (2001－11－02)[2024－11－28]. https://unesdoc.unesco.org/ark:/48223/pf0000126065.

[13] UNESCO. Scientific colloquium on factors impacting underwater cultural heritage[M]. Brussels: Royal Library of Belgium, 2011.

[14] PEARSON C. Conservation of marine archaeological objects[M]. London: Butterworth & Co. (Publishers) Ltd., 1987.

[15] 金涛.海洋条件下的水下文物埋藏环境概述[J].文物保护与考古科学，2017，29(1)：98－107.

[16] 蔡如星，黄宗国.海洋污损生物的危害及其防治[J].海洋渔业，1985(2)：94－96.

[17] 雷宗友.中国海环境手册[M].上海：上海交通大学出版社，1988.

[18] 张正斌.海洋化学[M].青岛：中国海洋大学出版社，2004.

[19] MACLEOD I D. Corrosion products and site formation processes[M]//KEITH M E. Site Formation Processes of Submerged Shipwrecks. University Press of Florida, 2016: 90－113.

[20] 陈辉.海洋生物分布有规可循[J].海洋世界，1998(1)：20.

[21] FORD B, SOWDEN C, FARNSWORTH K, et al. Coastal and inland geologic and geomorphic processes[M]//KEITH M E. Site Formation Processes of Submerged Shipwrecks. Florida: University Press of Florida, 2016: 17－43.

[22] KEITH M E, EVANS A M. Sediment and site formation in the marine environment[M]//KEITH M

E. Site Formation Processes of Submerged Shipwrecks. Florida：University Press of Florida，2016：44－69.

[23] GREGORY D. Degradation of wood[M]//KEITH M E. Site Formation Processes of Submerged Shipwrecks. Florida：University Press of Florida，2016：114－129.

[24] 硅酸盐学会.中国陶瓷史[M].北京：文物出版社，1982.

[25] 三上次男.陶瓷之路[M].北京：文物出版社，1984.

[26] 杜文.永恒的黑石号　黑石号沉船打捞长沙窑珍瓷[J].收藏，2010(2)：64－65.

[27] 刘淼.从沉船资料看宋元时期海外贸易的变迁[Z]//栗建安，厦门市博物馆，泉州市博物馆.中国古陶瓷学会福建会员大会暨研讨会.中国福建泉州；长春：东北师范大学出版社，2016：47－56.

[28] 周湘东.从"南海一号"出水瓷器看古代海外贸易瓷器的生产变迁[J].丝绸之路，2012，(14)：52－53.

[29] 刘爱虹."华光礁Ⅰ号"沉船出水陶瓷器概览[J].文物天地，2017(6)：41－48.

[30] 中国国家博物馆水下考古研究中心，福建博物院文物考古研究所，福州市文物考古工作队.福建平潭大练岛元代沉船遗址[M].北京：科学出版社，2014.

[31] 冯先铭.南朝鲜新安沉船及瓷器问题探讨[J].故宫博物院院刊，1985(3)：112－118，121.

[32] 孟原召，鄂杰，翟杨.西沙群岛石屿二号沉船遗址调查简报[J].中国国家博物馆馆刊，2011(11)：26－46.

[33] 吴春明.环中国海沉船：古代帆船、船技与船货[M].南昌：江西高校出版社，2003.

[34] 崔勇，黎飞艳，石俊会，等.南澳Ⅰ号明代沉船2007年调查与试掘[J].文物，2011(5)：21，25－47.

[35] 宋中雷，黎飞艳.南澳Ⅰ号明代沉船2010年出水陶瓷器[J].文物，2012(3)：60－78.

[36] 羊泽林.平潭老牛礁Ⅰ号沉船遗址水下考古在福建[J].大众考古，2015(12)：19－27.

[37] 邓启江，曾瑾，周春水.福建平潭九梁Ⅰ号沉船遗址水下考古调查简报[J].福建文博，2010(1)：13－18.

[38] 朱滨，羊泽林.福建水下考古景德镇窑瓷器[J].东方收藏，2014(3)：46－51.

[39] 林国聪，金涛，王光远."小白礁Ⅰ号"清代沉船2014年发掘简报[J].考古，2018(11)：50－71.

[40] 郑炯鑫.从"泰兴号"沉船看清代德化青花瓷器的生产与外销[J].文博，2001(6)：49－50.

[41] HAMILTON D L. Methods for conserving archaeological material from underwater sites[M]. Texas：Texas A&M University，1999.

[42] LUKA B. Conservation of underwater archaeological finds：manual[M]. Zadar：Zadar International Centre for Underwater Archaeology，2014.

[43] 李乃胜.海洋出水瓷器保护研究[M].北京：科学出版社，2016.

[44] LUKA B，MARTINA C，ANITA J，et al. Conservation of underwater archaeological finds manual[M]. Zadar：Futuro I. S.，2014.

[45] 耿苗."南海Ⅰ号"出水陶瓷的主要病害及稳定性处理[J].文物世界，2019(3)：74－77.

[46] 刘薇，张治国，李秀辉，等.中国南海三处古代沉船遗址出水铁器凝结物分析[J].中国国家博物馆馆刊，2011(2)：145－156.

[47] 杨传森，王菊琳，张治国.华光礁出水铁器腐蚀产物及脱盐研究[J].化工学报，2011(62)：2582－2587.

[48] HAO X L，ZHU T Q，XU J J，et al. Microscopic study on the concretion of ceramics in the "Nanhai I" shipwreck of China，Southern Song Dynasty (1127—1279)[J]. Microscopy Research and Technique，2018，81(5)：486－493.

[49] 张欢."南澳Ⅰ号"沉船出水瓷器类文物表面凝结物激光清洗实验研究[J].中国文化遗产，2019(5)：23－30.

[50] 黄河，杨庆峰，吴来明.微纳米气泡清洗“南海一号”出水瓷器的安全性评价研究[J].文物保护与考古科学，2017，29(3)：30－37.

[51] 马燕如.我国水下考古发掘陶瓷器的脱盐保护初探[J].博物馆研究，2007(1)：85－89.

[52] 黄善勇.海捞瓷器的脱盐处理及加固保护[J].福建文博，2012(4)：90－93.

[53] 陈岳，李乃胜，罗武干，等.华光礁Ⅰ号出水瓷器脱盐方法研究[J].江汉考古，2013(1)：117－122.

[54] 刁阿磊.“南澳Ⅰ号”出水陶瓷器脱盐技术对比研究[J].文物保护与考古科学，2020，32(1)：90－97.

[55] 包春磊，贾世杰，符燕，等.出水青白瓷器表面石灰质凝结物的去除[J].当代化工，2014，43(1)：11－14.

[56] 包春磊，贾世杰，符燕，等.华光礁Ⅰ号沉船出水青白瓷表面沉积物的分析[J].化学研究，2014，25(1)：76－81.

[57] 包春磊.华光礁出水瓷器表面黄白色沉积物的分析及清除[J].化工进展，2014，33(5)：1108－1112，1141.

[58] 林唐欧.“南海Ⅰ号”沉船凝结物分析[J].中国文物科学研究，2016(1)：46－51.

[59] WANG Y R，ZHU T Q，YANG G C，et al. The method to soften the concretions of ceramics in the “Nanhai I” Shipwreck of China Southern Song Dynasty (1127—1279)[J]. Heritage Science，2018，6(1)：4.

[60] 胡东波，张红燕.常用清洗材料对瓷器的影响研究[J].文物保护与考古科学，2010(22)：49－59.

[61] 戴维康.干冰清洗技术应用于陶瓷文物清洗的探索研究[J].文物保护与考古科学，2015，27(1)：116－120.

[62] 黄河，杨庆峰，吴来明.微纳米气泡清洗“南海一号”出水瓷器的安全性评价研究[J].文物保护与考古科学，2017(29)：30－37.

[63] 朱善银，刘洁，张辉.古陶瓷冲口和冰裂纹清洗技术研究[J].清洗世界，2017，33(3)：45－48.

[64] 朱善银.古陶瓷污染物清洗技术研究现状[J].清洗世界，2018，34(11)：1－2.

[65] 吴启昌.“南海Ⅰ号”两件出水瓷器文物的保护与修复[J].文物保护与考古科学，2016(1)：93－100.

[66] 陈进东，邓佳.出水陶瓷文物保护修复方法概述——以“南海Ⅰ号”出水陶瓷为例[J].文物鉴定与鉴赏，2017(10)：79－83.

[67] 李钢，卫国.四川地区潮湿气候环境下的馆藏陶瓷器文物的保护与修复[J].文物保护与考古科学，2006，18(3)：60－64.

[68] 刘慧茹.浅析陶瓷制作工艺对出水瓷器病害的影响——以“南海Ⅰ号”出水德化窑大碗为例[J].全面腐蚀控制，2018，32(7)：35－44，107.

[69] VANDIVER P B. Corrosion and conservation of ancient glass and ceramics[M]//CLARK D E，ZOITOS B K. Corrosion of glass，ceramics and ceramic superconductors. Park Ridge，New Jersey：Noyes Publications. 1992：393－430.

[70] 颜景燕.宋代建窑系黑釉瓷及其蚀变产物的研究[D].北京：北京化工大学，2018.

[71] MA Q，XU S，WANG J，et al. Integrated analysis of a black-glazed porcelain bowl in Tushan Kiln dated back to Song Dynasty，China[J]. Materials Chemistry and Physics，2019(242)：122213.

[72] CHEN X，LI W，XU C，et al. Angle dependence of Jian bowl color and its coloring mechanism[J]. Journal of the European Ceramic Society，2022，42(2)：693－706.

[73] LI G，JI H，LV C，et al. Aging study on the modern imitation glaze and ancient glaze of the Ming and Qing dynasties based on FTIR decomposition spectra[J]. Journal of Non-Crystalline Solids，2019(505)：102－108.

[74] 李光泽.古代青花瓷釉面结构特征、演变(老化)规律及其在科学鉴定中的作用研究[D].天津：天津大

学，2018.

[75] LI Z, MA Y, MA Q, et al. New perspective on Jun glaze corrosion: study on the corrosion of light greenish blue and reddish purple glazes from Juntai Kiln, Yuzhou, Henan, China[J]. Heritage Science, 2020, 8(1): 2.

[76] 李志敏.中国古代钧釉瓷腐蚀研究[D].北京：北京科技大学，2021.

[77] CARMONA N, GARCIA-HERAS M, GIL C, et al. Chemical degradation of glasses under simulated marine medium[J]. Materials Chemistry Physics Chemistry of Glasses, 2005, 94(1): 92 - 102.

[78] PALOMAR T, LLORENTE I. Decay processes of silicate glasses in river and marine aquatic environments[J]. Journal of Non-Crystalline Solids, 2016(449): 20 - 28.

[79] COX G, FORD R. The corrosion of glass on the sea bed[J]. Journal of Materials Science, 1989(24): 3146 - 3153.

[80] DAL BIANCO B, BERTONCELLO R, MILANESE L, et al. Glasses on the seabed: surface study of chemical corrosion in sunken Roman glasses[J]. Journal of Non-Crystalline Solids, 2004, 343(1 - 3): 91 - 100.

[81] SILVESTRI A, MOLIN G, SALVIULO G. Archaeological glass alteration products in marine and land-based environments: morphological, chemical and microtextural characterization[J]. Journal of Non-Crystalline Solids, 2005, 351(16 - 17): 1338 - 1349.

[82] PALOMAR T. Characterization of the alteration processes of historical glasses on the seabed[J]. Materials Chemistry and Physics, 2018(214): 391 - 401.

[83] MILLERO F J. Chemical oceanography[M]. 4th ed. Boca Raton: CRC Press, 2013.

[84] LI W, LI J, WU J, et al. Study on the phase-separated opaque glaze in ancient China from Qionglai kiln[J]. Ceramics International, 2003, 29(8): 933 - 937.

[85] LI W, LI J, DENG Z, et al. Study on Ru ware glaze of the Northern Song dynasty: one of the earliest crystalline-phase separated glazes in ancient China[J]. Ceramics International, 2005, 31(3): 487 - 494.

[86] 万法琦，马艳平，董丹丹，等.氧化物玻璃中的类分子结构单元[J].物理学报，2020，69(13)：136101.

[87] MIURA T, BENINO Y, SATO R, et al. Universal hardness and elastic recovery in Vickers nanoindentation of copper phosphate and silicate glasses[J]. Journal of the European Ceramic Society, 2003, 23(3): 409 - 416.

[88] CHENGYU W, LIANGZHI Z. Effect of phase separation on weathering of soda-lime-silica glasses [J]. Journal of Non-Crystalline Solids, 1986, 80(1 - 3): 360 - 370.

[89] TAYLOR P, ASHMORE S D, OWEN D G. Chemical durability of some sodium borosilicate glasses improved by phase separation* [J]. Journal of the American Ceramic Society, 1987, 70(5): 333 - 338.

[90] LI W, WU J, LI J, et al. Study on the green glaze from Qionglai Kiln site in Sichuan: one of the earliest phase-separated opaque glazes in China[J]. MRS Proceedings, 2011(712): II8.7.1 - II8.7.9.

[91] SHI P, WANG F, ZHU J, et al. Amorphous photonic crystals and structural colors in the phase separation glaze[J]. Journal of the European Ceramic Society, 2018, 38(4): 2228 - 2233.

[92] 李伟东，邓泽群，李家治.汝官窑青瓷釉的析晶-分相结构[C]//中国硅酸盐学会，中国科学院.'05 古陶瓷科学技术 2005 年国际讨论会论文集.上海：上海科学技术文献出版社，2005：239 - 247.

[93] COLOMBAN P, ETCHEVERRY M-P, ASQUIER M, et al. Raman identification of ancient stained glasses and their degree of deterioration[J]. Journal of Raman Spectroscopy, 2006, 37(5): 614 - 626.

[94] AKAOGI M, ROSS N L, MCMILLAN P, et al. The Mg_2SiO_4 polymorphs (olivine, modified spinel and spinel)-thermodynamic properties from oxide melt solution calorimetry, phase relations, and models of lattice vibrations[J]. American Mineralogist, 1984, 69(5-6): 499-512.

[95] MYSEN B O, VIRGO D, SCARFE C M. Relations between the anionic structure and viscosity of silicate melts—a Raman spectroscopic study[J]. American Mineralogist, 1980, 65(7-8): 690-710.

[96] MCMILLAN P. Structural studies of silicate glasses and melts—applications and limitations of Raman spectroscopy[J]. American Mineralogist, 1984, 69(7-8): 622-644.

[97] COLOMBAN P, PAULSEN O. Non-destructive determination of the structure and composition of glazes by Raman spectroscopy[J]. Journal of the American Ceramic Society, 2005, 88(2): 390-395.

[98] COLOMBAN P. Polymerization degree and Raman identification of ancient glasses used for jewelry, ceramic enamels and mosaics[J]. Journal of Non-Crystalline Solids, 2003, 323(1-3): 180-187.

[99] KANG J, WANG J, CHENG J, et al. Crystallization behavior and properties of $CaO-MgO-Al_2O_3-SiO_2$ glass-ceramics synthesized from granite wastes[J]. Journal of Non-Crystalline Solids, 2017 (457): 111-115.

[100] TOYA T, TAMURA Y, KAMESHIMA Y, et al. Preparation and properties of $CaO-MgO-Al_2O_3-SiO_2$ glass-ceramics from kaolin clay refining waste (Kira) and dolomite[J]. Ceramics International, 2004, 30(6): 983-989.

[101] YAMASHITA M, WANNAGON A, MATSUMOTO S, et al. Leaching behavior of CRT funnel glass[J]. Journal of Hazardous Materials, 2010, 184(1-3): 58-64.

[102] MAKISHIMA A, MACKENZIE J, HAMMEL J. The leaching of phase-separated sodium borosilicate glasses[J]. Journal of Non-Crystalline Solids, 1979, 31(3): 377-383.

[103] 张福康.邛崃窑的研究[C].古陶瓷科学技术 1989 年国际讨论会论文集.上海：上海科学技术文献出版社,1989：50-53.

[104] VILARIGUES M, DA SILVA R C. The effect of Mn, Fe and Cu ions on potash-glass corrosion [J]. Journal of Non-Crystalline Solids, 2009, 355(31-33): 1630-1637.

[105] BAYLOR R, BROWN J J. Phase separation of glasses in the system $SrO-B_2O_3-SiO_2$[J]. Journal of the American Ceramic Society, 1976, 59(3-4): 131-136.

[106] MICHALSKE T A, BUNKER B C. A chemical kinetics model for glass fracture[J]. Journal of the American Ceramic Society, 1993, 76(10): 2613-2618.

[107] VERNEY-CARRON A, GIN S, LIBOUREL G. A fractured roman glass block altered for 1800 years in seawater: analogy with nuclear waste glass in a deep geological repository[J]. Geochimica et Cosmochimica Acta, 2008, 72(22): 5372-5385.

[108] OELKERS E H, SCHOTT J. Experimental study of anorthite dissolution and the relative mechanism of feldspar hydrolysis[J]. Geochimica et Cosmochimica Acta, 1995, 59(24): 5039-5053.

[109] LASAGA A C. Chemical kinetics of water-rock interactions[J]. Journal of Geophysical Research: Solid Earth, 1984, 89(B6): 4009-4025.

[110] KRIVOVICHEV S V, YAKOVENCHUK V N, ZHITOVA E S. Natural double layered hydroxides: structure, chemistry, and information storage capacity[M]//KRIVOVICHEV S V. Minerals as Advanced Materials II. Berlin, Heidelberg: Springer Berlin Heidelberg, 2012: 87-102.

[111] KLOPROGGE J T, WHARTON D, HICKEY L, et al. Infrared and Raman study of interlayer anions CO_3^{2-}, NO_3^-, SO_4^{2-} and ClO_4^- in Mg/Al-hydrotalcite[J]. American Mineralogist, 2002, 87(5-6): 623-629.

[112] KLOPROGGE J T, HICKEY L, FROST R L. FT-Raman and FT-IR spectroscopic study of synthetic Mg/Zn/Al-hydrotalcites[J]. Journal of Raman Spectroscopy, 2004, 35(11): 967 - 974.

[113] TARLING M S, ROONEY J S, VITI C, et al. Distinguishing the Raman spectrum of polygonal serpentine[J]. Journal of Raman Spectroscopy, 2018, 49(12): 1978 - 1984.

[114] PETRIGLIERI J R, SALVIOLI-MARIANI E, MANTOVANI L, et al. Micro-Raman mapping of the polymorphs of serpentine[J]. Journal of Raman Spectroscopy, 2015, 46(10): 953 - 958.

[115] MOVASAGHI Z, REHMAN S, REHMAN I U. Raman Spectroscopy of Biological Tissues[J]. Applied Spectroscopy Reviews, 2007, 42(5): 493 - 541.

[116] BUNKER B C. Molecular mechanisms for corrosion of silica and silicate glasses[J]. Journal of Non-Crystalline Solids, 1994(179): 300 - 308.

[117] PETIT J C, MEA G D, DRAN J C, et al. Hydrated-layer formation during dissolution of complex silicate glasses and minerals[J]. Geochimica et Cosmochimica Acta, 1990, 54(7): 1941 - 1955.

[118] WICKERT C, VIEIRA A, DEHNE J, et al. Effects of salts on silicate glass dissolution in water: kinetics and mechanisms of dissolution and surface cracking[J]. Physics Chemistry of Glasses, 1999, 40(3): 157 - 170.

[119] DOVE P M, ELSTON S F. Dissolution kinetics of quartz in sodium chloride solutions: Analysis of existing data and a rate model for 25 C[J]. Geochimica et Cosmochimica Acta, 1992, 56(12): 4147 - 4156.

[120] THOMASSIN J-H, BOUTONNAT F, TOURAY J-C, et al. Geochemical role of the water/rock ratio during the experimental alteration of a synthetic basaltic glass at 50℃. An XPS and STEM investigation[J]. European Journal of Mineralogy, 1989, 1(2): 261 - 274.

[121] ABDELOUAS A, LUTZE W. Comparison of corrosion products on a French nuclear waste glass, basaltic glasses and obsidian[Z]. CEA/Valrho Summer Session Glass Scientific Research for High Performance Containment, 1997: 486 - 490.

[122] ZHONG C, YAN J, JIANG Q, et al. Experimental characterizations and molecular dynamics simulations of the structures of lead aluminosilicate glasses[J]. Journal of Non-Crystalline Solids, 2022, 576: 121252.

[123] FELLER S, LODDEN G, RILEY A, et al. A multispectroscopic structural study of lead silicate glasses over an extended range of compositions[J]. Journal of Non-Crystalline Solids, 2010, 356(6 - 8): 304 - 313.

[124] ROODE M, HUANG T H, HECHLER J J, et al. Raman and Fourier transform infrared spectroscopy of CnO - PbO - SiO_2 glasses[J]. Journal of the American Ceramic Society, 1986, 69(6): 449 - 452.

[125] DATTA A B, GUPTA A P, PAUL A. Alkaline durability of glass fibre containing SiO_2, PbO and Al_2O_3[J]. Journal of Materials Science, 1986, 21(8): 2633 - 2642.

[126] YIN X, HUANG T J, GONG H. Chemical evolution of lead in ancient artifacts — A case study of early Chinese lead-silicate glaze[J]. Journal of the European Ceramic Society, 2020, 40(5): 2222 - 2228.

[127] TROTIGNON L, PETIT J-C, DELLA MEA G, et al. The compared aqueous corrosion of four simple borosilicate glasses: Influence of Al, Ca and Fe on the formation and nature of secondary phases[J]. Journal of Nuclear Materials, 1992(190): 228 - 246.

[128] GREAVES G, GURMAN S, GLADDEN L, et al. A structural basis for the corrosion resistance of lead-iron-phosphate glasses: an X-ray absorption spectroscopy study[J]. Philosophical Magazine B,

1988, 58(3): 271 - 283.

[129] 李家治.中国科学技术史·陶瓷卷[M].北京：科学出版社,1998.

[130] DOREMUS R H. Interdiffusion of hydrogen and alkali ions in a glass surface[J]. Journal of Non-Crystalline Solids, 1975(19): 137 - 144.

[131] HENCH L L. Characterization of glass corrosion and durability[J]. Journal of Non-Crystalline Solids, 1975(19): 27 - 39.

[132] DE FERRI L, LOTTICI P P, VEZZALINI G. Characterization of alteration phases on potash - lime - silica glass[J]. Corrosion Science, 2014(80): 434 - 441.

[133] ARENA H, GODON N, RéBISCOUL D, et al. Impact of iron and magnesium on glass alteration: characterization of the secondary phases and determination of their solubility constants[J]. Applied Geochemistry, 2017(82): 119 - 133.

[134] FRUGIER P, GIN S, MINET Y, et al. SON68 nuclear glass dissolution kinetics: current state of knowledge and basis of the new GRAAL model[J]. Journal of Nuclear Materials, 2008, 380(1 - 3): 8 - 21.

[135] GONG Y, XU J, BUCHANAN R C. The aqueous corrosion of nuclear waste glasses revisited: probing the surface and interfacial phenomena[J]. Corrosion Science, 2018(143): 65 - 75.

[136] DOUGLAS R W, EL-SHAMY T M M. Reactions of glasses with aqueous solutions[J]. Journal of the American Ceramic Society, 1967, 50(1): 1 - 8.

[137] ADVOCAT T, CROVISIER J, VERNAZ E, et al. Hydrolysis of R7T7 nuclear waste glass in dilute media: mechanisms and rate as a function of pH[J]. MRS Online Proceedings Library, 1990 (212): 57.

[138] CONRADT R. Chemical durability of oxide glasses in aqueous solutions: a review[J]. Journal of the American Ceramic Society, 2008, 91(3): 728 - 735.

[139] GEISLER T, NAGEL T, KILBURN M R, et al. The mechanism of borosilicate glass corrosion revisited[J]. Geochimica et Cosmochimica Acta, 2015(158): 112 - 129.

[140] DOHMEN L, LENTING C, FONSECA R O, et al. Pattern formation in silicate glass corrosion zones[J]. International Journal of Applied Glass Science, 2013, 4(4): 357 - 370.

[141] GIN S, MIR A H, JAN A, et al. A general mechanism for gel layer formation on borosilicate glass under aqueous corrosion[J]. The Journal of Physical Chemistry C, 2020, 124(9): 5132 - 5144.

[142] GEISLER T, NAGEL T, KILBURN M R, et al. The mechanism of borosilicate glass corrosion revisited[J]. Geochimica et Cosmochimica Acta, 2015(158): 112 - 129.

[143] DOHMEN L, LENTING C, FONSECA R O C, et al. Pattern formation in silicate glass corrosion zones[J]. International Journal of Applied Glass Science, 2013, 4(4): 357 - 370.

[144] HE Y, LI W, LI J, et al. Research on the degradation of ancient Longquan celadons in the Dalian Island shipwreck[J]. npj Materials Degradation, 2022, 6(1): 4.

[145] LI W. Glazes in China[M]//SELIN H. Encyclopaedia of the History of Science, Technology, and Medicine in Non-Western Cultures. Dordrecht: Springer Dordrecht, 2015: 1 - 11.

[146] PRINSLOO L C, WOOD N, LOUBSER M, et al. Re-dating of Chinese celadon shards excavated on Mapungubwe Hill, a 13th century Iron Age site in South Africa, using Raman spectroscopy, XRF and XRD[J]. Journal of Raman Spectroscopy, 2005, 36(8): 806 - 816.

[147] TOURNIE A, RICCIARDI P, COLOMBAN P. Glass corrosion mechanisms: a multiscale analysis [J]. Solid State Ionics, 2008, 179(38): 2142 - 2154.

[148] MA H, WOOD N, DOHERTY C, et al. New insights into the calcium flux used in ancient Longquan and Yue Kilns based on strontium isotopic compositions[J]. Archaeometry, 2018, 61(2): 342 - 357.

[149] WANG T, CHEN P, WANG M, et al. Micro-structural study of Yaozhou celadons (Tang to Yuan Dynasty): probing crystalline and glassy phases[J]. Journal of the European Ceramic Society, 2020, 40(13): 4676 - 4683.

[150] 丁银忠,郭子莉,翟毅,等.宋元明时期龙泉窑青瓷胎釉成分和烧成温度的测定研究[J].故宫博物院院刊,2019(7): 33 - 41,110.

[151] PALOMAR T, LLORENTE I. Decay processes of silicate glasses in river and marine aquatic environments[J]. Journal of Non-Crystalline Solids, 2016(449): 20 - 28.

[152] FRÖBERG L, KRONBERG T, TÖRNBLOM S, et al. Chemical durability of glazed surfaces[J]. Journal of the European Ceramic Society, 2007, 27(2 - 3): 1811 - 1816.

[153] MATTHEW ASMUSSEN R, NEEWAY J J, et al. Corrosion behavior and microstructure influence of glass-ceramic nuclear waste forms[J]. Corrosion Science, 2017, 73(11): 1306 - 1319.

[154] NEEWAY J J, ASMUSSEN R M, MCELROY E M, et al. Kinetics of oxyapatite[$Ca_2Nd_8(SiO_4)6O_2$] and powellite[(Ca, Sr, Ba) MoO_4] dissolution in glass-ceramic nuclear waste forms in acidic, neutral, and alkaline conditions[J]. Journal of Nuclear Materials, 2019(515): 227 - 237.

[155] ZHITOVA E S, KRIVOVICHEV S V, YAKOVENCHUK V N, et al. Crystal chemistry of natural layered double hydroxides: 4. Crystal structures and evolution of structural complexity of quintinite polytypes from the Kovdor alkaline-ultrabasic massif, Kola peninsula, Russia[J]. Mineralogical Magazine, 2018, 82(2): 329 - 346.

[156] CHAO G Y, GAULT R A. Quintinite - 2H, quintinite - 3T, charmarite - 2H, charmarite - 3T and caresite - 3T, a new group of carbonate minerals related to the hydrotalcite-manasseite group[J]. The Canadian Mineralogist, 1997(35): 1541 - 1549.

[157] MILLS S J, CHRISTY A G, GéNIN J-M, et al. Nomenclature of the hydrotalcite supergroup: natural layered double hydroxides[J]. Mineralogical Magazine, 2012, 76(5): 1289 - 1336.

[158] ZHITOVA E S, GREENWELL H C, KRZHIZHANOVSKAYA M G, et al. Thermal evolution of natural layered double hydroxides: insight from quintinite, hydrotalcite, stichtite, and iowaite as reference samples for Co3 - and Cl - members of the hydrotalcite supergroup[J]. Minerals, 2020, 10(11): 961.

[159] YANG W, KIM Y, LIU P K, et al. A study by in situ techniques of the thermal evolution of the structure of a Mg - Al - CO_3 layered double hydroxide[J]. Chemical Engineering Science, 2002, 57(15): 2945 - 2953.

[160] BERA P, RAJAMATHI M, HEGDE M, et al. Thermal behaviour of hydroxides, hydroxysalts and hydrotalcites[J]. Bulletin of Materials Science, 2000(23): 141 - 145.

[161] YLINIEMI J, WALKLEY B, PROVIS J L, et al. Nanostructural evolution of alkali-activated mineral wools[J]. Cement and Concrete Composites, 2020(106): 103472.

[162] INBERG A, ASHKENAZI D, FELDMAN Y, et al. A tale of two tiles: characterization of floor tiles from the Nineteenth-Century Akko Tower shipwreck (Israel)[J]. Coatings, 2020, 10(11): 1091.

[163] 李合,翟毅,郭子莉,等.龙泉青瓷胎釉成分特征研究[J].故宫博物院院刊,2019(7): 24 - 32,109.

[164] DRAN J-C, PETIT J-C, BROUSSE C. Mechanism of aqueous dissolution of silicate glasses yielded by fission tracks[J]. Nature, 1986, 319(6053): 485 - 487.

[165] DUBOIS C, VILLA F, CHAMBAUDET A, et al. Origin and evolution of cup-shaped structures on leached nuclear waste containment glass surfaces[J]. Journal of Non-Crystalline Solids, 1994, 171

(3)：290－298.

[166] DAVISON S. Conservation and Restoration of Glass[M]. London：Routledge，2003.

[167] CARMONA N，GARCíA-HERAS M，GIL C，et al. Chemical degradation of glasses under simulated marine medium[J]. Materials Chemistry and Physics，2005，94(1)：92－102.

[168] TOURNIE A，RICCIARDI P，COLOMBAN P. Glass corrosion mechanisms：a multiscale analysis [J]. Solid State Ionics，2008，179(38)：2142－2154.

[169] 赵丛苍.科技考古学概论[M].北京：高等教育出版社，2006.

[170] 吕贻忠，李保国.土壤学[M].北京：中国农业出版社，2006.

[171] WEIL R R，BRADY N C. The nature and properties of soils[M]. 15th ed.[S.l.]：Pearson Education，2017.

[172] 殷海玮.结构色成色机理与制备方法研究[D].上海：复旦大学，2008.

[173] 河南省文物考古研究所.宝丰清凉寺汝窑[M].郑州：大象出版社，2008.

[174] 张福康，陶光仪，阮美玲，等.汝官窑的釉色、质感、斜开片及土蚀斑的形成原因[C].古陶瓷科学技术2002年国际讨论会论文集.上海：上海科学技术文献出版社，2002：194－200.

[175] HELLMANN R. Mechanisms of glass corrosion by aqueous solutions[M]//RICHET P，CONRADT R，TAKADA A，et al. Encyclopedia of Glass Science，Technology，History，and Culture. Hoboken，New Jersey：Wiley，2021：647－662.

[176] PALOMAR T. Effect of soil pH on the degradation of silicate glasses[J]. International Journal of Applied Glass Science，2017，8(2)：177－187.

[177] SHELBY J E. Introduction to glass science and technology[M]. 2nd ed. Cambridge：The Royal Society of Chemistry，2005.

[178] 李伟东，黄建国.汝窑、张公巷窑和南宋官窑青瓷的显微结构及物理化学基础[C].宋代五大名窑科学技术国际学术讨论会论文集.北京：科学出版社，2016：12－28.

[179] TOQUER G，DELCHET C，NEMEC M，et al. Effect of leaching concentration and time on the morphology of pores in porous glasses[J]. Journal of Non-Crystalline Solids，2011，357(6)：1552－1557.

[180] HE Y，LI W，LI J，et al. Corrosion of Longquan celadons in the marine environment：study on the celadons from the Dalian Island shipwreck of the Yuan Dynasty[J]. Heritage Science，2021，9(1)：104－120.

[181] HENCH L L，CLARK D E. Physical chemistry of glass surfaces[J]. Journal of Non-Crystalline Solids，1978，28(1)：83－105.

[182] MANSAS C，DELAYE J-M，CHARPENTIER T，et al. Drivers of water transport in glass：chemical or topological effect of the glass network? [J]. The Journal of Physical Chemistry C，2017，121(30)：16201－16215.

[183] HRUŠKA B，GAVENDA T，VAŠíČEK F，et al. Raman spectroscopy study of glass corrosion [J]. Vibrational Spectroscopy，2020(109)：103096.

[184] TOPATEŞ G，TARHAN B，TARHAN M. Chemical durability of zircon containing glass-ceramic glazes[J]. Ceramics International，2017，43(15)：12333－12337.

[185] FRÖBERG L，HUPA L，HUPA M. Corrosion of the crystalline phases of matte glazes in aqueous solutions[J]. Journal of the European Ceramic Society，2009，29(1)：7－14.

[186] OPUCHOVIC O，KAREIVA A. Historical hematite pigment：Synthesis by an aqueous sol-gel method，characterization and application for the colouration of ceramic glazes [J]. Ceramics

international, 2015, 41(3): 4504 - 4513.

[187] MORRIS R V, LAUER JR H V, LAWSON C A, et al. Spectral and other physicochemical properties of submicron powders of hematite ($\alpha-Fe_2O_3$), maghemite ($\gamma-Fe_2O_3$), magnetite (Fe_3O_4), goethite (α - FeOOH), and lepidocrocite (γ - FeOOH)[J]. Journal of Geophysical Research: Solid Earth, 1985, 90(B4): 3126 - 3144.

[188] HE Y, LI W, XU C, et al. Degradation mechanism of the Ru wares unearthed from the Qingliangsi site in Henan, China[J]. Ceramics International, 2022, 48(12): 17131 - 17142.

[189] GUO J H, LIU X J, ZHANG Y, et al. Significant acidification in major Chinese croplands[J]. Science, 2010, 327(5968): 1008 - 1010.

[190] LARSSEN T, LYDERSEN E, TANG D, et al. Acid rain in China[J]. Environmental Science and Technology, 2006, 40(2): 418 - 425.

[191] SONG X, YANG S, SHAO L, et al. PM10 mass concentration, chemical composition, and sources in the typical coal-dominated industrial city of Pingdingshan, China[J]. Science of the Total Environment, 2016(571): 1155 - 1163.

[192] 常斌.资源型城市生态环境保护与建设规划研究——以平顶山市为例[D].焦作：河南理工大学，2007.

[193] ČAKMAK D, BELOICA J, PEROVIĆ V, et al. Atmospheric deposition effects on agricultural soil acidification state — key study: Krupanj municipality[J]. Archives of Environmental Protection, 2014, 40(2): 137 - 148.

[194] 张驭航，李玲，王秀丽，等.河南省土壤 pH 值时空变化特征分析[J].土壤通报，2019，50(5)：1091 - 1100.

[195] 游红旗.河南宝丰汝官窑土遗址破坏机理与化学加固试验[D].北京：中国地质大学，2013.

[196] WHITE W B. Theory of corrosion of glass and ceramics[M]//CLARK D E, ZOITOS B K. Corrosion of glass, ceramics and ceramic superconductors. Park Ridge, New Jersey: Noyes Publications, 1992: 2 - 28.

[197] HUANG X, CHEN M, YANG Q, et al. Natural reinforcing effect of inorganic colloids on excavated ancient jades[J]. Journal of Cultural Heritage, 2020(46): 52 - 60.

[198] GREGORY J. Approximate expressions for retarded van der waals interaction[J]. Journal of Colloid and Interface Science, 1981, 83(1): 138 - 145.

[199] SOLOVITCH N, LABILLE J, ROSE J, et al. Concurrent aggregation and deposition of TiO_2 nanoparticles in a sandy porous media[J]. Environmental Science Technology, 2010, 44(13): 4897 - 4902.

[200] GOLDBERG S, GLAUBIG R A. Effect of saturating cation, pH, and aluminum and iron oxide on the flocculation of kaolinite and montmorillonite[J]. Clays Clay Minerals, 1987, 35(3): 220 - 227.

[201] VERWEY E J W. Theory of the stability of lyophobic colloids[J]. The Journal of Physical Chemistry, 1947(51): 631 - 636.

[202] SADRI B, PERNITSKY D, SADRZADEH M. Aggregation and deposition of colloidal particles: effect of surface properties of collector beads[J]. Colloids and Surfaces A: Physicochemical and Engineering Aspects, 2017(530): 46 - 52.

[203] PHILIPPINI V, NAVEAU A, CATALETTE H, et al. Sorption of silicon on magnetite and other corrosion products of iron[J]. Journal of Nuclear Materials, 2006, 348(1 - 2): 60 - 69.

[204] CURTI E, GODON N, VERNAZ E Y. Enhancement of the glass corrosion in the presence of clay minerals: testing experimental results with an integrated glass dissolution model[J]. MRS

Proceedings, 1992(294): 163 - 170.

[205] MICHELIN A, BURGER E, REBISCOUL D, et al. Silicate glass alteration enhanced by iron: origin and long-term implications[J]. Environmental Science & Technology Journal, 2013, 47(2): 750 - 756.

[206] MICHELIN A, BURGER E, LEROY E, et al. Effect of iron metal and siderite on the durability of simulated archeological glassy material[J]. Corrosion Science, 2013(76): 403 - 414.

[207] GIN S, DELAYE J-M, ANGELI F, et al. Aqueous alteration of silicate glass: state of knowledge and perspectives[J]. npj Materials Degradation, 2021, 5(1): 42.

[208] ARIAS M, BARRAL M T, DIAZ-FIERROS F. Effects of iron and aluminium oxides on the colloidal and surface properties of kaolin[J]. Clays and Clay Minerals, 1995, 43(4): 406 - 416.

[209] 王丽丽.景德镇与福建外销青花瓷的对比分析研究[D].景德镇:景德镇陶瓷学院,2012.

[210] 宁波市文物考古研究所."小白礁Ⅰ号"清代沉船遗址水下考古发掘报告[M].北京:科学出版社,2019.

[211] 宁波市文物考古研究所,国家文物局水下文化遗产保护中心."小白礁Ⅰ号"清代沉船2012年发掘简报[J].考古,2015(6):50,54 - 67.

[212] GUO Y. Raw materials for making porcelain and the characteristics of porcelain wares in North and South China in ancient times[J]. Archaeometry, 1987, 29(1): 3 - 19.

[213] YAN H, WEIDONG L, XIAOKE L, et al. Chinese export porcelain in the middle Qing Dynasty: Study on the blue-and-white porcelains excavated from the "Xiaobaijiao I" shipwreck[J]. Journal of Archaeological Science: Reports, 2021(2021): 1 - 13.

[214] MA H, ZHU J, HENDERSON J, et al. Provenance of Zhangzhou export blue-and-white and its clay source[J]. Journal of Archaeological Science, 2012, 39(5): 1218 - 1226.

[215] ZHU J, MA H, LI N, et al. The provenance of export porcelain from the Nan'ao One shipwreck in the South China Sea[J]. Antiquity, 2016, 90(351): 798 - 808.

[216] LI W, LUO H, SUN X, et al. Microstructure and its physicochemical basis for the white porcelain from Gongyi Kiln of Henan Province in China[J]. MRS Proceedings, 2011(1319): 361 - 381.

[217] JIANG X, MA Y, CHEN Y, et al. Raman analysis of cobalt blue pigment in blue and white porcelain: a reassessment[J]. Spectrochimica Acta Part A: Molecular and Biomolecular Spectroscopy, 2018(190): 61 - 67.

[218] BOUCHARD M, GAMBARDELLA A. Raman microscopy study of synthetic cobalt blue spinels used in the field of art[J]. Journal of Raman Spectroscopy, 2010, 41(11): 1477 - 1485.

[219] LI W, LI J, GUO J. Synthesis and characterization of nanocrystalline $CoAl_2O_4$ spinel powder by low temperature combustion[J]. Journal of the European Ceramic Society, 2003, 23(13): 2289 - 2295.

[220] 施倪承,桂林冶金地质研究所锰矿专题组、岩矿二组.我国南方锰钴矿石(钴土矿)的主要组成矿物——富钴锂硬锰矿的研究[J].地质与勘探,1977(7):33 - 40.

[221] 陈尧成,张志刚,郭演仪.景德镇元明清青花的着色和显微结构特征[J].中国陶瓷,1981(2):35 - 46.

[222] BURLET C, VANBRABANT Y. Study of the spectro-chemical signatures of cobalt-manganese layered oxides (asbolane-lithiophorite and their intermediates) by Raman spectroscopy[J]. Journal of Raman Spectroscopy, 2015, 46(10): 941 - 952.

[223] 陈尧成,郭演仪,张志刚.历代青花瓷器和青花色料的研究[J].硅酸盐学报,1978,6(4):225 - 241,323 - 327.

[224] WEN R, WANG C, MAO Z, et al. The chemical composition of blue pigment on Chinese blue - and -

white porcelain of the Yuan and Ming dynasties (AD 1271 - 1644)[J]. Archaeometry, 2007, 49(1): 101 - 115.

[225] 李国桢,郭演仪.中国名瓷工艺基础[M].上海:上海科学技术出版社,1988.

[226] 周仁.中国古陶瓷研究论文集[M].北京:轻工业出版社,1982.

[227] 杨永善.中国传统工艺全集·陶瓷[M].郑州:大象出版社,2004.

[228] DASGUPTA D R. Oriented transformation of lithiophorite [J]. Zeitschrift für Kristallographie-Crystalline Materials, 2014, 126(1 - 6): 330 - 338.

[229] 周洁.康熙青花色料的再现研制及呈色机理研究[D].景德镇:景德镇陶瓷学院,2014.

[230] LI W, LUO H, LI J, et al. The white porcelains from Dehua kiln site of China. Part II: microstructure and its physicochemical basis[J]. Ceramics International, 2011, 37(2): 651 - 658.

[231] LLUSAR M, FORéS A, BADENES J A, et al. Colour analysis of some cobalt-based blue pigments [J]. Journal of the European Ceramic Society, 2001, 21(8): 1121 - 1130.

[232] MöNCKE D, PAPAGEORGIOU M, WINTERSTEIN-BECKMANN A, et al. Roman glasses coloured by dissolved transition metal ions: redox-reactions, optical spectroscopy and ligand field theory[J]. Journal of Archaeological Science, 2014(46): 23 - 36.

[233] RRUFF P. Anorthite R040059 [J/OL]. [2024 - 11 - 28]. http://rruff. info/anorthite/display=default/R040059.

[234] RRUFF P. Pseudowollastonite R080145 [J/OL]. [2024 - 11 - 28]. https://rruff. info/R080145/display=default/.

[235] MACEDO M F, VILARIGUES M G, COUTINHO M L. Biodeterioration of glass-based historical building materials: an overview of the heritage literature from the 21st century[J]. Applied Sciences, 2021, 11(20): 9552.

[236] ELKIN D, ARGÜESO A, GROSSO M, et al. Archaeological research on HMS Swift: a British Sloop-of-War lost off Patagonia, Southern Argentina, in 1770[J]. International Journal of Nautical Archaeology, 2007, 36(1): 32 - 58.

[237] CÁMARA B, DE BUERGO M Á, BETHENCOURT M, et al. Biodeterioration of marble in an underwater environment[J]. Science of the Total Environment, 2017(609): 109 - 122.

[238] PEREZY JORBA M, DALLAS J, BAUER C, et al. Deterioration of stained glass by atmospheric corrosion and micro-organisms[J]. Journal of Materials Science, 1980(15): 1640 - 1647.

[239] POKROVSKY O S, SHIROKOVA L S, ZABELINA S A, et al. Weak impact of microorganisms on Ca, Mg-bearing silicate weathering[J]. npj Materials Degradation, 2021, 5(1): 51.

[240] RéMAZEILLES C, SAHEB M, NEFF D, et al. Microbiologically influenced corrosion of archaeological artefacts: characterisation of iron (Ⅱ) sulfides by Raman spectroscopy[J]. Journal of Raman Spectroscopy, 2010, 41(11): 1425 - 1433.

[241] WAHL M. Marine epibiosis. I. Fouling and antifouling: some basic aspects [J]. Marine Ecology Progress Series, 1989, 58(1 - 2): 175 - 189.

[242] LA RUSSA M F, RUFFOLO S A, RICCI S, et al. A multidisciplinary approach for the study of underwater artefacts: the case of Tritone Barbato marble statue (Grotta Azzurra, Island of Capri, Naples)[J]. Periodico di Mineralogia, 2013, 82(1): 101 - 111.

[243] KOYAMA Y, TAKATSUKA I, NAKATA M, et al. Raman and infrared spectra of the all-trans, 7 - cis, 9 - cis, 13 - cis and 15 - cis isomers of β-carotene: Key bands distinguishing stretched or terminal-bent configurations form central-bent configurations [J]. Journal of Raman Spectroscopy,

1988, 19(1): 37 - 49.

[244] OKAMOTO H, HAMAGUCHI H-O, TASUMI M. Resonance Raman studies on tetradesmethyl-β-carotene aggregates[J]. Journal of Raman Spectroscopy, 1989, 20(11): 751 - 756.

[245] WITHNALL R, CHOWDHRY B Z, SILVER J, et al. Raman spectra of carotenoids in natural products[J]. Spectrochimica Acta Part A: Molecular and Biomolecular Spectroscopy, 2003, 59(10): 2207 - 2212.

[246] GALASSO C, CORINALDESI C, SANSONE C. Carotenoids from marine organisms: biological functions and industrial applications[J]. Antioxidants (Basel), 2017, 6(4): 96.

[247] CHIOVITTI A, DUGDALE T M, WETHERBEE R. Diatom adhesives: molecular and mechanical properties[M]//SMITH A M, CALLOW J A. Biological Adhesives. Heidelberg: Springer, Berlin, Heidelberg, 2006: 79 - 103.

[248] FAN T-X, CHOW S-K, ZHANG D. Biomorphic mineralization: from biology to materials[J]. Progress in Materials Science, 2009, 54(5): 542 - 659.

[249] NASSIF N, LIVAGE J. From diatoms to silica-based biohybrids[J]. Chemical Society Reviews, 2011, 40(2): 849 - 859.

[250] BONDOC K G, HEUSCHELE J, GILLARD J, et al. Selective silicate-directed motility in diatoms [J]. Nature Communications, 2016(7): 10540.

[251] ABARZUA S, JAKUBOWSKI S. Biotechnological investigation for the prevention of biofouling. I. Biological and biochemical principles for the prevention of biofouling[J]. Marine Ecology Progress Series, 1995(123): 301 - 312.

[252] STOODLEY P, SAUER K, DAVIES D G, et al. Biofilms as complex differentiated communities [J]. Annual Reviews in Microbiology, 2002, 56(1): 187 - 209.

[253] CHATEIGNER D, HEDEGAARD C, WENK H R. Mollusc shell microstructures and crystallographic textures[J]. Journal of Structural Geology, 2000, 22(11 - 12): 1723 - 1735.

[254] WANG R Z, SUO Z, EVANS A G, et al. Deformation mechanisms in nacre[J]. Journal of Materials Research, 2011, 16(9): 2485 - 2493.

[255] MORSE J W, ARVIDSON R S, LUTTGE A. Calcium carbonate formation and dissolution[J]. Chemical Reviews, 2007, 107(2): 342 - 381.

[256] SUN W, JAYARAMAN S, CHEN W, et al. Nucleation of metastable aragonite $CaCO_3$ in seawater [J]. Proceedings of the National Academy of Sciences, 2015, 112(11): 3199 - 3204.

[257] BELCHER A M, WU X H, CHRISTENSEN R J, et al. Control of crystal phase switching and orientation by soluble mollusc-shell proteins[J]. Nature, 1996, 381(6577): 56 - 58.

[258] FALINI G, ALBECK S, WEINER S, et al. Control of aragonite or calcite polymorphism by mollusk shell macromolecules[J]. Science, 1996, 271(5245): 67 - 69.

[259] SARKAR A, DUTTA K, MAHAPATRA S. Polymorph control of calcium carbonate using insoluble layered double hydroxide[J]. Crystal Growth and Design, 2012, 13(1): 204 - 211.

[260] CUZMAN O A, TIANO P, VENTURA S, et al. Biodiversity on stone artifacts[M]//LóPEZ-PUJOL J. The importance of biological interactions in the study of biodiversity. Rijeka: InTech Open, 2011: 367 - 390.

[261] ARENA H, RéBISCOUL D, PODOR R, et al. Impact of Fe, Mg and Ca elements on glass alteration: Interconnected processes[J]. Geochimica et Cosmochimica Acta, 2018(239): 420 - 445.

[262] ABDELOUAS A, CROVISIER J L, LUTZE W, et al. Formation of hydrotalcite-like compounds

during R7T7 nuclear waste glass and basaltic glass alteration[J]. Clays and Clay Minerals, 1994, 42(5): 526 - 533.

[263] ABDELOUAS A, CROVISIER J L, LUTZE W, et al. Hydrotalcite formed by alteration of R7T7 nuclear waste glass and basaltic glass in salt brine at 190℃[J]. MRS Proceedings, 2011(333): 513 - 518.

[264] ZUBIN FERRI T, RONČEVIĆ S, LIPOVAC VRKLJAN G, et al. Post-depositional alterations of terrestrial and marine finds of Roman ceramics from Crikvenica production centre (NE Adriatic, Croatia) — A contribution towards chemometric classification[J]. Journal of Cultural Heritage, 2020(43): 12 - 25.

[265] BEARAT H, DUFOURNIER D, NOUET Y. Alterations of ceramics due to contact with seawater[J]. Archaeologia Polona, 1992(30): 151 - 162.

[266] DING R, LI W D, YANG Z L, et al. Degradation Mechanism of a Sauce-Glazed Ware of the Song Dynasty Salvaged out of the Water at Dalian Island Wharf: Part Ⅰ—The Effect of the Surface-Attached Composite Coagula[J]. Materials, 2023(16): 1176.

[267] BUYS S, OAKLEY V. Conservation and Restoration of Ceramics[M]. New York: Routledge, 2014.

[268] SALEH S A. Corrosion mechanism of iron objects in marine environment an analytical investigation study by raman spectrometry[J]. European Journal of Science and Theology, 2017, 13(5): 185 - 206.

[269] WRAY J L. Calcareous algae[M]. Singapore: Elsevier Scientific Pub. Co., 1998.

[270] TAYLOR P D, KUDRYAVTSEV A B, SCHOPF J W. Calcite and aragonite distributions in the skeletons of bimineralic bryozoans as revealed by Raman spectroscopy[J]. Invertebrate Biology, 2008, 127(1): 87 - 97.

[271] TANUR A E, GUNARI N, SULLAN R M, et al. Insights into the composition, morphology, and formation of the calcareous shell of the serpulid Hydroides dianthus[J]. Journal of Structural Biology, 2010, 169(2): 145 - 160.

[272] ADDADI L B, A; OLDAK, JM; WEINER, S. Structural and stereochemical relations between acidic macromolecules of organic matrices and crystals[J]. Connective Tissue Research, 1989, 21(1 - 4): 457 - 465.

[273] RODGERS B A. The Archaeologist's Manual For Conservation[M]. New York: Kluwer Academic/Plenum Publishers, 2004.

[274] 冯士,李凤岐,李少菁.海洋科学导论[M].北京:高等教育出版社,1999.

[275] DING R, LI W, YANG Z, et al. Degradation of a sauce-glazed ware from the Song Dynasty salvaged out of water at the Dalian Island Wharf: part Ⅱ—The effect of surface-attached marine organism remains[J]. Applied Sciences, 2024, 14(19): 8596.

[276] VUORISALO T, TUOMI J. Unitary and modular organisms: criteria for ecological division[J]. Oikos, 1986, 47(3): 382 - 385.

[277] PINEDA-KRCH M, POORE A G. Spatial interactions within modular organisms: genetic heterogeneity and organism fitness[J]. Theoretical Population Biology, 2004, 66(1): 25 - 36.

[278] BASTIDA-ZAVALA, ROLANDO J. Serpulids (Annelida: Polychaeta) from the Eastern Pacific, including a brief mention of Hawaiian serpulids[J]. Zootaxa, 2008(1722): 1 - 61.

[279] TEN HOVE H A, KUPRIYANOVA E K. Taxonomy of Serpulidae (Annelida, Polychaeta): The state of affairs[J]. Zootaxa, 2009(2036): 1 - 126.

[280] HUGGETT M J, CARPIZO-ITUARTE E J, NEDVED B T, et al. Formation and Function of the Primary Tube During Settlement and Metamorphosis of the Marine Polychaete Hydroides elegans (Haswell, 1883) (Serpulidae)[J]. Biology Bulletin, 2021, 240(2): 82 - 94.

[281] VINN O, ZATOŃ M, TOVAR-HERNáNDEZ M A. Tube microstructure and formation in some feather duster worms (Polychaeta, Sabellidae)[J]. Marine Biology, 2018, 165(6).

[282] VINN O, TEN HOVE H A, MUTVEI H, et al. Ultrastructure and mineral composition of serpulid tubes (Polychaeta, Annelida)[J]. Zoological Journal of the Linnean Society, 2008, 154(4): 633 - 650.

[283] BROMLEY R G, HEINBERG C. Attachment strategies of organisms on hard substrates: A palaeontological view[J]. Palaeogeogr Palaeoclimatol Palaeoecol, 2006, 232(2 - 4): 429 - 453.

[284] TAYLOR P D, LOMBARDI C, COCITO S. Biomineralization in bryozoans: present, past and future [J]. Biological Reviews, 2015, 90(4): 1118 - 1150.

[285] YANG Y, GUO Y, ZHANG Y, et al. Contribution of coral composition to color red in the uniform color space CIE 1976L * a * b * [J]. Desalination and Water Treatment, 2019(168): 384 - 393.

[286] 范陆薇,杨明星,王方正.瘦长红珊瑚微结构的扫描电镜研究[C]//国家珠宝玉石质量监督检验中心(National Gemstone Testing Center),中国珠宝玉石首饰行业协会.2009 中国珠宝首饰学术交流会论文集.中国地质大学博物馆;中国地质大学珠宝学院;中国地质大学地球科学学院,2009: 3.

[287] CONRADT R. Chemical durability of oxide glasses in aqueous solutions: a review[J]. Journal of the American Ceramic Society, 2008, 91(3): 728 - 735.

[288] LOMBARDO T, GENTAZ L, VERNEY-CARRON A, et al. Characterisation of complex alteration layers in medieval glasses[J]. Corrosion Science, 2013(72): 10 - 19.

[289] PALOMAR T. Characterization of the alteration processes of historical glasses on the seabed[J]. Materials Chemistry and Physics, 2018(214): 391 - 401.

[290] GOWERS K R, MILLARD S G. On-site linear polarization resistance mapping of reinforced concrete structures[J]. Corrosion Science, 1993, 35(5 - 8): 1593 - 1600.

[291] RODRíGUEZ P, RAMíREZ E, GONZáLEZ J A. Methods for studying corrosion in reinforced concrete[J]. Magazine of Concrete Research, 1994, 46(167): 81 - 90.

[292] LI Q, YE X. Surface deterioration analysis for probabilistic durability design of RC structures in marine environment[J]. Structural Safety, 2018(75): 13 - 23.

[293] GORB S N. Biological attachment devices: exploring nature's diversity for biomimetics [J]. Philosophical Transactions of the Royal Society of London, 2008, 366(1870): 1557 - 1574.

[294] BRADY R F. A fracture mechanical analysis of fouling release from nontoxic antifouling coatings [J]. Progress in Organic Coatings, 2001, 43(1 - 3): 188 - 192.

[295] MORSE D E, MORSE A N C. Enzymatic Characterization of the Morphogen Recognized by Agaricia humilis (Scleractinian Coral) Larvae[J]. Biology Bulletin, 1991, 181(1): 104 - 122.

[296] LA RUSSA M F, RICCA M, BELFIORE C M, et al. The contribution of earth sciences to the preservation of underwater archaeological stone materials: an analytical approach[J]. International Journal of Conservation Science, 2015, 6(3): 335 - 348.

[297] RAMAN S, KUMAR R. Interfacial morphology and nanomechanics of cement of the barnacle, Amphibalanus reticulatus on metallic and non-metallic substrata[J]. Biofouling, 2011, 27(6): 569 - 577.

[298] CARPIZO- ITUARTE E, HADFIELD M G. Stimulation of metamorphosis in the polychaete

hydroides elegans haswell (serpulidae)[J]. Biology Bulletin, 1998, 194(1): 14 - 24.

[299] HADFIELD M G. The D P Wilson Lecture. Research on settlement and metamorphosis of marine invertebrate larvae: past, present and future[J]. Biofouling, 1998, 12(1 - 3): 9 - 29.

[300] ALLEMAND D, FERRIER-PAGèS C, FURLA P, et al. Biomineralisation in reef-building corals: from molecular mechanisms to environmental control[J]. Comptes Rendus Palevol, 2004, 3(6 - 7): 453 - 467.

[301] GOWELL M R, COOMBES M A, VILES H A. Rock-protecting seaweed? Experimental evidence of bioprotection in the intertidal zone[J]. Earth Surface Processes and Landforms, 2015, 40(10): 1364 - 1370.

[302] LV J, MAO J, BA H. Influence of Crassostrea gigas on the permeability and microstructure of the surface layer of concrete exposed to the tidal zone of the Yellow Sea[J]. Biofouling, 2015, 31(1): 61 - 70.

[303] KAWABATA Y, KATO E, IWANAMI M. Enhanced long-term resistance of concrete with marine sessile organisms to chloride ion penetration[J]. Journal of Advanced Concrete Technology, 2012, 10 (4): 151 - 159.

[304] LI N S. Research on the protection of porcelain excavated from the ocean[M]. Beijing: Science Press, 2016.

[305] CRAGG S M, PITMAN A J, HENDERSON S M. Developments in the understanding of the biology of marine wood boring crustaceans and in methods of controlling them [J]. International Biodeterioration & Biodegradation, 1999, 43(4): 197 - 205.

[306] SANGEETHA R, KUMAR R, DOBLE M, et al. Barnacle cement: an etchant for stainless steel 316L? [J]. Colloids and Surfaces B: Biointerfaces, 2010, 79(2): 524 - 530.

[307] ALOISE P, RICCA M, RUSSA M F, et al. Diagnostic analysis of stone materials from underwater excavations: the case study of the Roman archaeological site of Baia (Naples, Italy)[J]. Applied Physics A, 2013, 114(3): 655 - 662.

[308] 赵嘉斌,邓启江,王亦晨,等.长乐市东洛岛沉船遗址水下考古调查报告[J].福建文博,2014(4): 14 - 23.

[309] 李家治.中国科学技术史: 陶瓷卷[M].北京: 科学出版社,1998.

[310] JIN P, QIN Y, GONG M, et al. Corrosion resistant mechanism of lead-tin based alloy cultural relics of Warring States in Hubei Province[J]. Journal of Chinese Society for Corrosion and Protection, 2007 (3): 162 - 166.

[311] PETITMANGIN A, GUILLOT I, CHABAS A, et al. The complex atmospheric corrosion of α/δ bronze bells in a marine environment[J]. Journal of Cultural Heritage, 2021(52): 153 - 163.

[312] FANG J, CHEN J, WANG A, et al. The distribution characteristics of grain size and mineral of surface sediment in the Taiwan Strait[J]. Acta Oceanologica Sinica, 2012(5): 91 - 99.

[313] LOPEZ GARRIDO P H, GONZALEZ-SANCHEZ J, ESCOBAR BRIONES E. Fouling communities and degradation of archeological metals in the coastal sea of the Southwestern Gulf of Mexico[J]. Biofouling, 2015, 31(5): 405 - 416.

[314] VINN O, TEN HOVE H A, MUTVEI H, et al. Ultrastructure and mineral composition of serpulid tubes (Polychaeta, Annelida)[J]. Zoological Journal of the Linnean Society, 2008, 154(4): 633 - 650.

[315] J R B-Z. Serpulids (Annelida: Polychaeta) from the Eastern Pacific, including a brief mention of Hawaiian serpulids[J]. Zootaxa, 2008(1722): 1 - 61.

[316] T H H A, K K E. Taxonomy of Serpulidae (Annelida, Polychaeta): The state of affairs[J]. Zootaxa, 2009(2009): 1-126.

[317] VINN O, FURRER H. Tube structure and ultrastructure of serpulids from the Jurassic of France and Switzerland, its evolutionary implications[J]. Neues Jahrbuch für Geologie und Paläontologie, 2008, 250(2): 129-135.

[318] AIZENBERG J, HANSON J, KOETZLE T F, et al. Control of Macromolecule Distribution within Synthetic and Biogenic Single Calcite Crystals[J]. Journal of the American Chemical Society, 1997, 119(5): 881-886.

[319] LOEB M J, WALKER G. Origin, composition, and function of secretions from pyriform organs and internal sacs of four settling cheilo-ctenostome bryozoan larvae[J]. Marine Biology, 1977, 42(1): 37-46.

[320] SOULE J D. Histological and histochemical studies on the bryozoan-substrate interface[M]// LARWOOD G P. Living and Fossil Bryozoa. London: Academic Press, 1973: 343-347.

[321] KHANDEPARKER L, ANIL A C. Underwater adhesion: the barnacle way[J]. International Journal of Adhesion and Adhesives, 2007, 27(2): 165-172.

[322] KHALIFA G M, WEINER S, ADDADI L. Mineral and matrix components of the operculum and shell of the barnacle balanus amphitrite: calcite crystal growth in a hydrogel[J]. Crystal Growth and Design, 2011, 11(11): 5122-5130.

[323] FERNáNDEZ M S, VERGARA I, OYARZúN A, et al. Extracellular matrix molecules involved in barnacle shell mineralization[J]. MRS Online Proceedings Library, 2002, 724(1): N1.2.

[324] WANG G L, YE Z M, WU B. The Change of stress on marine concrete covered with barnacles [J]. Applied Mechanics and Materials, 2014(584-586): 1031-1034.

[325] CRISCI G M, RUSSA M F, MACCHIONE M, et al. Study of archaeological underwater finds: deterioration and conservation[J]. Applied Physics A, 2010, 100(3): 855-863.

[326] SACCO PERASSO C, ANTONELLI F, CALCINAI B, et al. The bioerosion of submerged archeological artifacts in the mediterranean sea: an overview[J]. Frontiers in Marine Science, 2022(9): 888731.

[327] BECKER K. Attachment strength and colonization patterns of two macrofouling species on substrata with different surface tension (in situ studies)[J]. Marine Biology, 1993, 117(2): 301-309.

[328] CHAMBERS L D, STOKES K R, WALSH F C, et al. Modern approaches to marine antifouling coatings[J]. Surface and Coatings Technology, 2006, 201(6): 3642-3652.

[329] GRAY N L, BANTA W C, LOEB G I. Aquatic biofouling larvae respond to differences in the mechanical properties of the surface on which they settle[J]. Biofouling, 2002, 18(4): 269-273.

[330] NGUYEN H, YBARRA A, BASAGAOGLU H, et al. Biofilm viscoelasticity and nutrient source location control biofilm growth rate, migration rate, and morphology in shear flow[J]. Scientific Reports, 2021, 11(1): 16118.

[331] QIAN P Y, RITTSCHOF D, SREEDHAR B. Macrofouling in unidirectional flow: miniature pipes as experimental models for studying the interaction of flow and surface characteristics on the attachment of barnacle, bryozoan and polychaete larvae[J]. Marine Ecology Progress Series, 2000(207): 109-121.

[332] MAKI J S, RITTSCHOF D, SCHMIDT A R, et al. Factors controlling attachment of bryozoan larvae: a comparison of bacterial films and unfilmed surfaces[J]. The Biological Bulletin, 1989, 177(2): 295-302.

[333] EIBEN R. Einflu von benetzungsspannung und lonen auf die substratbesiedlung und das einsetzen der metamorphose bei bryozoenlarven (bowerbankia gracilis)[J]. Marine Biology, 1976, 37(3): 249 - 254.

[334] DAHLSTRöM M, JONSSON H, JONSSON P R, et al. Surface wettability as a determinant in the settlement of the barnacle Balanus Improvisus (DARWIN)[J]. Journal of Experimental Marine Biology and Ecology, 2004, 305(2): 223 - 232.

[335] WU S. Polar and nonpolar interactions in adhesion[J]. The Journal of Adhesion, 1973, 5(1): 39 - 55.

[336] ZARDUS J D, NEDVED B T, HUANG Y, et al. Microbial biofilms facilitate adhesion in biofouling invertebrates[J]. Biology Bulletin, 2008, 214(1): 91 - 98.

[337] MARITAN L. Ceramic abandonment. How to recognise post-depositional transformations[J]. Archaeological and Anthropological Sciences, 2020, 12(8): 199.

[338] BJöRDAL C G, NILSSON T. Reburial of shipwrecks in marine sediments: a long-term study on wood degradation[J]. Journal of Archaeological Science, 2008, 35(4): 862 - 872.

[339] LOVLEY D R, HOLMES D E, NEVIN K P. Dissimilatory Fe(Ⅲ) and Mn(Ⅳ) reduction[J]. Advances in Microbial Physiology, 2004(49): 219 - 286.

[340] DRAN J C, PETIT J C, BROUSSE C. Mechanism of aqueous dissolution of silicate glasses yielded by fission tracks[J]. Nature, 1986, 319(6053): 485 - 487.

[341] ECKMAN J E, SAVIDGE W B, GROSS T F. Relationship between duration of cyprid attachment and drag forces associated with detachment of Balanus amphitrite cyprids[J]. Marine Biology, 1990, 107(1): 111 - 118.

[342] BURDEN D K, BARLOW D E, SPILLMANN C M, et al. Barnacle balanus amphitrite adheres by a stepwise cementing process[J]. Langmuir, 2012, 28(37): 13364 - 13372.

[343] 翟杨，赵荦.上海近年来水下考古工作的进展与收获[C]//张东苏."丝路和弦：全球化视野下的中国航海历史与文化"国际学术研讨会.上海：复旦大学出版社，2018：202 - 213.

[344] 曹玲娟，王珏.水下考古再"发力"，长江口二号古船整体出水[N].人民日报，2022 - 12 - 23 -(011).

[345] 郑理.中国水下考古取得重大突破——"长江口二号"古船计划年底前完成打捞迁移[J].中国拍卖，2022(4)：87 - 93.

[346] 齐红艳，范德江，徐琳，等.长江口及邻近海域表层沉积物 pH、Eh 分布及制约因素[J].沉积学报，2008，26(5)：820 - 827.

[347] CHEN J, LI D, CHEN B, et al. The processes of dynamic sedimentation in the Changjiang Estuary [J]. Journal of Sea Research, 1999, 41(1 - 2): 129 - 140.

[348] ZHU J, ZHU Z, LIN J, et al. Distribution of hypoxia and pycnocline off the Changjiang Estuary, China[J]. Journal of Marine Systems, 2016(154): 28 - 40.

[349] 陈吉余.长江河口动力过程和地貌演变[M].上海：上海科学技术出版社，1988.

[350] NIU W, ZHAO L, SWITZER A D, et al. Sedimentary evidence for a period of rapid environmental change in the Yangtze River Delta, China around 150 years ago[J]. Continental Shelf Research, 2021 (229): 104552.

[351] KERR R, WOOD N. Science and Civilisation in China: Chemistry and Chemical Technology Part 12 Ceramic Technology[M]. Cambrige: Cambrige University Press, 2004.

[352] 张福康，张志刚.中国历代低温色釉的研究[J].硅酸盐学报，1980，8(1)：9 - 19，113 - 115.

[353] MARTENS W N, RINTOUL L, KLOPROGGE J T, et al. Single crystal raman spectroscopy of

cerussite[J]. American Mineralogist, 2004, 89(2-3): 352-358.

[354] FERRARI A C, ROBERTSON J. Resonant Raman spectroscopy of disordered, amorphous, and diamondlike carbon[J]. Physical Review B, 2001, 64(7): 075414.

[355] BURGIO L, CLARK R J, FIRTH S. Raman spectroscopy as a means for the identification of plattnerite (PbO_2), of lead pigments and of their degradation products[J]. Analyst, 2001, 126(2): 222-227.

[356] MERNAGH T P, TRUDU A G. A laser Raman microprobe study of some geologically important sulphide minerals[J]. Chemical Geology, 1993, 103(1-4): 113-127.

[357] ISHII M, SHIBATA K, NOZAKI H. Anion Distributions and Phase Transitions in CuS1-xSex(x=0-1) Studied by Raman Spectroscopy[J]. Journal of Solid State Chemistry, 1993, 105(2): 504-511.

[358] NIMS C, CRON B, WETHERINGTON M, et al. Low frequency Raman Spectroscopy for micron-scale and in vivo characterization of elemental sulfur in microbial samples[J]. Scientific Reports, 2019, 9(1): 7971.

[359] KLAUBER C, PARKER A, VAN BRONSWIJK W, et al. Sulphur speciation of leached chalcopyrite surfaces as determined by X-ray photoelectron spectroscopy[J]. International Journal of Mineral Processing, 2001, 62(1-4): 65-94.

[360] JEHLIČKA J, VíTEK P, EDWARDS H G M, et al. Fast detection of sulphate minerals (gypsum, anglesite, baryte) by a portable Raman spectrometer[J]. Journal of Raman Spectroscopy, 2009, 40(8): 1082-1086.

[361] DE FARIA D L A, VENâNCIO SILVA S, DE OLIVEIRA M T. Raman microspectroscopy of some iron oxides and oxyhydroxides[J]. Journal of Raman Spectroscopy, 1997, 28(11): 873-878.

[362] BOURDOISEAU J A, JEANNIN M, SABOT R, et al. Characterisation of mackinawite by Raman spectroscopy: effects of crystallisation, drying and oxidation[J]. Corrosion Science, 2008, 50(11): 3247-3255.

[363] SUGATHAN A, BHATTACHARYYA B, KISHORE V V R, et al. Why Does $CuFeS_2$ Resemble Gold? [J]. The Journal of Physical Chemistry Letters, 2018, 9(4): 696-701.

[364] HE Y, LI W, ZHAI Y, et al. Research on the degradation mechanism of the lead-glazed cups from the 'Yangtze River estuary No. 2' shipwreck[J]. Open Ceramics, 2023(14): 100360.

[365] DI FEBO R, CASAS L, RIUS J, et al. Breaking preconceptions: thin section petrography for ceramic glaze microstructures[J]. Minerals, 2019, 9(2): 113.

[366] CIOMARTAN D A, CLARK R J H, MCDONALD L J, et al. Studies on the thermal decomposition of basic lead(II) carbonate by Fourier-transform Raman spectroscopy, X-ray diffraction and thermal analysis[J]. Journal of the Chemical Society, Dalton Transactions, 1996(18): 3639-3645.

[367] WARNE S S J, BAYLISS P. The differential thermal analysis of cerussite[J]. American Mineralogist, 1962, 47(9-10): 1011-1023.

[368] SAHYOUN C, KINGMAN S W, ROWSON N A. The effect of heat treatment on chalcopyrite [J]. Physical Separation in Science and Engineering, 2003, 12(1): 23-30.

[369] GADALLA A M. Kinetics of thermal decomposition of $CuSO_4 \cdot 5H_2O$ to CuO[J]. International Journal of Chemical Kinetics, 1984, 16(6): 655-668.

[370] DORSAM G, LIEBSCHER A, WUNDER B, et al. Crystal structures of synthetic melanotekite ($Pb_2Fe_2Si_2O_9$), kentrolite ($Pb_2Mn_2Si_2O_9$), and the aluminum analogue ($Pb_2Al_2Si_2O_9$)[J]. American Mineralogist, 2008, 93(4): 573-583.

[371] FEBO R D, MOLERA J, PRADELL T, et al. Thin-section petrography and SR-μXRD for the identification of micro-crystallites in the brown decorations of ceramic lead glazes[J]. European Journal of Mineralogy, 2017, 29(5): 861 - 870.

[372] DI FEBO R, MOLERA J, PRADELL T, et al. Technological implications of neo-formed hematite crystals in ceramic lead glazes[J]. STAR: Science and Technology of Archaeological Research, 2018, 3(2): 366 - 375.

[373] PRADELL T, MOLERA J. Ceramic technology. How to characterise ceramic glazes[J]. Archaeological and Anthropological Sciences, 2020, 12(8): 189.

[374] CARMONA N, GARCíA-HERAS M, GIL C, et al. Chemical degradation of glasses under simulated marine medium[J]. Materials Chemistry and Physics, 2005, 94(1): 92 - 102.

[375] RAHIMI R A, SADRNEZHAAD S K, RAISALI G. Chemical durability of lead silicate glass in HNO_3, HCl and H_2SO_4 aqueous acid solutions[J]. Journal of Non-Crystalline Solids, 2009, 355(3): 169 - 174.

[376] GIN S, RIBET I, COUILLARD M. Role and properties of the gel formed during nuclear glass alteration: importance of gel formation conditions[J]. Journal of Nuclear Materials, 2001, 298(1 - 2): 1 - 10.

[377] CAILLETEAU C, ANGELI F, DEVREUX F, et al. Insight into silicate-glass corrosion mechanisms [J]. Nature Materials, 2008, 7(12): 978 - 983.

[378] CAILLETEAU C, WEIGEL C, LEDIEU A, et al. On the effect of glass composition in the dissolution of glasses by water[J]. Journal of Non-Crystalline Solids, 2008, 354(2 - 9): 117 - 123.

[379] DU J, LUO W, LI N, et al. Characterization of the micro-contaminants from the inner-body of Kraak porcelain excavated from the "Nan'ao I" shipwreck, the South China Sea[J]. Heritage Science, 2019, 7(1): 85.

[380] GROUSSET S, BAYLE M, DAUZERES A, et al. Study of iron sulphides in long-term iron corrosion processes: Characterisations of archaeological artefacts[J]. Corrosion Science, 2016(112): 264 - 275.

[381] RéMAZEILLES C, NEFF D, BOURDOISEAU J, et al. Role of previously formed corrosion product layers on sulfide-assisted corrosion of iron archaeological artefacts in soil[J]. Corrosion Science, 2017 (129): 169 - 178.

[382] ZHANG C, ZHUANG L, YUAN W, et al. Extraction of lead from spent leaded glass in alkaline solution by mechanochemical reduction[J]. Hydrometallurgy, 2016(165): 312 - 317.

[383] FORS Y, JALILEHVAND F, RISBERG E D, et al. Sulfur and iron analyses of marine archaeological wood in shipwrecks from the Baltic Sea and Scandinavian waters[J]. Journal of Archaeological Science, 2012, 39(7): 2521 - 2532.

[384] WETHERALL K, MOSS R, JONES A, et al. Sulfur and iron speciation in recently recovered timbers of the Mary Rose revealed via X-ray absorption spectroscopy[J]. Journal of Archaeological Science, 2008, 35(5): 1317 - 1328.

[385] SECCO M, MARITAN L, MAZZOLI C, et al. Alteration processes of pottery in lagoon-like environments[J]. Archaeometry, 2011, 53(4): 809 - 829.

[386] MARITAN L. Ceramic abandonment. How to recognise post-depositional transformations[J]. Archaeological and Anthropological Sciences, 2020, 12(8): 199.

[387] RICKARD D, COWPER M. Kinetics and mechanism of chalcopyrite formation from Fe(II) disulphide in aqueous solution (<200℃)[J]. Geochimica et Cosmochimica Acta, 1994, 58(18): 3795 - 3802.

[388] 王艳蓉,朱铁权,冯泽阳,等."南海Ⅰ号"出水古陶瓷器科技分析研究[J].岩矿测试,2014,33(3): 332 -

339.

[389] 朱铁权，王昌燧，毛振伟，等.我国古代不同时期铅釉陶表面腐蚀物的分析研究[J].光谱学与光谱分析，2010，30(1)：266－269.

[390] YIN X S，HUANG T J，GONG H. Chemical evolution of lead in ancient artifacts — a case study of early Chinese lead-silicate glaze[J]. Journal of the European Ceramic Society，2020，40(5)：2222－2228.

[391] 李延，胡兆彬，朱校斌.长江口邻近海域沉积物间隙水的地球化学[J].海洋与湖沼，1983，14(5)：460－472.

[392] MACCHI G，MARANI D，PAGANO M，et al. A bench study on lead removal from battery manufacturing wastewater by carbonate precipitation[J]. Water Research，1996，30(12)：3032－3036.

[393] SCHALM O，ANAF W. Laminated altered layers in historical glass：Density variations of silica nanoparticle random packings as explanation for the observed lamellae[J]. Journal of Non-Crystalline Solids，2016(442)：1－16.

[394] BRILL R H，HOOD H P. A new method for dating ancient glass[J]. Nature，1961(189)：12－14.

[395] SILVESTRI A，VITI C，MOLIN G，et al. From micro- to nano-arrangement：alteration products in archaeological glass from marine and land-based environments [C]//Proceedings of the 37th International Symposium on Archaeometry，13th－16th May 2008，Siena，Italy. Berlin，Heidelberg：Springer Berlin Heidelberg，2011：383－387.

[396] GENTAZ L，LOMBARDO T，VERNEY-CARRON A，et al. Ubiquitous presence of laminae in altered layers of glass artefacts[M]. [S.l.]：SPIE，2012.

[397] ROEMICH H，GERLACH S，MOTTNER P，et al. Results from burial experiments with simulated medieval glasses[J]. MRS Proceedings，2003(757)：23.

[398] 朱铁权，王昌燧，毛振伟，等.我国古代不同时期铅釉陶表面腐蚀物的分析研究[J].光谱学与光谱分析，2010，30(1)：266－269.

[399] TENNENT N H，BAIRD T，GIBSON L T. The technical examination and conservation of blackened Delftware from anaerobic sites[J]. Studies in Conservation，2013，41(sup1)：182－187.

[400] CAGNO S，NUYTS G，BUGANI S，et al. Evaluation of manganese-bodies removal in historical stained glass windows via SR-μ-XANES/XRF and SR-μ-CT [J]. Journal of Analytical Atomic Spectrometry，2011，26(12)：2442－2451.

[401] 国家文物局水下文化遗产保护中心，中国国家博物馆，福建博物院，等.福建沿海水下考古调查报告[M].北京：文物出版社，2017.

[402] LI J Z. History of science and technology in China：ceramic volume[M]. Beijing：Science Press，1998.

[403] JIANG X，CHEN Y，ZHANG L，et al. Prototype Doucai porcelain — a special form of ancient Honglvcai in Cizhou kiln，Jin Dynasty (1115—1234)，China[J]. Ceramics International，2017，43(1)：1371－1377.

[404] ZHUSHCHIKHOVSKAYA I S，BURAVLEV I Y. A “Red-and-Green Porcelain” Figurine from a Jin Period Archaeological Site in the Primor'ye Region，Southern Russian Far East[J]. Ceramics，2022，5(4)：673－689.

[405] ZHANG Y，REN G，ZHOU X，et al. Research on red and green porcelain sherd of Bayi Kiln using terahertz time-domain spectroscopy and imaging[J]. Japanese Journal of Applied Physics，2021，60(12).

[406] 罗宏杰,李家治,高力明.中国古瓷中钙系釉类型划分标准及其在瓷釉研究中的应用[J].硅酸盐通报,1995(2): 50-53.

[407] MERNAGH T P. Use of the laser Raman microprobe for discrimination amongst feldspar minerals [J]. Journal of Raman Spectroscopy, 1991, 22(8): 453-457.

[408] 李国祯,郭演仪.中国名瓷工艺基础[M].上海: 上海科学技术出版社,1988.

[409] ZHANG F, ZHANG Z. ANCIENT CHINESE OVERGLAZE COLOURS[J]. Journal of the Chinese Ceramic Society, 1980(8): 339-350.

[410] WANG L, ZHU J, YAN Y, et al. Micro-structural characterization of red decorations of red and green color porcelain (Honglvcai) in China[J]. Journal of Raman Spectroscopy, 2009, 40(8): 998-1003.

[411] HAO W, LUO W, CHEN Y, et al. Micro-analysis on Chinese over-glaze red decoration of Linshui Kiln from Jin Dynasty (1115—1234)[J]. Journal of Raman Spectroscopy, 2014, 45(3): 224-227.

[412] ÖZçATAL M, YAYGıNGöL M, İSSI A, et al. Characterization of lead glazed potteries from Smyrna (Izmir/Turkey) using multiple analytical techniques; Part I: Glaze and engobe [J]. Ceramics International, 2014, 40(1): 2143-2151.

[413] BENEDETTO G E D, ACQUAFREDDA P, MASIERI M, et al. Investigation on Roman Lead Glaze from Canosa: Results of Chemical Analyses* [J]. Archaeometry, 2004, 46(4): 615-624.

[414] 潘秋丽,邵金发,李融武,等.清代红绿彩瓷器无损分析研究[J].光谱学与光谱分析,2022,42(3): 732-736.

[415] KOLAROVA M. Interaction of Historical Lead Glazes with Corrosive Media[J]. Ceramics-Silikaty, 2021, 65(4): 417-426.

[416] FAYON F, BESSADA C, MASSIOT D, et al. 29Si and 207Pb NMR study of local order in lead silicate glasses[J]. Journal of Non-Crystalline Solids, 1998(232-234): 403-408.

[417] WANG P W, ZHANG L. Structural role of lead in lead silicate glasses derived from XPS spectra [J]. Journal of Non-Crystalline Solids, 1996, 194(1-2): 129-134.

[418] NOVIKOV A N, NEUVILLE D R, HENNET L, et al. Al and Sr environment in tectosilicate glasses and melts: Viscosity, Raman and NMR investigation[J]. Chemical Geology, 2017(461): 115-127.

[419] OWEN J V, HANLEY J J, PETRUS J A. Phosphatic alteration of lead-rich glazes during two centuries of burial: Bartlam, Bonnin and Morris, and Chelsea porcelain [J]. Archaeological and Anthropological Sciences, 2019, 11(12): 6551-6567.

[420] KLOUZKOVA A. Multi-Instrumental Characterization of Decorative Layers in Glazed Ceramic Reliefs from the Schwarzenberg Palace in Prague[J]. Ceramics-Silikaty, 2019, 63(4): 449-459.

[421] CLARK R J H, CURRI M L. The identification by Raman microscopy and X-ray diffraction of iron-oxide pigments and of the red pigments found on Italian pottery fragments[J]. Journal of Molecular Structure, 1998, 440(1-3): 105-111.

[422] 张际标,殷旗风,容宇媚,等.福建平潭大练岛西南海域沉船文物环境腐蚀性监测与评估[J].应用海洋学学报,2021,40(2): 312-323.

[423] SCHWERTMANN U, STANJEK H, BECHER H H. Long-term in vitro transformation of 2-line ferrihydrite to goethite/hematite at 4, 10, 15 and 25℃[J]. Clay Minerals, 2018, 39(4): 433-438.

[424] DIOP I, DAVID N, FIORANI J M, et al. Experimental investigations and thermodynamic description of the PbO-Fe_2O_3 system[J]. Thermochimica Acta, 2010, 510(1-2): 202-212.

[425] KOHARA S, OHNO H, TAKATA M, et al. Lead silicate glasses: Binary network-former glasses

with large amounts of free volume[J]. Physical Review B, 2010, 82(13): 134209.

[426] TAKAISHI T, TAKAHASHI M, JIN J, et al. Structural Study on PbO - SiO_2 Glasses by X-Ray and Neutron Diffraction and 29Si MAS NMR Measurements[J]. Journal of the American Ceramic Society, 2005, 88(6): 1591 - 1596.

[427] KRAJEWSKI A, RAVAGLIOLI A. Lead-Ion Stability in Vitreous Systems[J]. Journal of the American Ceramic Society, 1982, 65(5): 265 - 269.

[428] DUAN H, MIAO J, LI Y, et al. Analysis of the Disease of Green Glazed Tiles from Ancient Chinese Buildings[J]. Palace Museum Journal, 2013(166): 114 - 124.

[429] 吴大清,江邦杰,吕银忠,等.粉彩颜料铅溶出量与其它元素溶出量关系——兼论铅溶出机理[J].中国陶瓷,1990(5): 7 - 11.

[430] WANG Y, JOVE-COLON C F, LENTING C, et al. Morphological instability of aqueous dissolution of silicate glasses and minerals[J]. npj Materials Degradation, 2018, 2(1): 27.

[431] LOMBARDO T, GENTAZ L, VERNEY-CARRON A, et al. Characterisation of complex alteration layers in medieval glasses[J]. Corrosion Science, 2013(72): 10 - 19.

[432] TAYLOR P, LOPATA V J. Stability and solubility relationships between some solids in the system PbO - CO_2 - H_2O[J]. Canadian Journal of Chemistry, 1984, 62(3): 395 - 402.

[433] LI X, AZIMZADEH B, MARTINEZ C E, et al. Pb Mineral Precipitation in Solutions of Sulfate, Carbonate and Phosphate: Measured and Modeled Pb Solubility and Pb^{2+} Activity[J]. Minerals, 2021, 11(6): 620.

[434] DOMéNECH-CARBó M-T, DOMéNECH-CARBó A, OSETE-CORTINA L, et al. A Study on Corrosion Processes of Archaeological Glass from the Valencian Region (Spain) and its Consolidation Treatment[J]. Microchimica Acta, 2006, 154(1 - 2): 123 - 142.

[435] RéMAZEILLES C, LéVêQUE F, CONFORTO E, et al. Long-term alteration processes of iron fasteners extracted from archaeological shipwrecks aged in biologically active waterlogged media [J]. Corrosion Science, 2021(181): 109231.

[436] RICKARD D, LUTHER G W, 3RD. Chemistry of iron sulfides[J]. Chemical Reviews, 2007, 107(2): 514 - 562.

[437] BOURDOISEAU J-A, JEANNIN M, RéMAZEILLES C, et al. The transformation of mackinawite into greigite studied by Raman spectroscopy[J]. Journal of Raman Spectroscopy, 2011, 42(3): 496 - 504.

[438] HUNGER S, BENNING L G. Greigite: a true intermediate on the polysulfide pathway to pyrite [J]. Geochemical Transactions, 2007(8): 1.

[439] DOWSETT M G, SABBE P J, ALVES ANJOS J, et al. Synchrotron X-ray diffraction investigation of the surface condition of artefacts from King Henry VIII's warship the Mary Rose[J]. Journal of Synchrotron Radiation, 2020, 27(Pt 3): 653 - 663.